커뮤니케이션과 대인관계

커뮤니케이션과 대인관계

이경우 · 김경희 공저

도서출판 역락

머리말

장부는 자신을 알아주는 이를 위해 죽는다고 하였고 옛날 중국의 거문고의 명인 백아(伯牙)가 자기의 거문고 소리를 알아준 친구 종자기(鍾子期)가 죽은 뒤에는 거문고 줄을 끊어버렸다는 고사(故事)는 사람이 살아가는 이유에 대해 실마리를 던져준다.

우리는 자신의 존재를 인정받고 싶어 한다. 사랑하고 싶고, 사랑받고 싶어 한다. 우리는 모두 좋은 사람이 되고 싶어 하고 좋은 사람을 만나고 싶어 하고 그들과 좋은 관계를 맺고 싶어 한다. 행복하게 살기 원한다.

그러나 단지 막연히 원할 뿐 그렇게 되기 위해 어떻게 해야 하는지, 무엇을 알아야 하는지에 대해서는 생각하지 않는다. 자신에게 닥치는 모든 일들이 운명인 것처럼 생각한다. 불행하고 슬픈 일을 바라보며 어쩔 수 없었다고 말한다. 그리고 모든 일이 끝난 후 '왜' 그랬느냐고 말한다.

최근 알코올중독 전문 치료센터에 입소했다가 24시간도 채 지나지 않아 재활센터를 나와 삭발을 해버린 미국의 팝 가수 '브리트니 스피어스'에 대해 전문가들은 '아주 우려할 만큼 괴상한 행동이며 세심한 주의가 요구된다'는 등 다양한 해석을 내놓고 있다. 브리트니는 지난해 11월 남편 케빈 페더라인(27)과 이혼을 공식 발표한 이후 잇따른 돌출행동으로 매스컴의 공격을 받아왔다. 그녀의 최근 돌발행동들은 이혼소송 중인 남편에게 두 아들을 빼앗길지도 모른다는 두려움에서 비롯됐다고 한다. "사람들이 다 나의 이야기를 하는 것에 진저리가 난다"며 기행을 계속하던 브리트니는 결국 다시 재활센터에 들어갔고 우리는 변해가는, '망가져가는' 그녀의 모습에서 그녀의 삶의 아픔을 추측할 뿐이다.

세상 속에서 변하고 망가져가는 것은 브리트니의 경우만이 아니다. 우리나라에서도 최근 유명 연예인들의 자살이 이어지고 있고 대통령으로부터 평범한 맞벌이 부부에 이르기까지 자신을 둘러싼 세상과 갈등을 겪고 있다.

"노무현 대통령이 하는 말들은 워낙 종잡을 수 없고 '마구잡이'식이라서 그것을 너무 진지하게 귀담아 들을 이유는 없지만 그가 17일 '청와대 브리핑'에 기고했다는 "대한민국 진보, 달라져야 한다"고 한 말 그 자체만은 일리(一理) 있는 것이었다.

● ● ● 조선일보, 류근일(언론인), 2007. 02. 19.

최근 한 신문사 사설의 일부이다. 노대통령은 국민이나 당원들에게 이메일을 보내고 직접 토론회에 참석하는 등 세상과 커뮤니케이션을 하고자 노력을 많이 했다. 그러나 그가 커뮤니케이션하려고 할수록 그와 커뮤니케이션되지 않는다고 소리 높여 말하는 이들이 많아지고 있다. 왜 그럴까. 누구의 문제일까. 어떻게 해야 할까.

설 연휴인 지난 18일 박경희(여·33)씨는 아들을 맡아 기르고 있는 시댁에 갔다가 아이의 '엄마 기피' 증세에 깜짝 놀랐다. 다섯 살인 아들은 엄마·아빠가 다가오기만 해도 소스라치며 도망치기 바빴다. 맞벌이인 박씨 부부가 생후 4개월 된 아이를 부모님에게 맡긴 후 주말에만 만나는 생활이 4년째였다. 박씨는 "할머니가 잠시만 안 보이면 아이가 '엄마 싫어'하고 흐느끼고, 불안해서인지 말까지 더듬는다"며 "다니던 직장을 그만둘까 심각히 고민 중"이라고 말했다.

초등학교 2학년에 올라가는 소영(가명·8)이는 얼마 전 저금통을 들고 6시간 동안 가출을 감행했다. 소영이는 가출 전 맞벌이인 부모에게 "회사 그만두면 안 되냐", "날 또 어디에다 맡길 거냐"라고 물었다.

인터넷 맞벌이 부부 카페에는 '엄마 싫다며 울고불고 하는 아들 때문에 서러워 같이 울었다', '아이가 나를 이웃집 아줌마처럼 대한다'는 내용의 글이 끊임없이 올라오고 있다.

● ● ● 김남인기자 kni@chosun.com, 박명진 인턴기자 (고려대 영문학과2), 2007. 2. 21.

현대 한국 사회에서 이제는 너무 흔한 사례들이다. 그러나 그 사례 하나하나마다에는 그와 관련된 사람들이 있으며, 그들의 아픔과 상처가 있고 그 아픔과 상처는 다시 그들과 만나게 되는 사람에게 영향을 미치게 된다.

우리가 커뮤니케이션과 대인관계에 대해 관심을 가져야 하는 이유가 여기에 있다.

21세기의 화두는 커뮤니케이션이다.

최근 SK그룹의 신입사원 427명을 대상으로 설문한 결과 직장에서 성공하기 위한 능력으로 대인관계능력이 37%로 1위를, 선호하는 리더십 유형에 대해서는 꿈을 공유하는 비전제시형(172명, 40%), 유대와 조화를 이뤄내는 관계중시형(170명, 40%), 자신이 추구하고 싶은 리더십 유형은 관계중시형이 58%로 가장 많았다. 행복한 삶의 필수조건으로는 화목한 가정생활(36%)이 첫 번째로 손꼽혔다(연합신문, 2007. 2. 19)는 기사 역시 실생활에서 대인관계와 커뮤니케이션의 중요성을 말해주고 있다.

이렇게 세상이 온통 커뮤니케이션에 관심을 쏟는 까닭은 그만큼 세상이 왜곡된 커뮤니케이션과 커뮤니케이션의 부재로 인한 문제로 가득하기 때문일 것이다.

이 책은 '커뮤니케이션과 대인관계'의 이론과 실제에 대한 내용을 담고 있다.

자신의 내부와의 커뮤니케이션으로부터 자신을 둘러싸고 있는 셀 수 없는 관계망과의 커뮤니케이션에 이르기까지, 살면서 매 순간순간 우리에게 고민을 안겨주는 갈등의 원인과 결과를 불확실한 소통의 늪에서 저마다 삶의 의미를 찾고자 허우적거리는 모습을 보여주는 실제 사례를 통해 살펴보고 자칫 순간의 실수로 인해 우리에게도 닥칠지 모르는 불행을 예방하고자 하는 것이 이 책의 목적이다.

빛의 속도처럼 빠른 세상의 변화 속에서 침몰하지 않고, 삶에 대한 통찰력과 여유로 또 다른 방법을 찾아 조화롭게 자신의 삶을 승화시키는 그런 사람이 되고자하는 것이다.

제1부 이론 부분은 커뮤니케이션과 대인관계에 대한 일반적인 이론들을 다루었다. 제2부와 3부는 실제 부분으로 '제2부 사례와 분석'은 제1부에서 다룬 이론들이 어떻게 문제에 관련되어 있는지를 실제 사례를 통해 분석해보기 위한 부분이다. 이 부분은 특히 강의 시간에 학생들이 영화나 연극 또는 소설과 같은 문학 작품 속의 사건을 커뮤니케이션과 대인관계의 이론적 측면에 비추어 분석한 내용들을 중심으로 엮었는데 그 이유는 논의의 공감대를 형성하기 위한 자료로 적합하기 때문이며 같은 문제에 대해 각 개인이 문제를 바라보고 해결하는 다른 시각을 보임으로써 관점의 폭을 넓히기도 하고 다시 새로운 문제를 제기하여 논의할 수 있는 여지를 갖고자 함이었다. '제3부 사례 분석 연습'에서는 우리의 실생활에서 또는 역사적으로 실제 일어났던 사건들을 중심으로 '왜?', '그렇게 되었을까'를 커뮤니케이션과 대인관계의 측면에서 생각해 봄으로써 타산지석으로 삼기 위함이다.

보잘 것 없는 강의이지만 열심히 청강하고 의견을 제시하고 발표에 참여해준 많은 학생들에게 감사한다. 자신의 삶에 대해 끊임없이 탐색하고 성찰하는 그들의 모습을 보면서 그들과 함께 나도 스스로를 또 내 가족, 내 주변 사람들과 더불어 평온한 삶의 행적을 그려가고자 한다.

2007. 2.

이경우 · 김경희

차 례

제 2 부 사례와 분석 ● 221

제 3 부 사례 분석 연습 ● 317

제1부 이론

제 1 장

커뮤니케이션과 대인관계에 대한 기본적 이해

그의 포로생활은 1965년 9월부터 시작되었다.

7개월 후부터 그의 인내는 서서히 무너지기 시작했다. 스턱데일(Stockdale)은 만일 신문이 계속되는 경우, 모든 비밀을 불게 될지도 모른다는 것을 느끼게 되었다. 마침내 그는 그가 스탠포드 대학 때 읽었던 T. 쉘링(Schelling)의 『갈등의 전략』에서 배운 한 교훈을 써먹기로 작정했다.

그는 깨진 유리조각으로 손목을 찔러서 피바다를 만들었다.

간수들은 놀랐고 신문은 그쳤다.

"끝없는 질문을 억지하고 중지시킬 수 있는 유일한 방법은 죽음에 대한 언질 주기를 그들에게 보여주는 것이라고 느꼈었다. 내가 죽으려고 생각한 것은 아니었다. 그러나 나는 죽을 각오가 되어 있음을 그들로 하여금 믿게 만들려고 한 것이다."

스턱데일은 회상하면서 말했다.

바로 그 행위가 그에게 명예훈장을 안겨 주었다.

위 글은 1979년 2월 19일 <Time>(p.56)지에 개재된 Naval War College의 총장 J. 스턱데일의 월남전 포로 경험담이다. 스턱데일의 경험담은 많은 사람들에게 T. 쉘링의 『갈등의 전략』(The strategy of Conflict, 1960)을 상기시켰으며 갈등 해소를 위해 전략적으로 사용된 커뮤니케이션에 대하여 시사점을 담고 있다.

위와 같은 실제 사례는 아니지만 삶과 죽음의 중대한 갈등 상황에서 사용된 전략적 커뮤니케이션의 좋은 예를 우리나라의 소설 『꺼삐딴 리』(전광용, 1962, 사상계)에서도 찾아볼 수 있다.

소설 『꺼삐딴 리』의 주인공 이인국 박사는 일제 강점기에는 친일파, 해방 직후의 북한에서는 친소파, 월남 후에는 친미파로 시류에 편승해 부귀영화를 누리고 살았다. '꺼삐딴 리(Captain Lee)'인 이인국 박사는 역사적 전환기마다 카멜레온처럼 살아온 기회주의적 인간을 대표한다. 작가는 이인국과 같은 유형의 인간들이 가지고 있는 노예적 속성 그리고 한국 현대사가 비극으로 흐른 정신적 원인에 대하여 말하고 있다.

〈표 1〉 『꺼삐딴 리』의 주인공 이인국 박사의 행적

시 기	행 적
일제 강점기	제국 대학을 우등으로 졸업하고 집안에서 일본어를 사용하며 기모노를 입고 지내는 친일 의학도. 가난한 조선인은 환자로 받지 않고 친일 세력가나 지주계급, 일본인들만 상대로 진료한다.
광복 후	소련군의 진주로 일시 고초를 겪으나 곧 자기의 의료 실력을 발휘하여 소련군 장교의 얼굴에 붙은 혹을 깨끗이 떼어주고 소련군 장교의 환심을 사 'Captain Lee—꺼삐딴 리'로 불리면서 다시 세력가가 된다. 아들을 소련으로 유학 보내 친소파가 된다.
한국전쟁 후	한국전쟁 시기에 월남하여 배금주의적인 진료 행위를 하며 친미파가 된다. 딸을 미국으로 유학 보낸다.
향후 미래	미국 이민을 계획 중

그러나 한편 개인의 갈등은 잘못된 사회구조에 기인한다는 갈등주의적 관점에서 볼 때, 이인국 박사의 기회주의적 삶은 국가가 국민을 책임져주지 못하고 국민의 삶의 기본권을 보장해주지 못하는 보다 큰 갈등 구조에서 한 사람의 국민으로서가 아닌, 인간의 욕구를 충족시키고자 했던 한 개인의 생존을 위한 전략적 커뮤니케이션의 행적이라고 볼 수도 있다.

국민들에게 막대한 피해를 입히게 되는 일제 강점기를 맞게 된 것은 대한제국의 권력자들이 '세계'라는 관계망을 파악하고 대처하는 커뮤니케이션 능력도 갖추지 못했고 아울러 주어진 갈등 상황을 해결할 수 있는 실제적 능력이 없었기 때문이라고 할 수 있다. 국가가 자국민을 보호할 수 없는 상황에서 국민이 선택할 수 있는 여러 가지 길 중에서 『꺼삐딴 리』의 주인공 이인국 박사는 가장 바람직하지 않은 하나의 길을 선택한 것이었다.

개인의 대인관계에서 전략적으로 사용되는 커뮤니케이션에 대해서는 이정복(1994)
과 김경희(2003)에서도 논의된 바 있다.

근래의 '로버트 김' 사건은 국가의 커뮤니케이션 능력과 국민의 관계를 보여주는
또 하나의 실제 사례이다.

한국인으로서 당시 미 해군 정보국의 정보분석관이었다가 국가기밀누설죄로 미국
연방교도소에 수감돼 7년 7개월 복역하고 2004년 7월 27일 석방된 '로버트 김(64세,
한국명 김채곤)'은 자서전『집으로 돌아오다』에서 다음과 같이 말했다.

> "한국 외교의 미숙함을 지적하고 싶지는 않지만 외교적 미숙함의 결과로 나와 같은
> 사태가 일어났다고 생각한다."

로버트 김은 당시 주미 한국대사관 해군 무관인 백동일(56, 해군 예비역 대령)씨에게
북한군 동요 여부, 국제사회 지원식량의 북한군 유입 여부, 휴전선 부근 북한군 배
치실태, 북한의 수출입 무기 현황과 해군 동향, 그리고 마지막으로 1996년 9월 18
일 강원도 강릉 잠수정 침투 사건의 잠수함에 대한 기밀 등 한국이 꼭 알아야 하는
50건의 정보를 넘겼다. 그는 "내가 제공한 정보는 미국의 안보나 재산에 아무런 영
향을 주지 않는 것들이었다"며 "미국과의 중요한 정보공유 체제에서 밀려나 있는
한국 상황이 항상 안타까웠고 좀 더 선진국들의 외교를 연구하고 본받아야 할 것
같았다"고 술회했다. 당시 거래 대상이었던 무기에 대해 '좀 더 생각해보라'고 조언
한 것이 그렇게 큰 문제가 되리라고는 생각하지 못했다. 그는 지금도 '미국시민권을
가지고 있지만 나는 한국 사람이다'라고 말하기 때문이다. 그러나 막상 그가 국가기
밀누설 혐의로 체포된 데 대해 한국 정부는 "모르는 일"이라고 잡아떼었고 "한국
정부에 배신감을 느끼며" 그는 한국이라는 조국을 사랑한 죄와 미국에 충성을 서약
한 시민권 선서를 파기한 '괘씸죄'로 7년 7개월의 복역 생활을 감당해야 했다(동아일
보, 2004. 07. 23., 국민일보, 2004. 07. 23.).

'로버트 김'의 사례는 국가 차원에서 부실한 전략적 커뮤니케이션 능력이 어떤
결과를 가져오는지 여실히 보여주고 있다. 외교는 국가의 커뮤니케이션 능력이라고
할 수 있다. 국가가 자국민을 보호할 수 없을 때 국가는 커뮤니케이션 능력을 상실

했을 뿐만 아니라 이는 곧 국가 능력을 상실한 것이라고도 할 수 있을 것이다.

최근 중국의 '동북공정', '고구려사 왜곡' 및 일본의 '독도 망언, 역사 왜곡'과 관련하여 진행된 일련의 사건들 역시 국가 능력과 커뮤니케이션 능력의 상관관계를 보여주고 있다.

고구려사 왜곡이 일부 지방정부와 학자들의 문제라는 중국 외교부의 주장과는 달리 중국최고 지도부의 지시에 따라 이루어지고 있다는 언론 보도가 나왔습니다. 중국 헤이룽장성 헤이허시위원회의 기관지인 "헤이허 일보"는 지난 해 8월 6일자 기사에서 이른바 "동북공정"이 지난 2000년 후진타오 당시 국가 부주석의 지시에 의해 승인된 사회과학원의 한 연구항목이라고 전했습니다. "헤이허 일보"는 또 "동북공정"이 동북 지역 변방의 과거 역사는 물론 현재의 상황과 관련된 일련의 연구 사업이라고 소개했습니다. "헤이허 일보"의 이같은 기사내용은 동북공정이 정부에 의해 주도된 것이 아니라 지방정부나 학자들의 학술적인 문제라는 중국 외교부의 공식 해명과 정면으로 배치되는 것입니다.

● ● ● YTN 뉴스(2004. 08. 14.)

위와 같은 전략적 커뮤니케이션은 설득 커뮤니케이션과 깊이 연관되어 있다.

커뮤니케이션에 관심을 두고 커뮤니케이션 능력을 향상시키고자 하는 사람들의 대부분은 이러한 전략적 커뮤니케이션과 설득 커뮤니케이션에 초점을 맞추고 있다. 전략과 설득은 커뮤니케이션의 극적인 연출을 보여주는 장면으로 인식되어 있다. 그러나 전략과 설득은 실제로 일상적이고 평범한 삶 속에 산재되어 있는 지극히 일상적인 커뮤니케이션이다. 일상적인 용어로 하면, '영리하다', '꾀가 많다', '생각을 잘 해낸다', '머리가 좋다', '현명하다' 등으로 표현되는 커뮤니케이션이라고 할 수 있을 것이다.

'영리하다', '꾀가 많다', '생각을 잘 해낸다', '머리가 좋다', '현명하다' 등과 같은 이런 일상적인 용어는 커뮤니케이션의 능력이 선천적인 것처럼 여겨지게 할 수도 있다. 물론 커뮤니케이션 능력은 선천적으로 개인차가 있을 수도 있다.

그러나 '예기에 이르기를, 옥도 다듬지 않으면 그릇을 만들 수 없고 사람이 배우지 않으면 옳고 그름을 알지 못 한다(禮記에 曰 玉不琢이면 不成器하고 人不學이면 不知義

니라'한 것처럼 타고난 능력이 있어도 닦고 다듬어야 더 훌륭하게 될 수 있으며 타고난 능력이 없다 하여도 꾸준한 노력과 연습으로 커뮤니케이션 능력이 개발·향상될 수 있다고 커뮤니케이션 학자들은 주장한다.

이 책의 목적은 어떤 특별한 영역에 적용되는 커뮤니케이션 기술이나 능력에 대한 것이 아니라 많은 사람들이 폭넓게 적용할 수 있는 일상적인, 대중적인 차원에서의 커뮤니케이션에 초점을 맞추고 그 개념과 가장 기본적인 원리 그리고 효율적인 커뮤니케이터가 되기 위한 지침에 대하여 논하려는 것이다.

1. 커뮤니케이션의 필요성과 개념

1) 커뮤니케이션의 필요성

21세기의 화두는 커뮤니케이션이라고 한다.

자신과의 커뮤니케이션으로부터 가족, 친구, 연인, 동료, 조직, 기업, 경영 등 자기 외부 세계와의 커뮤니케이션에 이르기까지 커뮤니케이션이라는 것이 우리의 삶 전체에 속속들이 관여하고 있는 시대를 잘 살아가기 위해 우리는 커뮤니케이션에 대해 고민하지 않을 수 없다. 인터넷에 올라 있는 많은 사이트들이 커뮤니케이션과 관련된 것들이며 커뮤니케이션의 문제들을 해결하고자 교육센터 등에서 커뮤니케이션 강좌를 수강하고 있는 사람들이 많다는 것은 커뮤니케이션이 얼마나 우리 생활에 영향을 미치고 있는지를 보여준다.

그런 만큼 각 대학에서도 커뮤니케이션에 관련하여 개설되는 과목이 늘어가고 있으며 자신을 둘러싸고 있는 세상과 문제들에 대하여 고민하는 많은 학생들이 이에 관심을 갖고 수강신청을 하고 있다.

'왜? 왜? 왜?'

영화 <왕의 남자>에서 연산군이 손목을 긋고 피를 흘리며 쓰러진 공길에게 부르짖는 외침이다.

이 '왜?'라는 한 마디가 커뮤니케이션과 대인관계에서는 매우 중요하다.

우리의 삶에 영향을 미치는 크고 작은 일들은 모두 원인이 있다. 그러나 우리는 대부분 '왜?'에 다가가지 않으려고 한다. 문제의 뿌리까지 찾아가기가 두렵기 때문이다. 두려워서 우리는 자꾸만 덮어두려 하고 한 줌 한 줌 덮어놓은 속에서 곪아가다가 마침내는 이리저리 구멍만 찾던 뜨거운 용암이 드디어 터져 나올 때처럼 하나의 사건으로 폭발할 때에야 우리는 비로소 상황을 직면한다. 더 이상 피할 수 없을 때…….

그때 가서 '왜?'를 찾을 때, 사랑하던 사람은 이미 죽었고 직장에서는 해고당한 후이고 재산은 모두 잃은 상태이고 가정도, 건강도, 명예도, 자신이 아끼던 많은 것들이 바람처럼 사라지고 말았다는 것을 확인하는 것 외엔 아무것도 할 수 있는 것이 없다. 이미 너무 큰 대가를 치른 후인 것이다.

커뮤니케이션과 대인관계에 대해 관심을 가지고 노력해야 하는 이유가 여기에 있다. 다음은 2006년 2월 14일자 한겨레신문의 기사이다.

> 2000년부터 미국 샌프란시스코시는 7월 10일을 '진수 테리의 날'로 정했으며, 2001년 '진수 테리(50)'는 미국을 대표하는 100대 여성 기업인으로 뽑혔다. 2003년 미국 상무부가 뽑은 소수민족 사업가 대상을 받았고, 지난해엔 미국 〈에이비시〉(ABC) 방송이 선정한 '올해의 아시아 지도자 11인'에 올랐다.
>
> ―중략―
>
> 그는 "7년간 열심히 일한 미국 직장에서 매출을 3배 이상으로 올렸는데도 해고됐던 경험은 충격적이었다"고 했다. 절망한 그에게 회사 부사장은 "진수 테리는 열심히 일하고 능력도 좋지만 인간관계를 이해 못한다"고 말했다. 많은 시간, 긴 고민 끝에 그는 "처음엔 아시아인이라 해고됐구나 생각했는데, 내가 재미가 없었던 탓"이며 "성공에만 집착해 실적은 냈지만 너무 긴장하고 잘 하려고만 해 웃음도 없었고 인간 관계가 제대로 맺어지지 않았던 탓"이라는 '깨달음'을 얻게 되었다고 한다.
>
> ―이하 생략―

이 이야기는 커뮤니케이션과 대인관계에 대한 관심이 살아가는 데에 얼마나 직접적인 영향을 미치는지 보여주는 가장 최근의 경우라 하겠다. 물론 진수 테리는 해고 당한 후에라도 문제의 원인을 찾아내어 해결함으로써 훌륭히 성공한 예이다. 그러나 대부분 너무 큰 대가를 치른 후에는 다시 시작할 힘도 시간도 없게 되는 경우가 많다.

이러한 일들을 예방하자는 것이 "커뮤니케이션과 대인관계"를 배우는 목적이다. 물론 세상의 모든 불행을 예견하고 막을 수는 없다. 그러나 몰랐기 때문에 당할 수 있는 불행을 비껴갈 수 있도록 준비하자는 것이다.

『말 잘하는 남자? 말 통하는 여자!』의 저자 데보라 태넌은 자신을 극도로 혼란하게 만들었던 7년간의 결혼생활을 통해 얻은 것은 커뮤니케이션에 대한 수많은 의문이었다고 말하고 있다.

그들은 원만한 대화를 위해 온갖 수단과 방법을 동원했지만 결과는 참담한 실패의 연속이었으며 무엇이 문제였는지 알지 못한 채 7년의 결혼 생활을 마감하고 가족 관계를 해체했다고 한다. 이혼 후에야 그녀는 남편과 자신의 타고난 배경과 커뮤니케이션 방법이 달랐다는 것을 깨달았다. 남편은 그녀가 한 말을 그녀의 뜻을 전하는 힌트로 받아들였고, 그녀는 남편이 동의한 것이 진짜 그가 원하는 것이라고 착각하였다. 그래서 남편은 힌트라고 착각한 것에 열심히 반응하였고 그녀는 그가 비친 힌트에 적절히 반응하지 못하고 계속 놓치면서 서로에 대한 배려가 오히려 엉뚱한 결과를 초래하게 된 것이었다. 중요한 것은, 이러한 커뮤니케이션 장애가 되풀이될 때 사람들은 심리적, 정신적 건강에 많은 손상을 입게 된다는 것이다.

되풀이되는 커뮤니케이션의 교착과 장애는 결국 서로에게 상처만 주고 결혼 생활의 끝을 맺고 말았다.

이러한 두 사람의 결별은 두 사람만으로 끝나는 것이 아니라 그들을 둘러싸고 있는 모든 사회적 관계에 영향을 미쳐 결별 후 상당한 후유증이 상처로 남게 된다. 오늘날 청소년 비행이 부모의 이혼과 상당한 관련이 있다는 연구보고서는 이러한 후유증의 일례를 확인하는 것에 불과하다.

이혼 후 그녀는 미시간 대학 언어연구소에 입학했고 수년 간 누적된 혼돈과 좌절을 깨끗이 씻어내기 위해 남편과의 대화를 언어학적으로 분석하기 시작했다. 그리고 각 개인의 다양한 문화적 배경에서 만들어지는 대화 스타일의 불가피한 차이가 일상적인 대화에서 작고 미묘한 갈등을 초래하고 점차 이것이 누적되어 큰 오해와 갈등을 야기하게 되는 커뮤니케이션의 수많은 사례들을 접하면서, 대화 스타일에 대한 언어학적 분석이 얼마나 유용한 것인가를 알게 되었다.

이혼하기 전에 언어학을 알았더라면 어떻게 되었을까에 대하여 답하기는 어렵지만 결혼생활의 지속을 위한 보다 나은 방법을 알게 되었을 것이라고 그녀는 말한다.

『말 잘하는 남자? 말 통하는 여자!』는 대인 관계에 있어 사적인 대화의 진행 과정과 그 대화의 성패 원인을 분석한 내용을 담고 있다.

태넌이 말한 바와 같이 사람들이 나누는 대화의 대부분은 사실 두세 사람 사이에서 이루어지는 지극히 사적인 것들이다. 실제로 가족이나 친구, 동료, 선후배 등 인간관계에서 파국을 가져오는 것은 큰 사건 때문에 일어난 불화가 아니라 일상적인 사소한 대화가 불씨가 될 때가 많다. 그럼에도 불구하고 '대화'나 '말', '언어' 등에 대하여 논의할 때 우리는 일상적인 사소한 차원의 대화를 제외하는 경향이 있다.

미국의 A national poll(1998)에서 성별, 인종, 나이, 경제적인 지위에 상관없이 이혼의 첫 번째 사유가 커뮤니케이션으로 인한 문제(응답자의 53%)로 나타난 것을 보면 결혼생활에 있어 두 사람의 원활한 커뮤니케이션이 얼마나 중요한가 알 수 있다.

우리나라의 경우, 통계청(2002)의 자료를 보면 2002년도 총 혼인건수는 306,600쌍이며 총 이혼건수는 145,300쌍이다. 이를 단순 비교하면 47%가 이혼했다고 할 수 있지만 당해년도 결혼자 대비 이혼율은 3.3% 정도라고 할 수 있다. 최근 한 부부관계 전문 상담기관에서 108명의 내원 환자를 대상으로 조사한 바에 따르면 성격 차이가 41건으로 배우자의 외도 31건을 훨씬 웃돌았다. 이밖에 우울증 등 정서적 문제 10건, 의부·의처증 7건, 남편 폭력 4건, 성적(性的)인 부조화 4건의 순이었다(중앙일보).

또 다른 한 가정법률상담소에서 최근 이혼한 부부를 대상으로 설문조사를 한 결과 부인의 30%는 남편의 가부장적인 태도를, 남편의 30% 이상은 가족의 해체를 이혼 사유로 꼽았다(문화일보, 2004. 06. 28.). 이러한 응답 결과는, 이혼한 부부들이 헤어지는 순간까지도 아니 헤어진 후에도 그들에게 있어 갈등의 원인이 무엇이었는지 알지 못했음을 알려준다. 끝내 커뮤니케이션이 이루어지지 않은 것이다. 또 한 가지 알 수 있는 것은 주어진 현실에 대한 남녀의 인식이 매우 다르다는 것이다.

커뮤니케이션은 이처럼 우리가 서로 다를 수 있다는 인식에서 출발할 수 있다. 너와 내가 분명히 다르다는 것 그리고 각 개인의 자율성과 독립성을 '우리'의 범위 속에서 인정할 수 있을 때 '서로', '긍정적인 피드백'을 주고받으며 '상승적 커뮤니케이션'을 이루어낼 수 있는 관계가 맺어질 수 있는 것이다.

그러나 상승적 커뮤니케이션 관계를 지속적으로 이끌어가는 경우가 매우 드문 것은 커뮤니케이션의 과정에 관여하는 수많은 요소들이 메시지의 내용을 변형시켜 버리기 때문이다.

영국 작가 포스터(E. M. Fosters)는 『인도로 가는 길』(A Passage to India)을 통하여 "좋지 않은 장소에서 잠깐 쉬는 동안 주고받은 몇 마디 말 가운데의 한 억양이 오해를 초래하여 전체 대화가 파국으로 치닫게 된", 오해와 갈등을 야기하는 커뮤니케이션의 핵심적인 국면을 보여주고 있다.

인간은 태어나서 죽을 때까지 다른 사람과의 상호작용을 통해 자신의 삶을 역동적으로 변화시켜나가는 존재이다. 이러한 인간에게 있어 커뮤니케이션 능력은 자신을 둘러싸고 있는 외부와의 관계 능력으로 지력, 심력, 체력, 자기 관리 능력 등 모든 능력의 결정체로 삶을 영위하는 힘이라고 할 수 있다.

실제로 늘 존재하는 타인과의 관계를 잘 정립하는 힘은 삶의 질을 결정한다.

커뮤니케이션이 삶의 웰빙(Well-Being)에 정신적으로나 신체적으로 직접적인 영향이 있다는 것은 이미 여러 연구에서 밝혀진 바 있다.

다른 사람들과 커뮤니케이션을 잘 하며 사는 사람들은 건강을 유지하지만 사회적으로 고립된 이들은 스트레스, 질병에 시달리거나 일찍 죽음을 맞이하며(Crowley, 1995) 가까운 친구가 없는 사람들은 가까운 친구가 있는 사람들보다 걱정, 근심이나 우울증의 정도가 심각하다고 한다(Hojat, 1982 ; Jones & Moore, 1989). 대인관계가 좋지 못한 사람들에게 심장병도 더 많이 발병되며(Ruberman, 1992) 유방암에 걸린 여자들의 경우, 함께 이야기할 수 있는 친구나 가족이 있는 사람은 그렇지 않은 경우보다 2배나 더 오랜 기간 생존했다고 하는 연구(Crowley, 1995), 대인 관계가 좋지 못한 사람들은 자기 가치 개념이 낮으며 두통, 알코올중독, 암, 불면증 그리고 다른 육체적인 문제로 더 힘들어하며(Steve Duck, 1992) 커뮤니케이션의 결핍이 유아기나 아동기에 일어날 때에는 심각한 발달장애나 심지어는 사망에까지 이를 수 있다는 연구도 있다(Shattuck, 1980, Ghadya Ka Bacha-Wolf boy).

이러한 연구들은 다른 사람들과의 건강한 상호작용이 삶의 질 향상에 가장 직접적인 요소이며 따라서 커뮤니케이션은 삶의 모든 영역과 관련되어 있음을 보여주고 있다.

커뮤니케이션은 이제 현대사회의 중심의제이다.

"우리는 커뮤니케이션하지 않을 수 없다(We cannot not communicate)"라는 커뮤니케이션학의 오래된 명제(Watzlawick, Beavin & Jackson, 1967)가 현실화된 것은 이미 오래전이며, 우리는 첨단 기술(technology)을 통하여 사이버 공간에서 전자적으로 커뮤니케이션하는 사회 속에서 살고 있다. 우리가 커뮤니케이션에 관심을 갖고 그 이론과 기술의 실제적 적용에 힘써야 하는 까닭은 이제 커뮤니케이션은 삶 자체이며 성공의 필수 조건이기 때문이다.

그러나 이러한 커뮤니케이션 자질은 하루아침에 생기는 것이 아니다. 선천적인 자질도 물론 중요한 부분을 차지하지만 커뮤니케이션 학자들은 커뮤니케이션 능력은 사회화 과정 속에서 사회·문화적 학습에 의해 길러진다고 주장한다. 그러므로 훌륭하고 바람직한 커뮤니케이터가 되기 위한 훈련은 어렸을 때부터 가정에서 시작되어야 하며 적절하고 지속적으로 계속되어야 한다.

커뮤니케이션과 관련하여 우리나라에서 교육적 관심을 가져온 분야는 주로 매스컴이나 언론, 홍보, 광고 등이었다. 그러나 커뮤니케이션 학계는 앞으로 가장 주목받을 커뮤니케이션의 영역으로 대인 커뮤니케이션을 꼽고 있다.

제도 교육이 교육의 중요한 비중을 차지하고 있는 우리나라에서는 각급 학교에서 일찍부터 커뮤니케이션 교육을 할 필요가 있지만 최소한 대학 교양과정에서라도 자기표현 훈련, 대인 커뮤니케이션, 토론 방법 등을 배울 수 있어야 할 것이다.

2) 커뮤니케이션의 개념

'커뮤니케이션'이라는 용어는 워낙 다양한 맥락에서 광범위하게 사용되고 있고 주어진 상황에 따라 여러 가지 의미를 내포하기 때문에 '커뮤니케이션'에 대한 명확한 정의는 아직 보편화되어 있지 않다. 지금까지 이루어진 커뮤니케이션에 대한 변별적인 정의는 100개도 넘는다(Frank Dance, 1970).

커뮤니케이션(communication)의 사전적 정의는 '전달, 통신, 연락' 등으로 되어 있는데, 이러한 정의로는 오늘날 커뮤니케이션이 갖는 다양한 의미를 모두 포괄하기는 어려울 듯하다. 그만큼 현대사회에서 커뮤니케이션이 갖는 의미가 넓고 깊기 때문이다.

커뮤니케이션의 어원은 명확하지는 않지만, 라틴어 'common'과 그 동사형 'communicare'에서 찾을 수 있다. 'communicare'는 '공통적인 것을 만들다'라는 의미이며 그 명사형은 'communis'로 '다수에 동등하게 속하는', 즉 '무언가 하나 이상이 모인 데에 참여하거나 속해 있다'라는 의미를 가지고 있다. 이는 커뮤니케이션이라는 단어가 '혼자가 아닌 다수와 깊은 관계가 있다'는 사실 그러므로 '둘 이상의 사람들이 연결되기 위한 무엇'을 커뮤니케이션의 라틴어 해석으로 추론할 수 있다(http://shi.kaist.ac.kr).

대인관계에 영향을 미치는 커뮤니케이션과 관련하여 우리는 '가족 관계'를 중시한 사티어(V. Satir)와 T. 우드(Wood, 2000)를 주목한다.

> 인간이 지구상에 나타난 후로 커뮤니케이션은 사람들이 타인과 어떤 관계를 맺을 것인지 그리고 그를 둘러싼 세계 속에서 그에게 어떤 일이 일어날 것인지를 결정하는 가장 커다란 단일 요소이다.
>
> ● ● ● Virginia Satir, 1972

정신의료와 사회사업을 전공한 사티어는 '가족 치료'를 위한 방편으로 '커뮤니케이션'에 주목하였다. 한 개인의 문제는 결국 가족의 문제로 귀인하며 커뮤니케이션 방법을 교정함으로써 가족 치료가 가능하다는 것이었다. 가족 치료에 개입하는 형태는 커뮤니케이션 밑에 숨겨져 있는 진정한 감정을 알도록 하는 것이다. 현재의 문제 행동을 인식하고 변화시키는 것은 행동 밑에 깔려 있는 감정을 인식하게 되거나 새로운 견해에 따라 행동을 변화시키는 것으로 보는 것이다. 그리하여 사티어는 커뮤니케이션을 정보 공유 과정으로서 중요시하였고, 커뮤니케이션의 언어적·비언어적 과정을 중요시하였으며, 메시지의 일치성과 불일치성에 많은 관심을 두었다.

사티어(1972)는 순기능적 커뮤니케이터와 역기능적 커뮤니케이터의 특징을 다음과 같이 들었다.

▌ 순기능적 커뮤니케이터

(가) 상대방의 메시지를 경청하며, 명확하게 질문한다.

(나) 질문에 대하여 적절하게 대답한다.

(다) 상대방에게 자신의 의견을 명확하게 전달한다.

(라) 찬성이나 반대의 반응을 분명히 하지만 반대 의견을 직접적이고 노골적으로 표현하지 않는 기술이 있다.

(마) 상대방의 반응(Feedback)을 잘 받아들인다.

(바) 언어적 커뮤니케이션이 합리적이고 분명하다면 메시지 내용에 대하여 책임을 진다.

(사) 분명하고 적절한 커뮤니케이션은 내용을 지나치게 일반화하지 않고, 자신의 희망, 생각, 개념을 다른 사람에게 투사하지 않는다. 그리고 다른 사람에게 제삼자의 사적인 이야기를 전하지 않는다.

▌ 역기능적 커뮤니케이터

(가) 자신이 일반화하거나 확실한 증거 없이 짐작하여 의사 전달한다는 사실을 모른다.

(나) 사용하고 있는 단어나 커뮤니케이션하는 내용을 확인하지 않고 구체화하지도 않는다.

(다) 미완성의 메시지를 전달하며, 완성된 문장을 사용하지 않고 발음도 명확하지 않다.

사티어는 역기능적 커뮤니케이션 유형을 회유(Placating), 비난(Blaming), 평가(Computing), 주의산만(Distracting)의 4가지로 나누었는데 이러한 역기능적인 커뮤니케이션은 사람들이 거부 또는 심판받는다고 느끼거나 약점이 노출될 때, 개인의 자기존중감정이 흔들리고 약해졌을 때 발생한다고 한다(Satir, 1972). 각각을 자세히 살펴보면 다음과 같다.

① 회유(Placating)

커뮤니케이션에 있어 회유 유형을 많이 사용하는 사람은 변명과 아부를 잘하며, 다른 사람의 찬성을 받으려고 하고, 모든 것을 자기 책임으로 돌리며, 무조건 동의하고, 상대방이 원하는 대로 행동하고, 희생적이며, 다른 사람을 화나지 않게 하려고 노력한다. 의사소통을 하는 데 있어 이런 사람은 내면적으로는 자신은 무가치하다고 여기며 곁에 누가 없다면 죽은 목숨과 같다고 느낀다. 이러한 회유 반응은 자신을 위하여 자신의 욕구를 숨기는 것이다.

② 비난(Blaming)

커뮤니케이션에서 비난을 주로 하는 사람은 내면적으로는 외롭고 비성공적인 감정이 있다. 비난은 상대방을 두렵게 하고 상대방은 비난하는 사람에게 복종하게 된다고 생각한다. 비난 행위는 다른 사람과 가까워지고 싶은 자신의 욕구를 숨기는 것이다.

이러한 사람은 자기 주장이 강하고 독선적이며 명령적이고 지시적이다. 잘못을 남의 탓으로 돌리고, 참을성이 없으며 자신이 제일이라고 생각한다. 다른 사람의 충성과 복종을 요구하며, 강자같이 생각하고, 다른 사람을 무시하거나 남의 말을 무시하며, 자신이 상관이라고 생각한다.

③ 평가(Computing)

커뮤니케이션에 있어 평가를 주로 하는 이 유형은 내면적으로 약해서 감정적으로 상처받기 쉬운 사람이 사용하는 역기능적인 커뮤니케이션 유형이다. 평가 행위는 상대방에게 시기심을 갖게 하고 상대방이 시기할 경우 평가하는 사람과 한편이 되리라고 생각하는 것이다. 평가하는 사람은 자기 자신과 다른 사람을 위하여 필요한 자신의 정서적 감정을 숨긴다.

이러한 사람은 합리적이며, 지나치게 이치에 맞게 평가하고, 조용하고 냉정하고 침착하다. 그리고 자신과 다른 사람을 멀리하면서 주제에 대해 완전히 중립을 유지하고 자신의 감정을 부정한다.

④ 주의산만(Distracting)

커뮤니케이션을 할 때에 주로 주의산만한 사람은 내면적으로는 아무도 상관하지 않고, 현재 있는 곳이 자기가 있기에 적절하지 않다고 생각한다. 말하거나 행동하는 것이 다른 사람의 것과 일치하지 않아도 별로 상관이 없으며 관심이 없다. 그리고 자신과 주위사람들의 욕구를 무시한다.

사티어의 네 가지 역기능적인 커뮤니케이션 유형은 자신의 전체를 숨기는 방법이거나 자신의 부분들을 숨기는 것, 즉 감정을 숨김으로써 상처입지 않기 위해 사용하는 방어기제이다. 이와 같이 자신의 감정을 나타낼 수 없거나 나타내지 않는 사람은 대체로 오랫동안 심하게 상처를 입었거나 무시당해 온 경향이 있다. 감정을 나타내지 않는 것은 다시 상처 입는 것으로부터 자신을 보호하는 방법인 것이다.

효과적으로 커뮤니케이션하는 것을 배우지 못한 사람들은 이와 같이 역기능적인 커뮤니케이션으로 다른 사람들을 인정하지 않으면서 낮은 자아존중감을 가지고 있는데 이러한 낮은 자아존중감은 가족으로부터 자신을 분화시키고 성장 발달하는 것을 방해하므로 성숙을 방해할 뿐 아니라 병적 증상을 가지고 있는 경향이 있다.

한편 이와 더불어 사티어의 커뮤니케이션 이론에서 '이중 메시지'는 매우 중요한 개념의 하나이다. 사티어에 따르면 문제가족은 '이중 메시지(Double-level Messages)'를 통하여 커뮤니케이션을 하는데 '이중 메시지'는 다음과 같은 상황에서 일어난다.

① 낮은 자아존중감을 가지고 있고 자신을 나쁘다고 생각한다.
② 다른 사람의 기분을 상하게 할까 걱정한다.
③ 다른 사람과의 관계를 걱정한다.
④ 관계가 깨질까 걱정한다.
⑤ 강요하는 것을 싫어한다.
⑥ 사람이나 상호관계에 대한 의미를 갖지 못한다.
⑦ 일반적으로 사람들은 자기자신이 '이중 메시지'를 전달하면서도 모르고 있으며, 커뮤니케이션의 결과는 반응에 따라 다르다.

사티어는 고통의 원인을 '나쁜 사람(Bad Person)'에서 찾지 않고 '나쁜 규칙(Bad Rules)'에서 찾는다. 즉, 가족체계는 성장을 방해하는 융통성 없는 규칙 때문에 고통 속에 있는 것이므로 분명하지 않은 규칙은 표면화되고 언어적으로 분명히 밝혀 모든 가족성원들에게 알리도록 하여야 하며 가족 체계에 고통을 주는 규칙이 있다면 커뮤니케이션을 통하여 그러한 규칙을 고쳐나가도록 함으로써 가족의 문제를 해결할 수 있다는 것이다.

이와 같이 사티어는 대인관계의 가장 기본적인 기술이라는 점에 중점을 두어 커뮤니케이션을 의사(opinion)를 소통하고, 정보(information)를 교환하고 감정(sentiment)을 이입시키는 행위의 수단이라고 정의하고 있다.

T. 우드(Wood, 2000)에서는 '커뮤니케이션이란 상징을 통하여 의미를 만들어내기도 하고 해석하기도 하면서 서로 상호작용하는 체계적인 과정'이라고 정의하고 있다. 이 정의에는 커뮤니케이션학에서 모색된 개념들이 비교적 총체적으로 포함되어 있으며 커뮤니케이션의 역동적 과정을 중시하고 있다. 커뮤니케이션과 관련된 대표적인 개념 정의는 커뮤니케이션의 모델과 관련하여 다음 장에서 자세히 설명될 것이다.

본서에서 우리가 정의하고자하는 커뮤니케이션의 개념을 이루는 주요 항목은 '체계'와 '변화'이다. 즉, 커뮤니케이션이란 "의미의 공유를 위해 상징을 사용하는 체계 간 상호작용의 과정"으로 하나 이상의 사회적 층위에 속해 있는 개인이 자신이 속한 체계 내에서 살아가기 위해 '자신의 내부 혹은 자신을 둘러싸고 있는 외부의 모든 환경'과 상호작용하는 과정이라는 것이다. 이는 '체계'에 적응해야만 살아갈 수 있는 인간의 사회적 속성을 주목하며 또한 어떤 개인도, 사회도, 체계도 모두가 시간의 흐름에 따라 변화하고 있는 선 위에 존재하고 있다는 것을 인식함으로써 변화에 대처하는 커뮤니케이션 자세를 가져야 함을 강조하고자 한 것이다. 다음은 체계와 변화에 따른 현대사회의 대인관계와 커뮤니케이션의 한 단면을 보여주는 자료이다.

🔍 대학가 새 풍속 '곰신남'을 아시나요

"여자만 군대 간 남자 기다리나요? 전 외국 간 여자친구 기다리는 중이죠."

한양대 4학년에 재학 중인 김모씨(24)는 지난해 9월 여자친구를 뉴욕으로 보냈다. 며칠 전엔 몸살에 걸린 여자친구 이모씨(24)가 국제전화를 받지 않자 뉴욕에 있는 다른 친구들에게 급히 전화를 걸어 구급차를 부르게 했다. 이들은 시차가 14시간이나 나는데도 모닝콜로 아침을 시작한다. 미니 홈페이지의 커플 다이어리에 서로 하루의 일과를 꼼꼼히 적고, 웹캠과 마이크를 연결해 국제 전화비를 아낀다. 김씨는 오로지 여자친구와 함께 지내고 싶다는 생각에 유학을 준비하고 있다. 군대 간 남자를 기다리는 여자들의 자리를, 이제 '곰신남(男)'들이 차지하고 있다. '곰신'은 고무신을 줄여 부르는 신세대들 사이의 은어. 유학, 어학연수, 교환학생 제도가 보편화되면서 해외로 떠나는 여자친구를 기다리는 남성들이다.

작년 연세대 교환학생 남녀 비율을 보면 여학생이 417명, 남학생이 170명으로 여학생이 남학생의 두 배나 됐다. 고려대도 여자 408명, 남자 200명, 성균관대 역시 여자 249명, 남자 165명으로 여학생이 훨씬 많다. 군에 입대해야 하는 남학생들은 졸업이 늦어지는 것을 피하기 위해 교환학생을 선호하지 않는 데다 학점에서도 여학생에게 뒤져, 교환학생 수는 여학생이 월등히 많다. 숫자를 따로 집계하지 않는 어학연수생도 비슷한 추이다. 여자친구를 해외로 보낸 이들 남학생들의 정성은 눈물겹다. 한국이 상대적으로 싼 생필품을 보내주는 것은 기본이다. 생일이나 밸런타인데이 같은 기념일에는 케이크와 선물이 제때 도착하도록 미리미리 체크한다. 작년 영국에서 교환학생을 마치고 돌아온 고려대 이지현 씨(24)는 "남자친구가 군대에 있는데도 내 생일 12시(자정) 정각에 전화해주었다"고 자랑했다. 생일에 맞춰 택배로 선물을 보내온 건 당연하다. 곰신남들의 마음고생도 크다. 대학생 곽모씨(24)의 여자친구는 호주로 어학연수를 떠난 지 8개월째다. 그런데 파티문화가 발달한 외국에서 여자친구가 파란 눈의 호주 남자들과 어울리는 상상을 하면 괴롭다. 그가 여자친구에게 가장 자주 보내는 선물은 액세서리. 크기가 작아 택배로 보내기도 쉽고, 여자친구가 늘 착용하면서 자신을 잊지 않을 거란 믿음 때문이다. 여자친구가 좋아했던 새우깡·맛동산 등 한국 과자를 다달이 박스로 보내주는 섬세함도 잊지 않는다.

고려대 심리학과 성영신 교수는 "부권이 약해지고 딸을 강하게 키우는 부모가 늘어나면서 여자는 남성성과 여성성을 고루 조화시키는 데 반해 남자는 점점 여성성만 강화되는 경향이 있는 것 같다"고 말한다. 대구대 심리학과 박은아 교수는 "어떻게 보면 강인하고 푸근한 연상녀와 부드럽고 의존적인 연하남 커플이 많아지는 현상과 맥을 같이 한다"며, "양성평등사회가 정착되면서 남자들의 '외조'가 점점 더 필요해지는 시대"라고 말했다.

●●● 김다미(조선일보 인턴기자, 고려대 국문학과 4년), 2007. 01. 29. 09:24

2. 커뮤니케이션과 대인관계의 기본 원리

커뮤니케이션에 대한 통찰력을 얻고 다양한 상황에서 효율적으로 커뮤니케이션할 수 있는 능력을 강화하기 위한 기본 원리는 다음과 같은 여섯 가지 영역에 관계한다. '인식과 이해', '분위기', '언어 커뮤니케이션', '비언어 커뮤니케이션', '경청 : 듣기와 반응', '상황' 이 여섯 가지 영역의 기본 원리들은 커뮤니케이션을 하고 있는 상황에 따라 각각 그 비중을 달리 하여 적용될 수 있겠지만 서로 유기적인 관계를 가지며 커뮤니케이션의 전 영역에 통합적으로 적용된다.

1) 인식과 이해

오늘의 우리는 우리의 과거 생각의 결과이다.
마음은 모든 것이다.
우리가 생각하면 곧 그런 사람이 된다.

● ● ● Buddha

인식과 커뮤니케이션은 서로 영향을 주고받는다.

커뮤니케이션의 첫 단계는 자신과 타인과 상황과 경험에 대한 인식을 하는 일이다. 처음 만나는 사람에 대하여 갖게 되는 첫 인식은 어떤 상황에서나 이미 우리가 갖고 있는 인식에 의해 결정된다. 즉 지금까지 우리가 어떻게 살아왔는가, 다른 사람들과 어떻게 커뮤니케이션해왔으며 다른 사람의 커뮤니케이션을 어떻게 해석해왔는가에 의해 만들어진 현재의 인식 체계에 의해 새로 만나는 사람에 대한 인식의 방향이 결정된다는 것이다. 그리고 그 사람에 대한 앞으로의 인식은 그에 대한 처음의 인식에 의해 영향을 받는다. 그러므로 우리가 다른 사람과 커뮤니케이션을 하고자 할 때 맨 처음의 단계는 자신에 대한 올바른 인식이라 할 것이다. 즉 내가 어떤 사람인가를 올바로 인식하고 나의 인식에 따라 외부 세계의 모든 체계가 결정된다는 것을 인식하는 일인 것이다.

그리고 한편으로는 우리가 다른 사람을 우리의 인식의 범위 내에서 인식하듯이 다른 사람도 그의 인식의 영역 속에서 우리를 인식한다는 것을 잊어서는 안 될 것이다.

우리가 맞닥뜨리게 되는 삶의 여러 문제들에 대해 그 해결 방법은 우리가 그 문제에 대해 얼마나 알고 있는가 어떻게 알고 있는가하는 인식 범위 내에서 가능하다. 알고 있다는 것은 배운 만큼을 의미한다. 예를 든다면 차량 사고와 같은 갑작스러운 불행, 타인과의 갈등 상황에서 그 사람이 문제를 해결하는 방식은 자신이 알고 있는 만큼만 가능하다. 폭력적으로 해결하는가, 언어폭력을 사용하는가, 완력으로 밀고 나가는가, 냉소적인가, 충동적이고 감정적인가, 이성적이고 합리적인 태도를 보이는가, 온화하고 질서 있게 대처하는가 등은 모두 그가 학습하여 알고 있는 방식에 따른다. 즉, 문제나 갈등, 삶이라든가 인간에 대한 그의 인식이 어떠한가에 의해 결정된다고 할 수 있는 것이다.

인생은 만남의 연속이다. 피천득의 수필 「인연」처럼 만나고 싶어도 한 번 만나고 영원히 만나지 못하게 되는 사람이 있는가 하면 운명처럼 악연이면서도 자꾸 만나게 되는 사람이 있다. 이러한 인생의 길을 가며 혼자만의 의지로 진행되지 않는 것이 바로 대인관계라고 할 수 있다. 그러나 그러한 대인관계를 엮어가는 커뮤니케이션은 꾸준한 자기 성찰과 노력에 의해 기술과 능력을 향상시킬 수 있다. 첫 만남의 순간적인 첫 인식에 의해 운명이 결정되는 '취업 면접'에 대해 많은 사람들이 어려움을 느끼고 있지만 그런 경우에 있어서도 사실은 일상생활 속에서 자신에 대한 올바른 인식과 이해에 의해 효율적인 커뮤니케이터가 되고자 노력했던 사람들은 어렵지 않게 그 문을 통과할 수 있는 것이다.

인간의 모든 행위, 특히 커뮤니케이션하는 태도나 방식은 본성이나 타고난 자질도 중요하지만 우리가 어떤 환경에 노출되었는가, 즉 어떤 가정에 태어나서 어떤 부모 밑에서 어떻게 살았는가 그리고 그 이후 우리가 만나게 되는 사람, 집단, 조직, 사회 나아가서는 우리가 아프리카의 빈곤한 부족국가가 아니라 한국에 태어났다는 것 등이 커뮤니케이션과 대인관계에서는 매우 중요하다. 이는 커뮤니케이션의 태도나 방식이 그가 속한 사회문화적 규범에 의해 학습된다는 의미이며 따라서 환경적인 면을 강조하게 된다.

이렇듯 한 개인의 인식체계는 개인의 생리적인 요소, 기대, 각자가 가지고 있는 인지능력의 차이, 그 사람의 사회적 역할, 문화적 요소 등에 의해 영향을 받아 형성된다. 그러므로 우리는 어떤 상황이나 사람을 대할 때 보게 된 일면만으로 그를 판단하여 인식해버리는 유형화(stereotyping)나 전체주의적 사고(Totalization)에 빠지지 않도록 주의해야 한다. 또 한편으로는 자신이 다른 사람에게 인식될 때에 부정적인 영향을 주는 면은 없는지 항상 스스로 세심히 살펴야 할 것이다.

우리 주변을 돌아보면 별스럽지 않은 자리에서 성공의 열쇠를 찾아내는 사람이 있는가 하면, 한 순간의 부주의가 빌미가 되어 하루아침에 명예나 지위를 잃게 되는 사람도 있다. 따뜻한 커피 한 잔을 함께 마실 때나 다소 불쾌한 자리, 사소하다고 여겨지는 일이나 짜증스러운 상황 등 모든 것이 한 순간도 인생에 있어서는 허튼 것이 없다. 우리가 실제로 있는 곳 '지금 여기'는 우리가 좋아하건 싫어하건 우리 인생의 한 순간이며 그 순간순간의 커뮤니케이션과 대인관계는 우리 삶의 전체를 이루는 한 점이라는 것을 생각한다면 언제 어디서나 결코 가볍게 생각 없이 커뮤니케이션을 해서는 안 될 것이며 항상 자신을 돌아보고 반성하여 자아와 세상에 대한 올바른 인식을 하도록 노력해야 할 것이다.

> 매일 다음과 같은 세 가지를 반성하라.
> 첫째, 타인에게 어떤 도움을 주었을 때 진심으로 대했는가.
> 둘째, 친구와 교제할 때 불신의 언행을 하지는 않았는가.
> 셋째, 스승으로부터 배운 것을 잘 실행했는가.
> 이렇게 늘 반성하는 하루하루가 자신을 성장시켜 줄 것이다.
> 하루를 마치고 잠들기 전에 매번 점검해야 할 요소들이다.
>
> ● ● ● 증자

2) 분위기

커뮤니케이션의 두 번째 원리는 커뮤니케이션을 할 수 있는 바람직한 분위기를 만들고 유지하는 것이다.

영국 수상 '해럴드 맥밀런'은 재임 당시 인디애나 주의 포우 대학 졸업식에서 청중의 주목을 받았다.

"영국의 수상이 미국 대학 졸업식에 초청될 기회는 좀처럼 없을 것입니다. 하지만 내가 수상이라는 사실이 이 자리에 초청된 유일하고 중요한 이유는 아닌 것 같습니다."

그리고 나서 그는 자신의 모친이 인디애나 출신의 미국인이며 모계쪽 조부가 포우 대학의 제1기 졸업생이었다는 사실을 밝히며 자신이 가문의 오랜 전통을 이어갈 수 있다는 사실을 강조했다.

이렇게 해서 그 졸업식에 참석한 사람들은 자기 대학 출신의 후손인 자랑스러운 영국 수상의 발언에 귀를 기울이게 되었던 것이다.

● ● ● 데일 카네기, 2002

'해럴드 맥밀런'의 예화는 대학 졸업식과 같은 들뜬 장소에서도 어떻게 효과적으로 자신의 이야기를 잘 전달할 수 있는지 보여준다. '맥밀런'은 다소의 '자아노출(Self-Disclosure)'을 통해 청중들과의 정서적 교감을 형성하여 자기 말을 잘 들을 수 있는 분위기를 만들어 내었다.

커뮤니케이션의 분위기란 이렇게 커뮤니케이션을 할 수 있는 심리적 기분 또는 정서적 느낌을 말한다.

어떤 부모는 가르친다고 하면서 아이에게 잘못을 지적하고 아이를 윽박지르기도 한다. 그러나 이런 경우 아이가 자발적으로 자신의 잘못을 뉘우치는 경우는 거의 없다. 아이는 자신의 잘못이 무엇인지도 알지 못한 채 불안과 강요에 의해 용서를 구함으로써 이후 아이는 부모와의 관계에 장벽을 쌓고 커뮤니케이션에 장애가 생기기 시작하게 되는 것이다.

사무엘 버크젠은 상대의 장점을 찾아서 경의를 표하거나 칭찬을 하면 그는 스스로 최선을 다할 것이라고 하였다. 근래에 들어 등장한 '강점 사정', '강점 상담', '강점 치료' 등 일련의 '강점 이론(empowerment theory)'들은 모두 상대의 장점을 인정하고 문제해결의 시작을 그 사람이 가진 장점을 바탕으로 한다.

이와 같이 사람은 누군가가 자신의 능력을 믿고 있다는 것을 알면 좀더 노력하게 마련이다. 버크젠의 말이나 '강점 이론'은 모두 상대의 내적 자신감을 인정해줌으로써 효율적으로 커뮤니케이션을 할 수 있는 분위기를 만들 수 있다는 것을 말하고 있다.

> 프랑스의 나폴레옹 1세는 자신이 제정한 레종 도뇌르 훈장을 천오백 개나 수여하고 18명의 대장에게 대원수의 칭호를 주었으며 자신의 군대를 대육군이라고 명명했다. 이에 주변사람들이 전쟁을 장난처럼 치른다고 비난하자 그는 코웃음을 치며 이렇게 말했다.
> "인간은 완구의 지배를 받는다."
>
> ● ● ● 데일 카네기, 2002

위의 예화에서 나폴레옹은 전쟁이라는 상황 속에서 '레종 도뇌르 훈장'이라는 비언어적 상징과 '대원수'라는 언어적 상징을 통해 '용맹한 군인이 되고자 하는 분위기'를 만들고 있음을 알 수 있다. 전쟁과 같은 극한 상황에서도 전쟁을 잘 치르기 위해서는 효율적인 커뮤니케이션 능력이 필수임을 보여주는 예화라 하겠다. 옛 중국에서도 초나라의 항우가 한무제 유방에게 힘이나 용맹과 같은 개인적인 기량은 월등하면서도 결국 패하고 만 것은 커뮤니케이션 능력에서 유방을 따르지 못했기 때문이라고 할 수 있다. 이는 영웅도 혼자만으로는 영웅이 되지 못하는 것이며 주위 사람들과 커뮤니케이션이 잘 되어야 천하를 지배할 수 있다는 것을 의미한다.

이와 같이 언제 어디에서 어떤 상황이든 효율적인 커뮤니케이션을 해나갈 수 있기 위해서는 바람직한 커뮤니케이션의 분위기가 중요함을 알아야 할 것이다.

3) 언어 커뮤니케이션

커뮤니케이션의 세 번째 원리는 언어 상징을 올바로 사용하고 해석하는 것이다.

언어는 기호로서 의미를 담고 있는 상징이다. 상징은 우리가 세계를 감지할 수 있게 해주고 우리의 정체성을 표현하고 다른 사람과의 관계를 인식하게 해준다. 그러나 언어라는 기호가 가진 추상성은 커뮤니케이션의 의미를 모호하게 만들기도 한다. 그러한 모호성은 세심한 주의와 꾸준한 연습에 의해 감소할 수 있다.

아리스토텔레스는 생각은 현인처럼 하고 말은 평범한 사람처럼 하라고 하였다.

이는 추상적 언어 표현을 피하고 최대한 구체적인 표현을 하여 평범한 사람에게도 자신의 높은 이상을 설파할 수 있어야 한다는 뜻이다. 알고 있는 것을 쉽게 말할 수 있어야 한다는 것으로 현학적 표현을 피하고 구체적으로 말하라는 것이다.

그러나 이렇게 구체적으로 말하는 것이 일반적으로는 중요하지만 항상 최상의 것은 아니다.

> 근간 쌍기역이 들어가는 외마디 단어 5가지가 성공의 요소라는 이야기가 있다. 5가지 외마디 단어는 끈, 꾀, 끼, 깡, 꿈이다. 먼저 끈은 혈연, 지연, 학연 등과 연결되어 있는 인맥을 말하는 것이고, 꾀는 일을 효율적으로 할 수 있고 지혜를 지칭하는 것이다. 끼는 타고난 끼뿐만 아니라 끼를 발산하는 것도 포함된다. 깡은 배짱과 추진력을 의미한다. 마지막으로 꿈은 기대하고 갈망하는 목표를 말한다.
>
> ● ● ● Chief Executive, 2004년 2월호

위의 글은 '끈, 꾀, 끼, 깡, 꿈'이라는 추상적 단어를 먼저 제시하고 뒷부분에 그 의미를 구체적으로 풀어 설명하고 있다.

이와 같이 언어 커뮤니케이션에서 중요한 것은 생각을 순서 있게 정리하여 대상과 상황에 알맞은 추상성의 정도에 맞추어 말하는 것이다.

언어 커뮤니케이션과 비언어 커뮤니케이션은 각각 장을 달리하여 다루기로 하므로, 여기에서는 간략한 소개로 그친다.

4) 비언어 커뮤니케이션

언어 커뮤니케이션과 함께 복잡한 체계를 가진 비언어 커뮤니케이션이 있다.

일상생활에서 행하는 우리의 커뮤니케이션을 분석해보면 많게는 93%까지가 비언어 커뮤니케이션에 의한다고 한다. 실제로 우리 지식의 대부분은 시각적 인상을 통해 얻어진다. 어떤 청중은 이야기의 주제보다는 그때 묘사했던 우스꽝스런 몸짓으로 연설자를 기억하기도 한다.

비언어 커뮤니케이션과 언어 커뮤니케이션은 공통점이 많다. 상징적 의미를 담고 있다는 것, 추상성으로 인해 완전히 정확한 의사전달이 불가능하다는 점, 관계적 의

미와 내용적 의미, 상황적 의미가 종합되어 수신자의 의미 체계에서 해석이 되어야한다는 점 등이다. 그러나 비언어 커뮤니케이션은 언어 커뮤니케이션에 비해 훨씬더 애매모호하고 그러므로 발신자와 수신자가 주고받은 의미의 일치성을 측정하기어렵다. 한편 그러한 점이 오히려 언어 커뮤니케이션이 곤란한 상황에서 더 효율적으로 커뮤니케이션할 수 있다는 전략적 장점을 가지고 있다.

언어와 비언어적 행위가 상호 모순되는 메시지를 전달할 때 일반적으로 사람들은비언어에 의한 메시지를 근거로 진실 여부를 판단할 만큼 비언어 커뮤니케이션은대인 커뮤니케이션에서 매우 중요한 역할을 하고 있다.

같은 내용을 가진 언어라도 거기에 수반되는 비언어적 행위에 따라 전달되는 의미는 전혀 달라진다. 예를 들면 어떠한 주장을 펼 때, 당당하게 여겨지는가 무례하게 여겨지는가는 주장의 내용, 즉 언어 커뮤니케이션에 의해 결정되는 것이 아니라논리를 펴는 과정에 수반되는 비언어적 행위에 의해 결정된다는 것이다. 똑같은'Yes'에도 감사와 분노가 엇갈린다. 이때 감사한 마음과 분노의 감정은 'Yes'라는언어 기호가 가진 의미에 의해서가 아니라 'Yes'라고 대답할 때의 커뮤니케이션 체계 전체의 상황에 의해 결정되는데 그러한 커뮤니케이션 상황 전체에 가장 크게 영향을 미치는 것이 바로 비언어적 상징이라는 것이다.

이렇게 비언어 커뮤니케이션은 다른 사람들이 우리와 우리의 커뮤니케이션을 어떻게 받아들이며 동시에 우리가 다른 사람들을 어떻게 받아들이는가에 영향을 준다.그러므로 우리는 자신도 모르게 다른 사람들이 불쾌하게 여길 수 있는 비언어적 행동을 하고 있지는 않은지 수시로 자신의 태도를 잘 점검하여 치명적인 실수를 범하는 일이 없도록 하여야 할 것이다.

5) 경청-듣기와 반응

"전 많은 시간을 좋은 부모가 되기 위해 생각을 했었죠.
그것은 항상 곁에 있는 겁니다. 그리고 참는 거죠, 그리고 들어주는 것,
적어도 들어주는 척하는 것, 더 이상 들을 수 없을 때라도."

● ● ● 영화 〈I Am Sam〉에서 'Sam'의 대사

위의 글은 '제시 넬슨' 감독의 영화 <I Am Sam>에서 7세 지능을 가진 아빠 샘이 아빠로서의 양육 능력이 없다는 선고를 받고 양부모에게로 보내진 딸 루시를 찾기 위해 법정에서 자신을 변호하며 한 말이다. 샘은 '크래이머 대 크래이머(Kramer vs Kramer)'의 이 대사를 감명 깊게 받아들였고 딸 루시를 키우는 지침으로 늘 가슴에 새겨두고 있었기에 루시를 위해 무엇을 해줄 수 있는가를 다그치는 아동복지시설 변호사의 질문에 이렇게 대답할 수 있었던 것이다. 부녀간의 따뜻하고 훈훈한 사랑이 그려진 이 영화는 올바른 커뮤니케이션에 대해 시사하는 바가 많다. 그 중 작품 속에서 초점을 맞추고 있는 것은 바로 '경청'인데 아이러니컬하게도 7세 지능의 비정상인인 샘이 정상인들에게 경청의 올바른 방법, 아니 커뮤니케이션의 올바른 태도에 대한 메시지를 던져 주고 있는 것이다.

경청이란 상대의 이야기를 잘 듣는 것이다. 경청은 단순한 듣기만이 아니라 들을 때의 주의 깊은 자세, 정보의 선택과 조직, 커뮤니케이션에 대한 해석, 반응하기, 기억하기 등을 모두 포함하는 능동적인 과정이다.

E. 위셸(Elie Wiesel)은 'Lessons from the Doctors'에서 '2차 대전 시 유태인 수용소 안에서 유태인 의사들은 맨손과 입만 가지고도 환자들을 치료할 수 있었다. 수용소 안에서 그들이 가진 것은 맨손과 입뿐이었지만 그들은 환자들과 아픔을 같이 했으며, 위로했고, 조언해주었고, 그래서 그들의 고통을 덜어 주었다'고 회상했다(전우택 등, 2002). 많은 의사들, 특히 정신과 의사들은 들어주는 것만으로도 70%의 치료가 가능하다고 한다.

> 자기 몸 안에 벌이 들어 있다고 생각하는 어떤 환자가 있었다고 한다. 그는 병원을 찾아 자신의 증세를 호소하였으나 의사들은 그런 일이 상식적으로 일어날 수 없다는 것만 환자에게 설명하려 하였다. 그리고 그들은 환자에게 정신과 치료를 받도록 권고했다. 환자가 찾아간 정신병원에서도 의사들은 상식으로 그를 설득하려 하였다. 상심한 그가 마지막으로 찾아간 병원에서 환자는 뜻밖에 자신의 증세를 믿어주는 의사를 만났다. 그 의사는 매우 신중한 표정으로 환자의 말을 다 듣고 난 후 환자에게 말했다. "자, 청진기로 한번 들어 봅시다." 청진기로 진찰을 한 의사는 환자에게 말했다. "정말, 벌이 윙윙대고 있군요." 환자는 반색을 하며 말했다. "그렇지요, 선생님? 선생님도 들리지요?" 의사는 공감하는 표정을 지었다. 그리고 말했다. "수술을 해야겠습니다." 환

자를 마취시키고 가슴 한 부분에 칼자국을 내고 실로 꿰맨 의사는 간호사에게 죽은 벌한 마리를 구해 오도록 하였다. 마취에서 깨어난 환자에게 의사는 말했다. "하마터면 큰일 날 뻔 했습니다. 조금만 늦었어도 벌이 새끼를 쳐서 몸 안에 벌집이 생길 뻔 하였지요." 환자는 의사에게 감사하며 돌아갔다. 환자는 의사에게 다시 찾아오지 않았다고 한다.

우리는 효율적인 커뮤니케이터가 되고 싶어 한다. 그리하여 그에 관한 많은 책들이나 프로그램, 강좌들을 찾아다닌다. 그러나 그들 중 대부분은 어떻게 하면 자기의 생각을 잘 표현할 수 있을까에만 관심이 있을 뿐 어떻게 하면 다른 사람의 이야기를 잘 들을 수 있을까 고민하는 사람은 거의 없다.

커뮤니케이션은 적어도 두 사람 이상의 상호작용이 일어나는 과정이다. 그 말은 동시에 두 사람이 함께 말을 하며 들을 수는 없다는 것이다. 이는 한 사람이 동시에 말을 하면서 들을 수는 없다는 말과 같다. 특별한 경우에 즉 상대가 되는 두 사람이 서로 말하려고 동시에 소리를 낼 때에는 말을 하면서 동시에 들을 수 있을지 모른다. 그러나 대부분의 경우에는 한 사람이 말을 하면 한 사람은 듣는 행위를 수행한다. 그럴 때 우리는 상대가 내가 하려는 말을 다 끝까지 잘 들어주기를 바란다. 상대도 마찬가지이다. 우리가 그를 이해하고 받아들이는, 그의 이야기를 들어주는 사람이 될 때 그는 마음 한편에 우리의 이야기를 들어줄 공간을 마련하게 될 것이다.

이와 같이 효율적인 커뮤니케이션이 이루어지려면 적어도 자신이 말하는 것만큼은 상대의 이야기를 경청하는 것이 중요하다. "리더십은 남에게 명령하는 것으로, 커뮤니케이션은 말을 잘하는 것으로 생각하는 사람이 많다. P&G에서는 그런 사람을 원치 않는다. 리더십은 직원이 열심히 일할 동기를 부여하고 신나게 해주는 것이고, 커뮤니케이션은 남의 말을 잘 경청할 수 있는 능력이다. 우리는 그런 리더십과 커뮤니케이션 능력이 있다고 생각하는 사람을 뽑는다." 이러한 P&G의 인사관리 방침은 P&G뿐 아니라 모든 기업 아니 모든 세상살이에 일반적이다. 우리는 누구나 상대에게 군림하고 상대에게 요구하는 사람보다는 상대를 이해하고 배려해주는 사람을 원하기 때문이다.

경청을 강조하는 고금의 가르침은 수없이 많다. 그리스 철학자 제논은 '신은 인간에게 두 개의 귀와 하나의 혀를 주셨다. 그 이유는 말하는 것의 두 배 만큼 들으라는 뜻이다'라고 하였으며 데일 카네기(2002)는 '1만큼 말하고 2만큼 들으며 3만큼 맞장구치라'고 하여 대화의 중요한 덕목이 '경청'임을 강조한다. 또한 아이작 마커슨(기자)은 의외로 듣는 재능을 가진 사람이 드물다라고 하면서 '경청'을 커뮤니케이션의 재능으로 꼽았다.

이러한 경청을 방해하는 요소들은 여러 가지가 있을 수 있다.

우선 말하는 사람이 너무 많은 말을 하거나 추상적이고 현학적인 말로 어렵고 복잡하게 말을 할 때 듣는 사람을 힘들게 할 수가 있다.

영화 <용서받지 못한 자>에서 승영은 태정에게 자신이 하고 싶은 말을 제대로 전달하지 않고 상대가 짐작하여 알아주기만을 바라며 빙빙 돌려 말함으로써 태정의 짜증을 유발한다. 상대에게 하기 어려운 말을 해야 할 경우, 말하는 입장에서는 자신의 상황을 충분히 전달하지 않고 상대가 알아주기만을 바라지만 상대와 나의 공유된 경험의 장이 없을 경우 상대가 나를 완벽하게 이해한다는 것은 어려운 일이다. 상대가 자신의 말을 경청해주기를 바란다면 경청할 수 있도록, 듣는 사람이 편히 듣고 이해하고 공감할 수 있도록 조리 있고 정확하게 자신의 생각을 간명하게 말하는 것이 옳을 것이다.

의도적이지는 않지만 말하는 사람이 상대의 경청에 영향을 주는 또 다른 요인은 그 사람의 평소의 행동이다. 예를 들면, '양치기 소년'처럼 대인관계에서 신뢰를 잃은 경우, 또는 평소에 실없는 농담을 많이 하여 그의 말에 대한 진의를 파악하기 어려운 경우 모두 상대의 진심어린 경청을 바라기 힘들게 된다.

한국 사람의 커뮤니케이션에서 많이 거론되는 예는 '말을 해야 아나'라고 한다. 이심전심(以心傳心)의 커뮤니케이션이 될 만큼 관계가 형성되었을 때에는 사실 '말을 해야 아나'라는 말조차 필요가 없을 것이다. 그러나 한 가족이라도 인식의 정도나 수준 그리고 경험 체계가 모두 일치하는 것은 아니다. 그러므로 듣는 사람이 어떤 사람인가를 고려하여 그 사람의 수준에 맞도록 말함으로써 듣는 사람이 경청할 수 있도록 하여야 할 것이다.

또한 듣는 사람의 입장에서는 상대나 상황에 대한 편견이나 선입견이 있을 경우,

그리하여 미리 어떤 결론을 지어 놓고 이야기를 들을 경우, 상대의 이야기를 들으려고 별로 노력하지 않는 경우 그리고 사회문화적으로 표현하는 태도나 방식이 다를 수 있다는 것을 이해하지 못하는 경우에 상대의 이야기의 핵심을 파악하지 못하고 왜곡하여 들을 수 있다.

커뮤니케이터 각 개인의 대화 스타일이 다른 것도 문제가 된다. 어떤 이는 완곡한 표현을 선호하는가 하면 어떤 이는 직설적인 화법을 솔직한 인간성의 표현으로 평가한다. 그러므로 각자 선호하는 표현 방법이 매우 다를 때, 경청하기 위해 노력하는 것은 커뮤니케이터의 기본예절이 될 것이다.

영화 <오만과 편견>이나 <브리짓 존슨의 일기>에서 우리는 편견이나 선입견으로 방해받는 커뮤니케이션의 문제를 볼 수 있다.

미국 미네소타 대학의 연구 조사에 의하면 사람들은 다른 사람의 말을 들을 때 다음과 같은 5가지 나쁜 습관이 있다고 한다.

- 듣지 않으면서 듣는 척 하는 것
- 상대의 말을 통째로 기억하려는 것
- 이해하기 어렵거나 재미없는 이야기는 흘려듣는 것
- 상대의 복장이나 화법 등에 민감하게 반응하는 것
- 주위 환경에 지나치게 신경쓰는 것

성공학과 리더십 학자로 유명한 스티븐 코비는 '성공하는 사람들의 7가지 습관'의 한 항목으로 '경청한 다음에 이해시켜라'라고 하여 역시 '경청'이 커뮤니케이션 성공의 요건임을 말하고 있다. 우리는 경청을 방해하는 자기 자신의 내부적인 요인과 외부적인 요인들을 잘 파악하고 이해함으로써 그러한 요인들을 없애고 효율적인 커뮤니케이션을 할 수 있게 될 것이다.

6) 상황

론 하워드(Ron Howard) 감독, 러셀 크로(Russel Crowe) 주연의 영화 <뷰티풀 마인드(A Beautiful Mind)>는 천재 수학자 '존 F. 내쉬'의 전기적 영화이다. 영화 속의 '존

내쉬'는 오만하며 거칠고 무뚝뚝한 천재이다. 그리고 상황에 전혀 맞지 않는 커뮤니케이션으로 주위 사람들과 원만하게 지내지 못하고 점점 자기만의 세계로 빠져 들어가 정신분열증을 겪게 된다. 결국 아내의 헌신적인 사랑으로 그는 정신분열증을 극복하고 노벨상까지 타게 되었지만 한때 그는 사람들과 어울리지 못하는 원인이 주변 사람들에게 전혀 무관심하고 자기 할 말만 하는 자신에게 있다는 생각은 하지 못하고 무조건 사람들이 자기를 싫어한다고 생각했던 것이다.

가끔씩 우리는 존 내쉬와 같은 천재들을 발견하고 환호하며 그에게 많은 기대를 하지만 어린 나이에 천재로 발견된 아이들은 정상적인 성장 과정을 거치지 못하고 학교와 가정 그리고 사회의 영향을 벗어나 자신만의 세계에서 살다가 시간의 변화에 적응하지 못해 사회에서 격리되고 가족에게도 버림받아 폐인이 되는 경우가 많다. 아역 스타의 경우도 마찬가지이다.

1990년대 초 영화 <나홀로 집에(Home Alone)> 시리즈에서 아역 배우로 스타덤에 올랐던 미국 배우 '매컬리 컬킨(24)'은 크게 성공한 뒤에는 연기에서 별다른 성과를 보이지 못했다. 어릴 때 막대한 돈을 벌어, 이혼한 부모가 그의 양육권을 두고 싸웠고, 그 자신 역시 아버지와 재산 분쟁을 한 것으로 알려졌다. 18세 때 연극배우와 결혼했으나 2년 뒤 이혼한 후 알코올과 마약중독이라는 소문에 싸여 있으며 지난 2004년 말에는 마약소지 혐의로 경찰에 체포되었다.

<터미네이터2>의 '에드워드 펄롱', <의뢰인>의 '브래드 랜프로'도 약물과 알코올 중독에 시달리고 있는데 아역 스타들 중에서 그래도 어려운 시절을 거치고 훌륭하게 되었다고 평가받는 대표적인 스타가 '드류 베리모어'이다. 12살 때부터 알코올 중독이었던 베리모어는 많은 노력으로 현재는 할리우드에서 영향력 있는 인물로 성장했다.

이와 같이 아역 스타들이 대부분 정상적인 성인으로 자라나지 못한 이유는 아동의 정상적 발달 과정에 따른 사회화 과정을 거치지 못하였기 때문으로 보고 있다. 즉, 어릴 적의 인기를 감당하지 못하고 자신만의 세계에서 벗어나지 못함으로써 자신을 둘러싸고 있는 외부 세계와 상황과 맥락에 맞추어 커뮤니케이션을 할 줄 모르는 사람이 되었기 때문이라는 것이다.

커뮤니케이션이 일어나고 있는 상황을 잘 파악하고 그 맥락에 맞추는 것 역시 커뮤니케이션의 가장 기본적인 원리이다. 커뮤니케이션은 하나로 된 다목적용 표현양식이 아니다. 상황과 사람에 의해 효율성이 결정된다.

예를 들면, 어떤 생각을 설명할 때 친한 친구에게는 비격식적인 언어와 작은 제스처를 사용한다. 그리고 우리의 생각과 친구의 홍미를 관련시킬 것이다. 그러나 만일 똑같은 생각을 500명의 청중에게 설명한다면 우리는 친구에게보다는 격식적인 언어와 좀 더 큰 제스처 그리고 아마도 시청각 자료 등도 이용할 것이며 우리의 생각을 다양한 청중들의 홍미에 연결하여 좀 더 큰 범위 내에서 논의하게 될 것이다.

일상 언어생활에서 많이 접하게 되는 '유머'는 이제 현대인의 한 덕목이 되었다. 모두들 유머 있는 사람을 좋아한다. 그러나 상황에 맞추어 재치가 번득이는 적절한 유머가 아닐 때 그 사람에 대한 가치 개념은 차라리 유머를 말하지 않았을 때보다 두 배 이상 떨어져 버린다. 그러므로 하다못해 무심코 잡담을 하더라도 우리는 때와 장소, 듣는 사람을 가려 해야 한다. 친구가 토플이나 취업 준비로 신경이 매우 날카로워져 있고 예민할 때 시험에 떨어진 사람들의 얘기를 한다든가 병실에 누워 있을 때 그 병으로 죽은 사람들의 이야기를 하는 것은 듣는 사람을 기분 좋게 할 리가 없다. 한때는 '사오정 시리즈'와 같은 상황에 맞지 않는 커뮤니케이션의 이야기가 유머처럼 항간을 떠돌기도 하였지만 그런 경우는 어디까지나 한두 번의 우스개 이야기로 족한 것이지 사오정과 같은 커뮤니케이션을 하는 사람이 능력을 인정받아 출세를 하거나 사람들 사이에서 인기가 있을 리는 없는 것이다.

커뮤니케이션을 잘 한다는 것은 이와 같이 일반적으로는 상황에 맞는 커뮤니케이션을 한다는 것을 의미하기도 하지만 한편으로는 자신에게 맞게 상황을 조종하는 능력을 가진다는 뜻도 된다. 지난 2006년 2월 코엑스 그랜드볼룸에서 한국무역협회가 주최한 '11억 황금시장 인도 비즈니스 성공 전략 설명회'에서 인도인의 상술에 대한 강연 내용 중 '인도인은 협상을 할 때 상황이 자기에게 유리할 때까지 기다리든지 아니면 자신에게 유리하게 조종한다'고 한다(『인도시장 제대로 알기』, 영산대 인도경제연구소).

'기회'에 대한 인간의 자세도 이와 같은 맥락에서 해석될 수 있다.

어떤 사람은 미리 준비하고 기다렸다가 자신에게 기회가 올 때 이를 쟁취한다. '태양은 태양을 향해 가는 자의 앞에만 나타난다'고 하는 격언은 이런 사람을 위한 것이다. 준비하지 않은 자는 기회가 와도 이를 쟁취하지 못한다. 영화 <왕의 남자>에서 왕의 자리를 지키지 못한 연산군은 '왕'을 준비하지 못한, 준비되지 못한 결과 자신은 물론 자신을 둘러싼 모든 이들, 그리고 환경까지 자신과 관련 있는 모든 것들을 파멸시키고 말았던 것이다.

한편 어떤 사람은 자신에게 주어진 사건을 기회로 만들어간다. 리처드 와이즈먼(2003 역)은 운이 좋은 사람들에게는 몇 가지 기본적인 원칙이 있다는 것을 발견했다. 그들은 가능성 있는 기회를 잘 포착하며, 긍정적인 기대를 하며, 자기 실현을 예언하고, 불운을 행운으로 바꾸는 유연하고 융통성 있는 태도를 갖추고 있다는 것이다.

그가 말하는, 성공하는 사람이 되기 위한 4가지 법칙은 다음과 같다.

- 제1법칙 : 기회를 잡아라
- 제2법칙 : 직감에 귀를 기울여라
- 제3법칙 : 행운을 꿈꿔라
- 제4법칙 : 불운도 행운으로 바꿔라

이와 같은 태도는, 상황을 자신에게 맞추어 가는 삶을 살아가는 사람들에게서 찾을 수 있는 적극적이고 능동적인 것으로 대인 커뮤니케이션에서도 매우 필요한 것이라고 할 수 있다.

이상의 여섯 가지 커뮤니케이션의 기본 원리와 상징, 의미, 윤리의 문제는 다양한 커뮤니케이션의 영역에 통합적으로 작용하고 있어 어느 한 가지 조건의 충족으로 효율적인 커뮤니케이션이 가능하다고 할 수 없는 것이다. 이러한 점에서 우리는 커뮤니케이션과 대인관계를 변화하는 체계적 관점에서 파악해야 하는 것이다.

3. 커뮤니케이션의 특성

올바르고 효과적인 대인관계 형성을 위한 커뮤니케이션을 잘 하기 위해 우리는 커뮤니케이션이 어떤 특성을 가지고 있는지를 살펴보아야 한다. 우리가 다른 사람과 커뮤니케이션하면서 기억해야 할 것은 커뮤니케이션은 결과가 아니라 과정이라는 것이다. 또한 커뮤니케이션이 일어나는 순간순간의 모든 과정은 우리가 속한 체계가 가지고 있는 상징과 규칙에 따라 진행되며 그 속에서 커뮤니케이터들 상호 간 의미를 공유할 수 있어야 하는 것이 커뮤니케이션의 특성임을 염두에 두고 생활에 임해야 할 것이다.

1) 커뮤니케이션은 과정이다

커뮤니케이션은 인간이 삶을 영위해가는 시공(時空)의 선상에서 인간의 모든 행위에 관련되어 있다. 삶 자체가 커뮤니케이션이라고 할 수 있다.

자면서도 인간의 의식은 때로 움직인다. 그 예로 꿈을 들 수 있다. 꿈 상태는 신경학적으로 생리학적으로 매우 활동적인 상태로 어떤 사람이 깊은 수면 상태에 빠지게 되면 꿈이 나타나지 않고 그때의 뇌파(델타파)는 3Hz의 파동인데 꿈을 꾸는 수면기에 뇌파는 60~70Hz의 파동이 나타나며 뇌는 깨어있을 때보다 5배나 강한 전기적 신호를 발생한다고 한다. 그래서 혈압, 심박동수, 호흡수 등이 꿈을 꾸는 동안에 극적으로 변하는데 이러한 상태를 일으킨 외부의 물리적 원인이 없기 때문에 그 자극은 분명 내부적인 것, 즉 뇌이거나 혹은 외부적이며 비(非) 물리적인 것이라는 것이다(http://www.rathinker.co.kr). 그러므로 꿈의 상태는 무의식의 자아가 자신의 내부에서 커뮤니케이션을 하고 있는 것, 즉 '무의식적 자아 커뮤니케이션(self-communication)'을 하고 있는 것으로 볼 수 있을 것이다.

이러한 점에서 인간은 자면서도 잠재의식에 숨어 있는 알 수 없는 그 무엇인가와 커뮤니케이션을 하고 있다고 할 수 있다.

잠에서 깨어나면 사람은 주변의 환경과 부단히 커뮤니케이션을 해야 한다. 오늘은 무엇을 할까 자리에서 누워 생각하는 것도 자신 내부에서의 커뮤니케이션이다.

이것은 꿈과는 달리 의식적으로 혼자 스스로 자신과 커뮤니케이션을 하고 있는 것이다. 방 안의 조명을 조절하는 것이나 가구를 고르고 배치하는 것, 벽지의 색을 고르는 것, 아침에 일어나면 클래식 음악을 트는 것, 잠을 잘 때 침대에서 잘지 바닥에서 잘지 결정하는 것, 외출을 하면서 정장을 할 것인지 청바지를 입을 것인지 결정하는 것 모두가 자기 주변의 환경과 커뮤니케이션을 하는 것이다. 잠에서 깨어나 눈을 뜨면 보게 되는 가족에서부터 하루 종일 만나게 되는 사람들과의 관계가 모두 커뮤니케이션에 의해 이루어진다는 것은 말할 필요도 없다.

이와 같이 사람이 살아 있는 한 그의 커뮤니케이션은 계속 진행되고 있다는 점에서 커뮤니케이션은 '과정'이라고 할 수 있을 것이다.

2) 커뮤니케이션은 체계 전체에 의해 영향을 받는다

우리나라의 공연 문화가 많이 달라졌다고 하는 말들을 종종 듣는다. 특히 라이브 콘서트라고 하면 과거에는 십대나 이십대 초반의 어린 세대들이나 보는 것으로 여겨졌지만 이제는 세대에 따라 선호하는 가수나 장르가 다를 뿐 나이 많은 사람들에 의한 대중문화의 수용도가 매우 확장되어 오히려 3, 40대의 인기를 차지하는 가수들의 생명이 더 오래가고 빛을 보는 경우가 많아졌다. 이렇듯 바쁜 와중에도 많은 사람들이 시간을 내어 한 자리에 모여 같은 공연을 보며 열광하고 환호성을 지르고 때로 눈물도 흘리며 공감하는 것은 노래 가사가 전달하는 내용 때문만은 아닐 것이다. 콘서트가 진행되고 있는 시간과 장소 그리고 모인 사람들의 분위기, 가수의 음색, 연주되는 갖가지 악기들의 미묘한 어울림, 조명, 그리고 그날의 날씨, 각자의 삶에 쌓여있는 감정의 두께 등 '지금 여기'에 집합되어 있는 모든 것이 총체적으로 어울려 '하나의 공감'이 이루어지고 있기 때문이다.

커뮤니케이션은 이와 같이 커뮤니케이션이 이루어지고 있는 체계 전체에 의해 영향을 받는다. 예를 들면 각각의 문화권에는 그 문화권에서만 수용될 수 있는 적절한 언어적, 비언어적 행동들이 있다. 대화할 때 편안함을 유지하는 거리라든가 상대방의 얼굴을 똑바로 쳐다보는 것 또는 눈맞춤(eye contact)에 대한 가치관의 차이, 목소리의 크기, 옷차림, 노출의 정도, '性 정체성'에 대한 가치관 등 대화에 관여하는 많은 요소들이 문화에 따라 다르다. 그러므로 커뮤니케이션의 의미를 올바로 해석하기 위해서는 커뮤니케이션이 일어나고 있는 체계 전체를 고려해야 한다.

다음의 사례는 1975년 미국에서 두 명의 필리핀인 간호사가 살인혐의로 유죄판결을 받은 사건이다.

1975년 여름, 미시간의 어느 병원에서 환자 몇 명이 호흡기 질환으로 잇달아 사망했는데 언제나 이 두 명의 간호사 중 한 사람이 또는 두 간호사가 모두 병원에서 근무하고 있었다. 검찰은 이 두 간호사가 환자에게 근육이완제인 파부론을 정맥주사로 투여하여 살해했다고 주장했고 제출된 증거는 상황증거뿐이었으나 배심원의 판결은 유죄였다.

상황증거만의 사례에서 유죄 판결에 이르게 된 데에는 다음과 같은 요인이 관련되어 있었던 것으로 여겨졌다.

간호사들의 모국어인 타갈로그어에서는 동사에 '현재'와 '과거'와 같은 시제(tense)가 없고 '완료'나 '계속'과 같은 상(aspect)의 체계가 있다. 따라서 영어에서는 '먹는다'와 '먹고 있었다'는 다른 표현이 되는데 타갈로그어에서는 같은 표현을 사용하는 것이다.

두 명의 피고인은 이 타갈로그어의 영향 아래에서 영어로 말했을 것이며 이것이 배심원의 피고인에 대한 신용을 잃게 한 하나의 요인이었다고 한다. 다음의 법정 기록 일부를 피고인의 실제 발화에 나타난 시제에 주의하면서 살펴보도록 한다.

Q : So, are you saying that some time during that time you learned about Pavulon?
   (그렇다면 그동안 파부론에 대해서 알았다는 것입니까?)

A : Yes.

Q : And what else did you learn about Pavulon, other than it was given at surgery?
   (그리고 수술에서 사용된다는 것 외에 파부론에 대해서 무엇을 알았습니까?)

A : Are you asking me about what I know about Pavulon in the summer of '75 or
   what I know about Pavulon at the present time, after hearing all these experts?
   (75년 여름에 파부론에 대해서 무엇을 알고 있었느냐고 묻는 것입니까 아니면
   지금 전문가의 말을 듣고 나서 파부론에 대해서 내가 아느냐고 묻는 것입니까?)

Q : What you <u>knew</u> about Pavulon at that time?

A : I <u>know</u> a little about Pavulon.

Q : What <u>did</u> you know about it?

A : I <u>know</u> it's used in anesthesia.

(마취에 사용되는 것을 알고 있습니다.)

Q : <u>Why?</u> Or, what else do you know about it?

A : When I work in ICU, I learn that it's used to make a patient to relax. It's a
   muscle relaxant. The patient should be on a respirator and it should be ordered by
   a doctor.

   (집중치료실에서 일할 때에 그것은 환자의 고통을 덜어주기 위해 사용하는 것으로
   알고 있습니다. 근육이완제이지요. 환자에게는 인공호흡장치가 부착되어 있고 의
   사의 지시에 따라 사용하는 것입니다.)

피고인의 발언에서 사용된 시제를 보면 질문은 1975년 여름, 사건이 발생하였을
때에 파부론에 대해 무엇을 알고 있었느냐는 것이었음에도 불구하고 <u>피고인은 현재
형으로 대답하고 있다</u>. 이는 파부론에 대해서는 1975년 사건 당시에는 아무것도 몰
랐고 지금 이 법정에서 전문가의 의견을 듣고 알게 되었다고 주장하고 있는 것처럼
받아들일 수도 있고, 질문을 의도적으로 무시해서 자신에게 유리한 것만을 이야기
하고 있는 것처럼 들리기도 한다. 이러한 것들은 배심원을 당혹하게 만들고 배심원
의 피고에 대한 신용은 없어져 버린다. 물론 이것이 진상의 모든 부분은 아니지만.

피고가 현재형을 사용한 것에는 이유가 있다. 모국어인 타갈로그의 영향으로 보
인다. 영어로 대답하고 있기는 하나 실은 앞에서 사용한 것과 같은 타갈로그어의 시
제에 관한 문법을 사용한 것이다. 즉 영어에서는 현재형, 과거형의 형식이 매우 중
요하지만 본인들에게는 인식이 되지 않은 것이다. 배심원들 역시 타갈로그어의 시
제나 상에 대한 지식이 있는 언어학자가 아니다. 과거에 대한 질문임에도 피고가 현
재형을 사용해서 대답하는 이유를 배심원들은 알 수가 없었던 것이다.

피고에게는 유죄판결이 내려졌다(Gass and Varonis 1991 ; Azuma 2001에서 재인용).

위의 사례는 사회언어학적 입장에서 사건을 해석해보기 위한 것이었다. 사건을
단순히 타갈로그어와 영어의 언어적 차이로 본 것이 아니라 한 사람이 사용하는 언
어는 그가 살아온 그리고 살고 있는 사회에 의해 영향를 받는다는 것을 이해해야
한다는 것이다. 이는 다른 말로 하면 필리핀인 간호사들의 커뮤니케이션에는 그들
이 지금 현재 미국에 살고 있지만 그들이 태어났고 또 오래 살아왔던 그들의 모국
인 필리핀의 언어뿐 아니라 문화사회적 배경 전체가 그들의 경험체계 속에 녹아들

어 있다는 것이다.

대인 관계에서 우리가 '문화적 차이'에 대해 인식하기 시작한 것은 그리 오래지 않다.

10여 년 전 미국에 간 지 얼마 되지 않은 교포 여인이 체포되었던 일이 보도된 적이 있었다.

> 고달픈 이민 생활에 어머니는 아이를 보살피지 못하고 직장생활을 해야 했다. 그러던 어느 날 돌아온 엄마를 부르며 아이는 2층에서 내려오다 굴러 떨어져 버렸고 엄마는 병원 구급차 안에서 아이를 붙잡고 '나 때문이다. 내가 잘못했다'라고 울부짖었다. 어머니는 자신이 한 그 말이 증거가 되어 아동학대죄로 구금된 것이다.

우리 한국에서라면 너무나 당연하고 일상적인 언어 사용이 미국에서는 아동학대로 구속되는 근거가 되었다는 사실이 보도되면서 문화적 차이에 대한 인식이 사회 전반적으로 확산되었고 일반 대중들로 하여금 '문화적 차이'라는 것에 대하여 생각하게 만들었다고 할 수 있다.

이러한 문화적 차이로 인한 오해는 얼마든지 일어날 수 있다.

이와 같이 커뮤니케이션은 그 대상과 주체가 누구이든 커뮤니케이션이 이루어지고 있는 체계 전체의 유기적 상호작용에 의한다는 것을 알 수 있다.

3) 커뮤니케이션은 상징에 의한다

'상징'이라는 단어가 가지는 추상성과 모호성 때문에 우리는 '상징'과 관련된 것들을 일상생활과 거리가 먼, 이론적·개념적인 것으로 생각하지만 인간은 상징에 의해 삶을 영위한다.

하나의 현상을 볼 때 우리는 그 현상이 우리에게 주는 의미가 무엇인가를 중시한다. 그리고 그 의미를 창조하기 위해 상징을 사용한다. 삶의 매 순간마다 우리가 인지하는 모든 것들은 그 의미를 나타내기 위해 상징화되어 있는 것들이다. 사람에 대한 것, 사건이나 일에 대한 것, 인간의 내부와 외부의 모든 것들이 상징에 의해 표현된다. 예를 들면, '사랑한다'라는 언어적 행위나 또는 반지나 꽃과 같은 선물, 입

맞춤이나 친밀감 있는 접촉 등의 비언어적 행위는 모두가 우리가 대상에 대하여 인지하고 있는 어떤 감정 상태를 표현하기 위한 상징인 것이다. 각 회사의 로고, 브랜드 명, 회사의 유니폼, 각국의 국기, 그 국기에 나타나 있는 색과 모양 등과 같이 아주 큰 집단의 국가 · 사회 · 문화적인 층위의 행위로부터 내가 지금 입고 있는 옷의 의미 — 웨딩드레스인가, 상복인가, 평상복인가, 운동복인가, 정장인가, 무슨 색의 옷인가와 같은 매우 사소하고 일상적인 행위에 이르기까지 언어적이든 비언어적이든 커뮤니케이션은 상징에 의한다.

그러나 그 상징은 다분히 추상적, 자의적이어서 모호하기 때문에 그 속에 담긴 메시지를 정확하게 파악하지 못할 때 오해와 갈등을 일으킬 수 있다. 사회문화적 상징에 대한 이해의 부족으로 실패한 커뮤니케이션의 사례는 대외무역의 영역에서 많이 찾아볼 수 있다. 예를 들면 서양의 한 '안경 회사'가 애완동물을 좋아하는 서구식 사고로 '안경 쓴 원숭이'를 모델로 하여 광고하였다. 크게 성공한 그 회사는 점차 상권을 넓혀 동양의 어느 한 국가에 진출하였으나, '개나 쓰는 안경을 어떻게 사람이 쓸 수 있느냐'는 그 사회의 인간중심 사고에 의해 무참히 실패하고 그 나라에서 철수할 수밖에 없었던 일이라든가 우리나라의 '대영' 자전거가 해외에 진출하여 한국브랜드명을 그대로 'DAI YOUNG'으로 영자(英字)표기 브랜드로 사용하였다가 'DIE YOUNG'과의 동음 현상에 의한 기피(忌避)를 예측하지 못하여 실패한 경우 등이 있다.

우리는 이러한 커뮤니케이션의 상징적 특성을 이해함으로써 대인관계에 자칫 파국적 결말을 초래할 수 있는 오해와 갈등을 방지하고 대처할 수 있는 능력을 키울 수 있을 것이다.

커뮤니케이션의 상징적 특징에 대하여서는 2장 언어 커뮤니케이션과 3장 비언어 커뮤니케이션에서 자세히 설명할 것이다.

4) 커뮤니케이션은 의미의 공유를 목표로 한다

우리는 태어나서 죽을 때까지 수많은 사람들과 만나고 그들과 커뮤니케이션을 하며 살아간다. 가정에서든 직장에서든 어떻게 커뮤니케이션을 하느냐에 따라 만족한 삶을 살 수도 있고 그렇지 않을 수도 있다.

　사회적으로 성공한 사람들 1만 명을 대상으로 성공의 비결을 알아본 결과 두뇌나 기술, 노력으로 성공할 수 있었던 사람은 15%에 불과하며 나머지 85%는 인간관계가 성공에 결정적 영향을 주었다는 것을 밝힌 카네기 공대의 실험은 이미 많이 알려져 있다. 성공한 사람들의 거미줄처럼 얽힌 인맥은 그 사람이 얼마나 넓은 대인관계를 가지고 있는가 보여주는 것이며 그러한 폭넓은 대인관계가 그의 커뮤니케이션 능력에 의한 것임은 두 말 할 것이 없다. 이러한 점에서 'Networking Power'에 대한 다음 글은 우리로 하여금 생각하게 하는 바가 많다.

🔍 개미 시대에서 거미 시대로

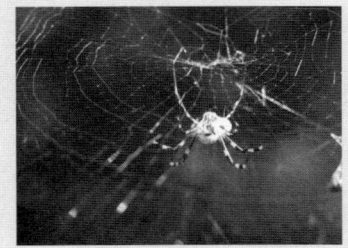

　여름내 그늘에 앉아 노래만 부르던 베짱이가 개미의 집을 찾아온다. 그러나 개미는 음식을 나눠주지 않는다. 춥고 배고픈 베짱이는 그 겨울을 버텨낼 수 있었을까? 얼마 전까지만 해도 이 당연한 문제에 혼란스러워 한 어린이는 없었을 것이다. 하지만 이젠 당연한 답이 없어졌다. 아니 정답이 변했다. 비행기를 만들어서 파는 것이나 노래 한곡을 잘 만들어 저작권료를 받는 것이나 똑같은 이익을 남기는 세상이 되었다. 노래하는 베짱이들이 노동을 하는 개미들보다 몇 십배, 몇 백배 화려하고 부유하게 살기도 한다.

　개미는 평가절하 되고 있지만, 사실 그것이 개미의 탓은 아니다. 그는 열심히 일한 죄밖에 없으니 그에게 벌을 내릴 순 없다. 다만 시대의 흐름을 읽지 못하고, 세상의 변화에 눈을 감았던 잘못이 있어 스스로 도태되고 있는 중이다. 이는 조직형 사회를 살아가는 인간과 정보형 사회를 살아가는 인간의 단면을 보여주는 사례이다.

　개미는 협동심, 조직성, 근면성의 상징이다. 지구에 등장한 생물체 중에서 개미처럼 단단한 조직을 이루며 유구한 세월을 사는 생물이 많지 않다고 한다. 개미는 근대 산업 사회에 이르기까지 유럽인들의 모든 역사를 통틀어 지향했던 서구적 가치관의 정점을 보인다. 그간 개미 이미지가 긍정적이었던 것은 그것이 산업사회의 가치관에 걸맞았기 때문이다. 하지만 자세히 살펴보면 참으로 의외의 결과가 나온다.

　부지런히 움직이며 일하는 개미에 번호를 붙여 촬영해 보면 100마리 가운데 실제로 열심히 일하는 개미는 15마리에 불과하다는 조사가 있다. 85마리는 일을 하지 않고 허둥대거나, 괜히 남의 뒤를 따라다니거나, 또는 일하는 걸 지켜보는 일을 한다. 다시 그들 중 일하는 15마리를 모아 번호를 붙여 두면 역시 그중에서 15%만이 일한다. 무릇 땅에 근거해 만들어진 조직은 그렇게 될 수밖에 없다고 한다. 잘잘못이 있어서 그런 게 아니라 조직이라는 것은 만들어지는 순간 그렇게 된다는 얘기다. 조직의 생리상 일하는 자와 조직에 얹혀사는 자가 있게 마련인 근대 관료 조직의 특성이 그렇다.

그럼 거미는 어떨까? 땅에 구멍을 파고 사는 개미와 달리 거미는 허공에 그물을 치고 산다. 그러다 먹이가 걸리면 기습 공격을 해 먹이를 낚아챈다. 거미 세계는 관료 사회처럼 움직이는 조직이 아니다. 정보를 먹고 사는 네트워크 사회다. 개미가 관료 마인드를 갖고 산다면, 거미는 정보화 마인드를 갖고 산다. 역사가 증거하듯 거미의 마인드와 동작들은 개미로서는 납득도 예측도 되지 않는 것이다. 개미의 마인드를 갖고 있던 중세의 유럽에서, 거미의 마인드를 지닌 칭기스칸의 몽골 유목민들은 어떤 방식으로도 이해되지 않았을 것이다. 그들은 그저 속수무책으로 유린당할 수밖에 없었다.

오늘을 살아가는 인간에게도 똑같이 적용되는 기준이다. 어떤 사람이 직장에 들어간 이후 '평생 짤리지' 않고 3, 40년 근속을 한다면 그는 행복할 수 있다. 그런데 이렇게 생각해보자. 만일 그가 타이어 완성반에서 근무했다고 치자, 그럴 리는 없겠지만 다른 부서로 이동이 없었다고 해보자. 그렇다면 그의 인생은 무엇일까? 타이어가 몇 개 생산되었는지 숫자만 세다가 평생을 보낸 것인가?

그가 속한 조직은 완성체일지 모르지만, 그 속의 개개인은 부속에 지나지 않는다. 스스로 처음이자 끝인 완성체가 바로 인간이다. 위성안테나와 같은 정보망을 펼쳐놓고 세상을 노려보고 있는 거미의 마인드를 배워야 한다. 조직형 인간이 아니라 정보형 인간이 각광을 받는 시대이다.

● ● ● http://bbs.chosun.com

이와 같이 삶에서 차지하는 대인관계와 커뮤니케이션의 중요성에 대한 인식이 확산된 가운데 저명한 커뮤니케이션 학자 B. 그런백(Bruce Gronbeck, 1999)은 커뮤니케이션학의 연구가 점차 '대인 커뮤니케이션에서의 의미'를 중심으로 하게 될 것이라고 주장하고 있다.

사실 커뮤니케이션의 논의에서 '의미'는 가장 핵심이라고 할 수 있다. 우리가 함께 공유할 어떤 것이 없다면 굳이 서로 만나거나 알 필요도 없으며 커뮤니케이션을 할 필요도 없는 것이다. 사람들이 커뮤니케이션하면서 함께 공유하고자 하는 어떤 것 그것이 바로 '의미'라고 할 수 있다. '사랑은 서로 마주보는 것이 아니라 함께 한 방향을 보는 것입니다'라는 말이 가진 의미는 사람에 따라 달리 받아들여질 수 있다. 같은 의미를 공유하는 사람은 관계를 맺고 유지시켜 나가겠지만 서로 다른 의미를 가지는 사람은 '말이 통하지 않으므로' 당연히 굳이 서로 만나 의미를 일치시키기 위해 노력하지 않을 것이다. '눈빛만 봐도 통한다'는 말이 있다. 눈빛만으로 그 눈빛의 의미에 대한 일치가 이루어지는 사람들은 커뮤니케이션이 되는 사람들이다. 그러나 눈빛에 대한 해석이 전혀 다를 경우에는 한 지붕 밑에 사는 가족이라도 커뮤니케이션이 되지 않는 관계가 되는 것이다.

이와 같이 커뮤니케이션의 핵심이라고 할 수 있는 '의미'는 내용적 의미와 관계적 의미의 두 가지로 나눌 수 있다(Watzlawick, Beavin, & Jackson, 1967).

내용적 의미는 글자 그대로의 메시지이다. 이에 비해 관계적 의미는 커뮤니케이션을 하고 있는 사람들 간의 관계에서 표현되고 수용되는 의미이다. 예를 들면 '이 바보야'라고 했을 때, 내용적 의미는 상대가 '바보'임을 의미한다. 그러나 애인이나 친구와 같은 친한 관계에서 웃으면서 '이 바보야'라고 했을 때 아무도 '바보'가 가지는 내용적 의미를 중시하지 않는다. 애인 관계에서는 발화할 때의 억양이나 음색과 더불어 오히려 '사랑스러운 순진한 사람'의 의미로 애칭처럼 수용된다. 그러나 관계가 나빠진 애인 사이에서나 야단을 치고 있는 부모에게서 사용된 '이 바보야'라는 말에는 변화된 관계의 의미, 즉 비난과 질책의 감정이 담기게 된다.

내용적 의미와 관계적 의미의 이와 같은 차이는 특히 '욕'에서 두드러진다. 전 세계적으로 욕이 없는 나라는 없고 '욕'은 없어져야 할 사회악이라고 끊임없이 지탄을 받아왔음에도 불구하고 욕은 오늘날까지 사용되고 있다. 어떤 이는, 욕은 인류가 이 세상에 존재하는 한 아마도 인류 역사와 함께 존재할 것이라고 주장하기도 한다. 욕은 내용적 의미 자체로도 매우 중요하게 쓰인다. 그러나 욕이 가진 관계적 의미는 내용적 의미보다 비중이 더 크다. 서울이나 지방의 어떤 음식점이 욕쟁이 주인 할머니의 질펀한 입담 때문에 유명해진 것은 사람들이 '욕'이 가지고 있는 내용적 의미를 중시하는 것이 아니라 관계적 의미를 중시하기 때문이다.

다음은 '욕 언어'에 대한 한 여학생의 발표이다.

나는 욕문화에 대하여 발표하려고 한다.

나는 체육과 여학생이다. 어렸을 때부터 운동을 하면서 선후배들과 합숙 훈련을 많이 했고 동고동락하면서 선후배 사이의 위계는 엄격히 지키지만 친형제자매 이상으로 가까워졌다.

우리는 선후배 사이든 친구 사이든 욕을 많이 사용한다. 내가 여자이기는 하지만 여자 선배나 남자 선배나 나를 부를 때 '-년'이라는 욕을 넣어 호칭을 사용해도 마음속에 거슬림이 없으며 나 또한 여자 후배들을 부를 때 그런 호칭을 사용한다. 오히려 욕설이 들어간 그런 호칭을 사용하지 않으면 후배는 나에게 물어온다. '언니, 내가 뭐 잘못한 것 있어요?'라고 상당히 진지하게.

물론 운동을 함께 하는 '우리'들 외의 다른 사람들과 그런 언어생활을 공유하지는 않는다. 만약 다른 사람이 나에게 욕을 섞어서 말을 한다면 나는 화를 내거나 모욕감을 느낄 것이다.

나는 '우리'들이 하는 욕말이 들어간 커뮤니케이션에서 친밀감을 느낀다. 욕을 사용하지 않을 때 우리는 서로 거리감을 느낀다. 욕이 물론 나쁜 면도 있지만 그런 나쁜 의미를 그대로 가지고 있는 욕이 아니라 친밀감을 주는 관계에서 수용되는 특별한 언어로 받아들여졌으면 좋겠다.

물론 이 여학생의 발표에 대하여서는 논의가 분분했다.

그러나 그러한 것은 모두 각자의 문화적 차이를 나타내는 것이었고 '욕'이 가진 '관계적 의미'가 커뮤니케이션에서 중요하다는 것, 그래서 '욕 문화'라는 용어도 문화적 용어로 가능하다는 것에 대해서 학생들은 논의의 일치를 보았다. '욕과 커뮤니케이션'에 대한 논의는 다음으로 미룬다. 다만 한 가지 언급할 것은 '욕'이 관계적 의미에서 갖는 특징은 '매우 긍정적'이라는 것이다. 내용적으로 가장 부정적인 언어 행위인 '욕'이 가장 긍정적이고 친밀한 관계적 의미를 가진다는 것은 흥미롭다. 이는 대인관계에 있어 일단 '긍정적인 관계'가 형성된다면 가장 부정적인 요소도 그 속에서 용해되어 긍정적 작용을 할 수 있다는 것으로 해석할 수도 있다는 점에서 연구해볼 만하다.

결론적으로 우리는 내용적 의미와 관계적 의미를 어떻게 적절히 배합하여 자신의 의도대로의 의미를 만들어낼 수 있을 것인가 그리고 동시에 다른 사람의 표현에서 그가 전달하고자 한 의미 역시 오해 없이 파악할 수 있을 것인가에 대해서 최대한 세심히 주의를 기울여야 할 것이다.

4. 커뮤니케이션 모델

이 장에서는 커뮤니케이션이 일어나는 과정을 설명하기 위해 학자들이 제시한 모델들을 살펴보기로 한다.

사회과학의 일반적인 연구 방법은 사회의 어떤 현상들을 설명하기 위해 모델을 개발하고 그것을 현실 세계에 적용하여 어떻게 작동하는지를 가려내는 것, 즉 실증하는 것이다. 그리고 그 모델이 잘 증명되었을 때 그 모델 연구는 가치가 있는 것으로 평가받는다. '이론'은 대부분의 학자들이 동의해야 보편타당성을 인정받게 되지만 개발된 '모델'들이 현실 세계에서 잘 작동하면 그 모델은 이론으로 발전할 수 있게 된다.

일반적으로 잘 알려진 커뮤니케이션의 모델들은 다음과 같다.

1) 단선형 모델

① 라스웰의 모델(1948)

H. 라스웰(Harold Laswell, 1948)의 커뮤니케이션 모델은 단선형 또는 일방향 커뮤니케이션 과정으로 '누가, 무엇을, 무엇을 통해서, 누구에게, 어떤 결과를 주었는가'의 다섯 가지 측면에서 언어적 커뮤니케이션 과정을 분석한 모델이다. 이를 바탕으로 발전된 것이 탄환 이론이다.

커뮤니케이션 연구의 초기 단계의 이 모델은 1920~1940년대의 매스컴의 효과에 관한 이론으로 당시의 대중들에 의해 받아들여지고 있었던 커뮤니케이션에 관련된 내용을 라스웰이 설명하는 틀을 만들어 라스웰의 모델이라고 명명되었다(1948년).

오늘날 많은 부분에서 단점이 보완된 라스웰의 단선형 모델이 당시에 형성되고 받아들여질 수 있었던 것은 사회적 배경과 무관하지 않다.

당시의 지배적인 사회 이론은 메시지의 수용자들, 즉 일반 대중들이 지극히 비이성적이고, 자율적인 능력을 갖지 못한 수동적인 인간이라고 보는 인간관이었다. 다음으로 당시의 주 대중 매체였던 라디오를 통해 무솔리니나 히틀러가 연설을 하고 무지한 대중들이 열광하는 사회 현상을 하나의 틀을 만들어서 설명하고자 한 것이 바로 라스웰의 단선형 모델이다.

라스웰의 모델에 바탕이 된 것은 프로이드이다. 프로이드는 인간은 원초적이고, 무의식적이고, 비이성적 초자아가 완전히 통제될 때에만 이성적인 행동이 일어날 수 있다고 보았다. 즉 인간은 비이성적이라는 것이다. 라스웰은 인간은 이와 같이 비이성적이기 때문에 정치선전의 손쉬운 목표물이 될 수 있으며 선전 상징에 동요될 수 있다고 보았다. 그리고 대중은 본질적으로 감정이나 시각 등에서 매우 유사하기 때문에 대중 매체로 전달되는 메시지는 모든 수용자들에게 똑같이 전달되고 수용자들은 똑같은 방식으로 반응하게 된다고 생각했다. 그리하여 수용자들의 사고와 행동의 변화도 동일하게 일어난다고 봄으로써 매스컴이 인간에게 미치는 효과는 강력하고, 직접적이라고 설명하고 있다.

이 모델의 단점은 커뮤니케이션의 과정을 송신자(sender)에서 수신자(receiver)로의 일방향으로만 파악함으로써 커뮤니케이션을 하고 있는 사람은 송신자(sender)가 아니면 수신자(receiver)이며 듣는 사람은 단지 수동적으로 메시지를 받아들이는 존재일 뿐 그 메시지에 능동적으로 반응하는 과정은 설명하지 못하고 있다는 것이다.

② 쉐논과 위버의 모델(1949)

라스웰의 모델에 '잡음(Noise)' 개념을 추가한 C. 쉐논 등(Claude Shanon & Warren Weaver, 1949)의 모델은 단선형이라는 점에서는 라스웰의 모델과 같다. 이 모델에 사용된 기본 개념은 다음과 같다.

① 정보원(Information source) : 언어적 또는 비언어적으로 표현되는, 발신할 메시지의 원천 또는 메시지의 발신자
② 송신기(Transmitter) : 메시지를 채널에 적합한 신호로 변환(encoding) 하는 장치. 채널은 송신기에서 수신기로 신호를 보내는 매체이다.
③ 수신기(Receiver) : 송신기에서 보낸 신호를 메시지로 재생(decoding) 하는 장치
④ 목적지(Destination) : 메시지의 수신자
⑤ 잡음원(Noise Source) : 여기에서 'Noise'란 커뮤니케이션 과정에서 본래 전달하고자 했던 의미를 방해하는 요소로 'Noise Source'는 메시지의 전달을 방해하는 원천이다.

한편 이 모델에서는 메시지를 구성하는 '엔트로피'와 '중복'이라는 개념을 사용하고 있는데 '엔트로피'는 무질서의 정도를 나타내는 물리학 용어로 무질서의 정도가 클 때 엔트로피가 높고, 작을 때 엔트로피가 낮은데 이 모델에서는 채널에 잡음이 많으면 정보 전달에서 있어서 무질서가 증가한다고 해서 엔트로피가 높다고 한다. 그러므로 엔트로피가 높을 때 중복의 필요성이 증가한다고 말한다. 그리고 정보 전달을 중복하면 이는 또 엔트로피를 낮추는 역할을 한다고 본다. 이렇게 함으로써 효율적인 커뮤니케이션을 위해 이들 사이의 균형이 유지된다는 것이다.

〈그림 1〉 Linear Model of Communication

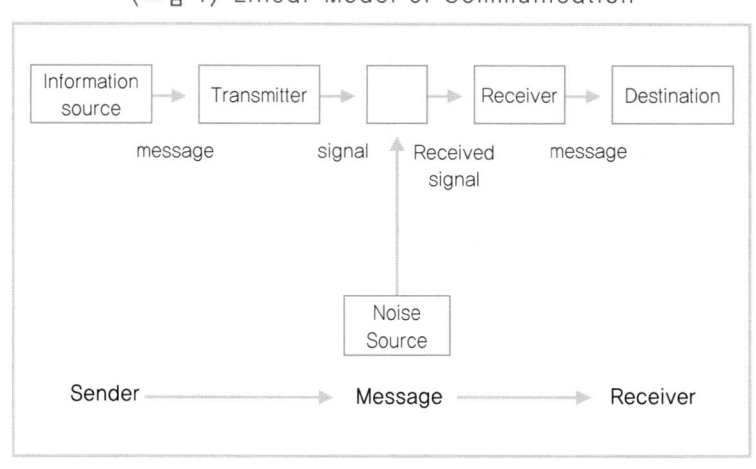

Shannon & Weaver, 1949(Wood, 2000에서 재인용)

쉐논과 위버의 모델은 공학적인 정보전달장치, 즉 전화나 멀티미디어를 통한 정보전달에 잘 적용될 수 있는 커뮤니케이션 모델이라고 평가받고 있다.

③ 거브너 모델(1956)
거브너(Gerbner, 1956)는 라스웰의 초기 모델을 구체화시키면서 커뮤니케이션과 관련된 언어모델에서 다음과 같은 10개의 영역들과 관련된 탐구영역을 제시하였다.

언어영역	탐구영역
1. 누가	발신자와 수용자연구
2. 어떻게 지각하고	지각연구와 그 이론
3. 어떻게 반응하고	효율성의 측정
4. 어떤 상황에서	물리적, 사회적 상황연구
5. 어떤 수단을 통해	채널. 매체연구
6. 유용한 자료를 만들기 위해	행정처리, 분배, 자료에 대한 접근의 자유
7. 어떤 형식과	구조, 체계, 유형의 연구
8. 어떤 맥락에서	커뮤니케이션 상황연구
9. 내용을 전달하는	내용분석 및 의미연구
10. 어떤 결과의	전체적인 변화(효과)연구

거브너는 이와 같은 탐구 영역을 제시하면서 정보 전달 과정을 설명하는데 거브너의 정보 전달 과정은 쉐논의 것과 거의 비슷하다. 따라서 여기에서는 단선형의 대표적인 모델로 쉐논과 위버의 것을 제시한다.

2) 상호작용 모델(Interactive Models)

① 오스굿의 모델(1954)

오스굿(Osgood, 1954)은 쉐논과 위버의 모델이 공학적인 커뮤니케이션에는 적용이 될 수 있지만 인간의 커뮤니케이션에는 적용될 수 없다고 보았다.

쉐논과 위버는 정보원과 수신자, 송신기와 수신기를 별개의 단위로 가정하였다. 그러나 오스굿은 인간 커뮤니케이션 시스템에서는 이런 것들이 서로 분리될 수 없다는 것을 발견한 것이다. 즉 인간은 수많은 피드백 장치를 통해 자신의 메시지를 스스로 해독함으로써 송신기, 수신기, 정보원과 수신자로 동시에 기능한다는 것이다. 인간은 그 자체가 바로 하나의 커뮤니케이션 시스템이라는 오스굿의 발견은 커뮤니케이션 이론에 매우 혁신적인 공헌을 하였다.

② W. 쉐럼의 모델(1954)

쉐논과 위버는 공학적인 정보 전달 장치, 즉 전화나 멀티미디어를 통한 정보 전달에 잘 적용될 수 있는 모델을 개발하였고 오스굿은 한 개인 스스로가 정보를 생산하고 수신하는 커뮤니케이션 시스템으로서의 모델을 제시하였다.

쉐럼은 이에서 더 나아가 두 사람 사이의 정보 전달의 모델을 제시하였다. 쉐럼은 두 사람이 신호를 기호화, 해석, 해독, 전송, 수신하는 상호작용을 한다고 하였다. 즉 커뮤니케이션을 두 사람의 상호작용으로 보고, 서로가 알고 있는 정보를 송신하고 수신한다는 것이다.

〈그림 2〉 Interactive Model of Communication

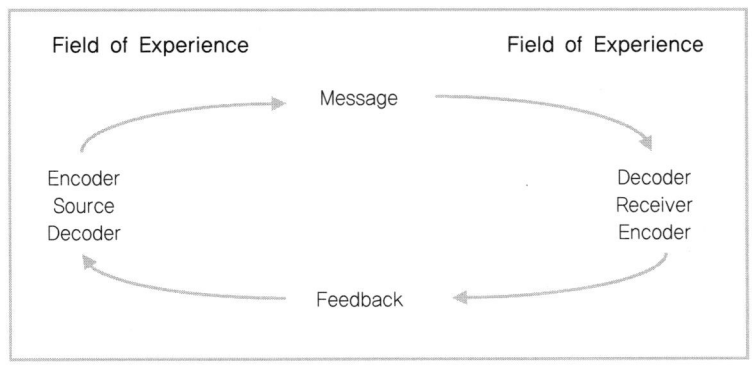

Schramm, 1955(Wood, 2000에서 재인용)

이 모델에서는 정보가 지속적으로 순환하는 과정이 존재한다고 본다. 이러한 쉐럼의 주장은 오스굿의 모델에서 다시 한 걸음 더 나아가 인간 커뮤니케이션을 보다 잘 설명하는 데에 기여하고 있다.

③ 그론백의 모델

B. 그론백(Bruce Gronbeck, 1999)은 단선형 모델이 설명하지 못하는 커뮤니케이션의 특성을 '쌍방향성(bi-directional, not unidirectional)', '대화성(dialogic, not monologic)'으로 지적했다. 커뮤니케이션 과정은 화살을 쏘듯 일방향으로 메시지를 전달하는 것이 아니라 의미를 공유하는 체계를 함께 만들어가는 총체적인 과정으로 설명되어야 한다는 것이다.

우리는 다른 사람과 이야기를 할 때 언어적으로든 비언어적으로든 상대로부터 반응의 메시지를 받는다. 고개를 끄덕인다든가 하품을 한다든가 하는 행동에서 우리는 대화를 계속할 것인지에 대해서 생각하게 된다.

피드백(Feedback)은 메시지에 대한 반응이다. 언어적일 수도 있고 비언어적일 수도 있으며 의도적일 수도 있고 비의도적일 수도 있다. W. 쉐럼(Wilbur Schramm, 1955)은 피드백(feedback)을 또 하나의 메시지로 보았다. 그리고 사람은 자신의 경험 세계를 바탕으로 메시지를 해석하고 만들어낸다는 것을 밝혔다.

그론백의 모델에서 '경험의 장(Field of Experience)'은 공유된 경험이 없을 때 오해가 발생할 수 있다는 것을 설명한다. 그러므로 공유된 경험 세계가 클수록 우리는 그 사람을 더 잘 이해할 수 있는 것이다. 장애아 부모들의 모임이라든가 성폭력 피해자의 모임 또는 이혼자들만 가는 교회 등은 공유된 경험의 폭을 바탕으로 형성된 집단 커뮤니케이션의 형태라고 할 수 있다. '욕'에 대한 의견을 발표하는 여학생에게 논의가 분분한 것은 공유된 경험 세계가 다른 것에서 나온 차이일 뿐이다.

쉐럼을 비롯한 커뮤니케이션 학자들은 "경험의 장(Fields of experience)"과 피드백(feedback) 현상을 설명할 수 있고 송신자(senders)와 수신자(receivers)가 모두 참여하여 상호작용하는 커뮤니케이션 모델을 만들어냈다.

그러나 이 모델은 커뮤니케이션의 역동성을 간과했다는 단점이 있다. 즉, 커뮤니케이션 과정을 한 사람씩 차례로 말하고 듣는 순차적인 것으로 설명한 것이다. 이에 따르면 커뮤니케이션 과정에서 한 사람이 말을 할 때에 다른 사람은 반드시 듣는 사람이 되어야 하는 것이다. 그러나 실제로 커뮤니케이션은 그렇게 순서대로 질서 있게 진행되지 않는다. 커뮤니케이션의 이러한 역동성을 강조하여 설명한 것이 다음의 T. 우드의 교류 모델이다.

3) T. 우드의 교류 모델(Transactional Models)

상호작용 모델에서 설명하지 못한 것이 바로 커뮤니케이션은 거의 동시상황적으로 진행된다는 것이다. 커뮤니케이션에 참여하고 있는 사람은 자신의 메시지를 보내면서 자신의 메시지에 대한 상대의 메시지를 동시에 받는다.

〈그림 3〉 Transactional Model of Communication(T. Wood, 2000)

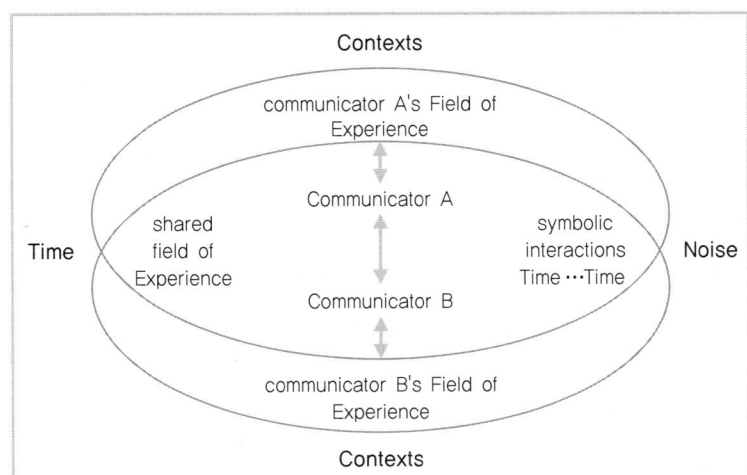

또한 커뮤니케이션으로 인해 사람들에게 일어난 관계의 변화에 따라 커뮤니케이션은 다시 변화한다. 우리가 무엇을 말하고 어떻게 상호작용할 것인가는 시간의 흐름에 따라 우리의 관계가 변한 것처럼 변한다. 예를 들면, 오랜 시간이 흐른 뒤 다시 만나게 된 옛 연인들이 서로에게 어떻게 대하고 어떤 말을 할 것인가는 그들의 변화된 관계에 따라 다를 것이다.

　T. 우드(T. Wood, 1997)의 교류 모델은 상호작용 모델이 간과한 커뮤니케이션의 역동성과 시간성, 변화의 특성을 설명함으로써 앞의 두 모델의 단점을 보완한 종합적 모델이라고 할 수 있다. 이 모델의 핵심 개념은 다음과 같다.

① 소음(Noise)
　'Noise'는 올바로 듣기를 방해하는 모든 것을 의미한다. 예를 들면 주위에서 들리는 소음을 비롯하여 커뮤니케이션에 참여하고 있는 사람에게 내재되어 있는 편견에 이르기까지 포괄한다.

② 과정(Process)

커뮤니케이션이 계속 변화하는 과정에 있음을 설명해주는 개념이다. 서로 맺고 있는 관계의 변화 그리고 시간의 흐름과 더불어 사람들은 커뮤니케이션을 다르게 수행한다는 것이다.

③ 체계성(Systemic)

이 모델에서 또 하나 강조하고 있는 것은 '체계성'이다. 커뮤니케이션은 체계속에서 일어나며 그 체계는 커뮤니케이션을 어떻게 수행하며 어떤 의미를 만들어내는가에 영향을 미친다. 체계 또는 맥락들은 '캠퍼스' 또는 '문화'처럼 커뮤니케이션에 참여하고 있는 사람들의 공유된 체계일 수도 있고 '가족', '종교', '친구'처럼 커뮤니케이션을 수행하고 있는 각자의 개인적인 체계일 수도 있다.

④ 시간(Time)

우리는 새로운 사람을 만나고 성장하면서 다른 사람들과 상호작용하는 규칙을 바꾸어간다. 즉 시간의 흐름과 더불어 각각의 경험 세계가 또는 공유된 경험 세계가 변화해가는 것을 설명해주는 개념이다.

⑤ 동시성(simultaneousness)

커뮤니케이션을 수행하고 있는 사람은 그 순간에 단순히 메시지를 주는 사람이 되거나 받는 사람만이 되는 것이 아니다. 우리는 말을 하기도 하고 듣기도 하면서 때로는 언어적·비언어적 메시지를 동시에 주고받으면서 커뮤니케이션 과정에 참여한다. 이는 커뮤니케이션이 수동적으로 순서를 지켜서 한 가지씩 수행되는 것이 아니라 커뮤니케이션에 참여하고 있는 사람들의 총체적인 체계들의 집합 속에서 역동적으로 이루어지는 과정이라는 것을 의미한다.

이와 같이 현재까지 인간의 역동적인 커뮤니케이션 과정을 가장 잘 설명해주는 것은 바로 이 교류 모델이라고 할 수 있다.

5. 커뮤니케이션의 학문적 영역

커뮤니케이션은 이천년도 넘는 학문적 역사를 가지고 있다. 아리스토텔레스는 시민으로서 시정에 참여하고자 할 때에 가장 중요한 것은 대중에게 효율적으로 연설할 수 있는 능력이라고 믿었다. 그래서 그는 제자들에게 어떻게 말해야 사람들을 설득할 수 있는가 하는 설득 기술을 가르쳤다. 시초의 커뮤니케이션은 이런 공공적인 대중 커뮤니케이션을 의미했다. 그러나 현대의 커뮤니케이션학은 세분화되어 다음 10개의 영역으로 나누어진다.

1) 자아 커뮤니케이션(Intrapersonal Communication)
2) 대인 커뮤니케이션(Interpersonal Communication)
3) 집단 커뮤니케이션(Group and Team Communication)
4) 공공 커뮤니케이션(Public Communication)
5) 조직 커뮤니케이션(Organizational Communication)
6) 면담 커뮤니케이션(Interviewing Communication)
7) 매스 커뮤니케이션(Mass Communication)
8) 커뮤니케이션 기술학(Technologies of Communication)
9) 문화 간 커뮤니케이션(Intercultural Communication)
10) 윤리와 커뮤니케이션(Ethics and Communication)

1) 자아 커뮤니케이션(Intrapersonal Communication)

어떠한 일을 계획할 때에 우리는 쉽게 발설해서 책임이나 위험에 대한 문제를 만들어내지 않기 위해 심사숙고할 때가 많다. 사소한 일도 남에게 이야기하기 전에 혼자 생각할 때가 있다. 어떤 면에서는 다른 사람과의 커뮤니케이션보다 자신의 내부에서 일어나는 많은 것들에 대해 자신의 내면에서 이럴까 저럴까 생각하는 경우가 더 많을 수 있다.

자아 커뮤니케이션이란 이러한 '자신과의 대화'로 '혼자말(self-talk)'이라고도 한다.

자신의 내부에서 일어나는 인지 과정이라는 점에서 '생각하기(thinking)'도 포괄한다. 어떠한 이름에 대한 것이라든지 또는 아이디어와 관련한 '생각하기'는 언어에 의해 가능하기 때문에 커뮤니케이션이라고 할 수 있다(Vocate, 1994).

한 상담학회에서는 우리가 스스로 하는 말들, 즉 자아 커뮤니케이션이 어떻게 자아가치관을 강화할 수 있는지에 대하여 연구하였다(Ellis & Harper, 1977 ; Rusk & Rusk, 1988 ; Seligman, 1990).

예를 들면, '나는 이번 시험을 망쳤어. 난 정말 멍청해. 난 이제 졸업할 수 없을 거야. 졸업한다고 해도 취직할 곳도 없어'와 같은 부정적 자아 커뮤니케이션을 하는 사람은 단지 하나의 잘못된 사건으로 자신을 전체적으로 가치 없게 만들어서 자아 가치를 낮추게 된다는 것이다.

V. 사티어(1972)는 낮은 자아존중감이 효과적으로 커뮤니케이션하는 것을 배우지 못한 사람들에게서 나타나는데 이들은 낮은 자아존중감으로 인해 역기능적 커뮤니케이션으로 자아 방어 기제를 삼고 외부세계를 대하며 심한 경우 병적인 증세로 진전되는 경우가 많다고 하였다.

V. 사티어의 이러한 이론을 보여주는 한 예로 론 하워드 감독의 영화 <뷰티풀 마인드(A Beautiful Mind)>를 들 수 있다. 이 영화의 주인공 '내쉬'는 노벨상을 수상한 실제 인물로 천재 수학자이었지만 대인관계와 커뮤니케이션에 서툴러 주위 사람들과 원만하게 지내지 못한다. 그러나 그 원인이 자신의 잘못된 커뮤니케이션 방법에 있다는 것을 알지 못하는 그는 '사람들이 날 싫어해'라고 외부세계에 그 책임을 전가하면서 더욱 혼자만의 세계로 빠져 들어가 '찰스 허만'이라는 가상의 인물을 만들어내고 그와만 커뮤니케이션이 된다고 생각한다. 결국 그는 정신분열증세를 보이게 되고 프린스턴 대학의 교수직도 그만 두어야 했으며 자아분열 상태를 극복하기 위해 자기와의 힘겨운 싸움을 한다. 그가 자신의 고통을 극복하게 되는 것은 아내의 지극한 사랑에 의해서였다. 아내의 사랑에 의해 자신의 가치를 인정받고 자신을 사랑하게 되면서 그는 다른 사람과 커뮤니케이션하는 방법을 배우고 관계를 맺으며 사람과 사람이 사는 세상으로 들어오게 되는 것이다.

영화 <Breaking the Wave> 역시 자아 커뮤니케이션과 관련한 또 다른 사례로 들 수 있다. <Breaking the Wave>의 주인공 '베스'는 1970년대 초 스코틀랜드 해안 지역의 순진한 소녀로 북해 석유 채굴장에서 일하는 자유분방한 '얀'을 사랑한다. 마을 사람들의 반대에도 불구하고 두 사람은 결혼을 한다. 얼마간의 신혼생활 후 얀은 일 때문에 북해로 되돌아가게 된다. 하나님에 대한 자신의 간구에 의해 그들의 사랑이 천국에서 맺어진 것이라 확신하는 베스는 그가 돌아올 날 만을 손꼽아 기다리며 하나님께 그를 돌아오게 해달라고 기도하며 기다린다. 그러나 얀은 사고로 인해 불구가 되어 돌아오고 병상의 얀은 베스가 스스로를 일상적인 삶으로부터 차단시킬까봐 걱정한다. 앞으로 침대 신세만 질 것을 알게 된 그는 베스에게 그녀가 애인을 갖는 것이 그의 회복에 도움이 될 것이라고 설득한다. 베스는 하나님과의 기도 속에서 얀을 불구로 만든 것은 자신이 하나님께 무리하게 부탁했기 때문이라는 답을 받고 무수한 기도 속에서 얀의 회복을 위해 자신이 어떻게 해야 하는가의 답을 얻으며 서서히 자신을 버리고 무참하게 죽어가게 된다. 베스의 희생에 의해 얀이 기적적으로 회복되는 마지막 장면은 그런 모든 과정이 종교적으로 해석될 여지가 있으나 커뮤니케이션의 측면에서 볼 때 '기도'의 과정은 일종의 자아 커뮤니케이션으로 해석할 수 있다. 그러므로 '기도' 속에서 어떠한 답을 얻을 때 커뮤니케이션의 원리에 의거해서 볼 때 그가 얻는 답은 그의 인식의 범위에서 벗어나지 못하게 되며 따라서 자아 커뮤니케이션은 그가 어떤 사람이며 어떤 생각을 하고 있는가, 어떤 가치관을 가지고 있으며 얼마나 합리적이고 이성적인가 아니면 감성적인가 등에 따라 매우 긍정적인 결과를 가져올 수도 있고 매우 부정적인 결과를 가져올 수도 있다는 점을 간과해서는 안 된다. 매우 긍정적인 결과를 가져온 자아 커뮤니케이션의 예로 우리는 인류를 위해 살신성인(殺身成仁)한 공자, 석가, 예수, 마호메트와 같은 '성인(聖人)'을 들 수 있으며 부정적인 결과를 가져온 예로 세계대전을 일으켜 인류를 재앙에 빠뜨린 많은 전범(戰犯)들이나 이유 없이 다른 사람들을 해하는 범죄자들을 들 수 있다. 도스토예프스키의 소설『죄와 벌』에서 가난한 대학생 라스콜리니코프는 '비범한 사람은 도덕과 법률을 초월할 수 있는 권리가 있다'는 허무주의적 초인사상에 경도된 나머지 끔찍한 범죄를 저지른다. 가난한 대학생 라스콜리니코프가 범죄를 저지르게 되는 과정, 그 현장, 범죄를 저지른 뒤의 방황, 그리고 자수하러 가기까지 2주 동안의 이야기를 다루고 있다. 작가는 심리적이고 철학적인 이 소설을 통해 선과 악, 이성과 감성에 대한 예리한 통찰을 보여주며 인간의 궁극적인 구원의 길을 제시하는데 이 모든 사건의 흐름은 라스콜리니코프가 세상을 어떻게 생각하고 어떻게 반응하는 것이 옳은가 스스로 해석하는 과정, 즉 라스콜리니코프의 자아 커뮤니케이션의 과정을 보여주고 있다고 할 수 있는 것이다.

이와 같이 우리가 스스로에게 하는 말이 자신의 감정에 영향을 미치고 삶에 중대한 결과를 가져오게 된다는 것이 밝혀진 후 치료자들은 부정적 '혼자말(self-talk)'을 긍정적으로 바꾸도록 하였다. 우리가 스스로에게 어떻게 말하는가에 따라 자신의 자아 가치를 강화할 수도 있고 비하할 수도 있다는 것이다.

우리는 일상의 계획을 세운다든가 여러 가지 행동방침을 연습해보기 위해 또는 특별한 어떤 일을 하도록 또는 못하도록 강화할 때도 우리는 '혼자말(self-talk)'을 하게 된다. '자아 커뮤니케이션'은 음식을 먹을 때 '이건 기름기가 너무 많아. 뚱뚱하게 될 거야. 2주 동안 살 뺀 게 아무런 소용이 없게 되지'라고 스스로에게 일깨워주든가 '할머니 말씀을 듣고 싶어요'라는 뜻의 존경심을 남에게 보여주기도 하고 '한 대 맞을래'와 같은 말을 하고 싶은, 자칫 파괴적일 수 있는 충동을 자제하게 한다.

자아 커뮤니케이션은 이렇게 변화 가능한 각본들을 연습해볼 수 있게 하고 그것들이 수정될 수도 있게 한다.

늘 시끄럽게 자기 말만 하고 단합이 잘 되지 않는 회원에게 '넌 좀 입 다물래'라고 직접적인 말을 할까 또는 '모임에는 모든 회원이 공평하게 지켜야 할 규칙이 있다'라고 넌지시 말할까 아니면 그와 차를 함께 마시며 '모임에서는 말을 좀 조심해 주면 좋겠어'라고 말할까, 우리는 속으로 각각의 방법의 결과를 가늠해 본 후 한 가지를 골라 실제로 행하게 된다. 내면의 대화를 계속하면서 그것을 경험해보고 생각을 정리하고 행동방침을 바꾸어 보는 것이다. 이러한 것을 자아 커뮤니케이션이라고 한다. 다른 사람에게 상처를 주지 않고 좋은 관계를 맺고 싶으면 성숙하고 사려 깊은 자아 커뮤니케이션을 여러 번 연습해 본 후 가능한 결과를 예측하고 상대를 대하도록 노력해야 할 것이다.

2) 대인 커뮤니케이션(Interpersonal Communication)

대인 커뮤니케이션은 사람과 사람 사이에 이루어지는 커뮤니케이션으로, 본 강의의 주된 영역이므로 여기에서는 간단한 소개로 그친다.

대인 커뮤니케이션은 극히 형식적인 관계로부터 매우 두터운 친분에 이르기까지의 연속적인 대인 관계상의 광범위한 커뮤니케이션을 포괄한다. 그러므로 상호작용의 정도에 따라 대인 커뮤니케이션은 '인간적 대인 커뮤니케이션(Interpersonal Communi-cation)'과 '비인간적－사무적 대인 커뮤니케이션(Impersonal communication)'으로 나누어질 수 있다. 즉 친구 사이처럼 서로 상호작용을 많이 할 때 인간적 커뮤니케이션이 되며 친분이 없이 극히 사무적인 관계에 의한 대인 커뮤니케이션은 '인간적 관계'가 배제된 '사무적' 대인 커뮤니케이션이 된다.

〈그림 4〉 대인 커뮤니케이션의 범위(T. Wood, 2000b)

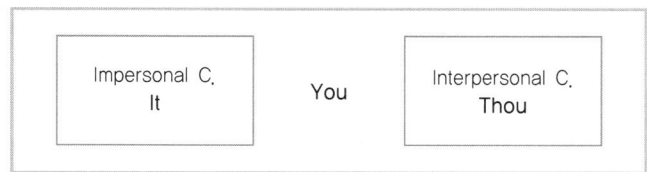

대인 커뮤니케이션 영역에서는 성(gender)이나 민족성, 성적 취향과 커뮤니케이션이 어떤 관련이 있는가, 각각의 사회적 모임에 따라 즐겨 사용하는 커뮤니케이션 방식이나 목표가 다른가, 커뮤니케이션이 어떻게 인간관계를 만들어내고 유지하는가 그리고 부부 또는 연인들이 시간의 흐름에 따라 처음의 친밀감을 유지해 나가기 위해 어떻게 커뮤니케이션을 하는가 등과 같은 문제에 대해 관심을 가지고 연구한다.

연구 결과 사려 깊게 들어주고 열린 마음으로 말하는 사람이 시간이 흘러도 친밀감을 유지하는 확률이 높다는 것이 밝혀졌다(Canary & Stafford, 1994 ; Duck & Wood, 1995 ; Spencer, 1994).

다른 사람들에게 관심이 없는 사람은 인생을 사는 데 가장 어려움을 당하고, 다른 사람들에게도 가장 해를 끼치는 사람이다. 인간의 모든 실패가 바로 이런 유형의 인물에서 비롯된다.

● ● ● 알프레드 아들러

3) 집단 커뮤니케이션(Group and Team Communication)

집단 커뮤니케이션은 의사결정집단, 작업팀, 사회적 모임 또는 특히 상담이나 사회복지 영역에서 '금연'이나 '알코올중독' 등의 치료 과정에 있는 집단과 같은 작은 집단을 대상으로 한다. 소집단 연구는 리더십이나 집단 내 역할, 집단의 특성, 집단 목표를 위한 의식 그리고 집단 내 갈등 처리 등에 초점을 맞춘다.

소집단 커뮤니케이션 학자 D. 고란(Dennis Gouran, 1982)은 비판적 사고가 합리적인 집단 의사 결정에서 얼마나 중요한가를 강조했다. 그는 합리적인 의사결정에 도움이 되는 커뮤니케이션과 합리적인 의사결정을 방해하는 커뮤니케이션의 유형을 정리하고 집단원이 효율적인 집단 업무에 방해가 되지 않게 하는 전략을 개발했다.

소집단 구성은 연령과 학력을 고려하여 8~10명 정도로 구성하는 것이 적당하다. 소집단 과정의 초기 단계에서는 자기중심적 입장에서의 커뮤니케이션이 이루어진다. 그러나 소집단 과정이 진행됨에 따라서 처음에는 자기 자신의 목적을 달성하기 위한 수단이었던 활동이 집단 경험을 통하여 활동 대상에 대해 바람직한 방향으로서의 태도 변화가 이루어지고 구성원들은 일체감을 경험하게 된다. 소집단 과정을 통해 자신이 타인에게 필요하고 의미 있는 존재라는 자기 확인, 사회심리적 보상감, 가족과 주민 및 사회로부터의 인정과 격려, 타인과의 진실한 '너와 나'의 관계형성을 통한 소외감의 극복 등을 소집단 과정에서 경험할 수 있는 것이다. 이러한 소집단 과정에서는 동일시의 대상이 되는 타자, 집단의 다면적 매력(유인조건)이 중요한 역할을 한다. G. W. 올포트가 말한 바와 같이 소집단 과정을 통하여 기능적 자율(fuctional autonomy)이 이루어지는 것이다. 소집단 커뮤니케이션의 구성과 프로그램의 중요성이 여기에 있다.

실제로 2005년 1월 17일 대한상공회의소가 발표한 '기업의 의사소통 실태조사'에 따르면 중소기업의 90.4%가 의사소통이 원활('매우 원활' 44.3%, '약간 원활' 46.1%)

하다고 응답한 반면, 대기업은 70.7%('매우 원활' 36.6%, '약간 원활' 34.1%)만이 원활하다고 답해 작은 조직일수록 커뮤니케이션이 좋은 것으로 나타났다. 이는 소집단 커뮤니케이션이 상하 관계나 수평 관계 모두 커뮤니케이션의 거리가 짧아 원활한 피드백이 이루어질 수 있다는 것을 의미한다.

소집단 과정에서 담당 지도자(Supervisor)는 구성원 각자에게 골고루 발표의 기회를 줌으로써 구성원들의 대화 능력을 향상시키고 구성원 개개인의 욕구와 능력을 파악하여 구성원들의 욕구를 충족시킬 수 있도록 해야 하며 구성원 개개인의 능력을 충분히 발휘하고 활용할 수 있도록 그들에게 자아실현 기회를 제공할 수 있도록 세심한 관심을 가지고 배려해야 한다.

보먼(E. Bormann) 등의 연구는 개인의 집합을 응집력 있는 집단으로 변화시키는 커뮤니케이션 과정에 대한 연구로 특히 중요하다. 보먼은 집단의 응집력과 정체성은 그 집단이 오랫동안 구상해오던 일련의 이상적인 생각들을 상징화한 것으로 집단의 사회적, 업무적 주제를 담아낸 '환상적 테마(Fantasy Themes)'에 의해 구체화된다고 보았다(Bormann, 1975 ; Borman, Putnam, & Pratt, 1978).

4) 공공 커뮤니케이션(Public Communication)

공중 앞에서 말하기는 커뮤니케이션의 중요한 한 분야이다. 사람들이 모두 특별히 형식적인 화술이 요구되는 직업을 갖지는 않을지라도 우리는 모두 다른 사람 앞에서 말해야 하는 때가 많이 있다. 여러 사람 앞에서 공식적으로 말을 해야 할 때도 있다. 출판사의 편집인은 판매원들에게 판매할 책의 특성이라든가 책의 내용에 대하여 어떻게 설명할 것인가 제시해 주어야 하며 새로운 신장 치료법을 연구 개발한 의사는 동료들에게 그 치료법에 대하여 설명해 주어야 한다. 아동학대 프로그램을 위해 모금 자원 봉사를 하고 있는 주부는 사람들에게 그들의 작은 돈이 어떻게 쓰이는지 설명해 주어야 할 경우도 있다. 그들은 자신을 연설가로 생각하지는 않지만 여러 사람 앞에서 말하는 것은 그들의 생활의 일부가 되며 사람들 앞에서 말을 잘하는가 못 하는가가 그 일 또는 그 일에 대한 그들의 성공에 매우 중요한 것이 될 수 있다.

마틴 루터 킹 목사(Martin Luther King Jr.)의 "I Have a Dream"과 같은 연설이나 공공 정책에 대한 토론 등이 모두 공공 커뮤니케이션의 대표적 예이다.

공공 커뮤니케이션에서는 때로 공중이 적으로부터의 도전에 대응할 수 있는 그들의 위치를 얼마나 잘 지키는가를 평가하는 역할을 시민사회에서 맡기도 한다.

공공 커뮤니케이션 학자들은 효율적인 공공 연설의 원리를 찾아내고 가르친다.

공공 커뮤니케이션은 연사가 청중에게 신뢰감을 줄 수 있게 하는 것 그리고 신뢰감이 설득에 미치는 영향 등에 대한 것에 초점을 두고 있으며 논쟁의 종류, 생각을 조직하는 방법 그리고 청중들이 윤리적이고 효율적이라고 받아들일 수 있는 증명의 형식들에 대해 연구하기도 한다. 사람들 중에는 공공 커뮤니케이션 능력이 자신의 전문 분야에서의 출세나 성공에 막대한 영향을 미친다고 생각하는 이들이 많다. 공공 커뮤니케이션 능력은 영향력 있는 사람, 리더십이 있는 사람이 되기 위해 우선적으로 갖추어야 하는 능력으로 꼽기도 한다.

공공 커뮤니케이션 학자들은 여러 사람 앞에서 말할 때의 효율적인 지침들을 연구하였으며 데일 카네기의 일련의 저서들과 휴먼 커뮤니케이션의 명분을 내건 국내 유명 인터넷 사이트들은 대부분 '화술'과 '리더십'에 관련된 공공 커뮤니케이션에 대한 내용을 다루고 있다.

2004년 한나라당의 국회의원 공천 심사에서도 토론회를 통해 공천자를 결정하였다는 것도 공공 커뮤니케이션 능력이 얼마나 중요한가를 보여주는 예라고 할 수 있다.

5) 조직 커뮤니케이션(Organizational Communication)

조직 커뮤니케이션은 현대 사회에서 점차 관심이 높아지는 영역이다.

21세기의 화두인 '세계화'에 따른 글로벌 경쟁 시대를 맞이하여 기업들은 사내 커뮤니케이션이 글로벌 경쟁력을 높일 수 있는 매우 중요한 경영 요소임을 인식하게 되었다.

'인재 경영'과 '리더십'이 기업 경영에서 중요한 용어로 등장했고 조직 커뮤니케이션에 관심을 집중하게 되어 많은 연구들이 수행되었다.

GE의 잭 웰치 회장은 "열 번 이야기를 할 때까지는 한 번도 이야기한 것이 아니다"라고 하여 조직 내에서의 커뮤니케이션이 얼마나 어려운가를 강조했으며 스캐넬 (Scannell)은 '리더쉽을 위한 커뮤니케이션'에서 영리, 비영리 단체의 조직원을 대상으로 한 연구에서 동일한 언어와 문화 속에서 조직원 상하간 커뮤니케이션의 전달율이 최대 70%를 넘지 않는다고 밝혔다. 이는 기업이 커질수록 기업을 구성하는 계층도 늘어나기 마련이고 많은 계층을 사이에 두고서는 최고 경영층과 실무 직원 간에 효율적인 커뮤니케이션이 이루어지기가 점점 어려워진다는 것을 의미한다. 따라서 경영자들은 어떻게 하면 계층 간의 커뮤니케이션 전달율을 높여 회사의 힘을 한 곳에 집중시킴으로써 경쟁력을 높일 수 있는 커뮤니케이션 시스템을 갖출 것인지에 대해 관심을 가지게 되었다(이영권, http://www.ope.co.kr).

실제로 2005년 1월 17일 대한상공회의소가 발표한 '기업의 의사소통 실태 조사'에 따르면 중소기업의 90.4%가 의사소통이 원활('매우 원활' 44.3%, '약간 원활' 46.1%)하다고 응답한 반면, 대기업은 70.7%('매우 원활' 36.6%, '약간 원활' 34.1%)만이 원활하다고 답해 작은 조직일수록 커뮤니케이션이 좋은 것으로 나타났다.

기업 전체적으로는 사내 의사소통이 '매우 원활'(42.8%), '약간 원활' (43.7%) 등 전체 86.5%가 원활하다고 답해 경영혁신을 위한 기반 여건은 잘 조성돼 있다고 평가되며 일반적인 우려와는 달리 타부서나 동료가 하는 일에 대해 전체 응답자의 89.4%가 '잘 안다'('매우 잘 안다' 34.6%, '약간 잘 안다' 54.8%)고 했고, 부서간 유기적인 협조도 75.5%가 '잘 된다'('매우 잘 된다' 23.1%, '약간 잘 된다' 52.4%)고 조사되어 조직 내 의사소통이 원활한 것을 간접적으로 뒷받침하고 있다고 보았다.

부서 간 수평 의사소통의 걸림돌로는 대기업은 '부서간 이기주의'(46.3%) 를 제일 먼저 지목했고 '업무과다에 따른 시간부족'(36.6%), '필요성 못 느낌'(9.8%), '물리적 칸막이'(7.3%) 등의 순으로 들었는데 특히 중소기업은 부서 간 수평 의사소통의 최대 장애로 '시간부족'(37.7%)을 '부서 이기주의'(35.9%)보다 더 큰 문제점으로 지적해 기업들은 앞으로 효율적 업무시간 배분에 좀 더 역점을 두어야 할 것으로 분석되었다.

의사결정 방식에서도 대기업이 하향식 비중이 큰 데 비해 중소기업은 오히려 상향식 비중('상향식' 52.4%, '하향식' 47.6%)이 높아 직원들의 의견 반영도가 좋은 것으로 평가하였다.

보고서는 의사소통과 기업성과 간 연관성을 보기 위해 응답 기업의 5년 평균 매출액영업이익률(영업이익/매출액×100%)을 분석해 본 결과 사내 의사소통이 매우 원활한 기업(5.85%), 약간 원활한 기업(5.25%), 다소 원활하지 못한 기업(4.99%) 사이에 매출액 영업 이익률 차이가 있다면서 이러한 결과는 내부 커뮤니케이션 효율성과 재무 성과와 정(正)의 상관관계가 있다는 외국 컨설팅사 조사 발표와도 일치한다고 밝혔다.

또, 조직 체계의 효율적인 구성 여부에 전체 응답자의 62.0%가 '그렇다'('매우 그렇다' 16.3%, '약간 그렇다' 45.7%)고 했고, 인재의 적재적소 배치 유무도 68.8%가 '그렇다'('매우 그렇다' 23.1%, '약간 그렇다' 45.7%)고 답했다. 이 질문에서는 대기업이 오히려 중소기업보다 각각 '10.9%p'(70.8%), '11.5%p'(78.0%) 높았다.

한편 보고서는 우리기업이 초우량 기업으로 거듭나기 위해서 개선해야 할 과제로 '관료주의 행태', '일 떠넘기기 사례', '학연·지연 문화'를 지적했다.

기업 내 수직(상하 간) 의사소통을 가로막는 최대 걸림돌로는 대기업이나 중소기업이 모두 '업무과다에 따른 시간부족'(34.1%)을 꼽았고 다음으로 '상사 관료주의'(32.2%), '상하 갈등'(20.7%) 등이 뒤를 이었다고 한다.

이러한 조직 커뮤니케이션의 중요성과 관련하여 일부 커뮤니케이션 학자들은 공룡이 작은 쥐에 의해 지구상에서 멸종했다는 믿기 어려운 의견을 제시하고 있다. 이에 따르면 공룡은 지구에서 최강의 존재로 적으로부터 방어할 필요성을 전혀 느끼지 않아 피드백 커뮤니케이션 능력이 도태되었고, 이 틈을 타 쥐가 항문을 통해 공격하여 내장을 손상시켰기 때문이라는 것이다. 진실 여부를 떠나 경영학자들은 이 가설을 대기업에 나타나기 쉬운 비효율적인 커뮤니케이션에 따른 경쟁력 약화라는 측면에 대한 경계의 예로 설득력 있게 쓰고 있다.

이러한 기업 문화와 조직 커뮤니케이션의 중요성을 인식한 선진국의 거대한 다국적 기업들은 기업의 커뮤니케이션 시스템을 점검하고 자기 회사의 특성에 맞는 커뮤니케이션 시스템을 개발하고 유지하는 데 많은 투자를 하고 있다.

뉴욕시의 기업 경영자들의 79%가 직원 채용이나 평가에 있어 커뮤니케이션 능력을 가장 우선 조건으로 꼽았다는 실버스톤 외(Silverstone 외, 1987)의 조사 연구에서 보여 주듯이 기업들이 신입 사원 채용 시 커뮤니케이션 능력을 우선시하는 것은 조직 커뮤니케이션을 중시하기 때문이다.

커뮤니케이션 기술이 전문인으로서의 성공에 어떻게 기여할 수 있는가를 밝히기 위해 조직 커뮤니케이션 학자들은 조직의 풍토라든가 생산성, 방침 등 커뮤니케이션에 영향을 주는 다양한 요소들을 살펴보았다. 조직 커뮤니케이션에서 연구되는 것들은 인터뷰, 듣기, 리더십, 커뮤니케이션의 새로운 기술학, 의사결정 등에 관한 것들이다.

근래에 들어 조직 커뮤니케이션에서는 전문직에서의 '조직 문화와 사적인 관계'에 대해 많은 연구들이 진행되고 있다.

조직 문화는 조직을 공유하는 사람들이 조직의 사고, 행동의 코드를 이해할 때 그리고 조직의 정체성에 대한 이해가 이루어질 때 형성된다.

어떤 조직은 서로를 가족으로 생각한다. 이러한 이해로부터 피고용인들은 어떻게 상호작용을 할 것이며 얼마나 충실히 일해야 하는가 하는 데 대한 규칙을 만들어낸다.

조직 문화에 대한 연구는 조직 내에서 일어나는 '성희롱(sexual harassment)'에 대한 문제도 계속 논의해왔다. 우리나라에서는 성희롱에 대한 직장 내 문화 조성이 정부 기관에 의해 제도적으로 형성되고 있지만 외국의 어떤 기관에서는 성희롱을 아예 '여기는 이렇게 해. 이건 우리 방식이야'라는 식으로 별로 문제시하지 않도록 하는 조직 문화를 만들기도 한다는 연구도 있었다(Strine, 1992). 이러한 직장 내 성희롱 문제와 관련하여 많은 커뮤니케이션 학자들은 어떤 기관에서는 어떻게 성희롱에 대한 문제를 대수롭지 않게 만들어 버리고 심지어는 성희롱을 암묵적으로 수용하는 조직 문화를 유지하는가에 대하여 분석해왔다(Bingham, 1994 ; Clair, 1993 ; Conrad, 1995 ; Taylor & Conrad, 1992).

커뮤니케이션 학자들의 관심이 높아지고 있는 또 다른 영역은 동료 간의 사적인 관계에 대한 커뮤니케이션이다. 직장에서 근무하는 시간이 늘어나면 동료와의 사적 관계 또한 많아지는 건 당연하다. 더욱이 전업으로 일하는 여성들이 많아지면서 직장에서 단순한 관계이든 깊은 관계이든 이성 문제가 생겨날 기회가 매우 많아졌다.

직장에서의 이성 문제는 조직 생활에서 이익이 될 수도 있고 분란을 일으킬 수도 있는, 양면적인 문제를 야기한다. 동료들은 가까운 친구일 수도 있어서 그 중 한 사람이 다른 사람보다 더 유리한 지위가 되면 그 관계가 복잡해진다. T. 존(T. Zorn, 1995)에서는 '사장과 친구(bosses and buddies) 관계와 커뮤니케이션'을 연구했는데, 친구간 커뮤니케이션과 상위자－하위자 관계의 커뮤니케이션이 대립되는 상황에서 사람들이 나름대로 커뮤니케이션을 수행해나가는 다양한 규칙이 있으며, 직장에서의 친구 관계는 잠재적 가치와 위험성을 동시에 내포하고 있다고 밝혔다.

직장 내에서의 사적인 관계에서는 남녀가 서로의 커뮤니케이션에 대한 이해를 필요로 했다. 많은 면에서 여자와 남자는 커뮤니케이션하는 방법이 다르기 때문에 종종 서로 오해한다(T. Wood, 2001c). 여자는 '음', '아－', '그래', '맞아' 등과 같은 '청취음(listening noises)'을 남자보다 많이 내는 편이다. 만약 여자가 직장 동료인 남자에게 말할 때 남자가 그런 청취음을 내지 않으면 여자는 남자 동료가 자기 말을 듣고 있지 않다고 오해하기 쉽다. 반대로 남자는 여자의 청취음을 단순한 흥미의 표시라기보다 동의하는 표시로 오해하기 쉽다. 그런 오해는 직장 동료의 관계를 왜곡시키기 쉽다. 이러한 문제들에 관심을 가진 일부 조직 커뮤니케이션 학자들은 효율적인 이성간 커뮤니케이션에 관한 연수를 연구하고 실험하기도 했다(Murphy & Zorn, 1996).

6) 면담 커뮤니케이션(Interviewing Communication)

인터뷰는 고용, 견책, 연구, 조직 내 문제 해결 등 많은 곳에 쓰인다. 목표는 모두 다르지만 모든 인터뷰에는 공통되는 특질이 있다. 예를 들면 대부분의 인터뷰는 '질문－대답'의 형식으로 이루어진다는 것이다. 커뮤니케이션의 기본 원리는 면담 커뮤니케이션에도 당연히 기본적으로 적용된다. 취업 면담시에 효과적으로 커뮤니케이션하기 위해 커뮤니케이션의 기본 원리를 알고 준비하는 것이 면담 커뮤니케이션에서 특히 중요시하는 학습 내용이다.

대학생들에게 가장 현실적인 면담은 취업 면담이므로 여기에서는 취업 면담을 중심으로 하여 살펴보기로 한다.

얼마 전 한 대학에서 취업 면접시험에 대비한 과목을 필수 과목으로 지정하여 이 과목을 이수하지 않으면 졸업하지 못 하도록 한 것은 우리 사회의 경제 상황과 취업난의 극심함을 대변하고 있다. 이는 이제 대학도 실질적인 학문을 가르치지 않아서는 그 대학의 학생들이 사회에 나아갈 수도 없고 사회에 나아가서도 성공적 삶을 살아가는 데에 도움이 되지 않는다는 것을 인식하였다는 의미로 볼 수 있다.

인터넷 강국인 우리나라에서 가장 많은 회원을 가지고 있는 사이트가 인크루트나 잡코리아 같은 취업 전문 사이트들이며 이러한 사이트는 많은 부분을 면접에 대한 정보를 다루고 있다.

면담 커뮤니케이션은 특히 취업 면접에서 매우 중요한 역할을 한다. 환자 치료 면담이나 견책, 연구, 문제 해결 등을 위한 면담은 그래도 비교적 몇 회에 걸쳐 어느 정도의 기간을 두고 진행되지만 취업 면접은 단 1회로 당락이 결정되므로 그 한 번의 커뮤니케이션이 잘못 되었을 때 만회할 방법이 없기 때문이다.

성공한 사람들의 성공비결이 85%가 인간관계라는 연구 발표에서도 보여주는 바와 같이 취업에 있어서도 능력이나 학점, 영어 실력 등으로만 취업이 보장되던 시대는 이미 지났다고 한다. 다음 기사는 취업을 앞두고 있는 사람들에게 상당히 시사적이다.

명문대학 경영학과를 졸업한 이모씨(28)에게 취업난은 남의 얘기였다. 자신의 학점과 영어점수 등 객관적 조건이 남에게 뒤떨어지지 않는다고 생각했기 때문이다.

예상대로 이씨는 국내 대기업들의 서류전형과 필기시험에서는 쉽게 통과했지만 최종 면접에서 번번이 불합격의 고배를 마셨다.

그는 서른 번의 면접 탈락 후 친분이 있는 인사담당자에게 전화를 걸어 자신의 문제점에 대해 물었다. 인사담당자는 이씨의 외모와 첫인상을 실패의 가장 큰 이유로 꼽았다. 구직자들의 경쟁이 치열해지면서 첫인상과 외모와 같은 요소들이 면접시의 커다란 변수로 떠오르고 있다.

구직자들의 대학학점이나 영어점수 같은 객관적 평가요소들이 상향평준화됨에 따라 첫인상과 같은 주관적 요소들이 점점 중요해지고 있는 것이다.

이를 반영하듯 전반적인 경기침체에도 불구하고 피부관리실, 성형외과, 이미지 컨설팅 업체들이 때 아닌 호황을 누리고 있다.

피부관리실을 운영하는 김미선씨(34)는 "취업시즌이 다가오면 보통 화장술과 피부관리에 대한 문의가 증가한다"며 "특히 젊은 남성들의 외모에 관한 상담이 크게 늘어났다"고 말했다.

대기업의 인사담당자는 "외모를 채용 기준의 하나로 고려하는 것은 공공연한 사실"

이라며 "외모를 충실히 가꾸는 사람은 자신의 삶에도 충실할 것이라는 인식이 널리 퍼져 있다"고 설명했다.

취업 전문가들은 "구직자들은 기업들의 외모 중시 풍조에 대해 부정적으로만 생각할 것이 아니라 몸가짐과 표정, 말투 등에서 호감을 줄 수 있도록 평소부터 연습해야 한다"면서 "기업들 역시 심층면접 개발을 통해 지원자들의 첫인상이나 외모뿐만이 아니라 숨은 능력과 끼를 발견할 수 있어야 한다"고 지적했다.

● ● ● 파이넌셜뉴스

구직자들의 대학 학점이나 영어 점수 같은 객관적 평가 요소들이 상향 평준화됨에 따라 '첫인상'과 같은 주관적 요소들이 면접에서 점점 중요해지고 있다는 위의 기사문처럼 취업의 최대 난관으로 응시자들은 면접을 꼽고 있다. 면접에서는 주어진 단 1회의 주어진 시간 동안 이루어진 커뮤니케이션에 의해 운명이 결정된다고 생각하기 때문에 응시자들뿐 아니라 기업에서도 한정된 기회를 통해 자기 회사에 꼭 필요한 진주를 찾아내기 위해 여러 기준으로 가산점과 감점을 주며 당락의 핵심 자료로 삼고 있다고 한다. 이에 대한 최근 한 취업 사이트의 다음 조사 자료는 참고가 될 만하다.

▌ **가산점을 준 경우**
- 대우종합기계 : 침착하고 조직 적응력이 뛰어난 응시자에게
- LG생명과학 : 말투가 논리적이고 표정이 밝으면 후한 점수
- 신동아화재, 한미은행, 한화증권 등 : 적극성을 띤 사람에게
- 현주컴퓨터 : 외모가 단정한 사람에게

▌ **감점을 한 경우**
- 소극적이거나 태도가 불량하면 여지없이 감점
- 외환은행 : '예의가 없다'는 것을 대표적인 감점 요인으로
- 한솔텔레콤 : 말투가 어눌해서
- 조선호텔 : 다리를 꼰 응시자를 감점 처리
- 나이키코리아 : 눈을 자주 굴린 사람에게 점수를 박하게

● ● ● 헤럴드경제(2004. 12.)

기업 쪽에서는 불확실한 경제 상황을 돌파하려면 무엇보다 확실하고 유능한 인재 확보가 긴요하다는 판단에서 최고의 보석을 골라내기 위한 이색적인 채용 전략을 짜내고 있다고 한다. 10명의 대졸 신입사원을 채용한 침구업체 '이브자리'는 마지막 채용 전략을 '등산 면접'으로 하였다. 1차 시험 합격자 65명이 사장을 포함한 회사 임직원들과 함께 새벽 6시부터 4시간 동안 서울 근교 불암산에 올랐는데 인사팀장은 "등산하면서 회사 간부들이 응시자들과 1 대 1로 대화를 나누고 산 정상에서 즉석 장기 자랑 등을 하는 산악 면접을 가졌다"며 "이를 통해 지원자들의 체력과 창의성, 협동성 등을 다각도로 파악할 수 있었다"고 말했다.

한편 이랜드 그룹은 2004년 국내 대기업 중 처음으로 입사 원서에 학력이나 나이, 성(性)별 기재란을 완전히 없애기로 결정했는데 담당자는 "학력·성·나이 난을 없애는 대신 구직자들이 스스로 가치관과 적성·능력 등을 보여주는 2MB(메가바이트) 분량의 '자기 증명 자료' 파일을 받는다"고 말했다. 이를 통해 컴퓨터 문서나 동영상·그래픽 제작 같은 정보처리 능력도 평가한다는 구상이다.

최근 들어 기업들에 번지고 있는 이색 채용 트렌드의 큰 특징 중의 하나는 기존 '사내(社內) 면접'의 파괴이다.

현대오토넷은 식사와 술자리 면접을, LG칼텍스는 축구 면접을 거쳐 각각 최종 합격자를 뽑았다. LG칼텍스측은 "기존 사원들과 축구 경기를 치른 뒤 회식을 하며 지원자들의 팀워크, 대인(對人) 관계 등을 측정했다"고 말했다.

샘표식품은 4명이 한 조가 되어 1시간 동안 쇠고기·닭고기·채소 같은 주어진 재료를 이용해 요리 작품을 만드는 '요리 면접'을 3년째 시행 중이다. '요리를 알아야 주부를 이해할 수 있다'는 오너의 경영 철학에 따른 것이지만, 단순 조리 능력보다 똑같은 재료로 누가 창의적인 음식을 만들고 누가 요리 작품을 잘 설명하는지를 평가하는 게 주 목적이다.

대한항공은 객실 승무원 채용 시 '역할 수행(role playing) 면접'을 한다. 담당자는 "교과서적 지식보다는 승객이 어려운 일을 요청하거나 커피를 쏟거나 어린이가 소란을 피울 때와 같은 여러 상황을 설정해 순간적인 기지와 대응 능력을 살펴본다"고 말했다.

영어 구사 능력이나 감성·상상력도 면접 평가 항목으로 부각되고 있는데 삼성그룹의 경우, 국제 사업 수행 능력 측정 차원에서 삼성물산이 처음 도입한 영어 프레젠테이션 면접을 삼성전자, 제일기획 등 다른 관련 계열사로 확대할 방침이라고 한다.

태평양은 면접 시 비발디의 사계(四季) 등을 들려주며 음악감상문을 쓰라는 주문을 했고, 국민카드는 지원자의 창의력과 자기표현력을 평가하기 위해 종이 한 장에 자신을 표현할 수 있는 사물이나 동물을 그려 보라는 '그림 면접'을 실시하기도 했다.

한 채용전문 업체의 사장은 "최악의 취업난 속에서 최고의 우수 인재를 선발하기 위해 기업들의 아이디어 면접 채용 전쟁은 앞으로 계속 확산될 것"이라고 전망했다 (조선일보, 2004. 12.).

'좋은 직장 들어가기'에서 지적한 취업문을 뚫는 사람들의 6가지 특징과 취업 못 하는 사람들의 4가지 특징은 다음과 같다.

▎**취업문을 뚫는 사람들의 6가지 특징**
1. 성적이 그렇게 뛰어나지 않다(=학점은 그리 중요한 것이 아니다).
2. 호감이 가는 외모를 가지고 있다.
3. 자기만이 내세울 수 있는 무기가 있다.
4. 금융기관의 경우 부모가 관련 직업에 종사하는 경우가 많다.
5. 글을 잘 쓰고, 말을 조리 있고 설득력 있게 한다.
6. 의지와 목표가 뚜렷하다.

▎**취업 못 하는 사람들의 4가지 특징**
1. 자기도 자기 자신에 대해 잘 모른다.
2. 구체적인 계획이나 준비도 없이, 대기업이나 공기업 같은 인기 있는 직종만 좇는다.
3. 4학년 2학기 때, 영어와 컴퓨터 공부를 하느라 허둥댄다.
4. 자기가 가려는 회사를 찾아가 보지 않는다(그 회사가 구체적으로 무엇을 하는지 모른다).

기업에서 신입 사원 채용을 위해 시행하는 면접은 일반적으로 개별 면접, 집단 면접, 집단 토의 면접의 형식에 의한다. 몇 년 전부터는 무자료 면접, 프레젠테이션 면접, 다차원 면접, 실무자 면접 등 새로운 형태의 면접이 생기기도 했는데, 면접의 기본 평가 요인은 같다.

개별 면접은 시간이 많이 걸리더라도 1명의 지원자를 한 명 또는 여러 명의 면접관이 면접하는 방식이다. 기업에서 최종 인원의 마지막 면접이나 언론사나 중소기업에서와 같이 소수의 인원을 선발할 때 주로 사용된다. 개별 면접은 지원자에게 정신적인 압박과 긴장감이 크지만 자신의 신상과 자질에 대해서 충분히 알릴 수 있다는 점에서 오히려 유리할 수도 있다.

집단 면접은 면접관 여러 명이 지원자 여러 명을 한꺼번에 평가한다. 지원자는 여러 명이 함께 면접을 받기 때문에 개별 면접에 비해 압박감이 덜하지만 지원자들은 서로 비교가 될 수 있으므로 자신의 의견을 명확히 해서 집단 속에 묻히거나 밀려나지 않도록 해야 한다. 주제넘게 남의 질문에 나서거나 돋보이기 위해 지나친 행동을 하는 것은 물론 삼가해야 한다. 면접관의 입장에서도 지원자들을 서로 비교하며 개별적으로 관찰할 수 있는 시간적 여유를 갖게 되며 개별 면접에서 볼 수 없는 '협동성'을 볼 수 있다는 장점이 있다. 짧은 시간이지만 혼자서 자기주장만 하고 다른 사람이 말할 때에는 한눈을 파는 등의 행동을 하지 않도록 해야 한다.

21세기의 기업에서 중요시하는 것은 그 사람이 가진 능력이나 기술보다 얼마나 기업 조직 문화를 존중할 수 있는 사람인가, 즉 기업 내에서 다른 사람들과 협동하고 노력할 것인가 하는 '커뮤니케이션과 대인관계' 능력이라고 한다.

최근의 면접은 담당 실무진의 면접을 중시하는 경향과 함께 집단 토의식을 선호하는 추세이다. 집단 토의식은 제시된 일정한 주제나 내용에 대해 지원자들의 토의를 경청하면서 그들의 말 한마디, 제스처, 듣는 태도 등을 평가하는데 주어진 짧은 시간 안에 많은 요소들을 파악하는 데에 가장 효율적이라고 여겨지고 있다.

집단 토의식은 집단 속에서 개인의 능력을 어떻게 발휘하는가, 어떤 일에 적합한가 하는 따위를 판정하는데 유리하다. 집단 토의는 각 구성원의 지식, 경험, 의견을 나누고 문제점을 보다 신중히 해결하기 위해 모든 멤버가 협력해 생각하는 지적 공동 작업으로 본다. 토의 과정에서 리더 역할을 하는 사람, 자신의 주장을 당당하게 발표하는 사람, 남의 의견을 차분히 듣고 모두의 의견을 정리하는 사람, 다른 사람의 의견을 들은 후 결론은 자신의 뜻대로 정해 버리는 사람 등 개인의 성품을 파악하기에 적절하다는 것이다.

그러나 실제로 면담 커뮤니케이션은 위와 같이 우리가 생각하는 취업 면담 외에도 일상생활의 많은 부분에서 이루어지고 있다. 그리고 면담 커뮤니케이션은 자신이 면담자인지 피면담자인지에 따라 커뮤니케이션 방법도 다른 것이 특징이다. 면담 커뮤니케이션에 대하여 논하는 경우 취업 면담에 대해서는 대부분 피면담자의 입장에서 어떻게 커뮤니케이션하는 것이 효과적일까에 초점을 맞추고 있지만 '해고 면담'에서는 면담자가 어떻게 피면담자에게 인간관계를 해치지 않고 해고의 내용을 잘 전달할 수 있을까에 초점을 맞춘다. 상담이라든가 의료 부문에서도 피상담자나 환자의 입장에서 문제 해결을 위해 어떻게 커뮤니케이션해야 하는가에보다 상담자나 의사, 즉 치료자의 입장에서 어떻게 효과적인 면담 커뮤니케이션을 할 수 있을까에 초점을 맞추고 있다. 최근의 임파워먼트 상담은 피상담자나 환자의 입장에서 문제 해결을 할 수 있도록 구성되어 있지만 그 구성을 상담자나 치료자가 주도한다는 점에서는 동일한 관점이다.

E. 커셀(Eric Cassell)은 의료의 예술(art of medicine)에는 다음과 같은 네 가지 영역이 있다고 말하였는데 그 내용이 모두 '관계'와 '커뮤니케이션'에 대한 것임은 의술에 있어서도 중요한 것이 단순히 육체적·물리적으로 질병을 찾아내는 진단이나 치료만이 아닌 것을 말해주고 있다. 모든 병은 마음으로부터라는 말처럼 의사가 환자를 또는 환자 스스로 '마음'을 다스리는 일이 가장 중요하다는 것이다. 그 '마음을 다스리는 일'은 '관계'와 '커뮤니케이션'을 통해서야 가능하다고 본 것이다.

1. 환자에게 최선의 결정을 내리기 위해, 주관적 그리고 객관적 정보를 얻고 통합하는 능력
2. 치료적 결과를 위해 의사−환자 관계를 사용하는 능력
3. 의사(들)와 환자(들)가 어떻게 행동하는가에 대한 지식
4. 효과적 의사 소통

전남대 의과대학의 정신과학교실에서 최영 박사는 '의사−환자 관계 증진을 위한

효과적인 면담 기법'에서 면담(interview)은 과학(science)이라기보다는 예술(art)이며 과학성과 예술성을 동시에 갖추어야 한다고 하였다. 그는 면담 이전에 고려해야 할 사항으로 의사의 외모, 진료 환경, 환자가 기대하는 것, 의사가 기대하는 것을 들었다.

그리고 환자의 면담 협조를 촉진시키는 기법들로 침묵, 다시 말해주기, 연민과 공감, 지지, 칭찬, 요약을 들었다. 이 기법들은 원래 일반적인 면담 커뮤니케이션에 적용되는 기본적인 것들로 최영 박사는 이를 의료의 측면, 즉 의사와 환자의 관계에서 기술하고 있는 것이다. 자세한 설명을 보이면 다음과 같다.

① 침묵(silence)

환자가 자발적으로 진료에 도움을 주는 자료를 제공하는 경우, 환자를 쳐다보고 고개를 끄덕이면서 단순히 그저 듣기만 하는 것으로 충분하다.

② 다시 말해주기(reflection)

"가슴의 통증을 네다섯 차례 느끼셨군요", "밤에 가려움증이 심하시군요" 하는 식으로 환자가 한 말을 다시 말해주는 것이 환자의 자발성을 촉진시켜 준다.

③ 연민(sympathy)과 공감(empathy)

연민과 공감의 의미는 의사 자신이 환자와 같은 입장에 서보는 것을 뜻하는데, 이 공감을 통하여 의사가 환자를 일방적으로 한 방향으로 이끌고 가는 것을 막을 수 있다. "힘드셨겠네요", "얼마나 고통받으셨어요, 그래" 하는 식의 언급이 좋다. 반면에, 지나친 연민은 환자의 부정적 감정들을 표현하는 것을 방해하고 의사로서의 객관성을 훼손한다는 점도 알아야 한다.

④ 지지(support)

당신의 고통을 이해하게 되었다라는 식의 간단한 언급이 환자에게 도움이 된다.

⑤ 칭찬(praise)

예를 들어 환자가 의사가 이전의 진료 후에 처방한 약물을 복용하지 않았다고 이야기한다면, "내가 처방한 약을 먹지 않았다고 이야기 한 것에 대해 고맙게 생각합니다. 당신에게 무슨 문제가 있었는지 내가 더 잘 알수록 더 치료를 잘할 수 있으니까, 내 처방이 무슨 문제가 있었는지 이야기 해보시지요"라고 말해 주는 것은 환자를 격려해 주고 개방적이 되게 도와준다. 환자의 노력을 가끔 칭찬하는 것은 좋지만, 반복적인 칭찬은 환자로 하여금 의사의 진지함에 대한 의문이 생기게 만드므로 주의한다.

⑥ 요약(summation)

면담 도중에 주기적으로 환자가 말한 것을 간단하게 요약해 줌으로써, 의사가 들은 정보가 실제 환자가 이야기 한 것과 일치한다는 것을 알려주어 안심시켜 주는 것이 필요하다.

최영 박사는 치료적 면담에서는 많이 들어줄수록 좋다고 생각할 수도 있으나 지나치게 긴 면담은 부끄러움과 공허감만을 남길 수도 있으므로 임상 현장의 여러 가지 여건을 고려하여 환자의 문제를 파악하고 앞으로의 계획을 수립하는데 충분한, 그리고 환자가 의사에게 이해 받았다는 느낌과 다소 편안해졌다는 느낌을 갖는 정도에서 면담을 마쳐야 한다고 한다.

참고 자료

다음은 채용 사이트 및 스피치 문화원 등에서 게시한 면접 커뮤니케이션에서 주의할 점이다.

① 경청
② 적극적인 태도
③ 좋은 인상

④ 공손한 태도
⑤ 자신의 능력을 최대한 표현
⑥ 분명한 주관
⑦ 지원회사 및 경쟁사, 시장 상황 등에 대한 정보 파악
⑧ 여유있는 태도
⑨ 개인적인 커뮤니케이션 강조
⑩ 시간을 충분히 활용(답변은 1분 내외)

7) 매스 커뮤니케이션(Mass Communication)

오늘날 커뮤니케이션 영역에서 가장 흥미로운 분야로 매스 커뮤니케이션을 든다. 매스 커뮤니케이션의 '매스(Mass)'는 개별성이 상실된 덩어리(an aggregate in which individuality is lost)라는 의미로 '대중'을 뜻한다. 이에 비해 '공중(Public)'은 이해관계를 가지는 사람들의 집단(a group of people with a common interest)이라는 뜻을 가지고 있어 '대중'과 구별된다. 좀더 구체적으로 보면 '대중(mass)'은 '공중(public)'에 비해 '문화, 지성, 합리성이 결여된', '무식하고 무법적'인 '군중(Crowd)'을 가리키며 '공중(public)'은 '의견을 받기보다는 표현'하며, '의견은 토론에 의해 형성'되고 통치집단에 대한 행동을 취할 수 있는, 통치집단에 대해 자율적인 집단으로 구별된다고 한다.

매스 커뮤니케이션은 메시지 수용자의 수가 많고, 수용자들이 이질적, 익명적이라는 것, 커뮤니케이션의 경험 상황이 공개적이고 신속하고 일시적이라는 것 그리고 매스 커뮤니케이션에 종사하는 커뮤니케이터가 조직적이고 막대한 비용을 사용한다는 특징을 가진다. 간단히 말하면 메시지의 수신자가 대중이라는 점, 대중에게 메시지를 보내기 위해 책, 영화, TV, 라디오 등의 대중 매체(mass media)를 사용한다는 점이 다른 커뮤니케이션과의 가장 큰 차이점이라 하겠다.

매스 커뮤니케이션 과정을 구성하는 요소로서 매스 커뮤니케이션 과정의 핵심 요소는 대중 매체(mass media)이다. 매스 커뮤니케이션에서 문제가 되는 것은 이러한 대중 매체에 의해 수집된 대중적인 의견 즉 여론 조사를 마치 '모든 사람이 그러한 의견을 가지고 있는 것처럼, 모든 의견이 똑같은 무게를 갖고 있는 것처럼, 물을 만

한 가치가 있는 질문에 관한 동의가 이루진 것처럼' 잘못된 전제를 함으로써 단순한 데이터를 더욱 단순화시키는 위험이다(Pierre Bourdieu, 1960).

대중에게 사실(Fact)을 보여주고, 설명하고, 해석하며, 창조하기 위해 대중 매체는 정치, 경제적 환경과 대중 매체의 제도, 내용, 효과 등에 관하여 정치학적, 사회심리학적, 실험심리학적, 행정학적, 역사학적, 신문방송학적 접근 등 다양하고도 통합적인 접근 방식에 의해 연구한다. 커뮤니케이션학은 이와 같이 철학적 바탕을 기초로 하여 심리학과 정치경제학, 사회학, 역사학, 문화인류학과 같은 다양한 학문에 관련되어 있는 통합적인 학문이다.

매스 커뮤니케이션에서 심각한 문제는 매체가 지배 계층 권력으로부터 얼마나 자유로운가이다. 그리고 또 매체가 '평등을 실현하는가' 아니면 '불평등을 강화하는가' 그리고 '사회현상'을 반영하는가 아니면 유발하는가하는 것들이다. 대중 매체가 사회를 움직이는가 아니면 사회에 의해 움직여지는가하는 문제와 인간이 대중 매체를 이용하는가 아니면 대중 매체에 의해 지배당하는가하는 것은 매스 커뮤니케이션이 가지고 있는 영원한 문제이다.

한편 그동안 이루어진 실제적인 연구 중 한 가지는, '매체(media)'가 어떻게 문화적 가치를 대변하고 또 문화적 가치에 영향을 주는가에 대한 것이다.

예를 들면, 광고에서 젊은 모델을 쓰고 TV에서 뉴스 리포터나 앵커로 젊고 아름다운 여성을 쓰는 것은 젊음과 미에 고착된 문화적인 여성상을 고착시킨다. 남자를 대범하고 용감하고 폭력적으로 그리는 영화들은 강인함과 호탕함을 남성상으로 고착화한다.

매체는 때로 인종이나 종족에 대한 문화적 전형을 강화한다. 예를 들면 TV 쇼와 영화들에서 아프리칸 미국인들이 주연으로 나오는 경우는 거의 없다. 대부분 조연이다. 연예 프로그램에서 아프리칸 미국인들은 게으르고 비합법적인 '흑인(black men)'이거나 운동선수 아니면 연예인으로 그려지고 있을 뿐이다(Evans, 1993 ; "Sights, Sounds", 1992).

R. 앤트먼(Robert Entman, 1994)에서는 주요 뉴스 프로그램이 아프리칸 미국인 피의자들은 이름도 없이 악당의 모습으로 보여지는 데 비해 백인 피의자들에 대해서는

여러 장의 사진들이 이름과 함께 제시되고 있음을 지적했다. 이러한 구별은 아프리칸 미국인들을 획일적인 묶음으로 인식하게 만들 수 있다. 그러므로 우리는 특히 대중적인 매체가 어떠한 사건과 사회적 집단을 그려내는 방법에 대해 윤리적 질문을 해야 하는 것이다.

아시아계 미국인들의 경우도 역시 마찬가지이다. 1970년 이후 지금 그들의 인구는 3배로 늘어나 8백만에 이른다. 그러나 아시안 미국인들이 주요 시간대 TV 쇼에 나오는 경우는 거의 없다(Wong, 1994). TV에서 라틴계 미국인과 아시안 미국인들은 거의 악당이나 범죄자의 역할을 맡고 있다(Lichter, Lichter, Rothman, & Amundson, 1987). 커뮤니케이션 학자들은 자신과 사회에 대한 인간의 인식을 매체가 어떻게 형성하고 때로는 왜곡시키는가에 매우 강도 높은 경계를 하고 있다.

매스 커뮤니케이션은 동시에 불특정 다수에게 보내는 'one-to-many 커뮤니케이션'으로 특히 마케팅 분야에서 커뮤니케이션의 비용 대비 효율성이 크다. 그러나 획일적 메시지를 일방적으로 다수의 소비자에게 전달하는 <Push> 방식의 커뮤니케이션으로서 그 효과에는 한계가 있으며 수용자 개개인의 욕구와 상황에 적합한 메시지를 보낼 수 없고 수용자의 반응에 바로 대처할 수 없다는 점이 극복해야 할 문제이다.

8) 커뮤니케이션 기술학(Technologies of Communication)

커뮤니케이션의 새로운 기술이 우리의 상호작용에 어떤 영향을 주었다고 생각하는가?

인터넷을 통한 커뮤니케이션과 직접 만나 얼굴을 대하며 커뮤니케이션하는 것과 어떻게 다르다고 생각하는가?

전자 커뮤니케이션을 통해 사람을 알게 되거나 친구를 사귀어 보았는가?

관계가 계속 진행되어가는 양상이 전자 커뮤니케이션으로 맺어진 관계와 직접적인 인간관계로 맺어진 관계가 다르다고 생각하는가?

전자 커뮤니케이션으로 알게 된, 그래서 사실은 한 번도 본 적이 없는 사람들과 직접적인 인간관계로 맺어진 사람들과 다르게 느껴지는가?

나는 인터넷으로 생활한다. 인터넷을 통해서 나는 다른 학교의 친구들과 연락을 계속하고 어머니와 일상적인 대화도 주고받는다. 어머니 사무실에는 이메일 시스템이 설치되어 있다. 만일 이렇게 커뮤니케이션을 하지 못하면 우리의 관계는 점점 나빠질 수도 있고 또는 완전히 서로 관계가 없는 사람들이 될 수도 있을 것이다. 이메일이 없던 지난 날 사람들의 '관계'에 어떤 일들이 생겼을까 생각해본다.

위 글은 인터넷 시대에 대한 어느 학생의 기술이다.

우리는 기술 혁명의 시대에 살고 있다. 놀라운 첨단 기술의 발전은 특히 커뮤니케이션 영역에 있어서 이전에는 상상하지 못했던, 온 세계의 많은 사람들과 빠른 속도로 커뮤니케이션할 수 있는 다양한 방법들을 가능하게 해주었다. 새로운 기술과 이와 더불어 가속화된 상호작용의 속도는 우리가 생각하고 일하고 관계를 맺는 것에 어떻게 영향을 주고 있을까.

Hyde(1995)에서는 새로운 기술 혁명이 인류라는 공동체를 훼손시키고 있다고 경고하지만 Lea & Spears(1995)에서는 반대로 이 기술 혁명이 만들어낸 사회망과 생산성을 찬양하고 있다.

다른 커뮤니케이션 학자들은 새로운 커뮤니케이션 기술학이 우리가 생각하고 정보를 처리하는 과정을 본질적으로 변형시킬 것이라고 주장하고 있다(Chesebro, 1995).

새로운 기술의 효과에 대해서는 계속 연구되어야 하지만 우리는 모두 점차 고도의 기술적인 세계에 뒤떨어지지 않기 위해 애쓰고 있다. 과거에는 논문도 손으로 썼으며 타이프로 쳐서 제출하게 되는 경우는 매우 드물었다. 타자를 치는 것이 기능으로 인정되어서 상업고등학교 학생들이 졸업을 해서 취직을 하려면 '타자'가 몇 급인가의 기능 자격증이 있어야 했다. 그러나 지금 컴퓨터 자판을 익히지 못한 학생은 거의 없다. 컴퓨터를 다루지 못하는 학생은 없어서 학문적으로 불리한 입장에 있는 학생은 아무도 없다. 나이 든 사람들도 소위 '독수리 타법'이라고 해도 어느 정도는 문서 작성을 할 줄 안다. 컴퓨터를 기본으로 사용해야 사무능력뿐 아니라 관리 능력이 있게 되었다. 문명의 이기를 사용할 줄 모르는 사람은 이제 당연히 전문직에 종사할 수 없게 되었다.

또한 10년 전에는 편지, 전화로나 먼 거리에 있는 이들과 커뮤니케이션을 할 수 있었다. 오늘날은 밤새 메일 서비스며 팩스, e-mail을 주고받을 수 있어서 지구 저편에 있는 사람과도 거의 즉시 커뮤니케이션이 가능하다. 얼마 전까지만 해도 도서관에 직접 가야 연구 자료를 찾을 수 있었지만 지금은 대부분의 학생들이 인터넷에서 직접 또는 특별 정보 서비스를 이용해서 연구를 하고 있다.

커뮤니케이션 학자들은 점점 가속화되는 기술이 단순히 우리가 커뮤니케이션하는 방법만을 바꿀 것인지 아니면 실제로 우리가 이루어가는 관계까지 변화시킬 것인지에 대하여 계속해서 연구할 것이다.

9) 문화 간 커뮤니케이션(Intercultural Communication)

문화 간 커뮤니케이션은 커뮤니케이션에서 오래 전부터 다루어져 왔지만 근래에 와서야 비중 있게 연구되기 시작하였다.

예전에는 미국인과 일본인의 커뮤니케이션의 비교 등과 같이 각 국가 간 또는 동양 문화권과 서양 문화권 등으로 국가나 지역을 중심으로 하여 문화권 간의 이질적인 커뮤니케이션을 이해하는 데에 초점을 맞추었다. 그러나 현대에는 동일 국가나 지역의 문화가 다양한 하위문화집단으로 구성되어가는 경향이 커짐에 따라 국가 내 또는 지역 내의 하위집단 문화 간 커뮤니케이션이 연구 대상이 되었다.

예를 들면, 미국은 많은 민족들로 구성되어 있고 지난 10년 간 인구학적으로 여러 민족이 꾸준히 증가했다. 늘어나는 아시아계, 라틴 아메리카계, 동유럽인들, 그리고 계속 이민해오는 배경이 다른 여러 민족들은 미국에서 나고 자란 이들과 다른, 그들의 문화와 그들의 커뮤니케이션 방식을 함께 가지고 이민함으로써 미국이라는 하나의 사회 내에서 여러 이질적인 문화집단이 하위집단으로 형성되게 되었다. 그러므로 미국 내에서는 그들 각각의 문화적인 배경을 이해하는 것이 커뮤니케이션의 핵심 문제로 떠오르게 되었다. 다음은 미국에 이민한 일본인 학생이 자신의 배경 문화와 새로운 문화에 대한 생각을 기술한 것이다.

내게 가장 강하게 느껴졌던 것은 미국인들은 시각의 중심을 그들 자신에게 두는 것이었다. 여기에서는 사람들이 각자 강인하고 다른 사람들과 다른 '개인'으로 존재하고

자 한다. 일본에서는 그렇지 않았다. 일본에서 우리는 개인이 아닌, 가족의 일부, 공동체의 일부로 자신을 본다. 여기 미국에서 내가 가장 많이 들은 단어는 '나' 또는 '내 것'이라는 말이다. 일본에서는 그런 말을 거의 들어본 적이 없었다.

이러한 일은 그러나 이제 미국만의 일, 즉 남의 일이 아니다. 단일 민족을 자랑해 온 우리나라도 이제 외국인과 결혼한 많은 사람들이 있으며 그들의 2세, 3세가 이 땅에서 살고 있다. 합법적이든 아니든 우리나라 사람과 결혼하여 '한국인'의 혈통을 가지게 된 사람은 이미 반은 '한국 문화'를 자신의 문화적 배경으로 받고 태어나는 것이다. 그들이 가난한 나라에서 왔건 부유한 나라에서 왔건 그들의 반이 이질적 문화 배경을 가진 자들이라 해서 소외시킬 것이 아니라 그들의 반이 우리와 동일함만으로도 그들을 우리 품 안에 안을 수 있어야 할 것이다. 그러기 위해 우리는 우리의 것만을 그들에게 강요하는 것이 아니라 그들과 커뮤니케이션 할 수 있는 그들의 다른 반쪽의 문화도 이해할 수 있어야 할 것이다.

문화 간 커뮤니케이션에 대한 커뮤니케이션 학자들의 연구는 서로 다른 문화가 가지고 있는 커뮤니케이션 방식과 의미에 대한 통찰력을 키워주었다. 예를 들면, 미국 대학의 대학원 과정에 유학 중에 있는 타이완 여학생 메이는 거의 말을 하지 않았다. 대학원에서는 당연한 수업 방식인 열띤 토론에도 전혀 참여하지 않아서 어느 날 수업이 끝난 후 지도교수가 그녀에게 다른 사람들이 그녀의 생각에 대해 말할 때 자신의 생각을 변호하고 논쟁하라고 말하자 그녀는 대답했다. 그것은 무례한 행동이라고. 자신의 문화는 다른 이들의 의견을 맞대놓고 노골적으로 부정하는 것을 바람직한 행동이 아니라고 여긴다는 것이다. 그녀의 문화적 맥락에서 볼 때 그녀의 침묵은 서양인들이 해석하듯이 '자신이나 확신이 없음'을 뜻하지 않는 것이다.

문화 간 커뮤니케이션에서 근래에 두드러지게 눈에 띄는 경향은 동일 언어를 사용하는 단일 사회 내에서의 이질적 문화에 대한 연구이다. 네팔 사람의 커뮤니케이션과 캐나다 사람의 커뮤니케이션은 문화적 차이가 명백하다. 그러나 동일 언어를 사용하는 사람들 간의 커뮤니케이션 상 문화적 차이는 그렇게 확연하지 않다고 여겨져 왔다. 그러나 미국에는 인종이나 성, 성적 편향성 그리고 다른 많은 요인들에 의해 뚜렷이 다른 성격의 문화가 분명히 존재한다. 래리와 포터의 연구(Larry Samovar &

Richard Porter, 1994)는 미국 내에서 동일한 언어를 사용하는 남녀, 아프리카계, 백인, 미국 원주민, 동성애자들, 장애인들 그리고 또 다른 집단들이 저마다의 변별적인 커뮤니케이션 방식을 가지고 있음을 밝혀냈다.

아프리카계 미국인들은 유럽계 미국인들에게서는 찾아 볼 수 없는 그들만의 전형적인 커뮤니케이션 방식과 문화를 가지고 있다고 한다(Houston, 1994 ; Houston & Wood, 1996).

이렇게 다원화된 사회에서 각 개인이 인간으로서의 효율성을 높이려면 이질적인 커뮤니케이션 문화를 인식하고 존중해야 한다.

10) 윤리와 커뮤니케이션(Ethics and Communication)

커뮤니케이션의 마지막 영역은 윤리와 커뮤니케이션의 관계에 대한 것이다.

커뮤니케이션의 모든 형식들은 윤리적 문제를 포함하기 때문에 이 영역의 관심은 <커뮤니케이션 자체로서의 정당한 학문성>과 <모든 학과에 필수적인 부분>의 두 가지에 집중되어 있다. 예를 들면, 자아 커뮤니케이션의 윤리적 층위는 우리가 다른 사람들을 판단하는 데 영향을 미치는 고정관념을 포함하고 있다. 대인 커뮤니케이션의 영역에서는, 인간관계에 있어서의 정직함, 동정심, 공평함 등이 윤리적 관심거리이다. 때로 집단에서 요구되는 일치에 대한 압력도 윤리적 문제이다.

조직 커뮤니케이션의 영역에서는 피고용인의 사적인 삶을 규율화하려는 기관의 권리에 대한 윤리적인 문제를 포함하고 있다. 회사가 사원들이 사적인 시간에 흡연을 하거나 스카이다이빙, 자동차 경주를 하는 것에 대해 못하도록 할 권리가 있는가? 윤리적 문제들은 공공 커뮤니케이션에서도 역시 표면화되고 있다. 예를 들면, 압력 집단에 대해 말하는 것이 그들의 경험을 잘못 전달한다든가 또는 다른 이들을 침묵하게 함으로써 압력을 강화하고 있지는 않는가 하는 것 등이다(Alcoff, 1991).

사적인 대인 관계에서 공공의 상황에 이르기까지 사람들은 증거를 숨긴다든가, 통계를 오용한다든가 정보를 잘못 전달하는 등의 윤리적 문제들과 대면하게 된다. 말할 자유를 격려하거나 방해하는 태도나 행동들은 커뮤니케이션 맥락과 관계가 있다. 조직의 모든 사람들이 말할 수 있는 권리가 똑같이 주어졌는가? 사람들이 관심

없이 여기는 이야기를 한다고 해서 연사에게 말을 하지 못하게 막을 권리가 청중에게 있는가? 연인이나 부부간의 힘의 균형이 서로의 관계에 있어 자신을 표현하는 자유에 얼마나 영향을 미치고 있는가?

윤리적 문제는 모든 커뮤니케이션 영역에서 다루어져야 하는 기본적이면서 포괄적인 문제이다. 커뮤니케이션과 윤리는 삶이라는 직물을 엮어가는 날실과 씨실이라고 할 수 있다. 살아가면서 우리는 잘못된 윤리에 의한 커뮤니케이션이 자신은 물론 자신이 행복하게 해주고자 했던, 자신의 삶의 목표였던 사랑하는 가족의 행복, 가족의 삶 전체를 무너뜨리는 예들을 너무나 많이 보게 된다. 변화가 극심한 현대 사회에서 때로 우리는 어떤 것이 윤리적이고 비윤리적인가 그 기준에 대해 고민하게 된다. 한때 정당화되었던 어떤 관계가 시간이 지나 불법적인 것으로 사회적 판결이 내려질 수 있다. 격동의 시대에 권력의 부침에 따라 변화하는 사회적 기준에 의해 생사가 바뀌는 예를 우리는 많이 보게 된다. 그 사회적 기준이 윤리적인지 비윤리적인지는 오랜 시간이 흐른 후 판가름된다. 흘러가는 물 속에 빠진 사람은 그 물길이 어디로 흘러가는지 모르는 경우가 많다. 다만 생존을 위해 그저 허우적거릴 뿐인 것이다.

잘 산다는 것은 세상과 커뮤니케이션을 잘 한다는 것과 통한다. 즉 자신을 둘러싼 세상의 변화를 예측할 수 있어야 하고 어떤 변화가 와도 흔들리지 않는 윤리적 기준이 있어 '하늘을 우러러 부끄러움이 없음'을 세상에 외칠 수 있을 때 일시적 변화에 의해 쓰러지더라도 그를 사랑한 사람들은 불행의 늪, 절망의 늪으로 빠져들지 않게 될 것이다. 이처럼 윤리란 커뮤니케이션 즉 삶을 이루는 가장 중요한 기둥이라고 할 수 있다. 다른 사람과 커뮤니케이션을 잘 할 수 있기 위해 갖추어야 할 가장 귀중한 덕목은 바로 올바른 윤리관이라고 할 것이다.

11) 커뮤니케이션의 통합적 주제와 과정

커뮤니케이션의 영역은 이와 같이 다양하지만 이들 영역을 전체적으로 일관하는 통합적인 주제와 원리는 있다. 즉, 어떤 영역, 어떤 형태의 커뮤니케이션이든 상징적 행위에 의한 상호작용의 과정이라는 것, 상징이 담고 있는 의미를 정확히 파악해야 한다는 것 그리고 윤리적이어야 한다는 것이다. 각각에 대하여 살펴보면 다음과 같다.

① 상징 행위(Symbolic Activities)

상징은 언어와 사고, 비언어 커뮤니케이션의 토대이다. 상징은 자의적이며 모호하고 다른 현상들을 추상적으로 대신 표현해준다. 예를 들면, 결혼반지는 결혼의 상징물이다. 이름 '노무현'은 그 사람 또는 그 이름의 상징이다. 미소는 우호감을 상징한다. 찡그림은 불쾌감을 상징한다. 상징은 우리의 경험 또는 우리 자신을 표현해준다.

상징을 통해서 우리는 스스로 경험하지 못한 것들을 공유할 수도 있다. 상징에 대해서는 언어적 커뮤니케이션과 비언어 커뮤니케이션에서 자세히 다루게 될 것이다.

② 의미(Meaning)

커뮤니케이션 학자들은 의미와 상징의 밀접한 관련에 흥미 있어 한다.

인간이 살아가는 세상은 의미의 세상이다. 우리는 단순하게 그저 존재하고 마시고 먹고 자고 행동하는 것이 아니다. 우리는 우리 생활의 모든 부분에 의미를 부여한다. 개는 먹이를 먹기 전에도 먹을 때에도 먹은 후에도 여전히 개일 뿐이다. 그러나 인간은 음식과 먹는 것에 대하여 단지 배고픔을 만족시키기 위한 것이 아닌, 무언가 의미를 부여한다. 음식이 특별한 행사나 의식을 상징하기도 하고 신분을 상징할 수도 있다. 촛불이나 포도주 등은 로맨스를 상징할 수도 있고, 다이어트를 하는 사람에게 먹는 것은 투쟁을, 친구와 두어 시간을 보낼 구실을 위한 식사도 있다. 어떤 가족은 식사 시간을 삶을 공유하는 시간으로 생각하는 반면 어떤 가족은 식사를 함께 한다는 것이 가족의 긴장감을 다 노출하는 투쟁 장소가 되기도 한다. 미국에서 칠면조는 추수감사절에 경축하는 의미를 가지고 있다. 채식주의자들은 먹지는 않지만 칠면조의 이런 상징화에 동의한다. 생일 케이크는 한 사람의 출생을 축하한다. 우리는 특별한 음식들을 사용해서 다른 이들에 대한 사랑을 표현할 수 있다.

한국에서는 아이의 첫 번째 생일을 '돌'이라고 하여 특별한 상차림을 한다. 돌상에는 흰밥, 미역국, 푸른 나물(미나리나 시금치를 자르지 않고 긴 채로 무친다), 백설기, 송편, 과일 등을 차리는데 돌상의 주 음식은 백설기와 수수팥떡이다. 백설기는 신성한 백색무구한 음식이고, 수수팥떡은 붉은 팥고물을 묻힌 차수수 경단으로, 빨간 색이 액(厄)을 물리친다는 토속적인 믿음에서 비롯한 풍습이다. 아기 생일에 수수팥떡을 해주어야 자라면서 액을 면할 수 있다고 믿는 생각은 한국 전역에 걸친 것으로 아기가 10세가 될 때까지 생일마다 수수팥떡을 해준다. 수수팥떡은 그러한 생각의 상징물인 것이다. 또한 각 가정의 형편과 풍습에 따라서 쌀·국수·돈·대추·활·책·붓·먹·청실·흰 타래실 등을 돌상에 곁들여 놓고 아기를 상 앞에 앉히는데, 아이는 상 주위를 돌다가 제 마음대로 붓도 집고 책도 집는다. 맨 먼저 집는 물건의 뜻을 좋게 해석해서 쌀·돈을 집으면 큰 부자가 되겠다, 국수·무명실을 집으면 장수하겠다, 대추를 집으면 자손이 번창하겠다, 책·붓·먹 등을 집으면 학문을 이루겠다는 등으로 축복하는 풍습이 있는데 이러한 모든 것이 그러한 소망의 상징인 것이다. 유태인들에게 있어서도 특정 물건들이 유태인의 세습에 대한 의무를 나타내는 상징으로 쓰이고 있다.

사람들은 먹는 것을 비롯해서 어떤 행동들에 그 행동 본래의 기능적 특질을 넘어서는 어떤 의미들을 부여한다. 우리의 경험은 우리가 부여하는 의미와 가치의 결과만큼 의미를 얻는다.

사람은 상징을 사용하기 때문에 어떠한 일이나 상황, 경험 그리고 관계들을 생생하게 기억하고 해석한다. 이름에도 상징을 사용하고 경험이나 생각, 느낌에 대한 평가, 반영, 공유를 위해서도 상징을 사용한다.

사람과 사람의 관계도 상징을 사용하여 규정한다.

다른 이들과의 커뮤니케이션을 통해 우리는 우리의 관계를 규정한다.

우리는 친구 사이일까 아니면 다른 어떤 것? 우리는 얼마나 진지한가? 서로가 서로에 대해 같은 느낌일까? 이 갈등은 해결될 수 없는 것일까 아니면 우리는 함께 헤쳐 나갈 수 있을 것인가?

　　말 한 마디가 얼마나 중요한가. A와 나는 사귄 지 오래 되었고 정말 서로 좋아했다. 그러나 나는 우리 사이가 이렇게 장기간 지속되리라고는 생각하지 못했다.
　　어제 헤어질 때 나는 사랑한다고 말했다.
　　그리고 나서 나는 우리의 관계가 어떻게 바뀌었는가를 알게 되었다. 단지 '사랑'이라는 단어를 썼을 뿐인데 우리의 모든 것이 변해버렸다.

위의 사례에서처럼 '사랑'이라는 한 마디 말ㅡ'상징'이 관계에 또는 관계에 대한 인식에 영향을 미칠 수 있다.

그러므로 커뮤니케이션을 연구한다는 것은 우리 생활에서 우리가 의미를 창조하기 위해 어떻게 상징을 사용하는가를 연구하는 것이 된다.

우리는 상징을 통해 서로 상호작용하면서 친구, 팀의 정신, 조직 문화에 대한 의미를 만들어 간다(Andersen, 1993 ; Wood, 1992a, 2000b).

L. 박스터(Leslie Baxter, 1987)에서는 "관계란 서로 커뮤니케이션하면서 엮어가는 의미망과 같다"고 하였다. 좀 더 확장하면, 인간의 삶 자체가 상징과 의미로 엮어가는 의미망이라고 하겠다.

③ 윤리(Ethics)

다양한 커뮤니케이션 영역을 통합하는 세 번째 주제는 인간 상호작용의 윤리적 층위에 대한 관심이다.

윤리란, 도덕적 원리와 행위의 규약에 대한 철학의 한 가지이다. 무엇이 옳고 그른가? 무엇이 어떤 것으로 하여금 옳고 그르게 만드는가?

커뮤니케이션은 불가피하게 윤리적 문제를 포함한다. 왜냐하면 사람들은 서로 상호작용하면서 서로에게 영향을 주기 때문이다. 그러므로 우리가 커뮤니케이션하면서 또는 다른 사람의 커뮤니케이션을 판단할 때 따라야 할 도덕적 지침 같은 것에 대하여 진지하게 생각해보아야 한다.

한 가지 윤리적 대원칙, 상황에 폭넓게 적용되는 것이 사람들로 하여금 받아들일 수 있고 또 기꺼이 선택하게 한다는 것이다.

이 원칙을 받아들이면 우리는 증거를 짜 맞추거나 정보를 숨겨놓고 또는 동의를 강요하여 다른 사람을 속이지 않아도 되게 된다.

윤리적 커뮤니케이션의 또 하나 중요한 원리는 사람들 간의 차이점을 인정하는 것이다. 이러한 지침을 받아들이게 되면 우리는 경험이나 커뮤니케이션 방식이 우리와 다르다고 해서 그들에게 우리와 똑같이 하도록 강요하지 않아도 되는 것이다.

커뮤니케이션에 있어 윤리의 문제는 커뮤니케이션의 모든 영역, 모든 층위에 관련되어 있어 매우 자명하면서도 복잡하다. 윤리 자체는 자명하지만 대인관계는 그와 관련된 모든 사람들의 이해관계가 복잡하게 얽혀 있기 때문이다. 이러한 모습을 다음 자료들에서 살펴볼 수 있다. 네티즌의 악플로 우울증을 앓다가 자살하였다는 젊은 여가수, '교수 임용'과 관련된 최근의 '석궁 테러' 사례, '인권'과 관련된 마틴 루터 킹 목사의 연설문이다. 각 사례는, 주인공은 한 개인이지만 그와 관련된 세계가 얼마나 복잡한 관계망(network)을 형성하고 있으며 형성된 관계망(network)마다 각각의 기준으로 삶을 저울질하는 윤리와 커뮤니케이션의 문제가 총체적으로 얽혀 있는 모습을 조금이나마 엿볼 수 있을 것이다. 그러나 우리는, 삶에는 드러난 것보다 많은 것들이 관계된 사람들의 이해(利害)에 의해 숨겨져 있고 감추어져 있다는 것을 염두에 두고 문제에 대해 접근하여야 할 것이다. 사례와 관련된 필요한 만큼의 기사와 연설문만 제시하여 스스로의 생각을 구한다.

악플 사례

자료 1

21일 자살한 가수 유니(26, 허윤)가 네티즌들의 악플(악성댓글)로 많은 스트레스를 받았던 사실이 알려지면서 네티즌들 사이에서는 악플러에 대한 강도 높은 대책과 처벌을 요구하는 목소리가 다시 커지고 있다.

악플이 유니가 자살한 원인인지는 아직 불투명하지만 유니가 악플로 마음고생이 심했고, 우울증을 앓아왔다는 증언이 나오면서 더 이상 악플을 방치할 수 없다는 주장이 큰 힘을 얻고 있다. 유니의 매니저는 21일 "유니가 3집 발표를 앞두고 네티즌들의 심한 악플로 상처를 입었다"고 말했다. 유니는 지난 2003년 댄스 가수로 데뷔한 뒤 섹시 스타의 컨셉을 강조해 와 유니 미니홈피와 관련 기사의 댓글에는 인신 모독성 댓글들이 자주 올라왔다.

섹시 컨셉과 성형수술에 대한 비난의 내용이 많았고, 이와 무관하게 '방송에 나오지 마라', '쓰레기같다', '재수없다'는 등 일방적으로 비방하는 내용도 눈에 띄었다.

네티즌들은 유니의 자살소식이 전해지자 과거 관련 기사 댓글이나 유니 미니홈피에서 발견된 악플들을 공개하며 악플러들을 강하게 비난하고 있다.

심지어 일부 네티즌들은 유니의 자살소식이 전해진 이후에도 유니 미니홈피에 "잘 죽었다"는 등 차마 입에 담기 어려운 악플을 남겨 네티즌들에게 분노를 일으키고 있다.

유니의 미니홈피는 수많은 네티즌의 애도물결에도 불구하고 결국 방명록을 폐쇄했다. 관련기사의 댓글에도 "인기가 없어 죽었다"는 등 악플이 발견됐다.

이에 대해 네티즌들은 "악플러는 살인자다", "유니의 자살은 악플러들이 죽인 타살"이며 '유니 악플'을 강하게 비난하고 있으며 "인터넷 댓글 실명제를 도입하자"는 등 대책 마련도 촉구하고 있다.

또한 일부 악플러들이 자신의 싸이월드 미니홈피 방문 조회수를 높이기 위해 일부러 악플을 달고 있다면서 싸이월드 측에 방문자 조회수 폐지를 촉구하기도 했다. 이 같은 악플 문제는 어제 오늘의 일은 아니다. 얼마 전 사망한 김형은의 경우 A씨가 악플을 남겼다가 자신의 미니홈피에 사과의 글을 남기고 폐쇄까지 했다. 그러나 네티즌들은 포털 사이트 네이버에 A씨의 이름을 딴 'XXX 증오' 카페까지 만드는 등 A씨의 실명을 거론하며 처벌을 요구하는 네티즌 청원 운동까지 전개됐다.

2006 도하아시안게임에서 승마 경기 도중 낙마사고를 당해 숨진 고 김형칠 선수와 지난해 11월에는 화재현장에서 붕괴위험을 무릅쓰고 인명을 구하려다 건물 붕괴로 숨진 고 서병길 소방장에 대해서도 일부 네티즌들이 악의적 댓글을 달아 거센 분노의 물결이 일어나기도 했다.

앞서 지난해 1월 1989년 북한을 방문했던 임수경 씨가 아들의 죽음에 대해 악의적 댓글을 단 네티즌들을 고소한 것과 관련 검찰이 네티즌들을 대거 모욕 혐의로 기소하면서 악플이 처음으로 처벌됐다. 특히 이 사건에서는 대부분의 악플러가 40대 이상의 중장년이었을 뿐만 아니라 대학교수와 금융기관의 중견 간부, 대기업 회사원, 전직 공무원 등 '지식인층'도 다수 포함된 것으로 밝혀져 충격을 주기도 했다. 이 사건에 대해 검찰은 14명의 네티즌을 벌금 100만원에 약식 기소했고, 검찰의 기소에 불복한 네티즌들도 법원에서 역시 벌금 100만원을 선고받았다.

가수 비도 지난해 한 라디오 프로그램에 나와 유명 여가수와 성관계를 가졌다는 취지의 말을 했다는 이른바 '라디오 괴담'이 인터넷에 급속히 확산돼 결국 네티즌들을 고발했고, 탤런트 김태희는 지난해 6월 미국연수 관련 기사에 신혼여행·임신·낙태 등의 내용이 담긴 인신 공격성 댓글을 올린 네티즌 11명을 명예훼손혐의로 고소했다가 취하하기도 했다.

정보통신망이용촉진 및 정보보호 등에 관한 법률에 따르면 악성 댓글을 단 네티즌은 최고 7년 이하 징역, 5,000만원 이하 벌금형에 처해진다.

유니는 지난 1996년 KBS 신세대보고 '어른들은 몰라요'로 데뷔한 뒤 이혜련이라는 이름으로 연기자로 활동하다 지난 2003년 앨범 '가'를 통해 댄스 가스로 활동하기 시작했다. 특히 유니는 22일 힙합댄스 3집 음반 타이틀곡 '하니'로 공식 컴백할 예정이어서 갑작스러운 죽음에 팬들이 더욱 안타까워하고 있다.

● ● ● nomad90@chosun.com(2007. 01. 21.)

자료 2.

키보드 워리어(keyboard warrior)

● ● ● 염강수기자 ksyoum@chosun.com(2007. 01. 23. 00:36)

석궁 테러 사례

자료 1

서울고법 민사2부 박홍우(55) 부장판사는 15일 오후 6시 40분쯤 자택인 서울 송파구 잠실동 모 아파트에서 김명호(50) 전 성균관대 교수(수학과)가 쏜 석궁을 배에 맞아 서울 의료원에서 응급처치를 받은 후 서울대병원으로 옮겨져 치료를 받고 있다. 박 부장판사는 배꼽에서 왼쪽으로 약 18cm 떨어진 옆구리 부위에 화살이 박혀 직경 7~8mm, 깊이 2cm 가량 상처를 입었으나, 장기(臟器)를 크게 다치거나 생명에 지장이 있는 상태는 아니다.

김씨는 1991년 서울 모 사립대에 조교수로 임용됐다가 동료교수 비방, 연구소홀 등을 이유로 징계를 받아 1996년 재임용 심사에서 탈락한 뒤 법원에 복직을 요구하는 교수지위 확인 소송을 냈지만 1심에서 패소한 데 이어 지난 12일 서울고법 항소심에서도 패소했다. 박 부장판사가 항소심 재판장이었고, 김씨는 판결에 불만을 품고 범행한 것으로 알려졌다.

김씨는 1995년 본고사 채점위원으로 활동했다가 "학교가 한 문제를 잘못 출제했다"며 입시부정 의혹을 제기해 학교 측과 마찰을 빚은 뒤 재임용에서 탈락했다고 주장했지만 법원은 김씨의 주장을 받아들이지 않았다. 김씨는 경찰에서 "부장판사가 입시부정을 은폐하려는 것 같아 이를 따지기 위해 집으로 찾아갔다"고 주장했다.

● ● ● 신은진 기자 momof@chosun.com, 박수찬 기자 soochan@chosun.com

(2007. 01. 15.)

서울고법 민사2부 박홍우(55) 부장판사에게 석궁을 쏜 김명호(50)씨(전 성균관대 수학과 교수)는 자신의 홈페이지를 통해 "국민은 판사를 처단할 권리가 있다"는 글을 올린 것으로 밝혀졌다. 김씨는 자신이 운영하는 사이트(http://geocities.com/henrythegreatgod)에 올린 2006년 11월 30일자 일지(日誌)에서 "(법의 판단을 위임 받은) 판사가 법을 위반하며 (국민의) 생존권을 박탈하는 결정을 한다면 국민은, 국민의 이름으로, 법을 위반한 판사를 처단할 권리가 있다"고 밝혔다. 김씨는 그 근거로 헌법 1조(모든 권력은 국민으로부터 나온다)와 형법 21조 정당방위를 들었다.

이 사이트에 김씨가 2005년 12월 20일부터 2007년 1월 14일까지 만 1년간 작성한 일지, 재판기록, 판사들의 경력, 관련 법령까지 정리돼 있다. 그는 자신이 낸 소송 이외에도 대기업, 교수재임용, 법조 비리 관련 사건은 거의 빠뜨리지 않고 판결문과 해당 기사를 정리했다. 김씨의 기록벽(癖)은 여기서 그치지 않았다. 녹음이 금지된 법정에서 오간 대화를 기억을 살려 옮겨 적는가 하면 이용훈 대법원장이 승용차 요일제를 위반한다며 이 대법원장의 관용차 차량번호와 사진도 매일 기록했다.

그는 15일 자신이 석궁을 쏜 박홍우 부장판사에 대해서 "(공판을 앞두고) 최대한 시간을 끄는 등 방해공작을 한다", "성균관대 편을 든다"고 비난했고 박 부장판사를 비롯한 판사 17명에 대해 "예의 주시해야 할 판사들"이라고 지목해 놓기도 했다.

● ● ● 박수찬 기자 soochan@chosun.com(2007. 01. 17. 00:16)

"교육자 자질과 재임용 탈락 여부가 쟁점"

박홍우 서울고법 부장판사를 석궁으로 쏜 김명호 전 성균관대 교수의 교수지위확인 청구 소송의 주심 판사가 17일 재판 과정에서 있었던 일을 법원 내부 통신망에 상세하게 공개했다.

서울고법 민사 2부 이정렬 판사는 이 글에서 "재판부는 김 전 교수가 제기한 대학입시 수학문제에 오류가 있었다는 점과 오류 지적에 관한 보복으로 재임용에서 탈락했다는 점을 모두 인정했다"고 밝혔다.

이 판사는 "재판부는 판결문에서 오류 지적이 원고의 징계 및 이 사건 재임용 거부 결정의 한 원인이 됐다는 점을 인정하면서도 '원고가 용기 있고 정당한 행동을 할 것이면 그와 더불어 교원으로서 덕목도 함께 갖추고 있는지를 원고 스스로 살펴보았어야 한다'고 적시했다"라고 설명했다.

그는 "이번 판결의 기본적 구도는 '학자적 양심이 있으나 교육자적 자질을 가지고 있지 못한 사람의 재임용탈락의 적법성 여부라고 생각하고 있다"라고 밝힌 뒤 "원고가 학자적 양심이 있다는 점은 쟁점도 되지 않았고, 재판부에서도 그 점을 인정했다"라고 말했다.

이 판사는 "교육자적 자질을 따지는 심리과정에서 원고는 별다른 관심을 보이지 않았다. 그의 관심은 오로지 자신이 보복을 당하였다는 점뿐이었다. 당시 학과장이나 학생에 대한 증인 신문을 할 때 원고는 반대 신문도 하지 않았고, 심지어 자신은 '전문지식을 가르칠 뿐이지 가정교육까지 시킬 필요는 없다'는 진술까지 했다"고 공개했다.

판결문에 따르면 김 전 교수는 수업 중 시위 소리가 거슬리자 시위 학생들에게 극단적인 욕설을 하고, 학과장이 되면 과내 모든 서클과 학생회를 없애겠다는 말까지 했던 것으로 드러났다.

이 판사는 "심리 과정에서 부장판사는 김 전 교수를 위해 상당한 배려를 했다"며 "원고의 청구 취지가 1996년 3월 1일자 재임용거부 행위의 무효를 구하는 것인데 공휴일이어서 청구는 받아들일 수가 없었는데도 이 점을 바로 잡기 위한 기회를 부여하기 위해 변론을 재개했다"고 설명했다.

그는 "원고는 이 점을 모르고 청구 취지를 그대로 유지해 부장판사가 3월 1일에 재임용거부행위가 있었다는 사실을 다툼 없는 사실로 정리해주기도 했다. 편파적으로 심리를 진행했다고 취급되는 점에 대해 재판부는 통분을 금할 수 없다"고 덧붙였다.

그는 "김 전 교수는 판결 정본을 받지 않은 상태에서 결과만을 알고 테러를 감행했다고 파악되고 있다. 우리는 그를 설득하기 위해 각고의 노력 끝에 판결서를 작성했는데 내용도 보지 않고 결과만으로 테러를 감행한 것을 보고 당사자 설득을 위한 판결서 작성이 무슨 의미가 있는가에 관해 깊은 회의에 빠져 든다"며 안타까움을 나타냈다.

● ● ● 연합뉴스(2007. 01. 17. 17:30)

자료 4

김씨는 서울대를 나와 미(美) 미시간대에서 박사 학위를 받고 1991년 성균관대 수학과 조교수가 됐다. 그러나 1996년 2월 대학 측은 '다른 교수를 비방하고 연구 활동을 소홀히 하는 등 교육자로서의 자질이 없다'는 이유로 김씨를 재임용에서 탈락시켰다.

김씨는 자신이 95학년도 수학 본고사 채점과정에서 출제 오류를 주장한데 대한 보복이라고 주장하며, 교수지위 확인 소송을 냈지만 '재임용 거부는 학교의 자유재량'이라는 대법원 판례에 따라 패소했다.

이후 뉴질랜드와 미국에서 무보수 연구 활동을 하던 김씨는 2005년 3월 귀국, 다시 소송을 냈다. 그 사이 재임용 관련 사학법 규정에 대해 위헌 결정이 내려져, 재임용이 거부된 교원들이 법원에 소송을 낼 수 있도록 법이 바뀐 것이다.

2005년 9월 1심과 지난 12일의 2심에서 김씨는 모두 패소했다. 법원은 "입시 오류 지적에 대한 보복으로 재임용을 거부당했다는 것을 입증할 만한 증거가 부족해 학교가 재량권을 남용했다고 보기 어렵다"고 판단했다. 대학 측도 "김씨는 학생들과 동료 교수에게 돌출 발언을 많이 하는 등 사회성이 부족했고 여러 문제가 있었다"며 정당한 조치였다는 입장이다.

반면 수학계와 교수 노조 등은 김씨의 주장을 지지하는 입장이다. 전국 44개 대학 수학과 교수 189명은 김씨를 옹호하는 성명을 재판부에 제출하기도 했다. 세계적인 과학지인 '사이언스'와 수학분야 국제학술지 등도 김씨를 둘러싼 논쟁을 다뤘다.

김씨는 소송과는 별개로 2005년 8월부터 10개월여 대법원과 서울고등법원 앞에서 자신에게 패소 판결한 대법관과 판사들을 실명으로 비방하는 시위를 벌였고, 인터넷에도 비방 글을 잇달아 올렸다. 결국 지난해 6월 명예훼손 혐의로 불구속 기소됐다.

김씨는 검찰 조사를 받다가도 정해진 시간이 되면, 수사를 거부하고 1인 시위를 하러 나갈 정도로 시위에 집착했다. 지난해 11월에는 "지방 순시 발언을 통해 검찰의 명예를 훼손했다"며, 이용훈 대법원장을 명예훼손 혐의로 고발하기도 했다.

● ● ● 이길성 기자 atticus@chosun.com, 송혜진 기자 enavel@chosun.com(2007. 01. 16.)

자료 5

성균관대는 1995학년도 대학별 본고사 수학Ⅱ 과목에 서술형 주관식 문제를 출제했는데, 당시 수학과 조교수로서 채점위원이었던 김씨는 문제의 전제 조건이 잘못됐으니 이 문제를 만점 처리해야 한다고 주장했다. 이에 학교는 모범답안을 수정하고 부분 점수를 주는 선에서 마무리 지었다. 그리고 이듬해 2월 김씨는 재임용 심사에서 탈락됐다.

이후 김씨가 복직 소송을 벌이자, 전국 44개 대학 수학과 교수 189명은 "성균관대가 제시한 (수정된) 모범답안은 문제가 잘못되었다는 것을 호도하기 위한 방편"이란 내용의 연판장을 재판부에 제출했다. 김씨와 학교의 수학문제 논쟁은 국제 학술계에도 화제가 됐다. 1997년엔 과학지 '사이언스(Science)'가 '올바른 답의 비싼 대가'라는 글로, 학술지 '매시매티컬 인텔리전서(Mathematical Intelligencer)'는 '정직의 대가'란 글로 김씨를 옹호하기도 했다.

그러나 대한수학회와 고등과학원은 1995~1997년 당시 재판부로부터 수학문제 오류 논쟁에 대한 의견 제출을 요구받았음에도 불구하고 답변을 계속 회피해 왔다. 이번 판사 테러 사건으로 논란이 다시 불거지자, 16일 대한수학회 김도한 회장은 당시 입시 문제 출제 오류 논란에 대해 이사회를 소집해 논의하겠다고 했다. 김 회장은 "워낙 민감한 문제라 개인 의견을 밝힐 수 없다"며 "(입시 문제가 적절했는지는) 대한수학회에 물어볼 필요도 없다. 고교 교사나 학원 강사에게 물어봐도 알 수 있을 것"이라고만 말했다.

김씨의 재임용 탈락과 관련, 성균관대는 "김씨는 재직 동안 대학과 동료 교수를 끊임없이 비방하고, 문제적 행동을 일삼아 탈락된 것"이라고 밝혔다.

● ● ● 송혜진 기자 enavel@chosun.com(2007. 01. 17.)

자료 6

현직 부장판사가 '판사 테러'를 가한 김명호 전 교수에 대해 일각에서 일고 있는 동정론과 관련해 "강도를 두둔하고 강도 피해자에게 잘못이 있다고 비난하는 것과 같다"며 강하게 비판했다. 의정부지법 고양지원 정진경 부장판사(44, 연수원 17기)는 19일 내부통신망에 올린 '법관 테러사건과 관련해'라는 글에서 "국민들이 지나치게 원고의 말에만 경도돼 사법부를 비난하는 것이 아닌가 한다"며 사법부의 국민들의 일방적인 비난에 대한 답답한 심정을 토로했다. 정 부장판사는 "재판은 당사자가 주장하는 모든 것에 대한 옳고 그름을 판단하는 것이 아니라 원고가 구하는 청구와 관련한 쟁점을 원·피고 양자의 입증을 비교해 승패를 결정하게 되며 이 사건에 있어 재임용거부 결정이 대학 입시문제의 오류지적과 관련한 보복이라는 원고 주장은 주된 쟁점이 아니었다"고 설명했다. 정 판사는 "법원이 판단할 쟁점은 원고가 교수로서의 기본적인 자질 등과 관련해 낮게 평가된 것이 학교 측의 재량권을 일탈, 남용한 것인지 여부를 가리는 것으로 재량권 남용에 대한 원고의 입증이 없는 한 패소할 수밖에 없는 사안이었고 원고는 그 입증에 실패했다"고 주장했다. 그는 또 "1, 2심을 통해 총 6명의 판사가 원고 패소판결이 상당하다고 판단했는데 다수의 일반인이 이 사건을 접한 후 법논리를 이해하고 이성적인 대화를 통해 결론을 도출한다면 재판부의 결론과 다를 가능성은 거의 없다"고 못박았다. 그는 언론의 보도 행태에 대해서도 일침을 가했다. 정 판사는 "사법부는 국민과 직접 교통할 수단이 막혀 있으며 언론의 선정적인 보도는 끊임없이 사법부의 권위를 훼손하고 있다"며 "판결문조차 검토하지 않고 기사를 쓸 수 있었는지 기자들의 무모함에 대해 이해할 수가 없다"고 지적했다. 그는 이어 "국민이 직접 법원에 와서 재판을 지켜봐야 판사의 고뇌를 이해하고 재판의 어려움을 절감할 수 있다"며 "국회 계류 중인 국민의 형사재판참여에 관한법률이 조속히 통과돼 배심제가 도입돼야 한다"고 주장했다.

● ● ● 연합뉴스(2007. 01. 19.)

자료 7

침울함 속 自省論 우세

장윤기(張潤基) 법원행정처장 주재로 전국의 법원장과 사무국장 등 참석자 40여 명은 오전 10시부터 점심시간도 없이 3시간 30분 동안 대책을 논의했다. 회의가 진행된 대법원 4층 대회의실은 시종 침통하고 무거운 분위기였다. 회의 초반 몇몇 법원장들은 박홍우(55) 부장판사를 석궁으로 쏜 김명호(50) 전 교수를 의인(義人)으로 치켜세우는 일부 네티즌들을 개탄했다. "(네티즌들이) 판결문이라도 한번 읽어봤으면…"이라는 아쉬움을 토로하기도 했다. 하지만 곧 '그래도 국민을 믿어야 한다'는 쪽으로 결론이 모아졌다고 한다. 한 법원장은 "법원이 언론과 국민을 믿고 묵묵히 우리의 할 일을 하는 것이 국민의 신뢰를 얻는 길"이라고 말했다. 법원 스스로 법 집행의 엄정한 잣대를 세우지 못했다는 자성(自省)도 있었다. 과거 권위주의 시대 공권력 방해 행위를 온정적으로 처벌하던 관행이 남아, 공권력이 민주적 정당성을 획득한 지금도 법원이 공권력 방해를 엄벌하지 못했다는 얘기였다. 법정 난동·모욕 행위가 급증하는데도 감치는 오히려 줄었다는 통계가 공개되자, "판사들 스스로 더 이상 눈치 보지 말고 단호하게 대처해야 한다"는 의견이 잇따랐다. 한 법원장은 "말로만 공판중심주의를 외치지 말고 당사자들이 재판정에서 할 말을 다했다는 느낌을 갖도록 해주자"고 말했다.

"근본적인 해결책은 사법부 신뢰 회복"

대다수 일선 판사들은 이번 사건을 한 수학 교수의 '일탈행위'라고 보고 있다. 하지만 사법 불신을 부추기는 사법부 안팎의 요인도 있다는 시각도 만만치 않다. 예컨대 현 정권이 내세운 '탈(脫)권위'와 정치권의 사법부 흔들기가 그것이다. 권위주의 청산이 권위의 부정으로 오해돼 사법부의 권위도 함께 추락했다는 설명이다. 대통령 탄핵 사건 때나 행정수도 위헌 사건, 국회의원 당선무효 선고 등 정치적 사건마다 정치권은 사법부를 정쟁에 끌어들여 한편에선 칭찬하고 다른 한편에선 공격했다. 이를 반영하듯, 1950년 7년간 일어난 54건의 법정 난동이나 테러의 70%가 넘는 39건이 현 정부 출범 이후 발생했다. 한편으로는 지난해 9월 이 대법원장이 "검찰 수사기록을 던져 버려라", "변호사들이 내는 기록은 대개 남을 속이려는 것"이라고 발언, 법원은 검찰과 변호사단체를 상대로 '진흙탕 싸움'을 벌이는 것처럼 비쳤다. 중견·고위 법관들은 "사법부 신뢰회복이 난동과 테러를 막는 근본적인 해결책"이라고 말한다. 그러나 사법부 안팎의 부정적 시각이 단시일에 바뀔 가능성이 낮다는 게 법원 구성원들의 깊은 고민이다.

● ● ● 이항수 기자 hangsu@chosun.com, 이길성 기자 atticus@chosun.com(2007. 01. 19.)

I have a dream

마틴 루터 킹(1963년 8월 28일)

마틴 루터 킹 Jr.(1929~1968)
흑인 민권 운동 지도자. 조지아주 출생. 모어하우스大 졸업.
흑인 인권 옹호를 위한 비(非)폭력운동 전개.
1964년 노벨 평화상 수상.
1968년 멤피스에서 암살당함.

● **연설의 배경**

1963년 8월 28일 노예 해방 100주년을 맞아 워싱턴에서 열린 평화 행진에 참가했던 미국의 흑인 인권 운동가 마틴 루터 킹은 이 날 미국의 흑인 인권 운동사에 길이 남을 의미 있는 연설을 했다.

'나에게는 꿈이 있습니다'라는 구절로 유명한 이 연설은 미국인들에게 인종 차별 문제의 심각성을 일깨우는 중요한 역할을 했고, 미국 인권 운동의 발전을 앞당기는 데 가장 크게 공헌했다는 평을 받는다.

마틴 루터 킹은 청중에 따라 연설의 내용을 조정하고, 청중들의 반응에 기민하게 부응할 줄 아는 능력을 가진 타고난 연설가였다. 이 날의 연설 역시, 그 특유의 호소력과 설득력이 가장 잘 나타난 훌륭한 연설이었다.

마틴 루터 킹은 1964년 노벨 평화상을 수상했고, 1968년 암살되었다.

번역 마틴 루터 킹 목사의 '나는 꿈이 있습니다' 연설(1963년 8월 28일)

李南圭(디지틀조선 편집위원·前 朝鮮日報 외신부장 駐美특파원) 번역·해설, http://www.woni.net/cgi-bin/technote에서 퍼온 글입니다. 번역문은 다시 정리하였습니다.

우리 역사에서 자유를 위한 가장 훌륭한 시위가 있던 날로 기록될 오늘 이 자리에 여러분과 함께 하게 된 것을 기쁘게 생각합니다.

백 년 전, 한 위대한 미국인이 노예해방령에 서명을 했습니다.

지금 우리가 서 있는 이 곳이 바로 그 상징적인 자리입니다.

그 중대한 선언은 불의(不義)의 불길에 시들어가고 있던 수백 만 흑인 노예들에게 희망의 횃불로 다가왔습니다. 그 선언은 오랜 노예 생활에 종지부를 찍는 즐겁고 새로운 날들의 시작으로 다가왔습니다. 그러나 그로부터 백 년이 지난 오늘, 우리는 흑인들이 여전히 자유롭지 못하다는 비극적인 사실을 직시해야 합니다. 그 날의 백 년 후에도 흑인들은 여전히 인종 차별이라는 속박과 굴레 속에서 비참하고 불우하게 살아가고 있습니다. 그 날의 백 년 후에도 흑인들은, 이 거대한 물질적 풍요의 바다 한가운데 있는 빈곤의 섬에서 외롭게 살아가고 있습니다. 그 날의 백 년 후에도 흑인들은 여전히 미국 사회의 한 귀퉁이에서 고달프게 살아가고 있습니다. 그들은 자기 땅에서 유배당한 것입니다. 그래서 우리는 오늘, 이 끔찍한 현실을 알리기 위해 이 자리에 나온 것입니다.

어떤 의미에서 우리는, 국가로부터 받은 수표를 현금으로 바꿔야 할 시기에 온 것입니다. 미국을 건국한 사람들은, 헌법과 독립선언에 훌륭한 표현들을 써 넣었습니다. 그들은, 모든 미국인들이 상속하게 되어 있는 약속어음에 사인을 했습니다. 그 약속어음이란, 모든 인간에게 삶과 자유, 행복 추구라는 양도할 수 없는 권리를 보장한다는 약속이었습니다. 그러나 오늘날 미국이, 시민들의 피부색에 관한 한, 이 약속어음이 보장하는 바를 제대로 이행하지 않고 있다는 것은 분명한 사실입니다. 미국은, 이 신성한 의무를 존중하지 않고, 흑인들에게 부도수표를 주었습니다. 이 부도수표는 자금이 충분하지 않다는 이유로 되돌아옵니다. 그러나 우리는 정의의 은행이 파산했다고 생각하지 않습니다. 우리는 이 나라에 있는 기회의 금고에 자본이 충분치 않다는 사실을 믿지 않습니다. 그래서 우리는 이제 이 수표를 현금으로 바꿔야 할 때에 다다른 것입니다. 이 수표는 우리가 요구하는 바에 따라 충분한 자유와 정의에 의한 보호를 우리에게 줄 것입니다. 또한 우리는 '바로 지금'이라고 하는 이 순간의 긴박성을 미국인들에게 일깨우기 위해 이 자리에 모였습니다. 우선 냉정을 되찾으라는 사치스러운 말을 들을 여유도, 점진주의라는 이름의 진정제를 먹을 시간도 없습니다. 지금 이 순간이 바로 민주주의의 약속을 실현할 때입니다. 지금이 바로 어둡고 외진 인종 차별의 계곡에서 벗어나 햇살 환히 비치는 인종간의 정의(正義)의 길에 들어설 때입니다. 지금이 바로 신(神)의 모든 자손들에게 기회의 문을 열어줄 때입니다. 지금이 바로 인종 간의 불의(不義)라는 모래 위에서 형제애라는 단단한 바위 위로 올라서야 할 때입니다.

지금 이 순간의 긴박성을 간과하고, 흑인들의 결의를 과소 평가한다면, 그것은 이 나라에 치명적인 일이 될 것입니다. 흑인들의 정당한 불만이 표출되는 이 무더운 여름은 자유와 평등의 상쾌한 바람이 부는 가을이 찾아올 때까지 계속될 것입니다. 1963년은 끝이 아니라 시작입니다. 만일 이 나라가 다시 예전 상태로 돌아간다면, 흑인들이 좀 진정을 하고 자족(自足)해야 할 필요가 있다고 생각하는 사람들은 거친 방식으로 깨달음을 얻게 될 것입니다. 흑인들이 시민으로서의 권리를 부여받기 전에는 미국에 휴식도 평온도 없을 것입니다. 정의가 실현되는 밝은 날들이 오기 전까지는 이 나라의 기반을 뒤흔드는 폭동의 소용돌이가 계속될 것입니다.

정의(正義)의 궁전으로 이르는 출발점에 선 여러분들에게 꼭 드리고 싶은 이야기가 하나 있습니다. 우리가 정당한 위치를 찾을 때까지는, 나쁜 행동을 해서 죄인이 되어서는 안 되겠다는 점입니다. 비탄과 증오로 가득 찬 술잔을 들이키는 것으로 자유를 향한 갈증을 달래려 하지 맙시다. 위엄과 원칙이 있는 높은 곳을 향한 투쟁을 영원히 계속해야 합니다. 우리는 우리의 창의적인 항거가 폭력으로 변질되게 해서는 안 됩니다. 다시, 또 다시, 우리의 힘 이 영혼의 힘과 맞닿을 수 있는 저 높은 곳까지 올라가야 합니다. 우리 흑인 사회를 휩쓸고 있는 저 새롭고도 훌륭한 투쟁 정신이 백인들의 불신을 받는 데로 이어지지 않게 해야 합니다. 오늘 이 자리에 서 있는 백인들이 증명하듯이, 우리의 많은 백인 동지들은 그들의 운명이 우리의 운명과 이어져 있으며, 그들의 자유가 우리의 자유와 뗄래야 뗄 수 없는 관계임을 깨닫고 있습니다. 우리 혼자서만 걸어갈 수는 없습니다.

이제 우리는 앞으로 나아가면서, 더 전진해야 한다는 맹세를 해야 합니다. 되돌아갈 수는 없습니다. 인권운동가들에게 "언제가 되면 만족하겠느냐"고 묻는 사람들이 있습니다. 흑인들이 경찰의 무지막지한 폭력의 공포에 희생되고 있는 한, 우리에게 만족이란 없습니다. 흑인들이 여행하다가 피곤에 지쳤을 때 고속도로 근처의 여관이나 시내의 호텔에 잠자리를 얻을 수 없는 한은 우리는 만족할 수 없습니다. 흑인이 이주한다고 해야, 고작 작은 흑인 거주지에서 더 큰 흑인 거주지로 가는 것이 전부일 때, 우리는 만족하지 못합니다. 미시시피의 흑인들이 투표권을 행사하지 못하고, 뉴욕의 흑인들이 마땅히 투표를 할 이유를 찾지 못하는 한, 우리는 만족할 수 없습니다. 안 됩니다. 안 됩니다. 우리는 만족하지 않습니다. 정의가 강물처럼 흐르고, 정당성이 힘찬 흐름이 될 때까지 우리는 만족할 수 없습니다. 저는 여러분들 중 어떤 사람이 재판을 받다가 여기 오게 되었다는 것에 신경을 쓰지 않는 것은 아닙니다. 좁은 감옥에서 나온 지 얼마 안 되는 사람들도 있습니다. 어떤 사람들은 자유를 추구하다가 도리어 기소되어 두들겨 맞거나, 경찰의 야만스런 폭력에 고통 받는 지역에서 오기도 했습니다. 여러분들은 모두 그 새로운 방식으로 다가오는 갖가지 고통을 겪는 데에는 베테랑이 된 사람들입니다. 그런 고통들이 명예를 회복하는 것이라는 신념으로 계속 일하십시오. 미시시피로 돌아가십시오. 앨라배마로, 사우스캐롤라이나로, 조지아로, 루이지애나로 돌아가십시오. 우리들의 현대적인 도시인 빈민가로, 흑인 거주지로 돌아가십시오. 상황이 달라질 수 있고, 달라질 것이라는 점은 명심하고 계십시오. 이제 절망의 계곡에서 뒹굴지는 맙시다.

나의 친구인 여러분들에게 말씀드립니다.

고난과 좌절의 순간에도, 저는 꿈을 가지고 있다고

이 꿈은 아메리칸 드림에 깊이 뿌리를 내리고 있는 꿈입니다.

저에게는 꿈이 있습니다.

언젠가 이 나라가 모든 인간은 평등하게 태어났다는 것을 자명한 진실로 받아들이고, 그 진정한 의미를 신조로 살아가게 되는 날이 오리라는 꿈입니다.

언젠가는 조지아의 붉은 언덕 위에 예전에 노예였던 부모의 자식과 그 노예의 주인이었던 부모의 자식들이 형제애의 식탁에 함께 둘러앉는 날이 오리라는 꿈입니다.

언젠가는 불의와 억압의 열기에 신음하던 저 황폐한 미시시피주가 자유와 평등의 오아시스가 될 것이라는 꿈입니다.

나의 네 자녀들이 피부색이 아니라 인격에 따라 평가받는 그런 나라에 살게 되는 날이 오리라는 꿈입니다.

오늘 저에게는 꿈이 있습니다.

주지사가 늘 연방 정부의 조처에 반대할 수 있다느니, 연방법의 실시를 거부한다느니 하는 말만 하는 앨라배마주가 변하여, 흑인 소년 소녀들이 백인 소년 소녀들과 손을 잡고 형제자매처럼 함께 걸어갈 수 있는 상황이 되는 꿈입니다.

오늘 저에게는 꿈이 있습니다.

어느 날 모든 계곡이 높이 솟아오르고, 모든 언덕과 산은 낮아지고, 거친 곳은 평평해지고, 굽은 곳은 곧게 펴지고, 하느님의 영광이 나타나 모든 사람들이 함께 그 광경을 지켜보는 꿈입니다.

이것이 우리의 희망입니다.

이것이 제가 남부로 돌아갈 때 가지고 가는 신념입니다. 이런 신념을 가지고 있으면 우리는 절망의 산을 개척하여 희망의 돌을 찾아낼 수 있을 것입니다. 이런 희망을 가지고 있으면 우리는 이 나라의 이 소란스러운 불협화음을 형제애로 가득 찬 아름다운 음악으로 변화시킬 수 있을 것입니다. 이런 신념이 있으면 우리는 함께 일하고 함께 기도하며 함께 투쟁하고 함께 감옥에 가며, 함께 자유를 위해 싸울 수 있을 것입니다. 우리가 언젠가 자유로워지리라는 것을 알기 때문입니다. 그 날은 신(神)의 모든 자식들이 새로운 의미로 노래 부를 수 있는 날이 될 것입니다.

"나의 조국은 자유의 땅, 나의 부모가 살다 죽은 땅, 개척자들의 자부심이 있는 땅, 모든 산에서 자유가 노래하게 하라."

미국이 위대한 국가가 되려면, 이것은 반드시 실현되어야 합니다. 그래서 자유가 뉴햄프셔의 거대한 언덕에서 울려 퍼지게 합시다. 자유가 뉴욕의 큰 산에서 울려 퍼지게 합시다. 자유가 펜실베이니아의 앨러게니 산맥에서 울려 퍼지게 합시다.

콜로라도의 눈 덮인 로키 산맥에서도 자유가 울려 퍼지게 합시다. 캘리포니아의 굽이 진 산에서도 자유가 울려 퍼지게 합시다. 뿐만 아니라, 조지아의 스톤 산에서도 자유가 울려 퍼지게 합시다. 테네시의 룩아웃 산에서도 자유가 울려 퍼지게 합시다. 미시시피의 모든 언덕에서도 자유가 울려 퍼지게 합시다. 모든 산으로부터 자유가 울려 퍼지게 합시다. 자유가 울려 퍼지게 할 때, 모든 마을, 모든 부락, 모든 주(州)와 도시에서 자유가 울려 퍼지게 할 때, 우리는 더 빨리 그 날을 향해 갈 수 있을 것입니다. 신의 모든 자손들, 흑인과 백인, 유태인과 이교도들, 개신교도와 가톨릭 교도들이 손에 손을 잡고, 옛 흑인 영가를 함께 부르는 그 날이 말입니다.

"드디어 자유, 드디어 자유, 전지전능하신 신이여, 우리가 마침내 자유로워졌나이다!"

그리고 나는 오늘 오후 남부로 돌아가지만, 절망에 빠진 채 가는 것은 아닙니다. 나는 남부로 돌아가지만, 우리가 탈출구가 전혀 없는 컴컴한 지하감옥 속에 갇혀 있다고는 생각하지 않습니다. 나는 새로운 날이 오고 있다는 믿음을 가지고 돌아갑니다.

나는 지금 꿈을 가지고 있습니다.
그것은 아메리칸 드림에 깊이 뿌리를 둔 꿈입니다.

나는 지금 꿈을 가지고 있습니다.
어느 날, 조지아에서 미시시피와 앨라배마에 이르기까지 옛날 노예의 아들들이 옛날 노예주인의 아들들과 함께 형제처럼 살게 되는 꿈입니다.

나는 지금 꿈을 가지고 있습니다.
어느 날 백인 어린이가 흑인 어린이와 형제와 자매처럼 손을 잡게 되는 꿈입니다.

나는 지금 꿈을 가지고 있습니다.
어느 날 단순히 자유를 얻기 위해서 집이나 교회에 불을 지르는 일이 없게 되는 꿈입니다.

나는 지금 꿈을 가지고 있습니다.
이마티오가 당해야 했던, 매그루더가 당해야 했던 잔학행위가 없어지고, 모든 사람이 품위 있게 살 수 있는 날이 오는 꿈입니다.

나는 지금 꿈을 가지고 있습니다.

어느 날, 나의 네 아이가 내가 겪어야 했던 젊은 시절과 같은 것을 겪지 않고, 또 그들이 피부색깔 대신 인격을 기준으로 평가를 하고 평가를 받게 되는 꿈입니다.

나는 지금 꿈을 가지고 있습니다.

어느 날, 이곳 워싱턴시(市)의 흑인들이 돈만 있으면 어느 곳에서든지 집을 사거나 세를 들고 집을 가질 수 있게 되는 꿈입니다.

그렇습니다. 나는 지금 꿈을 가지고 있습니다.

어느 날, 이 땅에서 아모스의 예언이 실현되고, 정의가 강물처럼 흘러내리며, 진리가 거대한 분류처럼 흐르게 되는 꿈입니다.

나는 지금 꿈을 가지고 있습니다.

어느 날 모든 사람은 평등하게 태어났고, 창조주로부터 생명, 자유, 행복추구 등 양도할 수 없는 권리를 받았다는 제퍼슨의 말을 인정하게 되는 꿈입니다.

나는 지금 꿈을 가지고 있습니다.

어느 날 모든 산골짜기가 솟아오르고, 모든 언덕과 산이 주저앉으며, 거친 곳이 평탄해지고, 굽어진 곳이 곧게 펴지며, 주의 영광이 나타나 모든 인간이 함께 그것을 볼 수 있는 날이 오는 꿈입니다.

나는 지금 꿈을 가지고 있습니다.

인간이 모두 형제가 되는 꿈입니다. 나는 이런 신념을 가지고 나서서 절망의 산에다 희망의 터널을 뚫겠습니다. 나는 이런 신념을 가지고 여러분과 함께 나서서 어둠의 어제를 광명의 내일로 바꾸겠습니다.

우리는 이런 신념을 가지고 새로운 날을 만들어낼 수 있습니다. 하나님의 모든 아이들이 흑인이건 백인이건, 유태인이건 비(非)유태인이건, 개신교도이건 가톨릭교도이건, 손을 잡고, "자유가 왔다! 자유가 왔다! 하나님 감사합니다!" 하면서 흑인영가를 부를 수 있는 날을 만들 수 있습니다.

※ 원문 Martin Luther King Jr.'s "I have a dream." Speech(August 28, 1963)는 http://www.woni.net/cgi-bin/technote 또는 이경우·김경희(2005, 역락 ; 2006, 보고사)를 참고하기 바람.

제 2 장

언어 커뮤니케이션과 대인관계

2003년 11월 한 채용 정보 사이트에서 구직자 1,206명에게 '면접에서 떨어진 경험이 있다면 그 이유는 무엇이라고 생각하는가'라는 질문을 한 결과, 응답자의 29.1%가 '언변이 부족해서'라고 답했다.

그 다음으로는 '업무 경험이 짧거나 없어서(21.1%)', '학벌(20.1%)'로 나타났으며 이밖에 '외모(10.9%)', '잦은 이직 경력(7.2%)', '복장이나 태도(3.5%)' 등을 면접 불합격 이유로 꼽았다.

남성의 경우에는 학벌(28.4%), 언변 부족(27.9%)의 순이었던 반면 여성은 언변(30.2%), 짧은 업무 경험(26.4%), 외모(15.6%) 등의 순으로 나타났다.

채용 정보 사이트의 한 팀장은 "기업 인사 담당자는 면접에서 지원자의 태도나 인성, 가치관, 비전 등을 조리 있는 화술을 통해 평가하게 된다"며 "구직자들은 면접에서 자신의 장점을 부각시킬 수 있는 다양한 방법을 강구해야 한다"고 말했다.

● ● ● 연합뉴스(2003. 11. 11.)

위의 기사를 보면 구직자들이 면접에서 떨어진 가장 큰 요인을 '부족한 말솜씨'로 생각하고 있음을 알 수 있다. 면접에서 떨어진 구직자들 스스로 생각하기에 자신은 '말하기', 즉 '화법' 능력이 없다는 것이다. 취업 시즌에 신문 방송 등 각종 매체를 통해 쏟아져 나오는 취업 뉴스의 대부분은 이러한 내용을 담고 있다.

이 기사에서 중요한 사실은 두 가지이다. 하나는 구직자 스스로 없다고 생각하는 구직자의 커뮤니케이션 능력을 면접관들이 찾아내기는 어렵다는 것이며 다른 하나는 구직자 자신이 이미 자신감을 상실하고 있기 때문에 면접에서 떨어지는 것은 당연한 수순이라는 것이다.

한 조사 연구에 의하면 뉴욕시의 기업 경영자 중 79%가 채용이나 승진의 결정 요인으로 자기의 생각을 말로 잘 표현할 수 있는 능력을 들었다고 한다(Silverstone, Greenbaum, & MacGregor, 1987).

이 장에서는 이와 같이 일반적으로 '말하기'라고 생각하고 있는 언어 커뮤니케이션에 대하여 살펴보기로 한다.

커뮤니케이션은 크게 언어 커뮤니케이션과 비언어 커뮤니케이션으로 나누어진다. 언어 커뮤니케이션은 구어나 문어, 즉 말이나 글에 의해 이루어지는 커뮤니케이션이며 비언어 커뮤니케이션은 언어 이외의 모든 것 즉 얼굴 표정, 외형, 목소리의 톤, 동작, 색깔, 옷차림은 물론 커뮤니케이션이 이루어지고 있는 시간이나 공간과 같은 환경적 요소에 의한 커뮤니케이션 등을 모두 포함한다.

커뮤니케이션에 대한 한 연구에 의하면 일상적인 커뮤니케이션에서 비언어에 의한 부분이 65%에서 97%에까지도 이른다고 한다. 그러나 일반적으로 '커뮤니케이션'이라고 사람들이 생각하는 것은 언어 커뮤니케이션이다. 그 중에서도 특히 '말하기'라고 할 수 있다.

"언어는 사람을 가장 잘 표현한다. 말을 하라. 그래야 당신을 알 수 있다"는 말처럼 우리의 생각이나 느낌 등 우리가 전하고자 하는 메시지를 가장 정확하게 표현할 수 있는 것은 언어이며 다른 사람의 메시지를 가장 정확하게 해독할 수 있게 하는 것도 역시 언어라고 할 수 있다.

우리는 상대가 내게 한 한 마디 말에 감동하여 눈물짓기도 하고, 위안도 받으며 우리 또한 한 마디 말로 남을 행복하게 즐겁게 해줄 수도 있고 영감을 주기도 한다. 우리는 언어를 사용하여 현상을 정의하고 평가하며 경험을 체계화하여 인류의 문화를 전수한다. 언어를 사용하여 가상적 사고를 함으로써 삶을 계획하고, 꿈꾸고, 기억하며 언어에 의해 자기반성을 하고 우리 자신과 세상의 관계, 상호작용을 규정한다.

그러나 언어 커뮤니케이션은 때로는 비의도적으로 부정적인 인간관계를 만들어 내기도 한다. 생각나는 대로 무심코 한 한 마디 말이 큰 화를 만드는 불씨가 되어 우리 자신을 해칠 때도 있고 다른 사람에게 치유할 수 없는 깊은 상처를 남기기도 한다.

'사람의 모든 화는 세 치 혀로부터 나온다'는 공자의 말씀이나 '말이 이치에 맞지 않으면, 말하지 않은 것보다도 못하다(유회)', '상인일어 통여도할(傷人一語 痛如刀割 : 사람을 다치게 하는 말 한 마디는 아프기가 칼로 살을 베어내는 것과 같다)' 등 '말'에 대한 동서고금의 가르침은 무수히 많다. 이와 같이 사람이 살아가는 데 있어 언어 커뮤니케이션은 때로는 '살고 죽는' 데에까지 영향을 미칠 수 있을 만큼 중요하다. 우리나라 최고의 한시(漢詩)라고 일컫는 '송인(送人)'을 지은 고려의 정지상은 1135년(인종 13) 묘청의 난 때 이에 관련된 혐의로 김안(金安)·백수한과 함께 김부식(金富軾)에게 참살되었는데 사실은 김부식과 시를 논하다가 한 말이 김부식의 원심(怨心)을 사게 되었기 때문이라는 이야기가 야화로 전한다.

이와 같이 말은 양날의 칼과 같아서 같은 말이라도 어떻게 하는가에 따라 듣는 사람이 전혀 다른 인식을 할 수 있다. 인식에 미치는 언어의 영향을 극단적으로 가장 명료하게 보여주는 것은 광고 카피일 것이다. 대표적인 몇 가지 예를 들어보자.

- "4쌍 중 1쌍의 부부가 이혼한다"라고 말하면 슬프게 들린다.
  ⇒ "4쌍 중 3쌍의 부부는 성공한다"하면 그리 나쁘게 들리지는 않는다.

- 마찬가지로 "아주머니, 왼발이 오른발보다 크군요"라고 말하는 구두의 세일즈맨은 바보다.
  ⇒ "아주머니, 오른발이 왼발보다 작군요"하는 세일즈맨은 외교관이다.

- "옷 한 벌 세탁에 1달러－무료로 방충 처리해 드립니다" 라는 세탁소 광고를 이렇게 바꿨다.
  ⇒ "옷 한 벌 방충 처리에 1달러－세탁은 무료로 해드립니다"
     결과? 20%의 매출 증가

- "저희들에게 기증해 주시지 않겠습니까?"라고 말하지 말아라.
  ⇒ "얼마나 기증한다고 쓸까요?"라고 말하라.

• 영국, 브리얼리 힐－브리얼리 시의회에서는 주 20달러로 '쥐 잡는 사람'을 모집했는데 반응이 전혀 없었다. 의회는 다시 광고를 내기로 했다. 다만 내용을 좀 바꿔서 '설치류 수색원 모집'이라고 했다. 결과는 주 18달러로 세 사람을 뽑았다.

이와 같이 '언어'라는 매체를 어떻게 사용하느냐에 따라 전달되는 메시지의 의미는 전혀 달라질 수 있다. '아 다르고 어 다르다'는 우리말 속담은 이러한 언어 커뮤니케이션의 미묘한 이치를 가르쳐주고 있는 것이다.

언어 커뮤니케이션을 '표현'과 '이해'의 과정 즉 'Message'의 coding, sending, receiving, decoding의 과정으로 나누어 볼 때 일반적으로 사람들은 언어로 커뮤니케이션을 잘한다는 것을 '표현－Message의 coding, sending'의 측면에서만 주목하고 있다는 점에 주의를 기울여야 한다. 커뮤니케이션은 두 사람 이상이 의미의 공유를 위해 체계간 상호작용을 하는 과정이다. 의미의 'coding-sending'이 아무리 잘 되었다고 하여도 'sending'과 'receiving'의 과정에서 'message'를 변질시키는 어떤 것이 작용될지 모르며 'decoding'의 과정에 작용하는 많은 요소들 예를 들면 'sender'와 'receiver' 상호 간의 사회·문화적 배경에 의한 여러 가지 차이들이 'coding-decoding'의 관계를 완벽하게 같게 한다는 보장이 없는 것이다. 그러므로 언어 커뮤니케이션에서 '말하기' 못지않게 중요한 것이 '듣기'임을 잊어서는 안 될 것이다.

좋은 커뮤니케이터가 되기 위해서는 '말하기'·'듣기'의 언어 커뮤니케이션을 잘해야 한다. 그러자면 먼저 언어에 대한 이해가 필요하다. 언어가 가진 특징은 무엇이며 언어와 그에 의해 전달되는 의미 사이의 관계는 어떠한지 그리고 효율적인 언어 커뮤니케이션을 위한 지침 등을 알아야 할 것이다.

1. 언어 커뮤니케이션과 상징

우리는 상징을 통해 경험한다. 우리가 만나는 사람들, 겪게 된 사건 그리고 우리 주변에서나 우리 내부에서 일어나는 일들, 즉 '대상'을 표현한다. 상징을 사용하여 생각이나 사물을 표현할 수 있는 까닭은 상징이 의미를 구성하는 한 요소이기 때문이다. 사물이나 대상에 대하여 우리가 어떻게 의미를 얻게 되느냐는 무척 복잡한 문제이기는 하지만, 상징이 중요한 단서가 된다는 것은 이론의 여지가 없다. 바꾸어 말하면, 상징은 우리에게 의미를 제공하는 중요한 단서로 작용한다는 것이다.

상징과 의미에 대한 오그덴−리차즈의 기본 삼각도에 의하면 상징과 대상 사이에는 직접적인 연계가 없으며 그 연계는 사상 또는 지시를 통해서 이루어진다. 언어는 대상을 지시하는 수많은 '상징 기호'들 중의 하나이다. 다른 상징 기호들과 마찬가지로 언어도 상징으로서 두 가지의 필수 요소를 가지고 있다. 음성언어(말)인 경우는 '의미'와 '소리'가 필수 요소가 되며 문자언어(글)의 경우에는 '의미'와 '문자'가 필수 요소가 된다.

〈그림 5〉 오그덴−리차즈(Ogden-Richards)의 기본 삼각도

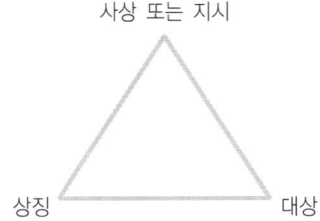

한편 커뮤니케이션과 관련하여 잘 쓰이는 용어로 '코드(code)'라는 것이 있다.

코드는 원래 '부호 또는 기호', '전신약호 또는 암호'의 뜻이다. 확장되어 '법전'의 의미로 사용되면서 점차 어떤 사회나 계급, 직업 등에서의 규약이나 관례를 가리키게 되었으며 특히 커뮤니케이션에서는 상징이나 글자, 또는 커뮤니케이션에 사용되는 말들의 체계적인 질서라고 정의된다. 한국어, 중국어, 영어 등과 같은 언어체계는 대표적인 코드이다.

한국어나 중국어, 영어와 같은 하나의 언어는 그 언어를 사용하는 사람들이 그 언어 체계 안에 있는 수많은 단어를 조합해 자신의 생각과 의도를 표현할 수 있게 해준다. 각 단어들은 그 단어가 속해 있는 코드, 즉 그 언어 속에서만 의미를 갖게 된다. 예를 들어 'pogo sipta'라는 말은 국어에서는 그 글자 하나하나와 단어가 의미

를 갖게 되지만, 영어라는 코드 속에서 '보고 싶다'라는 기호에는 아무 의미가 없다. 이처럼 우리가 쓰는 언어는 읽기, 쓰기, 말하기 모두가 하나의 약속으로 그 말을 사용하고 학습하는 사회에서만 커뮤니케이션을 가능하게 해준다. 코드는 단지 일단의 신호들이 의미를 갖도록 체계화하는 것에 머무르지 않고, 인간 사회의 사회적인 관계나 행위에도 영향을 미친다. 이른바 관습이나 규칙도 우리의 커뮤니케이션에서 하나의 코드로 작용하게 되는 것이다. 따라서 우리가 속해 있는 이 사회는 코드화(coded)되어 있다고 말할 수 있다. 코드에는 사회가 가지고 있는 가치를 비롯해 그 사회의 문화적 특성, 그 사회가 지향하고 나아가고자 하는 방향 등과 같이 매우 근본적인 모습이 반영되어 있기 때문이다(http://shi.kaist.ac.kr).

커뮤니케이션에서 중요한 것은 코드화하는 것(coding or encoding)만이 아니라 코드화된 것을 정확하게 원래의 모습으로 풀어내는 것(decoding)을 잘 해야 한다. 정확한 표현과 정확한 이해는 올바른 커뮤니케이션의 핵심 요소이다.

1) 언어 커뮤니케이션의 상징

언어 커뮤니케이션은 느낌, 생각, 물체, 사람들을 '언어'라는 상징을 통해 반영하는 상호작용 과정이다. 사물이나 사람 그 자체는 상징이 아니지만 그것을 표현한 언어는 상징이다. 살아서 움직이는 식물 자체로서의 '꽃'은 상징이 아니지만, 이를 표현한 언어인 '꽃'은 상징이다. '기숙사'나 '도서관'은 특정한 종류의 건물을 상징하는 언어이며 '민주주의'는 특정한 정치시스템을 상징하는 언어인 것이다. 'KKK단'은 인종차별을 하는 특정한 집단을 상징하는 언어이며 그들의 특이한 복장은 인종차별을 하는 특정한 집단을 비언어적으로 상징하는 것이다. 이와 같이 언어 커뮤니케이션은 구어인 '말'이나 문어인 '글자'라는 상징을 사용하여 의사소통과 상호작용을 하는 커뮤니케이션 과정이다.

한 조사연구에 의하면 사람들이 하루에 한 시간씩만 대화하고 라디오나 TV를 시청하고 독서한다면 적어도 2만 5천내지 3만개의 단어를 매일 처리하게 된다고 한다. 호흡은 하루 평균 2만 3천, 맥박은 10만 번 정도임을 생각하면 언어는 우리가 마시는 공기나 물만큼이나 우리 생활에 필수적이라고 하겠다.

그런데 커뮤니케이션의 과정에서 문제가 되는 것은 어떤 순간이나 우리는 단지 특정한 어떤 일들만을 지각하고 그것만을 상징화한다는 것이다. 그리고 그 후부터 우리가 그것에 대하여 생각하거나 반응할 때에는 맨 처음에 그 상징에 부여한 '인식'에 맞추어 생각하고 반응하게 된다는 것이다. 예를 들어 새로운 사람을 만났을 때 그 사람이 자신에 대해 말을 많이 하거나 자신 있게 행동하면 우리는 '거만하다', '자기중심적이다', '욕심이 많다', '예의가 없다' 등의 상징을 사용하여 그의 첫인상에 대한 인식을 한다. 그리고 처음에 해 둔 그 인식은 이후의 인식을 지배하게 되어서 그가 처음의 인식에 일치하는 행위를 할 때에는 인지하지만 처음해 둔 인식에 어긋나는 행위, 즉 그가 유머러스한 말을 한다든가 친절하고 자상하게 행동한다든가 하는 것 등에 대해서는 인식하지 않는다는 것이다. 그리하여 어떤 대상이나 사람의 의미는 처음에 우리가 그를 정의한 상징의 범위에서 거의 벗어나지 않게 되어 버린다.

이렇듯 대상을 처음 대했을 때 그 대상을 어떻게 인식하고 첫상징화를 어떻게 하는가에 따라 그 뒤의 관계의 기조가 형성되는 것이다. 상징은 이와 같이 우리 삶에 깊은 영향을 미친다.

그러면 이러한 상징과 상징화 과정, 상징이 커뮤니케이션에 미치는 영향 등에 대하여 검토해 보도록 한다.

먼저 상징의 특징에 대하여 일반적으로 논의되고 있는 것은 상징이 추상적, 자의적인 것이어서 그 의미하는 바가 극히 모호하고 따라서 다의적으로 해석될 수 있다는 것이다. 이제 그 각각의 특성을 자세히 살펴보면 다음과 같다.

① 자의성(Arbitrary)

상징은 자의적이다. 자의적이란 그들이 나타내고자 하는 것과 본질적으로 연결되어 있지 않음을 의미한다. 예를 들어서 '모뎀(modem)'이란 단어는 인터넷이나 웹이란 매개체와 필연적인 관계가 아니다. 어떤 단어는 지시물과 본질적으로 연결된 것 같이 보이기도 한다. 왜냐하면 우리란 사회에서 그것들을 특정한 방법으로 사용하기 때문이다. 그러나 그것들은 지시 대상물과 필연적으로 일치하지는 않는다.

의미란 필연적이라기보다 자의적이기 때문에 시간에 따라 바뀐다. 1950년대에 대부분 사람들은 '게이(gay)'란 말이 쾌활하고 명랑한 의미로 이 단어를 이해했다. 그러나 오늘날 이 단어는 동성애를 의미한다. '애플(apple)'이란 단어는 단지 과일이라는 의미로만 사용되었고, '마우스(mouse)'라는 단어는 쥐 종류를 의미하는 데에 사용되었다. 그러나 오늘날 이 두 단어는 적어도 컴퓨터와 관련되어 사용되고 있다.

또, 언어는 우리가 새로운 단어를 만들어냄으로써 변한다. 대중 매체를 통해서 '워터게이트'(Watergate, 1972년 Washington, D.C.에 있는 민주당 본부건물에 도청장치를 한 정보활동), '성차별'(gender gap), '정치적 단정'(political correctness)과 같은 용어들이 정치 어휘로 확장되었으며 이러한 영역에서 가장 획기적인 것은 인터넷 언어이다. 가상 공간 또는 사이버 공간(Cyberspace), 하이퍼링크(hyperlink), www(World Wide Web) 등 컴퓨터 커뮤니케이션 용어들이 새로 만들어졌다. 또한 온라인 상에서 대화를 느낌으로 표현하기 위해 사람들은 이모티콘을 창안했다. 특히 나이가 어릴수록 온라인 상에서 대화를 느낌으로 표현하는 상징인 이모티콘을 매우 창의적으로 만들어내고 있다.

② 모호성(Ambiguous)

상징이 가진 두 번째 특징은 그 의미가 모호하다는 것이다. 상징의 모호성은 기호가 가진 다의적 특징 때문이다. 다의적이란, 명확하거나 딱 잘라서 말할 수 있는 의미를 가지고 있지 않다는 뜻이다. 그러나 사실 불확실의 정도가 다를 뿐 어떤 상징이나 모호하게 해석될 수 있는 불확실성의 여지가 있다. 예를 들면 '좋은 친구'라는 상징이 가진 의미는 사람에 따라 다르다. 어떤 사람은 '자신과 친하게 지내는 사람'이라는 의미를, 또 다른 사람은 '비밀을 털어놓을 수 있는 사람' 혹은 '돈을 빌릴 수 있는 사람'이라는 의미를 부여한다. '친구'라는 동일한 단어의 의미가 그 사람이 가진 가치관에 의해 전혀 다른 정반대의 의미 영역에 속할 수도 있다. 정말 친한 친구에게는 그 친구를 곤란하게 하는 일, 예를 들면 청탁과 같은 행동을 해서는 안된다고 생각하는 사람이 있는가 하면 정말 친한 친구이므로 그러한 청탁을 할 수 있다고 생각하는 사람이 있는 것이다. 이들이 '친구'에 대해 갖는 의미 영역은 정반대이며 이러한 것은 모두 그 사람의 인간관이나 가치관에 의해 결정된다.

언어적 상징은 이처럼 모든 사람에게 정확하게 같은 것을 의미하지는 않지만 그 래도 하나의 문화권 내에서는 하나의 상징은 '합의된 하나의 의미 범위'를 가진다고 본다(Mead, 1934). 다음 중국 유학생의 경험담은 '친구'라는 상징 의미가 우리나라와 중국이라는 두 개의 문화권에 따라 어떻게 다른가를 보여준다.

남경에서 유학하면서 3년만에야 중국인 친구를 사귈 수 있게 되었다. 공부를 마치고 한국으로 돌아오게 되었을 때 나는 중국인 친구와 이별주를 한 잔 하면서 말했다.

"한 번 한국에 와. 그때 내가 잘 살고 있으면 너한테 대접을 잘 해줄게."

그러자 중국인 친구가 말했다.

"우리 중국에서는 친구한테 그렇게 말하지 않는다. 친구가 찾아오면 내가 잘 살든 못 살든 내가 가진 모든 것으로 그를 대접한다. 그래서 이렇게 말한다. 네가 오면 내가 빚을 내서라도 너를 잘 대접하겠으니 꼭 와."

중국인들은 조금 알게 되었다고 해서 '친구'라고 생각하지 않는다. 그래서 중국에서 친구를 사귀기는 매우 힘들다. 그러나 대신 한 번 친구가 되면 그야말로 혈연 이상이다.

이러한 점에서 중국인들과 '관계'를 맺는 것은 매우 중요한 의미를 가지며 '관계'라 는 말 역시 우리 한국인이 생각하는 것과 의미의 심도가 매우 다르다.

• • • 중국 유학생 김정우

이와 같이 상징은 '그 사람이 속한 문화적 체계'에 의해 그 의미가 결정되므로 상대의 문화적 배경에 대한 이해가 없을 때 일어날 수 있는 의미의 모호성은 때때 로 커뮤니케이션 장애를 야기할 수 있다. 우리는 다른 사람들이 갖고 있는 '말의 의 미'가 우리가 가지고 있는 '말의 의미'와 같다고 생각하는 경향이 있기 때문이다.

위의 경험담과 비슷한 사례가 있다.

미국인 에릭은 일본 회사와 협상을 하는 과정에서 문화적 차이로 커뮤니케이션상의 장애를 겪었다.

에릭이 처음 자신의 의견을 제시했을 때 일본 회사의 대표자 오영은 머리를 끄덕이 며, "참 좋군요"라고 말했다. 용기를 얻은 에릭은 추가 제안을 했고 오영은 웃으면서 "좋은 생각입니다"라고 대답을 하면서 "당신의 프로젝트에 감탄했습니다"라고 했다. 그러나 오영은 에릭의 제안이 들어가 있는 계약서에 계속 서명을 하지 않았고 에릭은 매우 당황했다.

　마침내 다른 미국인 사업가가 에릭에게 일본 문화에 대하여 설명해 주었다. 일본인들은 상대편 앞에서 노골적으로 직접 반대하거나 거절하는 것은 그 사람의 체면을 손상하는 무례한 일이라고 생각하기 때문에 그러한 일은 어떻게 해서든지 피한다는 것이었다.

　에릭이 일본인 사장 오영의 표면상 호의적인 반응이 제안에 동의한다는 것을 의미하지는 않는다는 것을 이해하게 되자 그들의 협상은 훨씬 더 나아지게 되었다고 했다.

● ● ● T. 우드, 2000

미국은 전시(戰時)에서의 일본인들의 커뮤니케이션 방식을 파악하기 위해 2차 대전 시 M. 미드에게 '국화와 칼'이라는 저술을 지원할 정도로 일찍 문화적 차이에 대하여 인식했다. 1995년의 여성국제회의에 참가하는 대표자들을 위해서는 문화적 민감성 훈련 프로그램을 계발하여 교육하여 미국의 대표자들은 아시아 여성들에 대한 문화적 차이, 즉 아시아인은 말로 분명히 거절한다고 표현하는 것을 피하는 경향이 있다는 것, 비록 언어적 비언어적으로 동의의 표시를 하더라도 동의서나 계약서에 서명하지는 않는다는 사실을 알고 여성국제회의에 참가하였다.

우리는 모두 개가 네 발 달린 짐승이란 것을 알지만, 개개인이 가지고 있는 개에 대한 개인적인 의미는 각 개인이 개를 어떻게 생각하는지 그리고 그가 속한 가족과 문화가 개를 어떻게 생각하는지에 따라 다르다. 우리나라와 몇몇 국가에서 개는 종종 식용으로 사용하고 있다. 그러나 서양 대부분의 국가에서는 개를 식용으로 사용하지 않는다. 그와 반대로 서양인을 비롯한 많은 국가에서 소는 주요한 식용 가축인데 비해 힌두문화에서는 소를 신성한 것으로 간주한다.

이와 같이 언어 상징의 의미는 문화적 문맥과 개인적 경험에 따라 다양하다. 효율적인 커뮤니케이터가 되기 위해서는 이러한 문화적 차이에 대한 이해가 선행되어야 할 것이다. 개인의 대인 커뮤니케이션에서는 상대의 문화적 배경에 대한 이해가 선행되어야 하며 글로벌 시대의 국제 커뮤니케이션의 기본 상식으로서 세계 각 문화권의 코드와 그 상징적 의미에 대한 이해가 있어야 할 것이다. 커뮤니케이션 코드로서의 언어, 그 언어에 담긴 사회적 의미와 사회적 가치를 이해할 수 있을 때 커뮤니케이션에 장애가 일어나지 않을 수 있다.

　때로는 언어의 모호성으로 인해 일어나는 문제들이 표면화될 때도 있다. 예를 들어 직장 상사가 새로 들어온 종업원에게 "이 일에 맞지 않는다"라고 할 때 종업원은 상사가 자신에게 원하는 것이 더 열심히 일하는 것이라고 생각할 수 있다. 그러나 상사는 종업원이 물품 검사에 실수가 없도록 더 신중해야 한다고 생각한 것일 수 있다. 비슷한 예로, 한 연구 결과 배우자들은 '자신이 하고 있는 집안일의 몫'에 대해 서로 다른 생각을 하고 있다고 한다. 아내가 생각하는 '배우자가 해야 할 몫의 집안일'은 '집안일의 반'을 뜻한다. 그러므로 아내는 남편이 집안일을 돕지 않는다고 자신이 더 많은 집안일을 한다고 생각한다. 그러나 남편들은 '자신이 하고 있는 집안일의 몫'이 부인이 하는 것보다 적게 한다는 생각보다는 자신의 아버지가 한 것보다는 더 많다고 생각하여 자신이 집안일을 많이 한다고 생각한다는 것이다 (Hochschild & Machung, 1989 ; Wood, 1998).

　상담원 애론 백(Aaron Beck, 1988)은, 언어가 가진 이러한 모호성으로 인해 인간관계에서 문제가 일어나는 경우가 가장 많다는 사례 연구 보고를 했다. 예를 들면, 애냐는 남편이 좀 더 사랑해주길 원했다. 그러나 그녀와 남편은 '좀 더 사랑한다는 것'에 대한 이해가 달랐다. 남편은 그의 사랑을 표현하기 위해 집안일을 더 해주었지만 애냐가 원한 것은 좀 더 많은 시간을 함께 하는 것이었다. 상대가 좀 더 반응하게 하기 위해 자신이 원하는 것을 일일이 말해야 하는 것은 아니지만 상징이 가진 이러한 모호함을 줄여나가기 위해서 우리는 가능한 한 명확하게 커뮤니케이션해야 한다. "내 말을 좀더 잘 들어"라고 말하기보다는 "내가 말할 때에는 나를 쳐다보면 좋겠어"라고 표현하는 것이 더 효과적일 것이다.

　또한 실제 대화를 전개해 나감에 있어서는 동음이의어나 띄어쓰기, 띄어 말하기에 의해서도 커뮤니케이션 장애가 야기될 수 있으므로 이러한 어법의 사용도 익혀두는 것이 효과적인 커뮤니케이션에 도움이 될 것이다. 많은 화법책들이 주로 이러한 커뮤니케이션 장애를 다루고 있으므로 참고로 하면 될 것이다.

③ 추상성(Abstract)

상징은 우리가 표현 또는 지시하려는 생각, 사람, 사건, 물체, 느낌 등을 나타내지만 그 상징이 표현하고자 하는 실체는 아니다. 상징은 자의적으로 만들어진 기호이기 때문에 지시물 또는 대상과 직접적인 관련이 없다. 즉, 우리가 사용하는 상징이 대상과 필연적인 관계를 맺지 않기 때문에 그 대상에 대하여 구체적이거나 실체적이지 않다는 것이다.

상징을 사용하여 추상화의 과정을 거치면서 우리는 지시하고자 하는 대상의 외면적이거나 객관적인 현상으로부터 점차 멀어지게 된다. 추상화가 일어나는 단계와 원인을 살펴보면 다음과 같다.

먼저 우리가 사용하는 상징들은 추상성의 정도가 다르다는 것을 인식해야 한다. 예를 들면 '한국의 전통혼례 음식과 상차림'이라는 책이름은 특별한 요리에 대한 내용을 상당히 구체적으로 표현해주고 있다. 그에 비해 '한국의 전통혼례 음식과 상차림'은 조금 더 추상적인 책 이름이 되며 '한국 음식', '동·서양 음식', '세계의 음식', '음식'이라는 상징으로 갈수록 추상성의 정도가 높아지게 된다. '읽을거리'라는 말은 역사나 철학과 같은 전공서적으로부터 약병에 써있는 성분 목록에 이르기까지 모든 것을 포함하는 가장 추상적인 용어이다. 이와 같이 상징 자체가 가지고 있는 추상성의 정도가 다르기 때문에 어떤 상징을 선택하느냐에 따라 추상화의 단계가 결정된다.

추상화를 높이는 다음 원인은 우리의 인식 자체가 현상에서 한 걸음 떨어져 있다는 것이다. 우리의 인식은 선택적이고 주관적이다. 우리는 한순간에 자신이 인식하고자 하는 대상을 총체적으로 파악하지는 못한다. 대상을 인지하는 그 당시의 여러 가지 상황에 의해 선택적이고 주관적으로 인식의 영역 속에 받아들인 것만을 인지함으로써 우리는 대상의 진실로부터 한 걸음 멀어지게 되고 따라서 추상화의 정도가 높아지게 되는 것이다.

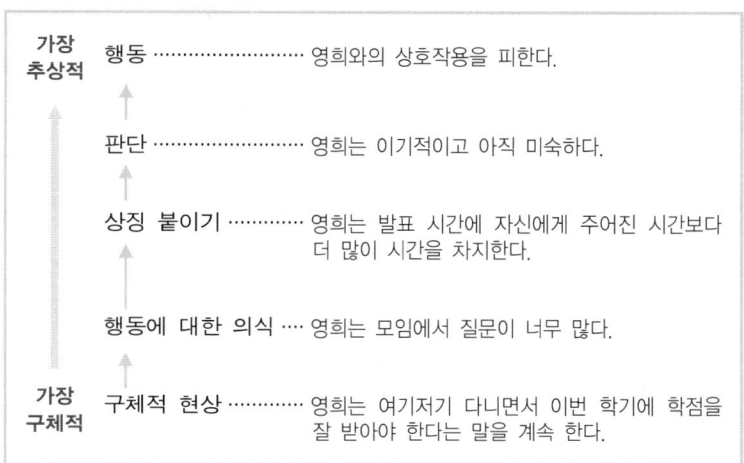

〈그림 6〉 추상화 단계(A. Korzybski, 1948 ; S.I. Hayakawa, 1964)

우리가 선택적으로 인식한 것에 어떤 상징을 붙이게 될 때 우리는 현상으로부터 두 걸음 떨어지게 된다. 그리고 현상에 대한 인식이나 행동에 대해서가 아니라 우리가 인식한 것에 붙여둔 그 상징에 대해 반응할 때 우리는 다시 더 추상적이 되며 상징이 추상화되어 감에 따라 커뮤니케이션에서 혼동의 잠재성은 급속히 커진다.

먼저 '과도한 일반화'로 인한 문제가 야기될 수 있다. 대부분의 경우 고도의 추상적인 커뮤니케이션은 부정확한, '과도한 일반화'를 내포하고 있다. 특히 대중 매체는 일단의 사람들을 가리키기 위해 '웰빙족', '보보스족', '여피족'이나 'N세대'니 'D세대' 등과 같은 고도로 일반화된 언어를 종종 사용한다. 그리고 사람들은 이런 방법으로 경험을 상징화하여 서로에 대해 어떻게 생각하는지를 그 틀에 끼워 맞춘다.

이렇게 지나치게 일반화된 상징을 사적인 대인 관계에서 사용할 경우 특히 친밀한 관계의 파트너에게 사용할 경우 서로의 관계를 생각하는 방법을 왜곡하게 할 수 있다(Beck, 1988). "너는 절대 나를 좋아할 수 없어"라든가 "너는 항상 나에게 방해가 돼"와 같이 광범위하게 부정적인 말들이 그렇다. 다음은 이러한 '일반화'에 의한 왜곡된 사고방식을 보여주는 사례이다.

얼마 전 내가 여자친구에게 좀 더 자유로웠으면 좋겠다고 말했을 때 그녀는 매우 흥분했다. 그녀는 내가 자신을 더 이상 사랑하지 않아 멀리하려 한다고 생각했다. 내가 의미한 것은 단지 내 자신을 위한, 그리고 친구들과 함께 할 시간이 필요하다는 것뿐이었다. 그러나 그녀는 지난번에 헤어진 남자친구가 혼자 있고 싶다고 말했을 때 그것이 헤어지자는 뜻이었음을 알게 되었다는 것이었다.

한 연구 결과에 의하면 사람들은 자신이 다른 사람에게 붙여둔 처음의 상징에 불일치할 때보다 일치하는 행위를 더 잘 기억한다고 한다(Fincham & Bradbury, 1987). 예를 들어 한 친구가 무감각하다고 말할 때, 우리는 그가 예민할 때는 간과하고 무감각한 경우만 보기 쉽다는 것이다. 이와 마찬가지로 동료가 게으르다고 한번 인식해 두면 그 다음부터는 그의 성실함보다는 게으름만 인식하려는 경향이 있다. 그러므로 말을 할 때에 우리는 '넌 너무 제멋대로야'라고 하는 대신 '조금 전에 네가 날 방해했지'라는 구체적이고 명확한 언어를 사용함으로써 커뮤니케이션에 방해가 되는 상징적 오해들을 최소화할 수 있다고 한다(Patton & Ritter, 1976).

그러면 언어의 이러한 상징적 특징들이 우리의 일상생활에서 어떻게 기능하는지 살펴보기로 한다.

2) 언어 상징의 기능

인간이 사고와 의미의 세상에서 살아갈 수 있는 것은 언어를 사용할 줄 아는 능력이 있기 때문이다.

인간은 구체적이고 실제적인 환경에 무분별하게 무조건적으로 동물처럼 반응하지 않는다. 인간은 주어진 환경에 대해 생각하고 때로는 그것들을 변화시킨다.

일찍이 언어 철학자들은 인간의 삶에 영향을 미치는 언어의 상징적 수용력에 대하여 논했다(Cassirer, 1944 ; Langer, 1953, 1979 ; Wood, 2000).

인간의 삶에서 언어는 현상을 정의하며 평가하고 경험을 체계화할 수 있게 해준다. 그리고 언어는 인간으로 하여금 가상적 사고와 자기반성을 할 수 있도록 함으로써 대상과의 관계 그리고 대상과의 상호작용을 규정할 수 있게 한다. 이제 언어의 상징적 기능에 대하여 논하면서 인간의 삶에 영향을 미치는 상징의 긍정적인 힘을 인식하고 한편 상징이 야기할 수 있는 문제들을 최소화하는 방법을 살펴보기로 한다.

① 언어는 현상을 정의한다

언어의 가장 기본적인 기능은 '정의'하는 것이다. 우리는 우리 자신이나 다른 사람, 경험, 관계, 느낌, 생각들을 정의하기 위해 언어를 사용한다. 우리가 사용하는 언어는 그것이 우리에게 의미하는 것이 무엇인지를 정의한다.

우리가 다른 사람들을 정의하는데 사용한 '언어 상징'은 우리가 그들을 어떻게 보는가에 영향을 미친다. 즉, 우리가 일단 어떤 사람에게 처음 인식에 의해 어떤 '언어 상징'을 붙이고 나면 우리는 우리가 붙여두었던 처음의 '첫상징'에 일치하는 그 사람의 특정한 면이나 행동에 초점을 맞추고 주목하게 된다. 그리고 동시에, 우리는 그 사람이 가지고 있는 다른 면은 구태여 살피려고 하지 않는다.

예를 들어 우리들 각자 한 사람은 사회적으로 여러 신분, 여러 모습을 가질 수 있다. 집에서는 자녀일 수 있고 정치적으로 진보개혁파일 수도 있고, 사회적 계층에 따라 관심 많은 시민인 동시에 강의 시간에는 열심히 토론하고 질문하는 학생일 수 있고 스터디에서는 지나치게 요구가 많은 선배일 수 있다. 각각의 신분에 따라 우리에게 붙여진 '언어 상징'은 우리의 특정한 어떤 경향에 대해 주목하게 하고 다른 면에 대해서는 간과하게 만든다. 우리는 정부 정책에 대해서는 보수나 진보의 여러 경향을 가진 사람들과 이야기한다. 아파트 주민회의에서는 지역공동사회의 문제들에 대해 관심이 많은 지역주민과 토론하며, 장래에 대해서는 아버지나 선배들에게서 충고를 구한다. 스터디에서 잔소리 많은 선배와 부딪쳤을 때에는 그가 원하는 것이 무엇인지 정확히 파악하려고 애쓴다. 전날 시험 준비로 밤을 꼬박 새워 피곤해도 '학생' 또는 '젊은이'라는 상징이 붙여진 신분은 전철에서 노인에게 자리를 양보하게 한다. 만약 우리가 어떤 사람을 미국인이나, 일본인 또는 중국인으로 정의 내리고 나면 그것으로 우리는 그 사람에 대한 모든 것으로 판단해버리고 만다.

일단 처음의 인식에 의해 어떠한 '상징'을 붙이고 나면 그에게 우리가 모르는 다른 많은 면이 있어도 그 사람에 대한 우리의 인식에는 더 이상 영향을 미치지 못하게 된다. 이는 우리가 다른 사람들을 정의하면서 사용하는 언어들이 내포하고 있는 윤리에 대해 문제를 제기한다.

'전체화' 또는 '총체화'는, 어떤 사람에 대해 갖게 된 단 한 가지의 '상징'이 마치 그 사람 전체인 것처럼 여기고 그에 대해 반응하는 것이다. 우리는 어떤 사람을 정의 내리기 위해 한 가지 상징을 고정시켜 놓고 그 사람의 다른 많은 면들을 간과함으로써 그의 진정한 모습을 알지 못하게 된다. 이러한 '전체화' 또는 '총체화'는 우리가 "그녀는 페미니스트야", "그는 여피족이야" 또는 "그는 단지 농담한 거야"라는 등과 같이 단 한 마디로 대상에 대해 간단히 말해버리는 경우에도 일어난다.

'총체화'는 '유형화'와 비슷하지만 다른 점이 있다. '유형화'는 어떤 사람에 대해 그가 속한 특정한 한 그룹의 특징을 나타내는 용어로 정의내리는 것이다. 그에 비해 '총체화'는 그의 본질 중 오직 하나의 특성에 집중함으로써 그가 가지고 있는 다른 모든 경향이나 특성들 즉 우리가 주목한 특성 외에 그가 가지고 있는 대부분의 본질적 모습을 간과하는 것을 의미한다(T. Wood, 1998).

> 많은 사람들이 나를 중국인으로만 본다. 마치 그것이 나의 전부인 것처럼……. 때로 수업시간에 선생님들이 나에게 설명을 해보라고 할 때 "중국인의 관점에서" 설명해 보라고 하실 뿐 나의 관점에 대해서는 물어보지 않는다. 나는 중국인이지만, 그것이 나의 전부는 아니다.
>
> ● ● ● 어느 중국인 유학생의 말

우리가 사용하는 상징은 우리의 생각과 느낌에 영향을 미친다. 만약 우리가 '좌절', '문제', '실망' 등과 같은 언어로 자신의 일에 대해 말하게 되면 우리는 자신의 일에 대해 부정적인 느낌을 갖게 되기 쉽다. 반대로 우리가 만약 '보상'이라든가 '도전', '성공'과 같은 언어를 연관짓게 되면 우리는 자신의 일에 대해 더욱 긍정적인 느낌을 갖게 되는 것이다.

우리가 타인과의 관계 속에서 겪은 경험들을 어떻게 정의하는가 하는 것 역시 그들에 대한 우리의 감정에 영향을 미친다. '커플 커뮤니케이션'에 대한 한 조사 연구에서는 연인들이 서로의 차이점을 어떻게 정의하는가에 대해 설문 조사를 하였다. 조사 결과 어떤 사람들은 서로의 차이점을 두 사람의 관계에 활기를 주고 즐겁게 해주는 긍정적인 힘으로 정의하고 있는 반면 어떤 사람들은 서로의 차이점이 서로를 가까워지지 못하게 하는 장애나 문제점으로 여기고 있었다. 연구팀은 연인들이 서로의 차이점을 인식하는 것과 그들의 행동에 직접적인 관계가 있다고 해석했다. 즉, 서로의 차이점에 대해 긍정적인 인식을 하고 있는 연인들은 그들 사이에 의견의 불일치가 일어날 때 호기심과 흥미 그리고 토론을 통해 더 향상적인 관계가 형성될 것이라는 기대감을 가지고 행동을 하지만 차이점에 대해 부정적인 인식을 하고 있는 연인들은 의견의 불일치가 일어나는 상황을 두려워하고 그래서 불일치된 의견에 대해 이야기하기를 피하려고 한다는 것이다(T. Wood 등, 1994).

또 다른 연구에서는 서로의 관계에 대하여 말할 때 '부정적인 상징'을 사용하는 사람들은 그들이 좋아하지 않는 것에 대한 인식을 크게 하고 좋아하는 것에 대한 인식은 작게 한다는 것을 밝혔다(Colven & Roloff, 1991). 이와 반대로 서로의 관계에 대하여 좋은 면에 초점을 맞추는 커플의 경우는 상대에 대해서나 서로의 관계에서 좋은 점을 더 많이 인식하고 있으며 결점에 의해 관계가 손상되는 경우가 적다는 것을 밝힌 연구도 있다(Bradbury & Fincham, 1990 ; Fletcher & Fincham, 1991).

매스컴에서도 때로는 사람들이나 사건에 대해 편견을 가지고 정의할 때가 있다. '페미니스트'와 같은 경우가 특히 그렇다. '매스컴'에서 어떤 한 대상을 '페미니스트'라는 용어를 사용하여 지시할 때 일반 대중들은 그를 '페미니스트'의 측면에서만 보게 되는 것이다. 그에게는 '페미니스트'는 삶의 한 부분일 뿐인데 그는 '페미니스트'라는 상징만으로 인식되는 것이다.

이와 같이 우리가 사용하는 언어들이 우리의 인식과 행동에 어떻게 영향을 주고 있는지 늘 염두에 두고 대상이나 사물에 대해 인식하고 그들과의 커뮤니케이션에 임할 때 훌륭한 커뮤니케이터가 될 수 있을 것이다.

〈표 2〉 학생들의 좋아하는 말과 싫어하는 말(민현식, 1996)

	좋아하는 말	싫어하는 말
남녀 공통	사랑, 우정, 친구, 행복, 희망, 꿈, 믿음, 평화, 바다, 자유	죽음, 미움, 욕, 싸움, 공부, 시험, 거짓, 불행, 똥, 슬픔, 악마, 살인
남성 우위 또는 단독 고빈도어	오락, 여자, 스포츠, 운동, 놀다, 공, 의리 조국, 평등, 힘, 이기다, 만화, 먹자, 끈기	차별, 지옥, 저주, 촌놈, 미친놈, 호모, 거지새끼, 달리기, 여드름
여성 우위 또는 단독 고빈도어	엄마, 하늘, 귀엽다, 깨끗하다, 순수, 맑다, 남자친구, 예쁘다, 평안, 반지, 별, 가을, 인형	뚱뚱하다, 늙다, 질투, 외로움, 나쁜년, 끝, 뱀, 바퀴벌레, 마녀, 창녀, 성폭행, 두려움, 무다리

② 언어는 현상을 평가한다

상징 특히 언어는 중립적인 것이 아니다. 언어에는 가치가 내재되어 있다. 완전히 중립적이거나 객관적인 언어는 존재하지 않는다. 우리는 좋아하는 사람에 대해 말을 할 때 좋은 점을 강조하고 결점은 작게 보이도록 말한다. 그러나 좋아하지 않는 사람에 대해서는 그와 반대로 말한다. 예를 들어 동일한 행동 양식에 대해 좋아하는 친구와 관련하여 말할 때는 '자신감이 있다'고 표현하지만 적대적 관계에 있는 사람과 관련시켜서는 '거만스럽다'고 말하는 것과 같다.

또한 언어에는 평가의 정도가 담겨져 있다. 우리는 자신의 속 생각을 말하는 사람에 대해 '솔직하다', '용기있다' 또는 '권위적', '독단적'이라는 여러 가지 말로 표현한다. 각각의 단어들은 저마다 함축하고 있는 의미와 가치가 분명히 있다.

우리가 사용하는 언어는 그것이 다른 사람들에게 어떻게 영향을 주는가하는 점에 있어서 윤리적 함축성을 가지고 있다. 장애를 가지고 있는 대부분의 사람들은 '장애인'으로 불리지 않기를 바란다. 왜냐하면 '장애'라는 용어로 자신들이 전체화되기 때문이다.

언어에 이와 같이 '윤리적 가치'나 '가치 평가'가 내재되어 있다는 생각을 못하는 사람이나 자신의 언어생활에 대해 생각해보지 않은 사람은 단어를 바꿔 사용하는 것이 어렵고, 경우에 따라서는 무심코 한 말로 상대방을 화나게 하는 경우가 많다. 우리는 자신의 언어생활에 대해서뿐만 아니라 어떤 말들이 다른 사람에게 상처를 주거나 모욕감을 주게 되는지 알아야 하고 그래서 그러한 말들을 사용하지 않으려고 노력해야 한다. 그리고 다른 사람들이 우리가 싫어하는 방법으로 말할 때 그렇게 말하는 것이 싫다는 사실을 그들에게 말해야 한다. 그러나 단정적이되 적대적이지 않은 태도로 말할 때, 그들은 우리의 생각에 찬성하게 될 것이다.

③ 언어는 경험을 체계화한다

인류학자들의 연구에 의하면 언어는 인식의 지침이 된다고 한다. 호피(Hopi) 인디언의 언어는 목적물과 행위 간에 아무런 구별이 없다. 반면 영어는 명사와 동사를 구별하여 사용한다. 영어 단어 'snow'는 겨울에 하얗게 얼어붙어 떨어져 내리는 물체에 대한 유일한 단어이지만 삶의 대부분이 눈과 관련되어 있는 북극권에서는 눈에 대한 어휘가 매우 많다. '가루눈', '언 눈', '마른 눈', '젖은 눈' 등. 그들의 삶에서는 야생 동물이나 여행 상태 등에 영향을 미치는 눈을 구별하는 일이 매우 중요하기 때문이다(Whorf, 1956).

이와 같이 말은 우리의 삶 속에서 일어나는 일과 경험에 대한 인식을 체계화한다.

우리가 어떤 사람을 범주화하고 나면 그 사람에 대한 인식이나 그들과의 커뮤니케이션은 그 사람이 속한 범주의 체계 안에서 해석된다. 예를 들면, 자신에게 하는 똑같은 비평을 '친구'의 범주에 든 사람이 한 것일 때에는 긍정적으로 받아들이지만 '적'으로 범주화된 사람이 하였을 때에는 모욕이라고 인식한다. 이는 상황에 따라 '언어'가 변하는 것이 아니라 우리가 커뮤니케이션하고 있는 사람이 어떤 범주 내에서 인식되고 있는가에 따라 그 '상징'의 의미가 변하기 때문이다.

대상을 체계적으로 범주화하는 언어의 상징적 특질에 의해 우리는 '정의'라든가 '성실', '건전한 가족 생활'과 같은 추상적 개념을 인지할 수 있다. 우리는 광범위한 개념을 사용하여 특정의 구체적인 행위를 모두 수용하고 개념적 사고와 관념의 세계로 들어간다. 인간은 추상적으로 생각하기 때문에 우리는 하나의 대상물이나 경험을 개별적으로 고려하지 않고 대신 일반화된 용어에 의해 생각하게 된다.

이러한 추상화 능력은 한편 우리의 '사고'를 왜곡시킬 수도 있다. '사고의 왜곡'은 '유형화'할 때 가장 많이 일어난다. '유형화'란 어떤 사람이나 경험, 대상을 하나의 큰 범주에 넣어 광범위하게 일반화하는 사고이다. 예를 들면, '교사는 현명하다'라든가 '페미니스트들은 남자를 싫어한다' 또는 '민주화 운운하는 사람들은 과격하다', '종교를 가진 사람은 착하다', '서울대 학생들은 공부만 한다', '갈등은 나쁜 것이다'와 같은 생각들이 '유형화'에 의한 왜곡된 사고들이다.

유형화는 긍정적 또는 부정적으로 일반화할 수 있다는 것에 주의해야 한다.

가장 흔한 유형화는 어떤 경험이나 사람을 일반화된 지식에 기초한 범주로 분류하는 것이다. '국민기초생활보호대상자'라든가 '사회복지대상자' 또는 '동성애자', '페미니스트', '노조운동가', '서울대', '서울대 출신', '노숙자', '알코올중독자' 등과 같은 용어를 사용할 때 우리는 그 용어가 가리키는 공통적 집단의 일원으로 그를 볼 뿐 집단 속의 개인들이 가진 차이점에 대해서는 주목하지 않는다. 각 개인의 특이성에 대한 인식을 못하게 되는 것이다.

사고 과정에서 어떤 대상을 일반화하는 것은 물론 당연히 필요하다. 우리는 살면서 일어나는 각각의 일이나 현상을 모두 하나의 특정한 예라고 단순하게만 받아들이거나 생각할 수는 없다. 그러나 유형화는 우리가 한데 묶어버린 현상들 간에 있을 수 있는 중요한 차이점을 간과하게 되는 문제점이 있다. 그러므로 우리는 어떤 범주 안에서든 있을 수 있는 각각의 차이점에 주의를 기울이며 대상과 유형화의 상관관계에 대해 세심히 살펴야 할 윤리적인 책임감을 가지고 다른 사람과의 커뮤니케이션에 임해야 할 것이다.

④ 언어는 가상적 사고를 허용한다

내가 앞으로 5년 후에 어디에서 무엇을 하고 있을까? 만약 다음 주에 로또에 당첨된다면 무엇을 할 것인가? 프랑스에 살고 있다면 어떨까? 유학을 간다면 어디로 갈까? 어떤 사람과 결혼하면 행복할까?

이러한 질문에 답하려면 우리는 가상적인 생각을 해야 한다.

'가상적 사고'는 우리의 구체적인 실제 생활에서 있을 수 없는 경험과 관념에 대하여 생각하는 것이다. 가상적으로 사고할 수 있기 때문에 인간은 계획하고 꿈꾸고 기억하고 목표를 세우고 어떤 행위의 대안적 방편을 생각할 수 있으며 가능성을 가능할 수 있다.

가상적 사고를 가능하게 하는 것은 언어이다. 언어는 관념에 형식을 주어 우리는 마음속에 그것들을 담아둘 수 있고 그것들에 대하여 다시 생각할 수 있게 한다. 우리는 언어를 통해 실제로 존재하지 않는 것에 대해 깊이 생각할 수 있고 과거속의 우리를 기억하고 미래의 현실에 우리를 투영할 수 있다. 과거, 현재, 미래에 우리를 투영할 수 있는 언어의 힘은, 우리가 목표에 대한 현실감을 즉각적으로 느끼지 못하더라도 목표를 세우고 그 목표를 위해 일할 수 있게 한다.

'학사' 또는 '석사', '박사' 학위를 갖고 있는 자신의 모습에 대한 가상적 관념은 우리로 하여금 강의에 참석하고 연구하고 발표하고 과제를 제출하고 시험을 잘 보려고 열심히 준비하는 등 많은 시간과 노력을 투자하게 한다. 지금 당장은 우리가 석사 또는 박사가 될 것인지 확실하지 않다. 학사 학위를 딸 수 있을지도 확실하지 않다. 그러나 '어떤 종류의 학위를 받은 자신'에 대한 가상적 사고는 몇 년의 시간에 정열과 노력을 투자하도록 우리를 동기화하기에 충분하다. 우리는 졸업식에서 웃고 있는 자신의 모습과 자신이 어떤 과정을 성공적으로 무사히 마쳤다는 생각 그리고 계획했던 직업에 종사하고 있을 자신의 모습을 그려낼 수 있는 것이다.

가상적 사고는 또한 친밀한 사람들이 함께 했던 순간에 대해 기억하게 함으로써 인간관계를 풍요롭게 해준다. 우드(1995), 벨라(1985) 등의 연구는 사람들이 함께 경험한 일들에 대한 회상이 그들 사이의 친밀감을 강하게 하는 요인임을 밝혀냈다. 사람들은 함께 어려움을 극복하던 때를 기억하면서 지금 당면하고 있는 어려운 일들역시 종종 함께 대처해 나가는 것이다. 그러므로 우리는 '함께 오래 할 사람들'과 '다시 만나기 어려운 사람들' 또는 '다시 만날 필요가 없는 사람들'을 구별해서 대응한다.

우리가 한 번도 가본 적 없는 곳에 대한 상상도 가상적 사고에 의한다. TV 프로그램에서는 어쩌면 평생 가볼 수 없을지도 모르는 먼 나라를 보여주고, 우리와는 전혀 다른 가치관이나 전통, 삶의 방식을 가진 사람들에 대해 보여준다. 우리와 다른 문화권에 대한 프로그램이나 영화를 통해 우리는 그들과 그들의 문화 그리고 그들을 방문하는 상상을 한다.

우리는 또한 가상적 사고에 의해 자기 자신에 대한 인식을 향상할 수 있다. 우리는 가상적 사고에 의해 과거의 우리 자신을 기억한다. 그리고 지금 현재 우리가 이루어낸 발전을 확인하고 더 이루어낼 수 있는 향상을 그리면서 자기 성장력을 더욱 키워 나간다. 가상적 사고를 통해 우리는 꾸준히 성장하는 자신의 모습을 그래프로 그려볼 수 있다.

이러한 순기능적인 가상적 사고는 우리가 원만하고 건강한 대인관계를 유지하도록 커뮤니케이션하는 효율적인 커뮤니케이터가 될 수 있도록 동기화한다.

⑤ 언어는 자기반성을 허용한다

언어를 사용하여 과거와 미래라는 시간에 대하여 생각하는 것처럼 우리 자신을 돌이켜 볼 때에도 우리는 언어를 사용한다. 우리는 언어를 사용하여 자신에 대해 생각하고 그것을 행동에 반영한다.

미드(Mead, 1934)는 '자기반성'을 인간 본질의 기본이라고 하였다. 자신에 대하여 생각하는 것은 시민으로서의 책임이라고 하였다. 미드의 이론에 따르면, '나'는 'I인 나'와 'me인 나'의 두 가지로 나누어진다. I는 자발적이고 창조적인 자신이며 me는 사회적으로 인지된 자신이다. I는 사회적 규범에 구애받지 않고 내면의 필요와 욕구에 충동적으로 반응하지만 me는 I의 충동성을 조정하고 통제한다. 그리하여 인터넷 채팅룸에서 불쾌하게 구는 사람에게 I는 정말 불쾌한 메시지를 보내고 싶어 하지만 me는 I의 불쾌함을 통제하여 그러한 메시지를 보내지 않게 한다. 또한 I는 사회적 관습에 무감각하지만 me는 사회적 관습에 예민하게 반응한다. 만일 선배가 우리가 해놓은 일에 대해 비판을 하면 I는 선배를 비난하려고 하지만 me는 그러한 충동을 감지하고 후배는 선배에게 공손해야 하며 무작정 선배에게 대들어서 이로운 것은 없다고 I를 타이르는 것이다.

우리는 모두 내면에 I와 me를 가지고 있다. 무엇을 하고 싶으며 무엇을 참아야 하는지 생각하고 어떤 목표를 세운다.

우리는 자신의 존재에 수치심이나 자긍심을 느낄 수 있으며 자신의 행동을 후회할 수 있다. 이러한 감정들은 우리가 자기반성을 할 수 있기 때문에 가능하다. 지금하고 싶은 자신의 행동에 대해 나중에 어떻게 느낄까 또는 행동의 결과를 예측해봄으로써 우리는 자신을 통제할 수 있는 것이다.

> 시어머니는 내가 집안에서 아이를 돌보고 주부 역할을 다 하지 않고 학교에 다니는 것을 못마땅하게 생각하고 늘 비난했다. 시어머니에게 한번 대들어 볼까 수없이 생각했지만 나는 그만 두었다. 남편이나 아이들과 내가 계속 잘 지낼 수 있으려면 시어머니와 다투지 않는 것이 더 낫다고 생각했기 때문이었다.
>
> ● ● ● 어느 주부 학생의 이야기

위의 사례에서와 같이 자기반성은 자신을 살피도록 우리를 강화한다. 스스로에 대하여 살피면서 me는 I의 충동성을 감지하고 평가하여 판단한 후 수정한다.

훌륭한 연사는 청중을 잘 파악한다. 청중 가운데 어떤 사람이 피곤해하거나 지루해하는 듯 하면 연사는 말하는 속도나 억양, 크기를 바꾸기도 하고 흥미를 돋우기 위해 시청각 자료를 동원하기도 한다. 한편 청중 역시 자기반성에 의해 더 주의 깊게 듣기도 하고 피드백을 하기도 하고 관심을 보이기 위해 질문을 하기도 한다. 지루하게 말하는 연사를 바라보며 스스로에게 '나는 이 사람의 말을 반은 듣고 있지 않고 있다. 내 생각에 빠져 있기 때문이다. 좀 더 그의 말에 집중해야겠다'라고 말한다. 연사와 청중은 각각의 자기반성을 통해 하나의 강연이라는 커뮤니케이션을 효율적으로 수행해갈 수 있는 것이다.

우리가 다른 문화권의 사람들과 만날 때에는 me는 우리가 가진 가치관이나 커뮤니케이션 규칙을 동일하게 적용하지 않도록 스스로를 일깨우고 감지한다. 자기반성을 통해 우리는 자신의 언행에 대해 살펴보고 효율적이고 윤리적인 커뮤니케이션이 될 수 있도록 조정하게 되는 것이다.

자기반성에 의해 우리는 또한 다른 사람에게 보이는 자신의 이미지를 관리한다. 윗사람이나 집에 오신 귀한 손님, 직장 상사에게 우리는 예의바르고 주의 깊게 그리고 책임감 있게 보이기 위해 매우 조심스럽게 언어를 사용한다. 연인과 만나 이야기할 때에는 친구와의 논쟁에서 사용했던 거칠고 노골적인 언어들은 절제한다. 사귀어보고 싶은 상대와 커뮤니케이션할 때 우리는 친근감이 느껴지는 사적인 언어들을 사용할 수도 있다. 우리는 특정한 상황과 특정한 사람에 대해 자신의 이미지를 관리하기 위해 자기반성을 하고 언어를 선택하여 사용하는 것이다.

⑥ 언어는 관계와 상호작용을 규정한다

언어가 삶 속에서 의미를 창조하는 마지막 기능은 '관계'와 '상호작용'을 규정하는 것이다.

우리가 사용하는 언어는 우리가 자신과 다른 사람을 어떻게 인식하고 있는가를 나타낸다. 예를 들면 '김씨 아저씨'라는 호칭은 '김씨'라는 호칭보다 더 친근감 있고 상대에 대한 인간적 존중감을 담고 있는 표현이라고 할 수 있다.

우리는 언어를 통해 상호작용을 규칙화하기도 한다. 자신이 말을 하겠다는 표시로 "실례지만,"이라든가 "잠깐 제가 말해도 될까요", "저,"와 같은 말을 사용한다. '어떻게 생각하세요' 또는 '이 문제에 대한 당신 생각은 어때요?'라는 말은 상대를 화제에 끌어들이기 위해 사용한다.

언어의 의미는 내용적 의미와 관계적 의미의 두 가지로 나누어질 수 있다(Mehrabian, 1981). 내용적 의미는 언어 자체가 가지고 있는 본래의 의미이며 관계적 의미는 그 언어가 사용된 커뮤니케이션 체계 속에서 가지는 의미이다. 우리는 다른 사람들과 커뮤니케이션할 때 언어를 사용하여 대상에 대한 '반응'이나 '좋아함'의 정도를 표현하기도 하고 대상과의 '힘'의 관계에 맞추어 언어를 선택하기도 한다. 커뮤니케이션의 이러한 관계적 의미는 일반적으로 다음과 같이 세 개의 층위로 나누어 살펴볼 수 있다.

▎반응

커뮤니케이션에서 사용되는 언어는 가장 기본적으로 상대에 대한 반응을 표현한다. 질문이나 동의 여부에 대한 의견을 말하면서 우리는 상대와의 커뮤니케이션에 관심을 표시한다. 동료에게 사려 깊은 피드백을 할 때 우리는 그에게 반응을 보여주

는 것이다. 피면접자에게 좀 더 자세한 생각을 말해보라고 할 때 면접자는 그에게
관심이 있음을 표현하는 것이다. 사회적 문화적 가치가 다른 집단은 각각 별개의
'반응 규칙'을 가지고 있고 사회화 과정에서 그들만의 반응 규칙을 배운다. 예를 들
면, 여자들은 대체적으로 남자보다 말을 많이 하는 반응 양식을 보이며(Montgomery,
1988 ; Ueland, 1992) 한국인은 말로 반응을 보이는 것을 절제하는 경향이 있다고 한다.

▌ 좋아함

커뮤니케이션을 하면서 우리는 상대에 대해 좋아하는지 싫어하는지를 나타낸다.
"이 일에는 네가 없으면 안 될 것 같아", "보고 싶다", "만나서 반갑습니다", "다시
만나고 싶은데…", "전화 해줄래?"와 같은 말을 통해 좋아함을 커뮤니케이션한다.
반면에 "나가 줄래?", "지금 시간 없는데", "더 이상 보고 싶지 않아", "그만 좀 하
지 그래" 등과 같은 말로 싫어한다는 것을 커뮤니케이션한다.

이러한 일반적인 커뮤니케이션 규칙 외에 특정한 사회 집단은 특정한 규칙을 습
득하는데 예를 들면 '여성사회화'는 여자들이 내면의 감정을 말로 표현하도록 고무
하는데 비해 '남성사회화'는 감정의 절제와 자립을 강조함으로써 남자들은 여자들
에 비해 감정을 말로 표현하지 않게 된다고 한다.

▌ 힘

커뮤니케이션에서 우리가 상대와의 관계에서 느끼는 '힘'의 우위를 언어를 통해
나타내기도 한다. 커뮤니케이션에서 우리가 선택하여 사용하는 언어는 상대와의 '지
위'와 '영향력'과 '우월함'의 관계를 나타낸다는 것이다.

일반적으로 남자들은 다른 사람들을 통제하려는 면에서 여자들을 능가한다고 한
다. 남녀의 커뮤니케이션에 관한 한 연구에 의하면 남자들은 여자에 비해 대화에서
주도권을 갖고 끝까지 주장하며 남의 말을 가로채거나 다른 사람의 말을 수정함으
로써 언어적으로 남을 통제하려고 애쓴다고 한다(DeFrancisco, 1991). 이에 비해 여자
들의 커뮤니케이션 유형은 반응과 양보의 태도를 가지고 대화에 임하는 것으로 보
고되고 있다.

조직 내에서도 힘이 있는 지위에 있는 사람은 '일을 바로 그렇게 해야지' 또는 '이제 더 이상 듣고 싶지 않군', '별로 신통치 않은 이론이군 그래' 등과 같은 독단적인 말로 다른 사람에 대한 통제력을 표현한다.

이와 같이 우리는 어떤 것을 정의내리고 현상을 평가하며, 경험을 체계화하고, 가설적으로 생각하며 자기반성을 하는 데에 언어를 사용한다. 또한 다른 사람과의 관계와 상호작용을 정의하기 위해서도 언어를 사용한다. 이러한 상징의 힘에 의해 우리는 개인적이거나 전문적인 그리고 사회적인 관계 속에서 그에 알맞은 의미를 찾게 되는 것이다. 자신의 의미를 가장 잘 전달할 수 있는 언어를 선택할 줄 알고 적절히 사용할 줄 알아야 커뮤니케이션을 잘 할 수 있게 된다. 그리고 이러한 적절한 언어 사용은 원만한 대인관계를 유지할 수 있게 한다. 말을 하는 사람이나 듣는 사람이나 모두 커뮤니케이션에 사용된 언어의 관계적 의미에 예민하게 집중하기 때문이다.

2. 언어 커뮤니케이션의 원리

1) 해석이 의미를 만든다

해석은 우리가 경험하고 이해한 것을 표현하기 위한 활동적이고, 창조적인 과정이다. 보통 우리가 언어를 해석하는 데에 들이는 노력을 의식하지는 않지만 우리는 끊임없이 의미를 구축해내고 있다.

상대가 언어 상징을 사용해서 보낸 메시지를 정확히 이해하기 위해서도 우리는 해석을 해야만 한다. 어떤 사람이 비어나 속어로 말할 때 우리는 그 말과 그 말을 한 사람에 대해 생각한다. 그리고나서 그것이 모욕적인 것이었는지 아니면 그 사람이 사용하는 허물없는 대화 방식일 뿐이었는지 결정하게 된다.

미국에 이민 간 한국인들은 미국인들의 일상적인 숙어의 의미를 정확하게 알기 어렵다. 말의 의미는 커뮤니케이션을 수행하고 있는 사람들의 관계에 의해 결정된다.

예를 들면, '꺼져'라는 말의 의미는 그 말을 한 사람에 대한 선행 경험과 자존심과의 관계에 의해 결정되는 것과 같다. "안녕하세요"라는 인사에 대해 반응이 없을 때 우리는 그 사람과 그 침묵의 의미를 어떻게 해석할 것인지 결정해야 한다. 무시하는 것인지, 화를 내는 것인지 아니면 무엇인가에 몰두하고 있어서인지 침묵의 의미를 커뮤니케이션의 체계 전체 속에서 해석해야 하는 것이다.

2) 커뮤니케이션은 규칙에 따른다

우리는 모두 특정한 문화권에 속해 있고 자기가 속한 특정한 문화에 의해 사회화된다. 그 과정에서 우리는 커뮤니케이션 규칙도 배우게 되고 다시 우리의 커뮤니케이션 유형도 만들어낸다(Argyle & Henderson, 1985 ; Shimanoff, 1980).

커뮤니케이션 규칙은 자신의 언어나 행동이 의미하는 것이 무엇인지, 어떤 행위가 상황에 적절한 것인지 등에 대해 특정 문화나 사회집단의 구성원이 공유하고 있는 이해이다. 우리는 '실례합니다', '감사합니다', '안녕하세요' 등과 같은 인사말이나 윗사람이나 존경하는 사람들께 사용하는 경어를 배우게 된다. 공손하고 예의바른 말씨는 어느 나라의 어떤 문화권이든 일반적인 규칙이지만 한국사회에서는 특히 가장 중요시하는 커뮤니케이션 규칙이다. 채용 면접은 물론 승진이나 대인관계에 있어 막대한 영향을 미친다. 한국인들이 남과 싸울 때 작은 논쟁이 큰 싸움으로 되는 대부분의 이유는 논쟁 시에 사용한 언어의 부적절함 특히 욕설이나 비난, 상대를 비하하는 말 때문인 경우가 많다고 한다. 즉, 논리가 맞지 않아서 싸움이 계속되는 것이 아니라 논지를 펴는 중에 사용한 언어가 커뮤니케이션 규칙에 어긋났기 때문인데 한국 사회에서 특히 예민하게 따지는 규칙이 바로 경어 규칙이라는 것이다. 한국 사회에서 '경어'는 상대에 대한 대우를 표시하기 때문인데 다음 기사는 한국 사회가 커뮤니케이션에서 '대우'를 얼마나 중요하게 여기며 얼마나 민감한가를 보여주고 있다.

🔍 **"나이 70세를 넘기면 한 발은 무덤에 있는데…"**

"그냥 순수한 마음으로 이해하라" VS "지금이 무슨 계급사회인가, 체통을 지키라"

노무현 대통령은 지난 26일 안필준 대한노인회 회장 등 노인 대표 180여 명을 청와대로 초청해 오찬을 함께 했다. 이날 노 대통령이 참석자들과 일일이 악수를 하던 중 김운회 대한노인회중앙회 부회장이 큰절을 하자 무릎을 굽힌 채 김 부회장을 일으켜 세웠다.

팔순 노인이 맨 바닥에 엎드려 육순 대통령에게 큰절을 올린 것을 두고 인터넷이 시끄럽다.

대한노인회(회장 안필준) 간부 김모 할아버지(80)는 지난 26일 노인 대표 180여명이 참석한 청와대 신년인사회에서 노무현 대통령 내외를 만나자 행사장 바닥에 엎드려 큰절을 했다. 당황한 노 대통령은 깊숙이 머리를 숙여 답한 뒤 황급히 노인을 일으켜 세웠다.

그러나 이 장면이 언론을 통해 공개되자 누리꾼들은 김 할아버지의 행동에 대해 옳고 그름을 따지며 갖가지 의견을 내놓고 있다. 하루 1~3건의 글이 올라오던 노인회 홈페이지 자유게시판에는 수백 건의 글이 올라왔고 각 포털사이트에도 의견이 쏟아지고 있다. 노인회 사무실은 27~28일 전화가 불통될 정도로 많은 전화가 걸려오고 있다.

● ● ● 동아일보(2005. 1. 29.)

커뮤니케이션 규칙의 학습은 가족이나 다른 사람들과의 상호작용 과정에서 이루어지게 된다. 층층이 체계를 이루는 하나의 사회 단위 속에서 태어나고 자라면서 우리는 어떻게 대화를 해야 하며 다른 사람의 커뮤니케이션을 어떻게 해석해야 하는지에 대한 규칙을 받아들이게 된다. 밀러(Miller, 1993)의 연구에 따르면, 아이들은 1~2세부터 커뮤니케이션 규칙을 이해하며 규칙에 따르기 시작한다고 한다.

사회화 과정에서 배우게 되는 커뮤니케이션 규칙은 '규칙화'와 '구성화'의 두 가지로 나누어 볼 수 있다(Cronen, Pearce, & Snavely, 1979).

'규칙화'는 상호작용을 규칙화하는 규칙이다. 어떤 문제에 대해 언제, 어디에서, 누구와, 어떻게 커뮤니케이션할 것인가를 특정함으로써 상호작용을 규칙적으로 만드는 커뮤니케이션 규칙이다. 예를 들어, 미국이라는 하나의 사회 내에서도 유럽계 미국인과 아프리카계 미국인은 커뮤니케이션 규칙이 다르다. 일반적으로 유럽계 미국인들은 다른 사람이 강연을 할 때 또는 락 밴드 공연 등과 같은 공식적인 커뮤니케이션 상황에 사적으로 개입하지 않는다. 그러나 아프리카계 미국인들은 청중들이 반응을 보이면서 공공연설에 참여해야 하는 것을 적절한 커뮤니케이션 규칙으로 규정하고 있다. 그러므로, 유럽계 미국인은 어떤 상황에서건 끼어들기를 하는 것은 무례한 행동으로 보는 것을 바람직한 커뮤니케이션 패턴으로 여기는 반면, 아프리카계 미국인들은 청중들이 말하고, 반응을 보이는 패턴을 적절한 커뮤니케이션 형식으로 가지고 있는 것이다. 그러므로 두 문화권의 사람들이 커뮤니케이션을 할 때에는 서로가 다른 커뮤니케이션 규칙을 가지고 있다는 것을 의식해야 한다.

규칙화의 또 다른 예로 식사시의 커뮤니케이션 규칙을 들 수 있다. 어떤 집은 가족이 저녁 식사를 하면서 말을 하지 않는 것을 규칙으로 한다. 한편 저녁을 먹으면서 일상적인 대화를 하는 것을 규칙으로 하는 가족도 있다. 모 연예인은 라디오 방송의 한 대담 프로그램에서 '유머와 재치가 뛰어난' 원인으로 '저녁밥을 먹을 때에는 온 가족이 모여서 함께 먹고 반드시 한 가지씩 재미있는 이야기를 해야 한다'는 가족의 커뮤니케이션 규칙을 들었다.

가족은 또한 갈등 상황에서 우리가 어떻게 커뮤니케이션하는 것이 좋을까에 대한 규칙을 가르친다(Honeycut, Woods, & Fontenot, 1993 ; Jones& Gallois, 1989 ; Yerby, Buerkel-Rothfuss, & Bochner, 1990). 다른 사람과의 갈등이 있을 때 대처하는 양식은 가족 커뮤니케이션을 통해 학습된다. 그 가족 내에서 가장 효과적인 갈등 해결 방식을 배우게 되는 것이다. 싸울 때 어떤 사람은 '나는 지금 화가 났어'라는 경고를 몇 번 하는가 하면 대뜸 다른 사람에게 소리치거나 때리는 것이 효과적이라고 배우는 것도 가족으로부터이다. 가정폭력이 학습된다는 것은 이미 여러 연구에서 확인되었으며 아동학대 가해자들 중 많은 사람이 어린 시절 아동학대를 경험한 사람들이라는 연구 결과도 있다.

규칙화는 또한 언제, 어디에서, 누구에게 사적인 이야기를 하고 관심을 보이는 것이 적절한지를 알고 그에 맞게 커뮤니케이션하도록 한다. 규칙화 규칙은 문화에 따라 다르기 때문에 그 좋고 나쁨을 가릴 수는 없다. 어떤 사회에서는 적절하다고 여겨지는 커뮤니케이션 규칙이 다른 사회에서는 무례하고 불쾌하게 여겨질 수도 있기 때문이다.

사이가 좋지 않은 사람들을 '개와 고양이 같다'라는 말로 비유하는 경우가 있다. 개와 고양이가 사이가 좋지 않은 이유에 대한 연구 결과 학자들은 개와 고양이 각자의 커뮤니케이션 규칙이 다르기 때문이라는 결론을 내렸다. 즉 개가 앞다리를 치켜 세우면 "놀고 싶다"는 뜻이고, 고양이가 앞다리를 들면 "꺼지지 않으면 할퀴겠다"는 뜻이며 고양이의 야옹 소리는 만족감의 표시인데, 개는 그 소리를 으르렁거리는 소리로 잘못 알아듣고 정반대로 해석한다는 것이다. 물론 종류가 다른 동물이므로 커뮤니케이션 규칙이 다른 것은 당연하지만 개와 고양이는 규칙의 의미가 정반대인 것이 더욱 문제라고 할 수 있다.

사람도 서로 만나 관계를 맺음에 있어 정반대의 커뮤니케이션 규칙을 가지고 있는 경우가 있다. 이때 서로 그러한 규칙에 대한 이해가 선행되지 않으면 많은 오해와 갈등이 야기될 수 있고 마침내는 서로 왜 그랬는지 아무 것도 알지 못한 채 파국적인 결별을 하게 되는 경우가 많다는 것을 항상 염두에 두고 커뮤니케이션에 임해야 할 것이다.

한편, 구성화는 특정한 커뮤니케이션이 어떤 의미인지 또는 나타내고자 한 것이 무엇인지를 정의한다. 우리는 흥미를 나타내기 위한 행동은 어떤 것이며 상대를 무시하고 싶을 때 또는 무례함을 커뮤니케이션하고 싶을 때 하는 행동은 어떤 것인지 배운다. 예를 들면 강의시간에 열심히 듣는 모습이라든가 질문하기와 같은 것은 흥미 있음을 커뮤니케이션하는 행동이다. 상대의 말에 대꾸를 하지 않을 때 그 사람이 화를 내는 것은 무시당했다고 생각하기 때문이다. 즉 상대의 말에 반응하지 않는 것은 그를 무시한다는 의미를 커뮤니케이션하는 것과 같기 때문이다.

아르바이트로 외국인 관광 가이드를 하고 있는 한 학생이 외국 관광객들의 커뮤니케이션 패턴에 대하여 발표를 한 적이 있었는데 중국인들은 어디에서고 상당히 큰 소리로 거침없이 중국말로 물어보고 그들끼리 떠들어댄다고 한다. 우리나라보다 못사는 나라의 사람들이 관광지나 공공장소에서 자신을 특별히 드러내 보이는 언행이나 행동을 하는 경우는 거의 없음을 비추어 볼 때 중국인들의 그러한 행동은 자기 나라가 중국이며 중국의 국가적 위상을 은연중 커뮤니케이션하고 싶은 행동으로 보인다는 것이다. 그러나 한편 일본인 관광객의 경우는 아무리 많은 사람이 모여도 조용히 소곤소곤대며 대화를 하여 다른 사람들에게 자신들의 존재를 크게 부각시키지 않으려고 하는 것 같았는데 우리나라 사람들이 일본을 싫어한다는 것을 알고 있기 때문에 우리나라에서만 그렇게 하는지 중국인과의 문화적 차이인지 모르겠다고 하였다. 이러한 예에서도 우리는 어떤 특정한 커뮤니케이션의 의미를 규정하는 구성화 규칙도 사회화에 의해 학습된다고 할 수 있다.

이러한 구성화 규칙은 우리가 상대에게 좋은 친구나 유능한 직원 그리고 매력적인 로맨틱한 파트너로 여겨지기를 원할 때 바람직한 커뮤니케이션이 어떤 것인지를 가르쳐 준다. 즉, 좋은 친구로 여겨지기를 바랄 때 상호 신뢰감을 형성하도록 노력하거나 다른 사람들이 그를 비난할 때 과감히 변호해주는 것 등이 바람직한 행동임을 알게 해주는 것이 구성화 규칙이다.

가정에서 사회에서 우리는 다른 사람들과 상호작용하는 과정에서 이러한 커뮤니케이션 규칙들을 배우게 된다. 커뮤니케이션 규칙들은 모두 각각의 문화에 의해 형성된 것들이다.

우리가 언제, 무엇에 대해 어떻게 커뮤니케이션하고 다른 사람들의 언어적, 비언어적인 커뮤니케이션을 어떻게 해석할 것인가를 가르쳐주는 이 규칙들은 일상적인 상호작용에 대해서도 지침이 된다. 한 사회의 일상적인 상호작용은 그 사회에 널리 공유된 규칙과 교착되어 있다.

친밀한 사람들 사이의 상호작용도 또한 규칙을 따르게 되는데 이때의 규칙은 그들끼리 만들어낸 특정한 의미를 담고 있다(Beck, 1988 ; Fitzpatrick, 1988 ; Wood, 1982, 2000b).

TV 방송국 역시 그 나름의 규칙에 따르고 있다. 즉, 특정한 시간대에 방송할 수 있는 것과 없는 것에 대한 규칙이라든가 광고 삽입의 간격 등에 대한 규칙이다.

인터넷 채팅방 역시 그들 자신을 어떻게 표현하고 서로 응답할 것인가에 대한 나름대로의 특정한 규칙을 만들어 사용하는데 어떤 것은 매우 독특하다. 한때 논란이 되었던 인터넷 언어 '외계어' 사이트가 이에 해당한다. '외계어'에 대하여 국어의 파괴, 언어의 파괴 등으로 문제 제기가 되고 논의가 분분했지만 그들만의 집단에서 커뮤니케이션을 하는 규칙의 일종일 뿐이며 그 규칙이 타당하고 일반적인 것으로 인정되느냐 되지 않느냐는 언중에 의해 결정된다고 할 수 있다.

이와 같이 모든 조직은 그 구성원들의 상호작용을 규정하는 규칙을 가진 조직 특유의 문화를 가지고 있다.

어떤 규칙들은 경직되어 있고 고착되어 있다. 우리의 생활이나 가치관이 변화하면 커뮤니케이션 체계도 변화한다. 그런 것처럼 커뮤니케이션의 규칙들도 대부분 변화해야 한다. 어떤 규칙이 기능적이지 못하다고 생각하면 우리는 그 속에서 변화를 찾는다. 그리고 어떤 특정한 상호작용에 대한 규칙이 없을 때 우리는 그에 필요한 규칙을 만들어내고 그 규칙이 우리가 원하는 만큼 커뮤니케이션을 지원할 수 있을 때까지 계속 다듬고 고쳐 나간다. 예를 들면, 자녀가 자라기 전까지 가족의 커뮤니케이션 규칙 중 '저녁 식사는 가족이 함께 한다'는 규칙이 있었지만 아이가 점점 자라남에 따라 귀가 시간이 늦어지게 되고 특히 대입 준비를 하게 되면서부터는 정상적인 가족생활의 모든 규칙이 수험생 자녀에게 맞추어 변하게 되는 것이다.

사랑하는 두 사람이 애인일 때와 결혼을 하고 부부가 되었을 때 생활의 변화에 따라 커뮤니케이션 규칙도 달라진다. 결혼하기 전과 결혼한 후의 상대에 대해 '변했다'고 생각하면서 그것을 상대가 '변심'한 것으로 생각하는 것은 커뮤니케이션에 대한 이해가 없기 때문이다. 삶의 상황이 달라짐에 따라 그에 알맞은 커뮤니케이션 규칙을 수용하고 이에 적응하는 사람만이 편안하고 행복한 마음으로 생활해나갈 수 있다.

그 나라에 들어가면 그 나라의 법을 따라야 한다는 말이 있다. 한 기업에 입사하게 되면 그 기업의 커뮤니케이션 규칙을 따라야 한다. 가풍이라든가 학풍, 기업 문화 등은 가족이든 학교든 기업이든 하나의 조직은 모두 일련의 커뮤니케이션 규칙의 체계를 갖추고 있음을 의미하고 있다.

중요한 것은 가족이나 친구와 같은 사적인 대인관계에 있어서는 우리가 그 규칙들을 지키기 위해 늘 염두에 두고 있지는 않다는 것이다. 오히려 대부분의 경우 우리는 그런 규칙들이 있다는 것을 인식조차 하지 않고 지낸다. 여러 가지 상황에 맞추어 언제, 어디에서, 누구와, 어떻게 커뮤니케이션을 할 것인가에 대한 규칙들은 그 규칙들이 깨어져서 우리가 그 규칙들이 수행했던 어떤 기대가 있었다는 것이 알게 될 때까지 무의식적으로 일상 커뮤니케이션에 적용되어지고 있는 것이다. 부부 커뮤니케이션에 관한 한 연구에 의하면 대부분의 경우 남편은 아내의 말을 공공연히 가로막으며 아내가 꺼낸 주제에 대해서는 무반응한 부부 커뮤니케이션 패턴이 가장 전형적이라고 한다. 그러나 정작 부부는 자신들에게 그런 커뮤니케이션 규칙이 있다는 것을 알지 못하는 상태에서 실제 커뮤니케이션은 그런 패턴을 계속 유지해나가고 있다는 것이다(DeFrancisco, 1991).

그러므로 자신의 커뮤니케이션 규칙에 대한 인식은 바람직한 상호작용을 이끌어내지 못하는 규칙에 대한 변화를 가능하게 한다. 다음은 비효율적인 커뮤니케이션 규칙에 대한 인식으로 커뮤니케이션 규칙을 변화시킨 한 여학생의 사례이다.

> 남자친구와 나는 만나면 항상 무엇을 할까하는 문제로 고민했다. '이번 주말에 뭘할까?'라고 그가 말하면 나는 '글쎄. 넌 뭘 하고 싶은데?'라고 다시 묻는다. 그러면 그는 두세 가지 정도 제의를 하고 나는 마음에 드는 것이 하나도 없을지라도 내겐 다 좋다라고 말하곤 했다. 아마도 계속 이렇게 될 것이 뻔했다. 우리는 모두 서로에게 부담을 주지 않으려고 애썼고 그래서 사실은 자기가 원하는 것을 말하지 못했다. 2주 전, 나는 우리가 가지고 있는 그런 당혹스러운 규칙에 대해서 말했고 그는 동의했다. 우리는 새로운 규칙을 만들었다. 우리는 각자 자신이 원하는 것을 말하기로 했고 그것이 좋지 않을 때에는 좋지 않다고 말하기로 했다. 그 규칙을 만든 후로 우리가 원하는 것을 찾아내는 일이 훨씬 쉬워졌으며 서로에 대한 마음도 훨씬 편해졌다.

3) 커뮤니케이션의 단락에 대한 인식이 의미에 영향을 준다

커뮤니케이션의 의미를 정확히 해석하기 위해서는 커뮤니케이션의 단락, 즉 커뮤니케이션의 시작과 끝을 분명히 인식해야 한다. 이는 문장에 있어서의 구두점과 마찬가지 역할을 한다. 커뮤니케이션도 그 흐름에 따른 상호작용의 단락마다 그 시작과 끝을 인식해야 관계와 의미를 분명히 할 수 있다는 것이다(Watzlawick, Beavin & Jackson, 1967).

상호작용의 의미를 결정하기 위해, 우리는 경계를 그어야 한다. 경계를 긋는다는 것은 누가 먼저 커뮤니케이션을 시작했고 언제 어떤 행동으로 인해 상호작용이 시작되었는가를 포함한다. 예를 들어, 입사하여 첫 출근한 날 옆 자리의 동료가 같이 점심을 먹으러 나가자고 말하면 그것을 우리는 커뮤니케이션을 하자는 제안으로 받아들이게 된다. 다른 사람이 남겨놓은 전화 메모에 회답 전화를 하게 되면 먼저 걸려온 전화를 그 커뮤니케이션 단락의 시작으로 생각하는 것이다.

우리가 이렇게 커뮤니케이션 단락을 매듭짓지 않으면 문제가 발생하게 된다. 누구 때문에 싸움이 시작된 것인지에 대해 사람들이 다투는 것만 보아도 커뮤니케이션의 단락마다 매듭을 짓는 것이 중요하다는 것을 알 것이다. 사이버 공간에서의 커뮤니케이션은 커뮤니케이션 과정에 들어오는 사람들의 시간이 다르기 때문에 각자가 인식하는 의미 단락이 다르게 된다. 그래서 특별한 주제를 제안한 사람이나, 어떤 메시지가 처음의 것인가, 어떤 메시지가 어떤 메시지에 대한 응답인지를 알기 어렵다.

기업에 새로 입사한 신입사원은 조직 내에서 누가 동료이고 적인지의 관계망이나 '언제' 그리고 '왜' 특정의 단어들이 사용되는지 이해하지 못한다.

대인 관계에 있어 이러한 커뮤니케이션 단락의 상반적인 이해에 대한 흔한 예가 다음의 '요구-회피' 패턴이다.

〈그림 7〉 Bergner & Bergner, 1990 ; christensen & Heavey, 1990

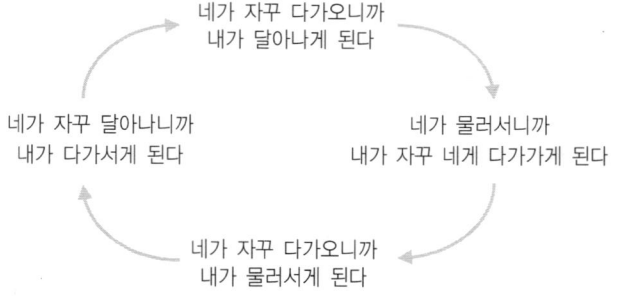

이 패턴에서, 한 사람은 '너에게 무슨 일이 있었는지 알고 싶어' 또는 '우리 앞으로 어떻게 할 건지에 대해서 얘기 좀 하면 좋겠어'라는 사적인 커뮤니케이션을 시

도하며 친밀해지려고 노력한다. 그러나 상대는 '말할 거 없는데'라든가 '앞으로에 대해 생각해 본 적 없어' 또는 침묵으로 친밀감 있는 대화를 회피하면서 각자의 자율적 영역을 침해하지 않는 관계를 유지하려고 노력한다. 한 사람이 적극적으로 사적인 커뮤니케이션을 원하며 다가갈수록 상대는 뒤로 물러선다. 두 사람은 그들의 상호작용의 흐름에 서로 다른 구두법을 찍고 있기 때문이다. 친밀한 관계를 요구하는 사람은 '네가 자꾸 피하니까 내가 너에게 다가가려는 거야'라고 하지만 상대는 '네가 너무 대드니까 피하게 되는 거지'라고 한다.

커뮤니케이션의 흐름에 대한 주관적 인식은 사람마다 다르기 때문에 커뮤니케이션의 의미 단락에 객관적으로 정확한 구두점을 찍을 수는 없다. 그러므로 커뮤니케이션의 단락에 대한 인식이 일치하지 않으면 사람들은 서로 의미를 공유할 수 없다. '요구-회피' 패턴과 같은 건설적이지 못한 커뮤니케이션에서 벗어나려면 사람들은 그들이 커뮤니케이션의 의미 단락을 서로 다르게 인식하고 있을지도 모르며 서로 그 패턴을 어떻게 받아들이고 있는지에 대해 이야기하고 확인할 필요가 있다는 것을 알아야 한다.

해석, 커뮤니케이션 규칙들, ·그리고 커뮤니케이션 단락에 대한 인식.

언어 커뮤니케이션의 이 세 가지 원리는 우리가 커뮤니케이션에 부여하는 의미에 영향을 미친다. 창조적으로 의미를 구축하도록 강조한다.

3. 효율적인 언어 커뮤니케이션을 위한 지침

1) 정확하고 분명하게 말하라

위에서 살펴본 바와 같이 언어는 언어 자체가 가지고 있는 상징적 특징, 자의적이며 추상적이고 모호함 때문에 오해 가능성이 항상 있다. 게다가 개인적인 차이와 문화적인 차이는 상징에 대한 해석을 다양하게 만든다. 그리고 커뮤니케이션 상황에 개입하는 많은 외적 요인들이 의미의 정확한 공유를 방해한다. 이러한 오해의 여지를 완전히 없애지는 못한다고 하더라도 자신이 사용한 언어의 내용적 의미와 관계적 의미가 상대의 인식과 같은 영역에 속하는가, 어떤 특정한 언어를 사용할 수 있는 관계인가 생각하여 분명하고 명확하게 말하고 서로 확인함으로써 우리는 언어 자체가 야기하는 오해를 최대한 줄여나갈 수 있다.

2) 추상성의 단계에 주의하라

언어 커뮤니케이션에서 야기되는 오해는 추상성의 단계에 주의함으로써 감소될 수 있다. 추상성이 높을수록 언어는 많은 혼란을 야기한다. 예를 들어 훌륭한 사람이 되라고 할 때 아이들은 어떤 것이 부모가 말하는 '훌륭한 사람'의 개념에 해당하는지 이해하지 못한다. 남자들이 바라는 '착한 여자'나 여자들이 바라는 '능력있는 남자'는 말하는 사람에게도 듣는 사람에게도 모두 일반적인 개념과 개인적인 가치가 다르다. 결혼을 위해 준비하는 사람은 자신이 바라는 이상형에 대하여 구체적으로 생각할 필요가 있다. 막연하게 갖고 있는 추상적인 이미지는 현실과 부딪쳐 깨어지기 쉽기 때문이다.

그러나 이러한 논의는 구체적인 표현이 추상적인 표현보다 항상 좋다는 것은 아니다. 중요한 것은 특정한 커뮤니케이션의 대상이나 상황에 맞추어 추상성의 단계를 맞추라는 것이다. 커뮤니케이션을 하고 있는 사람들이 논의되고 있는 것들에 관하여 서로 비슷한 구체적인 지식을 공유하고 있을 때 추상적 단어의 사용은 적절할 수 있다. 예를 들어 오랜 친구끼리 만났을 때 사용하는 용어는 그 용어에 대하여 그들이 가지고 있는 추상적 단계에 맞추어 해석되는 것이다. 그러므로 경험이나 어떤 용어의 의미에 대하여 공유하고 있는 것이 별로 없는 사람들끼리의 커뮤니케이션에서는 좀더 구체적인 언어 사용이 유용하다.

한편 서로 전략적 모호함을 만들어내기 원할 때에는 추상적 언어의 사용이 매우 유용할 수 있다. 예를 들면, 정치가들은 추상적 단어를 상투적으로 사용한다. 전에 그가 했던 전략적으로 애매모호한 말들이 지금 주장하는 것들과 계속 연관되는 것이라고 주장하기 위해서이다.

그러나 분명 추상적인 언어는 오해를 초래하는 경우가 많다. 예를 들어 온라인 대화는 오해되기가 쉬운데 의미 해석을 도울 수 있는 비언어적인 단서가 매우 부족하고 함축적으로 사용된 구나 완결되지 않은 생각을 표현하는 경우가 많기 때문이다.

사람들이 서로에게 변화를 원한다는 뜻을 전하기 위해 말을 할 때 추상적인 언어를 선택하면 오해를 불러일으킬 수 있다. 예를 들어 "네가 좀 더 진취적이었으면 좋겠다"라는 말은 더 많은 시간을 일하기 원한다는 뜻일 수도 있고 새로운 프로젝트를 찾아내기를 원한다고 해석될 수 도 있으며 상사의 지시에만 의존하지 말라는 의미도 될 수 있다. 또는 "네가 다른 사람이 되었으면 좋겠다"와 같은 말도 상대를 매우 당혹스럽게 할 수 있다. 어떤 면에서 다른 것을 요구하는 것인지, 타고난 본성까지 달라지라는 것인지 아니면 다른 사람을 원한하는 것인지 그 의미가 매우 모호할 수 있기 때문이다.

만약 대화하고 있는 사람들이 대화에 사용한 추상적인 용어가 무엇을 뜻하는지 구체적인 지시물에 대하여 공유하는 것이 없다면 애매한 추상성은 끝없는 오해를 양산할 수 있다.

3) 적절한 언어를 사용하라

커뮤니케이션의 명확성을 높이기 위한 또 하나의 좋은 방법은 적절한 언어를 사용하는 것이다.

적절성을 갖추어야 하는 언어에 두 가지 유형이 있다. 하나는 적절한 일반화이다. 어떤 절대적인 것, 개별적인 것에 일반화된 개념을 사용하여 말하면 우리 자신이나 다른 사람에게 잘못된 인식을 심어줄 수가 있다. 예를 들어 '정치가는 거짓말쟁이다'라는 말은 과장된 일반화로 올바른 진술이 아니다. 좀더 정확한 진술이 되려면 '많은 정치가들은 정직하지 않은 모습을 보여 왔다'라고 해야 할 것이다. '적절함'은 우리가 말하려는 것에 대하여 '제한'할 것이 있음을 주의시켜 준다.

두 번째로 사람에 대한 평가와 묘사에 있어서도 적절한 언어를 사용해야 한다. 정체적 평가는 대상에 대한 평가에 변화가 없는 것으로 그 대상이 변하지 않는다는 의미를 담고 있다. 정체적 평가는 "A는 이기적이야", "B는 무책임해", "C는 예의가 없어"와 같이 사람에게 사용될 때 특히 문제가 될 수 있다. '×는 ○○해'라는 표현을 사용할 때 우리는 대상 ×가 변하지 않고 고정되어 있다고 전제하는 것이다. 그러나 실제로 우리는 고정되어 있지 않고 끊임없이 변한다. 어떤 때엔 이기적으로 행동하던 사람이 다른 때엔 관대할 수도 있으며 무책임한 사람도 다른 상황에서는 책임감이 강한 사람이 될 수 있는 것이다. 다음은 정체적 평가에 의한 부적절한 커뮤니케이션의 사례이다.

> 어머니가 아직도 나를 어린애 취급을 할 때는 정말 최악의 느낌이다. 나는 이제 군대도 다녀왔고 여자친구도 있다. 그러나 어머니는 아직도 초등학교 저학년 아동처럼 내가 모든 것을 어머니께 말씀드리기를 원한다. 나는 혼자이신 어머니를 위해 어머니가 원하는 어린 아들 역할을 해왔지만 이제는 내가 결혼을 앞둔 다 큰 남자라는 것을 받아들이도록 말씀드려야 할 것 같다.

4) 언어를 색인하라

'색인하기'는 우리가 어떤 것에 대하여 가치 평가를 할 때 특정한 시간과 특정한 상황에 의해 한정된다는 것을 주의시키기 위해 커뮤니케이션 학자들이 생각해낸 기술이다(Korzybski, 1948).

색인하기는 사용한 언어에 다음과 같이 특정한 시간과 특정한 상황을 기술에 덧붙이는 것이다.

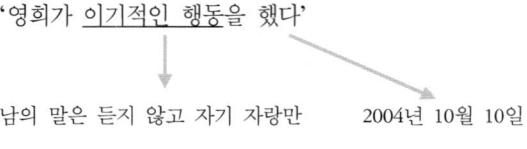

'영희가 <u>이기적인 행동을 했다</u>'

남의 말은 듣지 않고 자기 자랑만   2004년 10월 10일

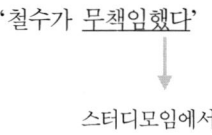

'철수가 <u>무책임했다</u>'

스터디모임에서

색인하기가 정신적으로 행해질 때 우리 스스로 또는 다른 사람들이 눈에 띌 만큼 바뀌어질 수 있음을 알게 된다.

5) 자신의 느낌과 생각을 가져라

우리는 종종 자신이 무엇을 생각하고 어떻게 느끼는 지에 대해 책임을 회피하는 식으로 말을 한다. 예를 들면, "너 정말 나를 귀찮게 하는구나"라는 말이나 "너는 왜 내 속을 썩이니?"와 같이 말하는 것이다. 이러한 말은 자기가 느끼는 감정이 자기가 아니라 다른 사람에 의한 것이라는 책임 회피의 의도를 담고 있다. 그러한 말을 할 때 우리는 우리의 반응을 다른 사람의 탓으로 돌리게 된다. '너는 너무 졸라대는구나'라는 말은 사실은 상대가 원하는 것 또는 기대하는 것에 의해 자기가 스트레스를 받는다는 뜻이다.

느낌은 반응을 압박한다. 다른 사람의 행동이 우리에게 영향은 주어도 그것에 의해 우리가 자신의 느낌을 결정하는 경우는 사실 거의 드물다. 우리의 느낌과 생각은 우리가 다른 사람의 커뮤니케이션을 어떻게 해석하는가에 의해 달려 있다. 다른 사람의 말을 우리가 어떻게 해석했는가 하는 것이 우리의 느낌을 결정하지만 그러한 결정을 하게 한 것은 우리의 해석인 것이지 다른 사람의 커뮤니케이션에 의한 것이 아니다. 물론 학대적 관계나 권력적인 관계와 같은 어떤 특별한 상황에서는 우리의 생각과 느낌을 다른 사람이 강제할 수도 있을 것이다. 그러나 사실은 그러한 극단적인 상황에서도 우리는 자신의 감정에 반응하는 것은 우리 자신이라는 것 즉 자신의 감정에 대한 책임은 우리 자신에게 있다는 것을 잊어서는 안 된다. 우리는 자신의 의지대로 생각이나 느낌, 행동을 굽히지 않을 수 있고 다른 사람이 하는 것에 대해 동의하지 않을 수 있다. 다른 사람에게 그들이 우리로 하여금 어떻게 느끼게 하였다고 말하는 것은 그들에게 역시 거부감이나 방어심리를 일으킬 수 있고 어떤 경우에나 건강한 관계 형성에 도움이 되지 않는다.

효율적인 커뮤니케이터들은 자신의 생각과 감정을 담은 말을 사용함으로써 자신에 대한 책임을 스스로 진다. 그들은 자신의 느낌을 주장하고 자기 자신에게 일어난 것들에 대해 다른 사람을 비난하지 않는다. 그들은 자신의 느낌을 책임지는 표현으로 '나-언어(I language)'를 사용한다.

'나-언어'와 '너-언어'는 두 가지 차이점이 있다.

첫째로 '나-언어'는 '책임감'을 담고 있지만 '너-언어'는 책임을 다른 사람에게 전가한다. 둘째로 '나-언어'는 '너-언어'보다 훨씬 많은 기술을 한다. '너-언어'는 구체적인 행동이나 느낌에 대해서가 아닌 추상적 비난인 경우가 많다. 이로 인해 '너-언어'는 변화 추구에 비효율적이다. 반면에 '나-언어'는 우리의 느낌에 대한 책임을 다른 사람에게 전가하지 않고 느낌이나 행동에 대하여 구체적으로 기술한다.

한국 사람이 '나-언어'를 처음 사용하려면 생소함을 느끼는 것은 당연하다. 왜냐하면 우리들은 거의 대부분 '너-언어'를 듣고 자랐기 때문이다. 자꾸 해보고 연습하면서 우리는 '나-언어'로 말하는 것을 배울 수 있게 된다. '나-언어'를 쓰는 것이 편하게 느껴지게 되면 '나-언어'가 매우 많은 이점을 가지고 있음을 알게 된다.

'나-언어'는 '너-언어'에 비해 다른 사람들에게 방어적 심리를 덜 갖게 함으로써 대화의 물꼬를 튼다. 또한 '나-언어'는 '너-언어'에 비해 솔직하다. '너, 나를 속상하게 하는구나'와 같이 말하는 것은 자신을 감추는 것이다. 왜냐하면 우리의 느낌은 스스로에 의한 것이지 다른 사람이 조절할 수 있는 것이 아니기 때문이다. '너는 나를 ○○○'과 같이 말하거나 '네가 이걸 해'라고 말할 때 우리는 우리의 감정 조절을 다른 사람에게 맡기는 것이 된다. 이와 같은 방식으로 말하는 것은 우리에게 일어나는 일들에 대해 변화를 추구할 수 있는 '동기'나 '힘'을 감소시키게 된다. 그러나 '나-언어'를 사용하게 되면 다른 사람의 행동을 어떻게 해석하는지 그들에게 설명할 수 있으면서 동시에 자신의 감정을 갖게 되는 것이다.

'나-언어'의 장점을 정리해보면 다음과 같다.

① **방어심리의 감소** : '나-언어'는 상대방을 직접 판단·평가, 공격하는 것이 아니기 때문에 방어심리를 덜 유발한다. 다시 말해서 상대방은 '너-언어'의 경우보다는 '나-언어'를 통해 훨씬 편안하게 대화에 임할 수 있다.

② **솔직성** : '나-언어'는 나의 입장과 감정을 솔직하게 전달하는 기능을 한다. 누구든 솔직한 이야기를 들으면 함께 솔직해지기 쉽고 훨씬 진지하게 대화에 임할 수 있게 된다.

③ **완전성** : '나-언어'는 완전한 메시지를 전달한다. '너-언어'처럼 단순히 "…하

다"라고만 단정적으로 말하는 것이 아니라, 전후사정과 그것에 대한 나의 입장까지 알려주는 것이기 때문에 '나—언어'는 완전한 메시지라고 할 수 있다.

- **'I-message' 사용 원리**

① 문제가 되는 상대방의 행동과 상황을 구체적으로 말한다. 이 때 어떤 평가, 판단, 비난의 의미를 담지 말고, <u>객관적인 사실만</u>을 말하는 것이 좋다.

> 예 "네가 말대꾸를 할 때…"
>
> "네가 어제 윗사람들이 있는 자리에서 나에게 말대꾸를 할 때…"

② 상대방의 행동이 자신에게 미치는 영향을 구체적으로 말한다.

> 예 "자네가 말도 없이 자리를 비우니까 <u>내가 힘들어</u>."
>
> "자네가 말도 없이 자리를 비우니까 <u>나는 자네가 해야할 일을 다른 사람에게 시키거나 기다리고 있어야 하네</u>."

③ 그러한 영향 때문에 생겨난 감정을 솔직하게 말한다.

> 예 "네가 지난번 모임에 오지 않은 것은 <u>도대체 무엇 때문이지?</u>"
>
> "네가 지난번 모임에 오지 않아 <u>무슨 일이 생겼는지 걱정했었어</u>."

- **'I-message' 사용시의 주의점**

① 'I-message'를 사용하여 자신의 언짢은 감정 표현을 한 다음에는 다시 적극적 경청의 자세를 취한다. 'You-message'보다는 위협감이나 방어적인 태도를 덜 일으키지만, 상대방 때문에 자신에게 좋지 않은 감정이 생겼다는 이야기를 반복하게 되면 상대방을 공격하는 셈이 된다. 그러므로 상대방의 감정을 존중하는 적극적 경청의 자세로 돌아와야 한다.

> 예 작업 시간에 잡담을 하고 있는 사원에게
>
> 상사 : 작업 시간인데 그렇게 이야기를 하고 있으니 일이 늦어질까 걱정인데…(I-message)
>
> 부하 : 지금 꼭 할 얘기가 있어서 그래요.
>
> 상사 : 꼭 할 얘기가 있었는데 지적을 해서 기분이 상한 모양이군.(적극적 경청)

② 상대방의 행동으로 인한 부정적인 감정만 강조하지 않는다.

> 예 업무 보고를 하지 않은 부하 직원에게

"자네가 제시간에 보고를 해주지 않아 <u>화가 나는군.</u>"

"자네가 제시간에 보고를 해주지 않아 <u>무슨 일이 생긴 건가 걱정했었네.</u>"

③ 상대방의 행동으로 인한 표면적인 감정을 표현하기보다는 보다 본원적인 마음을 표시하도록 한다.

예 지각한 사원에게

　　본원적 마음 : 무슨 일이 생긴 것이 아닌가 궁금함

　　표면적 감정 : 화가 치밈

④ 상대방의 습관적 행동이 문제가 되는 경우에는 'I-message'를 전달하기보다는 적극적인 청취를 하면서 구체적인 문제해결 방법을 함께 모색한다.

● 'I-message' 연습

다음에 제시된 상황들은 일상생활을 하면서 흔히 부딪힐 수 있는 상황들이다. 실제로 다음과 같은 상황에 부딪혔다고 하면 자신은 어떤 반응을 보일 것인지를 상상해 보고 그러한 반응이 자신과 상대방에게 어떤 영향을 미칠지도 생각해 보자.

상황 1

함께 그룹스터디를 하는 친구 중에 한 명이 상습적으로 지각을 한다. 그 친구 때문에 나머지 친구들은 늘 20여 분을 기다려야 하는데, 그 친구는 '미안해'라는 말 한마디뿐이고, 실제로 미안해하는 기색도 없다.
오늘도 모두 기다리고 있는데 15분 늦게 그 친구가 들어온다.

❶ 평소의 자신이라면 이 경우에 어떻게 말하겠는가?

＿＿＿＿＿＿＿＿＿＿＿＿＿＿＿＿＿＿＿＿＿＿＿＿＿＿＿＿＿＿＿

❷ 위와 같이 말했을 때 상대방의 느낌은 어떠할까?

＿＿＿＿＿＿＿＿＿＿＿＿＿＿＿＿＿＿＿＿＿＿＿＿＿＿＿＿＿＿＿

❸ ❶이 'I-message'가 아닌 경우, 'I-message'로 표현하여 보자.

＿＿＿＿＿＿＿＿＿＿＿＿＿＿＿＿＿＿＿＿＿＿＿＿＿＿＿＿＿＿＿

❹ 위와 같이 말했을 때 상대방의 느낌은 어떠할까?

_____

상황 2

친한 친구가 운전을 처음 배우는데 당신의 차를 빌려서 연습했으면 한다고 한다. 당신은 차를 구입한지 얼마 되지도 않았고 매우 아끼는 물건이라서, 그 친구에게 차를 빌려주는 것이 선뜻 내키지 않는다.

❶ 평소의 자신이라면 이 경우에 무엇이라고 말하겠는가?

_____

❷ 위와 같이 말했을 때 상대방의 느낌은 어떠할까?

_____

❸ ❶이 'I-message'가 아닌 경우, 'I-message'로 표현하여 보자.

_____

❹ 위와 같이 말했을 때 상대방의 느낌은 어떠할까?

_____

상황 3

오늘은 고등학교 동문 카니발이 있는 날이다. 쌍쌍으로 가야하는 모임이라서 당신은 카니발이 시작하기 2시간 전에 파트너인 윤희를 먼저 만났다. 그런데 오늘 따라 당신의 파트너인 윤희가 정말 근사한 모습으로 나타났다.

❶ 평소의 당신이라면 이 경우에 무엇이라고 말하겠는가?

_____

❷ 위와 같이 말했을 때 상대방의 느낌은 어떠할까?

_____

❸ ❶이 'I-message'가 아닌 경우, 'I-message'로 표현하여 보자.

_____

❹ 위와 같이 말했을 때 상대방의 느낌은 어떠할까?

_____

상황 4

같이 자취를 하고 있는 영희는 치움새도 없고 거의 식사 준비도 하지 않는다. 거의 당신 혼자서 방청소를 하고 식사 준비며 설거지도 하지만 영희는 이에 대해 신경조차 쓰지 않는 것 같다. 어제 당신이 정리해놓은 방에다 영희는 과제를 하다가 남은 종이조각, 음료수 컵 등을 너저분하게 어지럽혀 놓은 채로 외출 준비를 하고 있다.

❶ 평소의 당신이라면 이 경우에 무엇이라고 말하겠는가?

_____

❷ 위와 같이 말했을 때 상대방의 느낌은 어떠할까?

_____

❸ ❶이 'I-message'가 아닌 경우, 'I-message'로 표현하여 보자.

_____

❹ 위와 같이 말했을 때 상대방의 느낌은 어떠할까?

_____

● **'I-message'의 적용**

다음은 I-message가 필요한 상황을 다섯 가지로 분류한 것이다. 각 상황에서 자신은 현재 어떻게 반응하고 있으며, 이를 I-message로 변화시키기 위해서는 어떻게 해야 되는지를 연습해 보자.

● **상대방을 칭찬하거나 호의적인 감정을 표현해야 하는 경우**

❶ 최근 경험 가운데 상대방을 칭찬하거나 호의적인 감정을 표현하고 싶었으나 하지 못했던 상황을 구체적으로 묘사해 보라.

_____

❷ 위의 경우에 당신은 실제로 어떻게 행동을 하였는지 표현해 보라.

_____

❸ I-message를 사용하여 표현하여 보자.

_____

● **부탁을 거절해야 하는 경우**

❶ 최근 경험 가운데 상대방의 부탁을 거절하고 싶었지만 하지 못했던 상황을 구체적으로 묘사해 보라.

_____

❷ 위의 경우에 당신은 실제로 어떻게 행동을 하였는지 표현해 보라.

_____

❸ I-message를 사용하여 표현하여 보자.

_____

- **상대방에게 도움을 청해야 하는 경우**

❶ 최근 경험 가운데 상대방에게 도움을 요청해야 했지만 하지 못했던 상황을 구체적으로 묘사해 보라.

_____

❷ 위의 경우에 당신은 실제로 어떻게 행동을 하였는지 표현해 보라.

_____

❸ I-message를 사용하여 표현하여 보자.

_____

- **상대방에게 어떤 행동을 고쳐달라고 요구할 때**

❶ 최근 경험 가운데 상대방의 어떤 특정 행동으로 인해 당신이 불편을 겪었던 경험을 구체적으로 묘사해 보라.

_____

❷ 위의 경우에 당신은 실제로 어떻게 행동을 하였는지 표현해 보라.

_____

❸ I-message를 사용하여 표현하여 보자.

_____

- **당신의 부정적인 감정을 표현해야 하는 경우**

❶ 최근 경험 가운데 당신이 화가 나거나 귀찮은 느낌을 가졌으나 그것을 표현할 수 없었던 경험을 구체적으로 묘사해 보라.

_____

❷ 위의 경우에 당신은 실제로 어떻게 행동을 하였는지 표현해 보라.

_____

❸ I-message를 사용하여 표현하여 보자.

_____

• • • http://user.chollian.net/~nowandhere/data 참고

제 3 장

비언어 커뮤니케이션과 대인관계

꿈에, 나는 소학교 교실에 있었다.

글을 쓰려고, 선생님께 내 자신의 견해를 어떻게 세워야 하는지를 여쭈었다.

"어렵지."

선생님은 안경 너머로 나를 힐끔 보시며 말씀하셨다.

"이런 이야기가 있단다. 옛날 어떤 집에서 아들을 얻어 집안이 온통 축제판이었단다. 만 한 달이 되어, 잔칫날(중국에서는 만 한 달이 되는 날을 만월(滿月)이라 하여 축하 잔치를 벌인다) 손님들에게 아이를 보였겠지? 물론 덕담을 들으려고 말이야. 그날 온 손님 가운데 한 사람이 애를 보더니 이렇게 말했지.

'우와, 이 아이는 크면 부자가 되겠는데요.'

부모는 이 말을 듣고 무척 고마워했지.

이번에는 다른 사람이 말했단다.

'이 녀석, 크면 높은 벼슬 하겠습니다.'

주인도 답례로 그에게 덕담을 해주었지.

그런데 다른 한 사람은 이렇게 말했단다.

'이 아이는 분명 죽을 겁니다.'

그러자 사람들이 그를 죽도록 때렸지.

사람이 죽는다는 것은 당연한 일이지만 부자가 되거나 벼슬을 할 거라는 건 거짓말일 수도 있지. 그런데 거짓말은 좋은 보답을 얻었고 진실은 죽도록 얻어맞은 셈이지. 너는……?"

"선생님, 저는 거짓말도 하기 싫고, 얻어맞기도 싫어요. 그러면 어떻게 말해야 하지요?"

"그래, 그럼 이렇게 하려므나, 우와ㅡ! 이 아이는 정말! 이걸 보세요! 얼마나… 어이구! 하하! 허허허 헛, 허허허허!"

윗글은 중국 사상가 '노신'의 글이다.

우리는 이 글 속에서 커뮤니케이션과 대인관계에 대한 두 가지 시사점을 찾을 수 있다.

첫째는, 커뮤니케이션은 상황에 적절해야 한다는 것이다. 이 글을 쓴 노신의 목적은 물론 따로 있고 그래서 과장된 비유를 하기는 하였지만 할 말이 없다고 하여 덕담을 듣는 자리에서 상황에 맞지 않는 진실을 말하는 것은 커뮤니케이션의 기본이 없고 대인관계에 있어 예의가 없는 사람이라고 할 수 있다.

사람이 죽는다는 것은 진실이기는 하지만 그러한 상황에서 구태여 자신이 말할 필요가 없는 상식인 것이므로 사실 그와 같은 말을 하여 죽도록 얻어맞은 것은 상황적으로 보아 당연한 결과이다.

즉, 상황에 맞지 않는 커뮤니케이션을 하는 사람은 그 결과를 자초한 것으로 자업자득이며 인간관계상 어떠한 결과든 원인이 없는 것은 없으며 그러한 인과관계는 사람들의 일반적인 상식선을 따른다는 것이다.

둘째는 언어 커뮤니케이션과 비언어 커뮤니케이션의 대비이다. 언어 커뮤니케이션이나 비언어 커뮤니케이션이나 상징성과 추상성으로 인해 완전히 정확한 의사전달이 불가능하다는 점에서 동일하기는 하지만 언어 커뮤니케이션은 어쨌든 어떤 언어로든 표현해야만 하고 그 언어가 가진 관계적 의미와 내용적 의미, 상황적 의미가 종합되어 수신자의 의미 체계에서 해석하게 되므로 발신자가 표현한 의미(encoding meaning)와 수신자가 받아들인 의미(decoding meaning)가 전혀 다른 경우는 드물다. 이에 비해 비언어 커뮤니케이션은 훨씬 더 애매모호하고 그러므로 발신자와 수신자가 주고받은 의미의 일치성을 측정하기 어렵다. 이러한 비언어 커뮤니케이션은 언어 커뮤니케이션이 곤란한 상황에서 매우 적절히 사용될 수 있다는 장점이 있으며 언어 커뮤니케이션과 비언어 커뮤니케이션이 상호 모순되는 메시지를 전달할 때 일반적으로 사람들에게 비언어 커뮤니케이션에 의한 메시지가 더 진실하다고 여겨질 만큼 비언어 커뮤니케이션은 대인 커뮤니케이션에서 매우 중요한 역할을 하고 있다.

비언어 커뮤니케이션의 특성에 대하여 살펴볼 수 있는 다음 이야기는 '영리한 한스증(症)'에 대한 것으로 언어학에서 인간과 동물의 의사소통 연구에 많이 인용되는 이야기이다. 우리는 여기에서 '한스'가 인간의 비언어 커뮤니케이션을 읽어낼 수 있었다는 점에 주목한다.

1800년대 말, 독일의 은퇴한 교사 '빌헬름 폰 오스텐'(Wilhelm von Osten)은 자신의 애마 '한스'가 영리한 말이라고 생각했다. 그래서 한스가 기본적인 산수를 할 수 있게 가르치려 했다. 그는 학생들을 가르칠 때 사용했던 것과 똑같은 교수법을 사용하기로 결정하고 교육을 시작했다. 한스는 너무나 훌륭한 학생이었다. 한스는 두 자리 수의 계산을 해내었다. 한스가 답을 내는 방식은 앞발굽 중 하나로 답에 맞는 수만큼 땅을 찍는 것이었다. 한스가 틀리는 적은 거의 없었다.

한스의 이야기는 전 유럽으로 퍼져 나가서 호기심 많은 관광객들이 몰려들었는데, 거기에는 저명한 과학자들도 여러 명이 포함되어 있었다. 한스는 '5+8'이나 '100을 10으로 나누기'와 같은 문제를 풀었다.

그러나 한스의 능력을 시험하고자 하는 사람들이 있었다. 그들은 인간만이 언어를 사용하는가에 관심을 가진 언어학자들이었는데 오스텐에게 허락을 받고 한스를 시험하기로 했다. 첫 번째 시험은 오스텐이 아닌 다른 사람이 한스에게 문제를 내는 것이었다. 한스는 여전히 문제를 잘 풀었다. 두 번째 시험은 한 사람이 한 가지 숫자를 한스의 귀에 속삭이고 방에서 나간 뒤 다른 한 사람이 다른 하나의 숫자를 한스의 귀에 속삭인 후 덧셈을 시키는 것이었다. 한스는 더듬거렸고 끝내 문제를 풀지 못했다. 한스가 답을 맞힌 확률은 우연에 의해 답을 맞히는 수준으로 떨어졌다.

더 실시된 실험 조사 결과 한스는 답을 알고 있는 사람이 있을 때에만 문제를 풀 수 있다는 것이 밝혀졌다. 즉, 한스에게 계산을 하라고 숫자를 주고 한스가 발굽을 치기 시작하면 보는 사람들은 몸을 앞으로 기울이고 긴장을 하고 있다가 한스의 발굽 치기가 답의 숫자에 이르면 긴장하고 보던 사람들의 몸동작은 긴장이 풀어지고 고개를 끄덕였는데 그것이 한스에게는 이제는 발굽을 그만 치라는 신호가 되었던 것이다.

● ● ● Sebeok & Rosenthal, 1981 ; Wood, 2000

'영리한 한스'의 주인 '폰 오스텐'은 한스가 무작정 발굽을 찍기 시작해서 정확한 숫자에 이를 때까지 계속한다는 것을 알고는 놀라워했다. 그러나 사실은 폰 오스텐의 신체언어가 정확한 숫자에 다다랐음을 한스에게 알려준 것이다. 그리고 한스는 이 기술을 일반화하여 폰 오스텐이 내는 다른 문제에도 적용할 수 있음을 알았고, 심지어 답을 알고 있는 구경꾼에게까지도 그 기술을 적용했던 것이다. 그러나 자신의 시야에 보이는 사람들 중 어느 누구도 답을 알고 있지 않을 때, 한스는 언제 발굽 찍는 것을 멈추어야 할지에 관해 어떤 단서도 얻지 못했던 것이다.

'행동'은 '말'보다 더 크게 말한다고 한다. 이는 비언어 커뮤니케이션이 말보다 훨씬 위력이 있고 효과적이라는 뜻이다. 얼굴 표정은 사람의 수많은 감정을 표현할 수 있으며 몸의 자세는 그 사람이 편안한지 아니면 지루한지 등과 같은 정보를 나타낸다. 청진기나 서류가방과 같은 물건들은 그 사람의 신분을 나타내주며 결혼반지나 유니폼 같은 것은 그 사람의 소속에 대하여 알려준다. 그가 살고 있는 집안의 가구 배치는 그가 느슨하고 편안한 생활을 즐기는지 아니면 규율에 엄격한 생활 방식을 좋아하는지를 알 수 있게 해준다.

제57회 칸 영화제에서 '고레다 히로카즈' 감독의 영화 <아무도 모른다>로 최연소 남우주연상을 탄 일본의 '야기라 유야'는 '예리한 눈매'로 발탁되었고 덴마크의 왕세자 프레데릭은 '미모와 명랑한 성품'의 도널드슨에게 왕세자비의 왕관을 씌워주었다.

이러한 비언어 커뮤니케이션은 언어 커뮤니케이션과 마찬가지로 사회문화적 가치에 의해 형성되고 그 범위 내에서 정해진 규범에 따라 표현되며 수용된다. 예를 들면 미국인과 일본인이 어떤 거래를 하려고 할 때 미국과 일본의 비언어적 커뮤니케이션에 대한 사회문화적 가치와 규범의 차이가 문제가 될 수 있다. 대표적인 경우가 '눈 맞춤'과 같은 경우인데 미국을 포함한 서구에서는 상대의 눈을 보며 대화하는 것을 상대에 대해 정직하고 존중하는 태도라고 생각하고 있지만 우리 한국이나 일본 등의 동양권에서는 상대의 눈을 똑바로 바라보는 것을 매우 무례하고 당돌하다고 생각했기 때문에 특히 다른 문화권의 사람들과 대화를 할 때 그 문화권의 비언어 커뮤니케이션에 대한 상식이 없을 때에는 관계를 맺는 데 있어 많은 문제가 야기될 수 있는 것이다.

비언어 커뮤니케이션은 또한 '성별(性別) 가치 유형'을 형성하고 있다. 서로 모르는 남녀가 상대에 대해 호감을 느낄 때 대부분의 경우 여자가 먼저 가서 말을 걸지는 않는다. 단지 자신도 모르게 바라보다가 갑자기 시선이 마주치면 시선을 피하는 것이 여성의 비언어 커뮤니케이션 유형이라고 할 수 있다. 그러나 남자는 자신에게 호감을 갖고 있다고 여겨진 여자가 자신의 마음에 들 경우 대부분 그 여자에게로 다가가 자기소개를 하는 것을 시작으로 관계를 위한 언어 커뮤니케이션을 시도한다. 웃음소리도 '하하하'와 '호호호'는 남자와 여자의 대표적인 유형으로 규범화되어 있다. 이와 같이 비언어 커뮤니케이션 유형은 여자와 남자에 따라 다르며 이는 언어 커뮤니케이션의 경우와 마찬가지로 그 사회의 문화적 가치에 의해 형성된 규범에 따른다. 이와 같은 이유에서 캔디스와 짐머만(Candice West & Don Zimmerman, 1987)은 우리의 일상적 커뮤니케이션은 우리가 살고 있는 사회에서 정한 여성성, 남성성에 따라 '성역할을 수행'하고 있는 것이라고 하였다.

비언어 커뮤니케이션은 그 밖에 그 사람의 사회경제적 지위도 나타내준다. 그 집의 저녁 식탁은 그들의 살림살이 정도를 보여준다. 식탁에 놓여진 식기의 모습과 재질, 종류, 배열과 조명, 식당의 구조, 식당의 크기, 식당의 가구의 종류와 배치 등이 그들이 사회경제적으로 어떻게 살고 있는지, 어떤 생활 습관을 형성하고 있는지, 그래서 삶에 대해 어떤 가치관 예를 들면 형식적인 절차를 중시하는지 내용적인 것을 중시하는지 등에 대해 알려 준다. 한때 우리 사회에 만연했던 '명품 선호'가 이러한 비언어 커뮤니케이션의 특성을 반영하는 것이다. 아래의 글은 명품이라는 비언어 커뮤니케이션에 의해 자신을 표현하고자 하는 사람들의 욕구를 나타내주는 기사이다.

🔍 조폭은 명품을 사랑해~

내로라하는 유명·명품 브랜드의 '큰손'은 대기업 오너나 고소득 전문직이 아니다. '조폭'이다.

조폭은 일반인의 상상을 뛰어넘는 씀씀이 덕택에 고급 브랜드 매장에서 VIP 대우를 받는다. 하지만 업체 입장에서는 이들을 마냥 반길 수만은 없어 고민이다. 자칫 '조폭 브랜드'로 알려져 이미지가 나빠지지 않을까 하는 우려에서다.

조폭이 선호하는 브랜드는 명품의류 ㅁ, ㅂ, ㅈ, ㅎ과 골프·스포츠의류 ㅎ, ㅂ 등이다. 특히 브랜드 로고가 선명하거나 화려하고 강렬한 이미지의 제품이 더욱 인기다. 한 패션업체 관계자는 "조폭은 패션과 유행에 민감해 특정 브랜드 마니아가 많다"면서 "미국에서도 명품의 최대 소비층은 갱단"이라고 전했다.

ㅎ사 매장의 한 직원은 "조폭 손님은 짧은 머리와 건장한 체격의 외모에다 보통 부하를 여럿 데리고 오기 때문에 매장에 들어서는 순간 대충 '감'이 온다"고 말했다. 그는 또 "매너도 좋고 통이 커서 매장 직원으로부터 환영을 받는다"면서 "단골은 보통 한 번에 수백만원어치를 사지만 1천만 원 이상을 사는 경우도 적지 않다"고 말했다.

다른 패션업체의 일선 직원은 "조폭은 자금 추적을 피하기 위해서인지 신용카드를 쓰지 않고 007가방 같은 곳에 현금을 넣어가지고 와 사는 경우가 대부분"이라고 소개했다. 그는 또 "한번은 단골에게 우수고객관리 차원에서 여러 번 전화를 드렸지만 연락이 닿지 않아 궁금했는데 알고 보니 '큰집'에 다녀왔다고 하더라"고 털어놨다.

한 패션업체는 한때 본사 차원에서 디자인을 바꾸거나 타깃 연령층을 낮추는 방안을 검토하다가 포기했다. 단골이 떨어져나갈 것을 우려했기 때문이다.

이 업체 관계자는 "조폭은 매장에서야 당연히 VIP지만 회사 차원에서는 고민이 많다"면서 "조폭 브랜드로 낙인이 찍힌다고 찾아오는 손님을 막을 수는 없지 않느냐"고 반문했다. 그는 이어 "값비싼 명품으로 신분과 경제력을 주위에 알리고 싶어 하는 것이 그들의 심리인 것 같다"고 해석했다.

● ● ● 경향신문, 이호승 기자(2004. 6. 1.)

비언어 커뮤니케이션은 이와 같이 우리의 신분을 비롯하여 사람됨과 관련된 거의 모든 정보를 전달하고 있다. 그러나 언어 커뮤니케이션과 같이 명시적인 것이 아니기 때문에 우리는 건강한 인간관계를 위하여 다른 사람의 비언어 커뮤니케이션을 어디까지 읽을 수 있으며 비언어 커뮤니케이션을 어떻게 표현하고 수용할 것인가, 효율적인 비언어 커뮤니케이션을 위해서는 어떻게 해야 할 것인지를 알아야 할 것이다.

이에 본 장에서는 비언어 커뮤니케이션의 원리와 유형 그리고 효율적인 비언어 커뮤니케이션을 위한 지침에 대하여 살펴보기로 한다.

1. 비언어 커뮤니케이션의 원리

비언어적 행위는 인간 커뮤니케이션에서 중요한 부분을 차지한다.

비언어적 행위는 음성이나 문자가 아닌, 즉 언어에 의한 커뮤니케이션 이외의 모든 커뮤니케이션을 포함한다. 제스처나 몸짓 언어(body language), 말에 얹히는 억양이나 속도, 음색, 온도나 조명과 같이 커뮤니케이션의 의미에 영향을 줄 수 있는 환경적 요소 그리고 개인적 이미지와 상호작용의 유형에 영향을 줄 수 있는 물건들 예를 들면 입고 있는 옷의 종류, 보석, 가구, 가지고 있는 소지품 등 모든 것이 비언어 커뮤니케이션에 속한다.

버드위스텔(Birdwhistell, 1970)이나 머라비앤(Mehrabian, 1981)의 연구는, 우리가 행하는 전체 커뮤니케이션의 의미 영역 중 최소 65%에서 최대 93%가 비언어적 커뮤니케이션 체계에 의한다는 것을 밝혔다. 이는 커뮤니케이션이 언어에 의해서보다 비언어적 행위에 의해 훨씬 많이 이루어진다는 것을 의미한다.

> 월남전이 막바지에 이르렀을 때 미 국무장관 키신저는 파리에서 북베트남의 요인과 마주 앉았다. 그것은 종전을 위한 중대한 협상의 자리였다.
> 적대국의 대표인 두 사람은 싸늘한 분위기 속에 서로의 시선을 교환했다. 이제 어떻게 자국에 유리한 내용을 이끌어내는가가 관건이었다. 그런데 갑자기 키신저의 시선이 엉뚱한 곳을 향한 채 한참을 머물렀다. 상대는 무심코 그의 시선을 쫓았다. 그 순간 그의 심리적인 장벽은 무방비 상태가 되어 버렸다. 이때 갑자기 키신저가 시선을 상대에게 돌리며 말했다.
> "자, 우리는 이제 베트남에서 철수할 것입니다. 선생께서는 우리가 얼마나 더 머물기를 원하십니까?"
> 갑작스런 질문에 상대편은 할 말을 잃었다. 적반하장 격이었지만 키신저의 태도는 너무나 당당했다. 허를 찔린 그는 주도권을 빼앗기고 회담 내내 키신저에게 끌려 다녔다.
> 이것은 키신저의 노련한 분위기 연출의 결과였다.
>
> ● ● ● 데일 카네기, 이상각 역, 2002

국제 외교의 귀재 키신저의 예화는 종전 협상과 같은 중요한 상황에서도 커뮤니케이션이 이루어지는 분위기, 즉 비언어 커뮤니케이션이 얼마나 중요한 부분을 차지하고 있으며 동시에 그러한 분위기 연출의 능력이 얼마나 큰 힘을 발휘하고 있는지는 보여주고 있다.

현대에 들어와 커뮤니케이션 능력은 사회 활동이나 인간관계의 민감한 영역에까지 확대되었으며 어떻게 사람들에게 자신을 표현할 것인가가 생존 경쟁의 한 수단이 되고 있다. 특히 인간관계에 있어 분위기 연출과 같은 비언어 커뮤니케이션은 대단한 힘을 발휘한다.

철도청 광역철도사업본부에서는 급증하는 지하철 투신자살 예방을 위해 2003년 전철역에 음악방송을 시도한 바 있다. '자살예방센터'와 '생명의 전화'에서 추천한 '스트레스 해소, 마음을 맑게 해주는 음악, 심신의 피로를 풀어주는 음악들'을 시간대에 따라 선별 방송하였는데 이는 음악을 자살에의 충동을 가라앉혀 주는 비언어적 코드로 활용한 것이다.

우리나라는 2005년 OECD 국가 중 젊은 층의 자살률 1위로 꼽힐 만큼 젊은이들의 자살이 급증하고 있는데 한 연구에 의하면 자살하려는 이들은 언어든 비언어든 마지막 SOS의 메시지를 남긴다고 한다. 가장 최근 자살한 젊은 여가수의 경우도 '21일 스스로 목숨을 끊기 전 유니(26)의 심리상태는 불안했다. 지난해 10월부터 유니는 자신의 홈페이지에 '아픔', '슬픔', '바쁨' 그리고 '외로움'이라는 낱말을 유독 자주 썼다. 작년 11월 26일에는 "어느덧 한 해가 저물어 간다. 공허함으로 가득하다. 이것 역시 한 과정이겠죠. 알 수 없는 그곳으로 난 또 걸어간다"며 울적한 마음을 드러내기도 했다(조선일보, 2007. 1. 23.)'는 신문 기사와 같이 언어적 메시지로 흔적을 남겼다. 평소 아끼던 물건을 나누어 준다거나 가족, 친지들과의 관계 회복에 힘쓰기도 하고 마치 먼 여행을 떠날 것처럼 주변을 정리하는 행동 등은 자살을 결심한 사람들의 비언어 커뮤니케이션이다.

그러므로 그러한 비언어 커뮤니케이션의 코드를 읽을 수 있을 때 자살을 예방할 수 있다고 할 수 있는데 이는 여러 가지 의미로 다시 해석될 수 있다. 즉 어떤 사람이 자살을 했다는 것은 첫째, 아무도 그의 비언어적 메시지에 관심을 갖지 않았다, 둘째, 그를 알고 있는 사람들 모두가 비언어적 메시지에 무지했다, 셋째, 그를 알고 있는 사람들 모두가 커뮤니케이션에 대해 무지했다, 넷째, 아무도 그에게 관심이 없었다, 다섯째, 관심이 있었지만 그를 도울 수 있는 '힘'이 없었다 등으로 해석할 수 있다. 그 밖에도 여러 가지 해석이 더 있을 수 있지만 여기에서 말한 처음 세 항목은 커뮤니케이션과 관계된 것이며 뒤의 두 항목은 인간관계 능력과 관계된 것이다. 특히 다섯째 항목은 자원 능력을 의미하는데 자원 능력은 자신이 가진 물적 자원뿐 아니라 그의 인간관계 능력에 의해 동원될 수 있는 모든 자원 동원 능력을 말한다. 어떤 의미에서 보면 자살 뿐 아니라 우리에게 일어나는 모든 문제는 그 문제를 해결할 수 있는 힘, 즉 커뮤니케이션 능력과 대인관계 능력의 문제라고도 할 수 있다.

비언어 커뮤니케이션은 다음과 같은 다섯 가지 기본 원리에 의한다. 이제 그 원리들을 차례로 살펴보도록 한다.

1) 언어 커뮤니케이션과 같이 비언어 커뮤니케이션도 모호하다

우리는 앞에서 언어 커뮤니케이션이 자의적이고 추상적인 상징에 의해 매우 모호할 수 있다고 하였다. 명시적인 '언어'에 의한 커뮤니케이션도 '언어'라는 상징 자체의 추상성과 전달 과정, 해석 과정에서 그 의미의 전달이 불명확하고 그래서 왜곡될 수 있는데 비언어 커뮤니케이션은 행위자의 의도가 전혀 명시적이지 않을 수 있으며 또한 그러한 행위를 통해 의미를 전달하고자 하는 의도, 즉 메시지 전달의 의도 여부도 분명하지 않기 때문에 언어 커뮤니케이션보다 더욱 모호할 수 있다. 즉, 우리는 자신의 행위로 표현하고자 한 대로의 의미를 다른 사람이 완전히 그대로 이해하였다고 확신할 수 없으며, 또한 반대로 다른 이들이 우리가 의도하지 않은 의미를 우리의 행위 속에서 읽지 않는다고 확신할 수도 없다는 '의미의 모호함'이 비언어 커뮤니케이션의 가장 큰 특징이다.

비언어 커뮤니케이션의 모호함은, 그것이 상징하는 의미가 시간의 흐름에 따라 달라지기 때문에 생겨나기도 하며 사회문화적 관습에 따라 형성되므로 그 사회의 구성원이 아닐 경우 잘못된 비언어 커뮤니케이션으로 심각한 문제가 발생하기도 한다. 예를 들면 엄지손가락을 치켜 올리는 'OK' 사인의 경우 이라크에선 경멸을 나타낸다. 이 뜻을 미군들이 모르기 때문에 이라크 사람들이 미군을 마음껏 욕하고 있다는 말도 있다. 그리스에서는 머리를 끄덕이는 것이 '예스'가 아니고 '노'로 받아들여질 수도 있으며 손을 가볍게 흔드는 작별인사도 그리스인은 자기에게 욕을 하는 것으로 오해할 수 있고 한다. 검지와 중지로 나타내는 승리의 'V'자는 윈스턴 처칠이 유행시켰지만 영(英)연방 국가에서 손등을 상대방에게 보이면서 V자를 만들면 '꺼져 버리라'는 뜻이 되어 버린다. 그래서 영국의 선술집에서는 술 두 잔을 달라는 뜻을 검지와 중지가 아니라 엄지와 검지의 두 손가락을 써서 표현한다고 한다. 또한 엄지와 검지로 동그라미를 그려 보여주면 '잘 됐다'는 뜻이지만 브라질에서는 외설적인 의미로 커뮤니케이션됨으로써 대인관계에 문제가 일어날 수 있다.

영화 <집으로>에서 말 못하는 할머니가 가슴에 그리는 '동그라미'는 할머니와 함께 살게 된 외손자에게 정확히 해석되지 않는다. 시간이 흐름에 따라 아이도 가슴의 동그라미를 그리게 되었지만 가슴에 동그라미를 그리는 그때그때의 상황이 꼭 같지는 않은 것이다. 비언어 커뮤니케이션은 이러한 모호함에 의해 어떻게 보면 다양한 상황에 두루 쓰인다는 장점이 있기도 하다.

한편 다른 조직과 다른, 어떤 한 조직의 특성이 비언어적 행위에 의해 커뮤니케이션되기도 한다. 예를 들면 회사는 일정한 유니폼으로써 자기 회사나 조직의 일원이라는 표시를 하는가 하면 'Apple'사와 같은 경우는 진 바지나 사적인 복장을 하게 함으로써 그 조직의 특성을 비언어적으로 보여주고 있다. 또한 원탁으로 배치된 열린 공간에서 직무를 수행하고 있는지 각 개인의 공간이 폐쇄적으로 배열되어 있고 문이 많은지, 폐쇄된 공간이 많은지 등과 같은 회사 내의 공간 배치나 업무 분위기도 조직의 특성을 비언어적으로 커뮤니케이션한다.

이러한 비언어 커뮤니케이션도 언어 커뮤니케이션과 같이 사회문화적 규칙에 의해 학습되고 수행된다.

예를 들면 우리는 대화를 할 때 함께 대화하는 사람들 사이에 어떤 순서가 있다는 것을 알고 있으며 어떤 장소나 어떤 시간에는 속삭이듯 말해야 한다는 것 등을 알고 있다. 강의 시간에 질문을 할 때에는 손을 들어야 하지만 친구와 얘기하기 위해 손을 들지는 않는다. 또한 취업 면접이나 결혼식장, 장례식장에 갈 때와 같은 형식적인 자리에 갖추어 입는 옷과 데이트할 때의 옷, 강의 시간에 입는 옷 등은 때와 장소에 따라 모두 다르다. 예포를 쏘는 것, 계급장 등은 군대 내부에서는 서로 통하는 비언어 커뮤니케이션이다.

2) 비언어 커뮤니케이션은 언어 커뮤니케이션과 상호작용한다

멀란드로우와 바커(Malandro & Barker, 1983)는 비언어 커뮤니케이션이 언어 커뮤니케이션과 상호작용하는 방법을 다음과 같은 다섯 가지로 정리하였다. 첫째, 비언어 커뮤니케이션은 언어 커뮤니케이션을 반복한다. 즉 '그래'라고 말하면서 고개를 끄덕이는 것이다. 둘째, 비언어 커뮤니케이션은 언어 커뮤니케이션을 강조한다. 예를 들면 말을 할 때의 어조라든가 글을 쓸 때 이탤릭체, 굵은 활자를 사용하는 것과 같은 것이다. 셋째, 비언어 커뮤니케이션은 언어 커뮤니케이션을 보완하여 완결시키거나 언어 커뮤니케이션에 추가된다. 예를 들면, 협박하면서 무서운 동작이나 표정을 보이는 것, 허락하면서 미소를 지어보이는 것, 편지나 문자 메시지를 보내면서 이모티콘을 사용하는 것 등이다. 넷째로는, '별일 아니야' 또는 '아무 일 없어'라고 화를 내면서 말을 하거나 적대적인 행위를 함으로써 언어 커뮤니케이션에 대립되는 메시지를 커뮤니케이션하는 것인데 이때 사람들은 언어커뮤니케이션의 의미보다 비언어 커뮤니케이션의 의미에 더 중점을 두게 된다. 마지막으로 비언어 커뮤니케이션은 언어 커뮤니케이션을 대행한다. 즉 '좋다', '싫다', '그래', '아니'라고 말하지 않고 단지 미소 또는 험상궂은 표정으로, 고개를 끄덕이거나 가로젓는 등의 비언어적 행위로 찬성 여부를 커뮤니케이션을 한다는 것이다.

3) 비언어 커뮤니케이션도 대인 상호작용을 규칙화한다

멀란드로우와 바커(Malandro & Barker, 1983)의 연구에 의하면, 다른 사람들과 대화할 때 우리는 비언어적인 암시에 의해 언제 말하고 언제 잠자코 있을지를 결정한다고 한다.

우리가 하루 일과를 마치고 저녁에 집에 들어갔을 때 대하는 어머니의 비언어적 행위나 집안의 분위기를 보고 그 상황에서 우리가 어떻게 행동하는 것이 현명한지 알고 그에 따라 행동하는 것은 그동안의 가족 간의 상호작용에 의해 행동 유형이 규칙화되어 있음을 의미한다.

자신이 말하고 있는 동안 다른 사람에게서 방해받고 싶지 않을 때는 시선을 피하거나 목소리의 톤을 높이며, 강단에서 연설을 마친 연사가 뒤로 한 걸음 물러서는 것, 이야기를 청하고자 하는 상대를 똑바로 바라보는 것 등이 모두 학습된 규칙에 의한 것이며 또한 이러한 비언어 커뮤니케이션에 의해 대인간 상호작용이 다시 규칙화된다.

4) 비언어 커뮤니케이션도 관계적 의미를 형성한다

커뮤니케이션의 의미는 내용적 층위의 의미와 관계적 층위의 의미, 두 가지로 나누어 볼 수 있다. 관계적 층위의 위미는 그 사람이 개인적으로 어떤 사람인가, 그리고 그 사람의 대인관계를 규정해준다. 비언어 커뮤니케이션은 특히 관계적 층위의 의미에 강하게 작용하여 한 사람이 개인적으로 다른 사람을 어떻게 느끼고 있는가를 표현하는 데에 주로 사용된다(Keeley & Hart, 1994). 일부 커뮤니케이션 학자들은 비언어 커뮤니케이션의 이러한 점에 주목하여 비언어 커뮤니케이션을 '관계언어'라고도 한다(Burgoon, Buller, Hale, & de Turck, 1984 ; Wood, 2002).

언어 커뮤니케이션과 마찬가지로 비언어 커뮤니케이션에서 전달되는 관계적 층위의 의미는 상대에 대한 '반응', '애착', '힘'의 세 가지로 나누어진다.

① 상대에 대한 반응

눈맞춤이라든가, 얼굴 표정, 몸동작 등의 비언어적 행위는 상대와의 관계에 따라 알맞은 '반응'을 커뮤니케이션한다. 이러한 비언어적 행위는 문화권에 따라 다르게 실현된다. 서양 문화권에서는 시선을 피하고 고개를 돌린다든가 또는 그 사람에게서 돌아앉기도 하는 등의 행동으로 자신이 그 일에 관심이 없다는 것을 표현하지만 동양 문화권에서는 상대에게 관심이 없다는 것을 노골적으로 표현하는 행위를 되도록 피한다. 버그(Berg, 1987), 카펠라(Capella, 1991)에 의하면 사람들의 동작이나 얼굴 표정은 그들이 서로 얼마나 편하게 느끼는가를 보여준다고 한다. 응집력이 강한 집단에서는 눈짓 하나, 손짓 하나로도 서로가 의사소통이 가능하지만 응집력이 약한 집단에서는 특정 비언어적 행위가 어떤 의미인지 서로 알지 못하고 따라서 비언어적 행위로는 의사소통이 되지 않는다는 것이다. 집단의 응집력과 비언어 커뮤니케이션의 상관관계는 특히 축구라든가 야구 등의 팀플레이에서 잘 드러난다. 밀러와 파크(Miller & Parks, 1982)나 놀러(Noller, 1987)의 연구에서는 행복감에 충만한 커플은 그렇지 못한 커플에 비해 서로 가까이 붙어 앉고 서로 자주 바라본다고 한다. 직장에서 일을 할 때에도 서로 좋아하는 사람들은 자주 함께 앉고 자주 서로를 바라본다고 한다.

② 상대에 대한 애정

우리의 비언어적 행위는 우리가 다른 사람에 대해 갖고 있는 감정을 날카롭고 섬세하게 표현해준다. 찡그림이나 도전적인 자세가 상대에 대해 부정적인 감정을 커뮤니케이션하듯이 미소나 친근감 있는 악수, 등을 툭툭 쳐주는 행동, 머리 쓰다듬어 주기와 같은 행동은 상대에 대해 긍정적이거나 호감 또는 애정이 있다는 것을 상대에게 커뮤니케이션한다. 상대에 대한 애정을 커뮤니케이션하는 이러한 비언어적 행위는 서구에서는 일반적인 규칙이다. 그에 비해 우리나라는 애정을 커뮤니케이션하는 데 대해 소극적이고 부정적인 편이라 한국 남성과 결혼한 외국 여성들이 불만을 하소연하는 경우가 많다. 그러나 다음 〈사진 1〉, 〈사진 2〉,

〈사진 1〉

〈사진 2〉

〈사진 3〉

〈사진 1〉과 〈사진 3〉은 유명 연예인의 결혼 관련 사진이며 〈사진 2〉는 영국 프리미어리그 미들즈버러에 입단하는 이동국이 29일 인천공항 출국장에서 부인 이수진 씨와 작별 포옹하며 기자들에게 손 흔들어 인사하는 모습이다.(디지털조선, 연합뉴스)

〈사진 3〉과 같이 이제 공공연한 장소에서 젊은 사람들이 상대에게 비언어적으로 애정을 표현하는 행위는 매우 자연스럽게 여겨지고 있다. 이는 애정을 표현하는 비언어 커뮤니케이션에 대한 한국 사회의 가치 규범이 서구적으로 변화하고 있음을 보인다.

또한 여성이라든가 남성과 같은 특정 사회집단에서는 상대에 대한 애정을 표현하는 그들 나름의 특정한 커뮤니케이션 규칙이 있는데 위 세 장의 사진은 모두 애정을 표현하는 비언어 커뮤니케이션에서 남자와 여자의 자세에 대한 일반성을 규칙처럼 보여주고 있다. 몽고메리(Montgomery, 1988)의 연구에 의하면 남자들에 비해 여자들은 좋아하는 사람에게 더 가까이 붙어 앉고 친근감 있는 접촉을 좋아하며 바라보기를 자주 한다고 한다.

③ 상대에 대한 힘

한편, 사람들이 서로 맺고 있는 힘의 관계가 비언어적 행위에 의해 표현되기도 한다(Henley, 1977). 예를 들면, 상대적으로 '힘'이 있는 사람 즉 사장이 아랫사람의 등을 툭툭 두드려준다든가 하는 행위는 반대의 경우보다 자연스러우며(Spain, 1992) 사무실의 공간 크기도 그들의 힘에 비례한다. CEO들과 말단직 사원이 같은 공간을 차지하거나 같은 공간에서 함께 근무하는 경우는 거의 없다. 가정에서도 어머니에 비해 아버지는 개인적으로 차지하는 공간이 많은 경우가 일반적이다. '엄마의 방'이라는 국내의 한 TV 드라마에서는 암으로 죽음을 선고받은 엄마의 마지막 소원이 자신의 방 즉 자신만의 공간을 가져보는 것이었다. 물론 사회경제적 변화에 따라 가정에서 가족 구성원의 위상이 많이 바뀌기는 했지만 동서양을 막론하고 가정에서 권력을 가지고 있는 사람은 여전히 아버지이고 아버지에게 가부장적인 권위를 인정하는 경우가 대부분이다. 가정 내에서와 마찬가지로 사회 일반적으로도 남자는 여자에 비해 더 많은 공간을 차지하는 경우가 많고 자신의 주장을 관철하기 위해서는 큰 목소리와 위협적인 동작을 하는 경우가 여자에 비해 많으며 다른 사람의 공간에 허락 없이 들어가는 경우가 많다. 그리고 다른 사람을 통제하기 위한 동작이나 접촉도 과감히 한다는 것이다(Hall, 1987 ; Wood, 2002에서 재인용).

5) 비언어 커뮤니케이션도 문화적 가치 규범을 반영한다

<사진 4>와 <사진 5>는 1900년도 우리나라 여인의 사진이다(사진연구가 정성길 씨 소장품, http://cafe.daum.net/misslove1004). '다리미질'이라는 제목의 <사진 4> 속의 여

인은 의도적으로 젖가슴을 내놓고 있다. 이는 아들을 낳은 것을 자랑하기 위한 풍속이다. '여인의 가리개'라는 제목을 가진 <사진 5>는 왕골로 짠 가리개를 쓰고 나들이하던 여인이 양손으로 가리개를 받쳐 외면하고 있는 모습으로 당시 남녀가 내외를 하는 우리나라의 사회문화적 규범을 나타내고 있다.

<사진 6>은 폴 고갱의 '망고를 든 타히티의 두 여인'이라는 제목의 1899년 타히티 여인의 그림이다. <사진 7>은 차도르를 두른 2004년 이슬람 여인의 모습으로 여자가 결혼을 했거나 신체적으로 성숙하면(일반적으로 초경을 한 후) 부모가 얼굴을 비롯한 신체를 가리게 하는 이슬람 문화권의 규범을 보여주고 있다. <사진 8>은 2005년도 이슬람 문화권의 수영복 모습이다. 이와 같이 사진 속 여인들의 옷차림은 각기 그 시대 그 사회의 문화적 규범을 보여주고 있는데 2007년 1월 22일 오후 서울 하얏트호텔 그랜드볼룸에서 한국 해비타트가 개최한 '여성의 집짓기 후원을 위한 한복 패션쇼'가 열린 가운데 모델들이 어깨를 시원하게 드러낸 현대적 감각의 한복을 선보이고 있는 <사진 9(디지털조선, 뉴시스)>는 한국

〈사진 4〉　〈사진 5〉

〈사진 6〉

〈사진 7〉

〈사진 8〉　〈사진 9〉

인들의 규범이 변화되어 감을 비언어적으로 보여주고 있다.

여성의 옷차림과 같이 특정한 문화의 가치 규범을 보여주는 비언어 커뮤니케이션의 유형은 매우 다양하다.

특정한 비언어적 행위에 대한 해석은 문화권에 따라 달라진다. 예를 들면, 대화할 때 상대방과 손을 잡는다든가 상대의 신체 부위에 접촉을 하는 등의 행위에 대한 가치 규범도 문화권에 따라 다른데 내프(Knapp, 1972)의 연구에 의하면 어느 정도 아는 사이에서 대화할 때 미국인들은 평균 한 시간에 두 번 정도의 접촉을 한다고 한다. 이에 비해 감정 표현이 풍부한 프랑스인들은 평균 한 시간에 110번 가량, 푸에르토리칸들은 평균적으로 무려 180번 정도의 접촉을 한다고 한다.

시간에 대한 태도도 그 사회의 문화적 가치 규범을 드러내 보이는데 서구인들의 시간 개념은 생활의 많은 부분에서 일의 속도를 빠르게 하는 물건들을 만들어 놓았다. 심지어 음식에서도 '패스트 푸드(fast food)'를 만들어낼 정도로 시간에 쫓겨 사는 모습을 보인다. 하지만 타히티, 자마이카, 멕시코와 같은 문화권에서는 시간에 대해 그리 구애받지 않는 생활 태도를 보이고 있다.

공간 개념도 문화권에 따라 매우 다른 의미를 가지고 있다. 미국인, 유럽인들은 공간에 대해 상당히 예민한 개념을 가지고 있다. 자신의 공간을 매우 중요하게 생각하며 다른 사람에 의해 침해받게 될 경우 싸움을 불사한다. 그러나 군집적인 문화권의 사람들에게 자기 자신만의 영역이라는 것은 그렇게 중요하지 않다. 예를 들면, 브라질 사람들은 거리에서나 버스, 상점, 엘리베이터 안과 같은 장소에서 다른 사람들을 가로막고 서는 것이 보통이며 심지어는 다른 사람과 부딪쳐도 사과를 한다거나 물러서는 법이 없다. 이기기 위해서가 아니라 미국인이나 유럽인들처럼 다른 사람의 영역을 침해하거나 자신의 영역을 침해당한 것에 대해 특별한 의식을 갖고 있지 않는 것이다.

같은 동양 문화권에서도 중국인과 일본인은 상당히 다른 면모를 보인다. 한 관광회사의 직원은, 중국인들은 한 명이 말해도 두 명이 말해도 또는 열 명이 말해도 모두 똑같이 큰 목소리로 대화를 하는데 비해 일본인들은 여러 명이 함께 있어도 소곤소곤 작은 소리로 자신들끼리만 대화를 한다고 한다. 물론 이러한 행태를 민족성과 같은 특성으로 일반화하기까지는 많은 연구와 논의가 되어야 하겠지만 관광 사업에 종사하는 많은 이들이 중국인과 일본인의 태도나 대화 행위에 대해서는 거의 일치된 견해를 갖고 있다고 한다.

이와 같이 다양한 형태의 비언어적 행위들에 그가 속한 사회문화적 가치와 규범이 반영되어 있음을 들어 커뮤니케이션 학자들은 비언어 커뮤니케이션은 본능에 의해서 생득(生得)되는 것이 아니라 사회화의 과정에서 학습된다고 하였다(T. Wood, 2000).

2. 비언어 커뮤니케이션의 유형

1) 동작에 의한 커뮤니케이션(Kinesics)

몸과 얼굴에 의한 커뮤니케이션으로 몸의 자세, 몸짓, 얼굴 표정 등을 모두 포함한다. 몸짓이나 몸동작은 우리가 스스로를 어떻게 여기는지 보여준다. 당당하게 몸을 세우고 얼굴을 똑바로 들고 사람들을 바라보는 연사는 스스로 자신감이 있음을 표현해준다.

몸의 자세나 동작은 또한 우리의 기분이나 상태를 나타내주기도 한다. 굳은 표정으로 빨리 걷고 있는 사람은 팔을 늘어뜨리고 초점 없는 시선으로 힘없이 거리를 거닐고 있는 사람에 비해 뭔가 단호한 결심을 하고 있다는 것을 보여준다. 심기가 불편하거나 신경이 날카로울 때 우리는 굳은 자세로 앉아 있게 된다. 그러므로 관객들이 지금 바라보고 있는 대상에 대해 흥미를 갖고 있는지의 여부는 그들의 자세를 보면 알 수 있게 된다. 흥미가 없을 때 관객은 하품을 하거나 등받이에 깊숙이 기대어 앉기도 하고 눈을 감고 있거나 심지어 잠을 자기도 한다.

몸짓과 자세는 우리가 상대와 커뮤니케이션을 할 준비가 되어 있는지를 알려주기도 한다. 팔짱을 끼고 시선을 내리깔고 있는 사람은 귀찮게 하지 말아달라는 즉 커뮤니케이션에 응할 마음이 없다는 메시지를 전한다고 해석할 수 있다. 이러한 행위는 강의 시간에 질문이나 지적을 받지 않으려는 학생들의 비언어 커뮤니케이션 전략으로 많이 사용된다.

얼굴은 몸짓보다 더 복잡하고 미묘한 커뮤니케이션 매체이다. 눈썹의 움

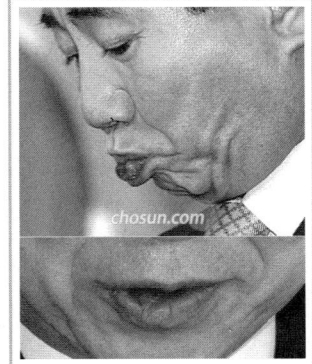

〈사진 10〉
현 정국에 대한 어려움을 보여주는 노대통령의 피곤한 모습(07. 1.)

〈사진 11〉
노무현 대통령이 8일 오후 한-뉴질랜드 비즈니스 포럼에서 뉴질랜드를 핀란드로 호칭하는 착각을 해 손으로 얼굴을 가리며 미안한 모습을 하고 있다(연합뉴스, 2006. 12. 7.).

〈사진 12〉
프로축구 K-리그 구단의 올림픽 대표팀 선수 차출 거부로 카타르 8개국 올림픽 팀 초청대회 출전이 무산된 가운데 정몽준 대한축구협회장과 핌 베어벡 대표팀 감독이 대표팀 진로에 관한 대화를 나누는 모습(연합뉴스, 2007. 1. 17.).

직임, 눈, 입, 머리 등의 움직임을 통해 얼굴 하나로도 우리는 수천 가지의 전혀 다른 감정 표현을 할 수 있다. 눈빛만으로 사랑, 분노, 슬픔, 기쁨, 모든 감정 표현이 가능하다. 킬리와 하트(Keeley & Hart, 1994)에 의하면, 얼굴에 의한 커뮤니케이션은 특히 애착과 반응의 의미를 가장 효과적으로 전달할 수 있다고 한다. '미소를 짓지 못하는 인간은 장사할 자격이 없다'는 중국 속담처럼 미소는 상대에게 친근감과 마음이 열려 있음을 보여준다. 미소만으로도 사람은 자신의 이미지를 능히 바꿀 수 있으며 대인관계에 있어 긍정적인 메시지를 보낼 수 있다.

커뮤니케이션은 대부분 서로 마주 보면서 이루어진다. 즉 상대방의 얼굴을 보아야 대화가 된다는 것이다. 그러므로 표정 관리가 매우 중요하며 그 중에서도 눈은 매우 중요한 역할을 한다. 때론 언어의 내용이 말하는 사람의 시선에 따라 의미가 달라지는 경우도 많다. '눈은 마음의 거울'이라는 시도 있는 것처럼 눈은 우리의 감정에 관해 복잡하고도 중요한 메시지를 표현해 주며 때로는 대화의 진실성을 가늠하는 미묘한 잣대가 되기도 한다. 그래서 청탁을 거절해야 할 때나 피하고 싶은 사람과 마주할 때 '시선 회피'의 전략을 사용하기도 한다.

갓난아기들을 보면 아기들이 다른 사람의 눈에 초점을 맞추고 있는 것을 알 수 있다. 스핏쯔(Spitz, 1965)의 연구에 의하면 갓난아기들은 엄마의 다른 부분이 안 보이는 것에는 반응하지 않지만 엄마의 눈을 바라볼 수 없게 되면 불안을 느끼게 된다고 한다. 성인으로서의 우리는 다른 사람의 눈을 보며 그 사람이 정직한지, 흥미를 느끼고 있는지, 자신감이 있는지 또는 어떤 감정을 가지고 있는지 등에 대하여 판단한다. 서구 사회에서 연사의 정직성과 눈 맞춤을 관련짓는 까닭이 여기에 있다. 그러나 문화에 따라서는 눈 맞춤을 그리 좋지 않게 여기기도 한다. 전통적인 유태문화의 규범은 남자 아이들에게 여자의 눈을 보아서는 안 된다고 가르친다.

2) 촉각에 의한 커뮤니케이션(Haptics)

촉각은 신체적인 접촉을 포함하는 비언어 커뮤니케이션으로 커뮤니케이션 학자들은 촉각에 의한 커뮤니케이션이 물심양면으로 건강한 삶에 필수적이며 따라서 인간의 오감 중에서 가장 먼저 개발해야 할 감각이라고 한다. 촉각을 통한 비언어적 행위는 대인관계에 있어 힘의 크기나 지위, 신분을 나타내주기도 한다. 사장이 사원을 격려하면서 어깨를 두드리는 행위는 가능하지만 그 반대의 경우는 생각할 수 없는 것과 같다. 촉각에 의한 커뮤니케이션은 특히 성별 규범이 매우 다르다. 일반적으로 여자들이 남자에 비해 촉각적 커뮤니케이션을 선호한다. 부모가 아이를 안아주거나 어루만져주는 경우도 남자아이에 비해 여자아이에게 더 많다고 한다(Condry, Condry, & Pogatshnik, 1983).

어려서부터의 이러한 환경은 여성과 남성이 자신의 촉각적 커뮤니케이션이나 다른 사람의 촉각적 행위에 대한 반응을 성별 규범에 따라 하도록 가르치게 된다.

3) 외모에 의한 커뮤니케이션(Physical appearance)

서구 사회에서는 사람의 외모에 대해 상당히 관심을 가진다. 서구인들은 다른 사람을 만나면 일단 분명히 파악할 수 있는 외적 특성, 예를 들면 성별이나 피부색, 크기를 먼저 본다. 그리고 파악된 외적 특성에 근거하여 그 사람의 성격이나 특성을 추론한다. 서구의 한 연구는 살찐 사람들이 게으르고 나약한 특성과 관련이 있다고 하였으며 마르고 각진 외모는 젊고 경직되어 있으며 고집스런 특성을, 운동선수 같은 체형을 지닌 사람들은 강하고 모험심이 많으며 남에게 의지하지 않는 특성을 보이고 있다는 연구도 있다(Wells & Siegel, 1961). 이렇게 외모와 성품을 연결하는 것이 비록 사실적인 근거가 없을지라도 외모적 특성에 대한 인식이 고용이나 업무배치 그리고 승진 등에 관여하는 것은 사실이다.

외모에 대한 가치개념도 문화권에 따라 달라서 서구에서는 예쁘고 날씬한 여성과 강인한 남성다움과 키가 큰 남자를 중시하는 데 비해 전통적인 아프리카 사회에서는 풍성한 몸집을 건강이나 부, 명예 등과 같은 바람직한 가치를 지닌 사람의 상징으로 여긴다. 이러한 경향에 따라 미국 내에서도 아프리카계 미국인들은 유럽계 미국인들보다 몸집이 큰 여자를 더 좋게 여긴다고 한다(Thomas, 1989 등).

외모적 특성은 눈빛이나 키와 같이 원래 우리에게 주어진 것도 될 수 있고 어떤 색으로 염색을 하며 어떤 색의 렌즈를 착용하고 어떤 화장을 하는가를 선택함으로써 우리의 외모를 관리하는 방법을 포함하기도 한다. 우리는 우리가 가진 이러한 외모적 특성을 잘 가꾸어 다른 사람에게 인상 깊은 이미지를 심어줄 수 있으며 실제로 서구인들은 이런 것에 흥미를 매우 많이 가지고 있다.

우리 사회도 '얼짱', '몸짱', '짱 신드롬', '짱 광고', '꽃미남' 등과 같은 용어가 유행할 정도로 잘생긴 외모에 대한 선호 경향이 매우 강해지고 있으며 살찐 국회의원을 죽이겠다고 협박한 사람에 대한 다음 기사 역시 사람의 내적 특성을 외모에서 추론하여 파악한 예라고 하겠다.

> 🔍 "살찐 국회의원 살해" 국회에 협박 전화
>
> 서울 영등포경찰서는 13일 국회에 전화를 걸어 "살찐 국회의원을 살해하겠다"고 협박 전화를 한 혐의(협박)로 하모(42)씨를 붙잡아 조사중이다. 하씨는 12일 오후 4시께 국회 교환실과 민원실에 전화를 걸어 "자살사이트에 들어가 자살을 하려다 억울한 생각이 들었다"며 "서민들은 살기 힘든데 국회의원은 일도 하지 않는다. 살찐 국회의원 3명을 골라 9월부터 살해하겠다"고 협박한 혐의.
>
> ● ● ● 강훈상 hskang@yonhapnews.net(2003)

특히 방송과 같은 매스컴에서 외모지상주의를 부추긴다는 지적도 많은데 방송은 대중성을 반영해야 함과 동시에 다시 대중을 어떤 방향으로 이끌어가야 한다는 점에서 다음 기사는 외모에 대한 우리 한국 사회의 가치 규범이 어떠한가를 살펴볼 수 있는 일례가 될 것이다.

지석진이 '여걸식스'멤버를 소개하면서 빠지지 않는 수식어가 하나 있다. '섹시'라는 단어다. 정선경이 이혜영의 후임으로 새 여걸식스 멤버로 투입된 '여걸식스-New 6 여걸출범식' 방송이 된 28일 방송분은 내용 성격의 변화를 기대했던 적지 않은 시청자들의 기대를 무너뜨렸다. 이날 지석진의 여걸식스 멤버들을 소개하는 멘트에서 드러낸 '섹시'라는 단어의 수많은 반복적사용은 이 프로그램의 성격을 단적으로 드러내준다. '여걸식스'에서 자주 나오는 여성을 규정하는 단어를 보면 이 프로그램의 성격이 대략 드러난다. 지난해부터 '여걸식스'에서 자주 사용되는 단어가 여성의 이상적 몸매라고 강변하는 'S라인'이다. KBS가 외모 지상주의를 조장한다는 판단에서 사용을 자제하자고 한 '몸짱', '얼짱'이라는 단어도 '여걸식스'에는 시도 때도 없이 등장한다. 이 단어들의 잦은 사용은 '여걸식스'의 고질적인 문제점으로 지적되고 있는 여성의 성의 상품화와 외모지상주의 그리고 여성의 수동성을 적나라하게 보여준다. 이러한 단어에는 여성은 내세울 것이 외모와 몸매밖에 없다는 것과 여성은 남성의 응시의 대상이라는 속성을 강화시켜준다. 그리고 'S라인', '얼짱'이라는 단어의 강변을 통해 직간접적으로 우리 사회의 부작용을 낳고 있는 과도한 다이어트 열풍과 성형 열풍을 조장하고 있다. 'S라인'과 '얼짱'을 이상화시키는데다 더 나아가 일상화 시키는 효과가 있기 때문이다. 그래서 KBS는 자체적으로 이러한 단어 사용을 자제하자는 움직임을 가시화 시킨 것이다. 정선경의 투입을 계기로 이러한 문제점으로 지적되고 있는 '여걸식스'의 병폐를 개선하고 방송 초반부에 보였던 여성의 주체성과 적극성을 발현시키는 방향으로 성격전환이 이뤄졌으면 한다.

● ● ● 마이데일리, 배국남 대중문화전문기자 knbae@mydaily.co.kr(2007. 01. 29.)

4) 소유물에 의한 커뮤니케이션(Artifacts)

자신이 가진 물건의 특성을 통해 자신을 커뮤니케이션하는 것이다. 옷차림이나 액세서리가 대표적인 경우로, 유럽 귀족 가문의 '문장'이나 아메리카인디언의 '사리', 아프리카계 미국인들의 '아프리카 풍' 액세서리와 같이 그들의 문화적 유산을 커뮤니케이션하는 것들도 있다. 그 외에 전문적인 직업을 표시해주는 '서류가방'이라든가 학생임을 나타내주는 '메는 가방', 노동자 계층임을 알게 해주는 진 바지와 부츠, 군대의 군복과 계급장, 회사를 상징하는 로고 등이 이에 해당한다.

각 가정의 진열장 안에 소중히 놓여 있는 물건이나 가구들, 장식품들은 그 집안의 분위기가 종교적인지, 여행을 좋아하는지, 서로 사랑하는지, 애착이 별로 없는지 등을 거의 거짓 없이 보여준다고 한다. 그리하여 메리(Mary, 1990)는 우리에게 소중한 것들로 집을 꾸밈으로써 우리는 집을 가정으로 바꿀 수 있다고 말한다.

1970년대에는 남녀 대학생들이 미팅을 하여 파트너를 고를 때에 여학생들의 소지품을 매개로 하는 경우가 있었다. 여학생들이 내어 놓은 반지나 스카프, 시집, 향수, 책 등은 그것을 선택하는 남학생에게 한 번도 본 적이 없는 한 여학생에 대해 처음으로 주인을 대신하여 커뮤니케이션하는 것이었다.

한편 산부인과에서 신생아가 남아일 경우에는 파란색 담요로, 여아에게는 분홍색 담요로 싸는 것에서 보듯이 소유물에 의한 커뮤니케이션에도 남녀에 따른 성별 규범이나 유형이 분명히 구별되고 있음을 알 수 있다.

유럽의 문장에 대한 다음 자료는 소유물에 의한 비언어 커뮤니케이션이 생활 속에 차지하는 비중을 보여준다.

🔍 유럽 귀족 가문의 문장(紋章)

자신이 어떤 집안 출신인가를 보여주는 수단으로 상징적인 장치들을 사용하는 것은 13세기 유럽의 귀족들에게 널리 펴졌고 곧 조합과 기관들까지도 그러한 관행을 받아들였다.

문장의 기능을 한 것은 주로 방패이며, 14세기말에 투구가 부차적으로 그 기능을 담당했다. 투구는 대개 화관(花冠)이나 보관(寶冠) 안에 놓여 있거나 담비가죽 무늬의 천이 위로 치켜 올라가 있는 샤포(chapeau : 軍帽) 위에 놓여 있다. 투구의 모습과 위치는 지위를 나타내는데, 15세기 말에는 신분이 높은 귀족들과 몇몇 조합들도 방패 양편에 그것을 받드는 사람이나 동물을 그려 넣었으며, 동시에 휘장이 문장으로 사용되었다. 가터 훈장의 경우에는 가터(대님)가 방패를 빙 둘러 에워쌌다. 세습귀족들은 화관을 방패 위에 놓았고 나중에는 휘장과 장식들을 방패 아래 놓았는데 모든 문장 도안들을 통틀어 문표(紋標)라고 부른다.

문장의 도안은 여러 관례에 따라 다양한 상징들이 쓰인다. 문장은 세습적인 것이어서 문장을 하사받았거나 문장을 지니도록 허락받았던 첫 인물의 모든 남자 후손들이 문장을 물려받았다. 장남이 아닌 아들들은 그들의 문장과 투구 장식에 분가(分家)임을 나타내는 자그마한 상징들을 덧붙인다. 문장은 명예의 표시이기 때문에 법으로 보호된다. 오늘날에는 유럽의 여러 왕국과 아일랜드, 스위스, 남아프리카, 짐바브웨만이 문장의 사용을 통제하고 있다. 몇몇 나라에서는 귀족이 아닌 일반 시민의 문장도 있지만, 이는 대개 어떤 보호도 받지 못한다. 팅크춰는 문장에 쓰이는 여러 가지 색·금속·털가죽을 말하는데, 이것에 따라 문장의 특색이 나타난다. 색상은 '홍·청·흑·녹·자주'를 사용하고 핏빛 빨강색, 오렌지 빛 황갈색, 하늘색은 거의 사용하지 않는다. 금속으로는 황색으로 나타나는 금과 항상 백색으로 묘사되는 은(銀)이 있다. 털가죽으로는 대개 흰색 바탕에 검은 점이 있는 산족제비 가죽과, 그것을 변형시켜 황금색 바탕에 검은 점을 찍은 것, 자그마한 상징적인 다람쥐의 줄무늬를 청·백으로 번갈아 넣은 얼룩다람쥐 모피를 사용했다.

문장에서 사용되는 상징들을 흰색 문장도형이라 부르는데, 주된 형은 넓은 세로 띠, 가로 띠, 대각선 띠 같은 기하학적인 도형이다. 또 다른 형은 짐승·괴물·사람·새·생선·파충류·곤충 따위의 동물이나 그 밖의 거의 모든 무생물 형태를 이용한다. 방패 면에는 문장도형들이 그려져 있는데 그것은 장식이 없거나, 또는 바둑판무늬나 자그마한 도형들이 흩뿌려져 있기도 하고 한 선 또는 여러 선으로 구획되기도 한다. 방패는 수평으로, 반 수직으로, 반 또는 양쪽 위에서 갈라지는 면이 대각선으로 나뉜다. 그리고 구분선은 톱니·물결·지그재그로 한다. 방패면의 가장 윗부분은 머리이고 아랫부분은 바닥이다. 통상 방패를 사람이 들고 있을 때 보므로, 바라보는 사람의 왼쪽은 방패의 오른쪽, 그리고 오른쪽은 방패의 왼쪽이 된다. 또 머리의 중간점은 상중점(上中點), 그리고 바닥의 중간점은 하중점(下中點)이다.

문표를 묘사하는 것은 문장을 기술(blazon)한다는 것이다. 이 말은 영어와 옛 프랑스어가 섞인 것으로, 꾸밈없고 명확하게 만드는 관례를 바탕으로 한다. 예컨대 도형들은 언제나 오른쪽을 향하며, 한 방패 안에 3개의 도형이 있으면 다르게 도해되지 않는 1~2개는 머리에, 하나는 바닥에 배치된다. 그러한 관례들은 그밖에도 많다. 도해의 기본적인 규칙들은 방패면, 주된 도형, 다른 도형들, 그리고 도형 위에 놓이는 도형의 순서로 묘사하도록 되어 있다. 또 형용사는 그것이 수식하는 명사 다음에 오고 색깔은 가장 나중에 온다. 예컨대 황금 방패 위에 그려진 뒷발로 일어선 붉은색 사자는 "황금, 사자, 뒷발로 일어선, 붉은색"이라고 도해되는 것이다.

기장(旗章)은 아주 오래전부터 귀족들이 그들의 신하들과 재산을 표시하기 위해 간단히 이용했던 군기(軍旗)에 그려졌으나 이제 문장을 지닌 사람들과 조직들에게 허용된다. 문장에는 용맹스러운 행동을 기념하고 보상하는 뜻으로 여러 가지 기장이 덧붙여지기도 한다. 예컨대 찰스 2세는 많은 왕당파 사람들에게 왕의 휘장과 기장을 문장에 덧붙이도록 하사함으로써 보답했다. 문장의 배열이란 특히 한 방패 위에 하나 이상의 문장을 그려 넣어야 할 때 문표를 올바르게 그려 넣는 것을 가리킨다. 문장의 배열에서 부부는 문장을 한 방패 안에 나란히 그려 넣고, 아내나 상속녀인 경우 남편의 방패 한가운데에 작은 방패를 그려 그 안에 아내의 문장을 넣는다. 그리고 상속녀는 그녀의 후손들에게 그녀의 문장을 방패의 한 부분에 그려 넣도록 물려줄 수 있다. 그럴 경우 방패는 상속된 문장의 수에 맞도록 수평선과 수직선들에 의해 넷 또는 그 이상으로 나뉜다. 처녀는 투구장식 없는 마름모꼴 안에 아버지의 문장을 그려 넣는다. 결혼한 여자는 남편의 문장이 그려진 방패만 사용하고, 과부는 마름모꼴 안에 남편의 문장을 그려 넣어 사용한다. 주교나 문장원(紋章院) 장관 같은 몇몇 관리들은 그들의 직책에 딸린 문장을 개인적인 문장의 오른쪽에 덧붙인다.

5) 공간에 의한 커뮤니케이션(Proxemics)

우리는 우리에게 주어진 공간과 그 공간을 어떻게 사용하는가로 우리 자신에 대해 커뮤니케이션할 수 있다. 공간에 의한 커뮤니케이션도 사회문화적 가치 규범에 의해 많이 다른데 예를 들면 미국에서는 사회적으로 안면이 있는 사람들이 대화를 할 때 4~12피트쯤의 거리를 두는 것이 편하다고 느끼며 친구나 연인 사이에는 18인치 정도의 거리에도 편함을 느낀다고 한다.

공간이나 공간 개념도 대인 간 힘의 관계나 신분을 커뮤니케이션하는데 예를 들면 지위의 높고 낮음에 따라 허용되는 공간의 크기가 다르며 미국사회에서 일반적으로 여자나 약자계층이 유럽계 미국인 남성보다 공간을 덜 차지함과 같은 것이다 (Spain, 1992). 다른 사람의 공간에 개입하는 것 또한 힘의 관계를 보여준다. 예를 들면 가정에서도 아버지는 온 가족의 방을 어느 때나 자유로이 들어갈 수 있음에 비해 자식이 부모의 방을 또는 동생이 형의 방을 함부로 들어가지는 못하는 것이다.

아이들은 자신의 방을 자신의 취향에 따라 꾸밈으로써 자신이 어떤 사람인가를 다른 사람에게 커뮤니케이션한다. 이와 마찬가지로 집의 공간이 어떻게 처리되어 있는가를 보면 그 가족의 분위기나 상호작용 정도, 가풍, 사회경제적 지위 정도 등을 짐작할 수 있다고 한다.

6) 환경적 요소에 의한 커뮤니케이션(Environmental factors)

우리가 커뮤니케이션을 하고 있는 시간과 장소의 환경적 요소는 우리의 느낌과 생각, 행동에 영향을 미친다. 예를 들면 딱딱한 나무의자가 있는 방보다 푹신한 안락의자가 있는 방에서 편안함을 느낀다든가 은은히 촛불이 밝혀진 방에서 로맨틱한 감정을 느끼게 되는 것, 교회나 절과 같은 곳에서 근엄함과 숭배의 마음을 조성하기 위해 촛불을 켜두는 것 등이다.

음식점에서 특히 이러한 환경의 커뮤니케이션적 특성을 잘 활용하고 있는데 고급 레스토랑에서는 은은한 조명과 안락한 의자, 칸막이가 된 사적 공간, 부드러운 음악 등으로 값비싼 분위기를 만들고 있지만 값싼 패스트푸드점에서는 이윤을 극대화하기 위하여 빠른 음악과 1회용 식기, 밝은 조명, 딱딱한 의자와 테이블 등으로 고객들의 회전율을 높이고 있는 것이다. 버지(Bozzi, 1986)의 연구에서는 패스트푸드점의 빠른 음악이 음식을 먹는 속도를 빠르게 한다는 것을 밝혔는데 느린 음악을 틀어놓았을 경우 사람들이 음식을 씹는 속도는 분당 3회 떠먹는 정도인데 비해 록과 같은 빠른 음악의 경우 분당 5회 떠먹는 정도로 빨라진다는 것이다.

다음 자료는 커뮤니케이션에 작용하는 환경적 요소를 과학적으로 증명해주고 있다고 할 수 있다.

🔍 달이 삶에 끼치는 신비한 영향들

지난 주 영국 일간 인디펜던트가 세계 각국에서 진행되었던 과학적 보고를 종합해 보도한 바에 따르면, 달 주기(태음주기) 29.53에 따라 우리의 삶은 갖가지 규칙적인 변화를 겪는다.

보름달은 우리를 허기지게 만든다. 미국 조지아 주립 대학의 연구팀이 보름에 식사량이 더 늘어난다는 사실을 밝혀낸 바 있다. 성인 694명의 식사 패턴을 연구한 결과 달의 주기에 따라 작지만 의미 있는 변화가 보였는데, 초승달일 때보다 보름달이 뜨는 시기에 식사량이 8% 정도 증가했다고. 대신 보름달이 뜨면 음주는 줄어든다. 초승달 시점에 비해 음주량이 26%가 줄어들었다.

영국 리즈 대학의 연구팀은 보름달 시기에 의사들의 진료가 3.6% 정도 늘어난다는 조사 결과를 내놓은 바 있다. 정확한 원인은 불분명하지만 우울증 등 심리적인 원인이 이런 진료 사례 증가를 야기한 것은 아니라고

한편 슬로바키아의 한 연구소는 22년간의 통계를 근거로 풍동이나 천식 환자의 고통이 초승달과 보름달 시기에 정점에 이른다고 밝혔다.

달 주기를 4구간으로 나누었을 때 마지막 4/4분기에 임신이 가장 많이 일어난다. 이것은 뉴욕의 14만 출산 사례를 근거로 밝혀낸 사실이다.

미국 플로리다에서 진행된 조사 결과 범죄와 태음 주기도 관계를 보인다. 보름달 시기에 살인과 폭행 등 사건이 빈발한다고.

그런데 보름달은 인간 연장에도 도움을 준다. 4년간의 교통사고 통계는 보름에 교통사고가 가장 낮다는 사실을 보여준다. 교통사고가 가장 빈발하는 시기는 보름 이틀 전인 것으로 나타났다.

태음주기가 인간의 삶에 영향을 끼친다는 사실은 빈번히 확인되었지만 그 원인은 정확히 밝혀지지 않았다.

달의 인력 변화가 인간과 동물에게 영향을 끼친다고 분석하는 과학자들이 있는 반면 달의 주기가 호르몬 변화를 유발하고 그것이 생활과 신체에 미묘하지만 중요한 변화로 이어진다는 설명도 있다.

● ● ● 디지털조선-팝뉴스(2007. 1. 30.)

7) 시간에 의한 커뮤니케이션(Chronemics)

우리가 시간을 어떻게 인식하고 어떻게 사용하는가는 우리가 어떤 사람인지 일상생활에서 다른 사람과 어떻게 상호작용을 하는지 나타내준다. 낸시 헨리(Nancy Henley, 1977)는 시간에 대한 우리의 태도와 방법이 사회적 지위를 나타내준다고 한다. 서구 사회에서는 높은 지위에 있는 중요한 사람은 다른 사람을 기다리게 할 수 있지만 지위가 낮은 사람은 시간에 늦으면 안 되는 문화적 규범이 있다는 것이다. 예를 들면 강의 시간에 학생들은 늦으면 안 되지만 교수가 늦을 때 학생들이 불평 없이 기다려야 하는 것이나 미리 예약을 해놓았어도 의사는 환자를 기다리게 할 수 있으며

환자가 의사를 기다리는 것은 당연하다는 것이다. 이는 사회문화적으로 의사나 교수의 시간이 환자나 학생의 시간보다 가치가 높다고 인정하고 있다는 뜻이다. 시간이 보여주는 이러한 힘의 커뮤니케이션은 서구사회에서만이 아니라 고금을 막론하고 사람이 더불어 살아가는 사회에서는 어디에서나 일어나고 있다.

우리가 만나는 사람에게 할애하는 시간의 길이 역시 우리가 그 사람에 대해 어떻게 생각하는지를 말해준다. 아인슈타인은 예쁜 여자와 있는 1시간은 1분 같고, 난로 위에 손을 얹은 1분은 1시간 같다고 했다. 이렇듯 좋아하는 사람과는 함께 하는 시간을 오래하지만 신호 위반으로 범칙금을 떼는 경찰과는 빨리 헤어지고 싶어 한다. 회사에 초빙되어 연설하는 강사는 CEO나 그 회사의 중역과 같은 지위에 있는 사람의 질문에 대해 매우 충분한 답변을 하지만 그렇게 중요하지 않게 보이는 사람의 질문에 대해서는 짤막한 답변으로 마무리하며 질문 자체를 허용하지 않기도 한다.

한편 시간에 의한 커뮤니케이션은 그 사회의 시간에 대한 문화적 태도를 보여준다. 서구 사회에서는 시간을 매우 가치 있게 생각하고 따라서 그들은 속도를 중시한다. 그래서 계속 컴퓨터를 업그레이드하고 요리를 더 빨리 하기 위해 전자렌지를, 세탁 시간과 노동력을 줄이기 위해 세탁기와 같은 것들을 만들어낸다. 일상생활에서 우리는 '시간을 아껴 쓰라'는 충고나 '이 강의에는 시간을 더 많이 주어야 한다'는 생각, '너는 내 시간을 낭비하게 했어'와 같은 말처럼 시간을 '가치'에 비유하는 말들을 많이 듣고 있다.

세계미래회의 '티머시 맥' 회장의 다음 인터뷰 내용은 '시간'에 대한 서구인들의 가치관을 보여주는 가장 대표적 사례라 할 것이다. '맥' 회장은 "시간은 미래의 희귀자원"이라며 "한정된 시간에 처리할 정보가 너무 많아 '시간 부족 사회'가 온다"고 예견하였다. 그는 그동안 4~5차례 '인터넷시대의 커뮤니티'란 제목의 글을 발표하면서 "미래에는 인간들 사이의 대면(對面) 접촉이 더욱 중요 해진다"고 주장해 왔다. 간접 체험에서 얻는 정보의 양에는 한계가 있기 때문에 직접 체험으로 보충하려 한다는 것이다. 그는 그 증거로 여행 산업의 폭발적인 증가세를 꼽으며, 여행 산업이 향후 15년 동안 4배 성장할 것이라고 예측했다. 그는 기자에게 "분명 당신은 많이 바쁠 텐데 워싱턴까지 직접 나를 만나러 왔다"며 "대신 당신은 나의 몸짓과 목소리, 인상을 통해 전화나 이메일에서 놓치는 수많은 정보를 얻고 있다"고 말했다. 인터넷을 통해 전 세계의 문화 유적을 둘러볼 수는 있지만 '아우라'(원본에서만 나타나는 분위기)는 실제 현장에서 느낄 수밖에 없다고도 했다(베데스다=신지은 기자, 2007. 1. 15.).

그러나 남미 여러 국가들이나 타히티와 같은 곳에서는 시간에 쫓기며 살지 않는 다고 한다. 그들은 약속이나 근무 시간에도 늦는 것이 예사이다.

이렇게 시간을 어떻게 인지하고 어떻게 쓰는가는 삶에 대한 그 사회의 문화적 태 도를 보여주고 있다.

'맥' 회장이 사용한 'Rush'라는 용어를 우리말로 바꾸면 기자는 '서둘러'라고 하 였지만 아마도 우리나라 사람들이 가장 많이 쓴다는 '빨리 빨리'가 아닐까 싶다. '빨리'를 외치며 급속히 서구화되어가는 우리나라 특히 '서울 시민'의 행복지수가 세계 10대 주요 도시 중 꼴찌(조선일보, 2007. 1. 18)라는 것은 우리 민족에게 '시간'에 대한 올바른 가치관과 개념의 정립이 필요함을 보여주는 것이 아닐까 한다.

8) 준(準)언어에 의한 커뮤니케이션(몸짓·표정 따위의 전달이 포함된, Paralanguage)

테네시 윌리엄의 희곡 '유리 동물원'에서 가장인 아버지는 전화교환원의 아름다 운 목소리에 반해 그녀와 전화로 사랑을 이어가고 마침내는 가정을 버리고 떠나 버 린다.

'성우'는 목소리가 가장 중요한 현대인의 직업 중 가장 대표적인 것이며 '텔레마 케터', '전화비서' 등은 메시지의 의미보다는 메시지를 전달하는 음성의 특성이 중 요한 직업이다.

준(準)언어(Paralanguage)란 음성에 얹히는 모든 것을 의미한다. 예를 들면 음색, 음 장, 높낮이, 어조, 속도 등과 같은 목소리에 얹히는 특질들과 대화 도중 들어가는 한 숨, 신음과 같은 것들을 모두 포함한다. 이러한 것들은 우리가 하는 말이 농담인지 협박하는 것인지 설명하는 것인지 또는 질문하는 것인지를 상대가 알도록 해준다. 연설을 잘하는 사람은 이러한 준언어적 특질을 잘 활용함으로써 그들이 하고자 하 는 말의 의미를 더 강화한다.

친한 친구라든가 애인에게 자신의 감정을 전달하기 위해 우리는 속삭임이라든가 친근감을 주는 준언어적 특질을 많이 사용한다. 이러한 준언어적 특질은 커뮤니케이션의 상황에 따라 해석된다. 예를 들면 대화 도중의 한숨 소리는 동의를 뜻할 수도 있고 지루함을 뜻할 수도 있다.

목소리는 이미지에 영향을 미친다. 취업 면접이나 승진, 보수를 올려달라고 요구할 때 우리는 신중하게 목소리를 가다듬는다. 부부 사이에는 목소리의 톤이 감정 파악에 중요한 실마리가 된다고 한다. 그래서 부정적인 느낌을 주는 목소리의 톤이나 어조는 결혼 생활에 있어 뭔가 불만족스러움이 있음을 표현한다는 것이다(Noller, 1987). 반면에 부드럽고 따스한 목소리는 애정이 있음을, 장난기 있는 목소리는 친근감을 표현해준다고 생각한다.

준언어적 커뮤니케이션에 의해 그 사람의 특질을 가늠하는 경우도 있다. 예를 들면 특정 방언의 악센트를 사용하는 사람은 어떠하다고 생각하는 것인데 문학작품에서 방언의 특징만으로 등장인물의 성격 창조를 하는 것과 같다. 김동인은 「감자」에서 평양 방언을 사용하여 여주인공 복녀의 특성을 드러내 보였고 「배따라기」에서도 다른 작가에게서 볼 수 없는 성격 창조를 작중 인물의 말과 행동 특히 방언의 두드러진 사용에 의하고 있다. 채만식의 「천하태평춘」 역시 전라방언을 통해 윤영감의 성격을 드러내 보이고 있다(이태영, 방언에 나타나는 등장인물의 성격).

이러한 준언어적 특질 역시 성별 규범에 따른다. 예를 들면 남자는 낮고 굵은 목소리로 말하고 여자는 높고 가는 목소리로 말하는 것이 정상이라고 생각하는 것과 같다.

그 사람의 사회경제적 지위가 발음이라든가 말의 속도, 악센트에 영향을 미치기도 한다.

실제로 자신의 목소리에 신경을 쓰는 사람들은 그리 많지 않다. 그러나 주어진 단 시간에 자신을 보여야 하는 면접에 대해 목소리를 다듬는 것은 중요한 준비 항목 중의 하나이다. 흔히 목소리는 타고날 때 주어진 것으로 고칠 수 없다고 생각하는 것이 일반적이지만 목소리 역시 여러 방법으로 연습해서 미성(美聲)까지는 아니라도 듣기에 나쁘지 않게 다듬을 수 있다.

자신의 준언어적 특성이 다른 사람과의 커뮤니케이션에서 오해될 만한 점은 없는지 살펴보고 잘못된 점을 찾아 바르게 고치는 것은 앞으로 사회생활을 해야 할 사람으로서 기본이라고 할 수 있다.

9) 침묵에 의한 커뮤니케이션(Silence)

소리를 내지 않는 것, 말을 하지 않는 것이 상대에게 어떤 메시지를 전하기도 한다. 어떤 면에서는 말을 하는 것보다 의미 전달을 더 강하게 할 수도 있다.

침묵은 여러 가지 의미를 전달할 수 있다. 말을 하지 않아도 마음이 편하고 서로 통한다고 생각하는 커플에게 침묵은 동의의 의미로 받아들여질 수 있다. 그러나 반대로 말을 하지 않음으로써 상대에게 화가 났음을 전하기도 한다. 직장에서 업무 중 말을 하지 않으면 어떤 일에 대하여 반대한다고 볼 수 있으며 인터넷 채팅 시에는 채팅 룰을 깨뜨린 사람에게는 아무도 반응하지 않음으로써 그에 대한 거부 의사를 표현하기도 한다. 첫 데이트에서 대화 도중 생기는 침묵에 대해서는 그 침묵의 의미 파악이 곤란하여 당황할 수도 있다.

어떤 부모는 아이에 대해 전혀 반응하지 않음으로써 아이를 무시하기도 하고 다른 사람에게 화가 났을 때 전략적으로 침묵하기도 한다.

흔히 세일즈맨은 말로 고객을 설득하는 직업이라고 생각한다. 그러나 때로는 말보다 동의를 의미하는 침묵을 전략적으로 사용함으로써 성공을 거두기도 한다. 직물업자 '하펜'이 갑작스런 후두염으로 말을 못하게 됨으로써 구매사인 '포드'의 직원이 대신 브리핑해준 덕에 유력한 두 개의 경쟁업체를 물리치고 포드사에 50만 야드, 금액으로 160만 달러어치의 계약을 체결할 수 있었던 것이 한 예라 하겠다. 그 자리에서 하펜이 한 일이라곤 그의 말에 미소 짓거나 머리를 끄덕거리는 것뿐이었다. 만일 그가 후두염을 앓지 않고 제품을 팔기 위해 열변을 펼쳤다면 결코 그런 대성공을 거두지는 못했을 것이다(화술 1, 2, 3).

이에 비해 '패트릭 오헤아'라는 아일랜드 사람은 자가용 운전수를 하다가 트럭 세일즈업계에 뛰어들었지만 손님이 차에 대하여 조금이라도 불만을 말하면 분개하여 논쟁을 벌이곤 하였다. 이런 그에게 차를 살 손님이 어디 있겠는가. 몇 차례 실패 후 자신의 약점을 깨달은 그는 오랫동안 침묵하고 칭찬하는 법을 배워야 했다(화술 1, 2, 3).

흔히 우리는 '침묵은 금이다'는 말을 잘 쓰는데 세계 1등 경영을 목표로 하는 삼성전자의 '이건희' 회장의 세계 경제 전망에 대한 예리한 판단을 보여주는 '경구'와 같은 언급은 '침묵'이 조화된 화술로 평가되고 있다(조선일보, 2007. 1).

널리 알려진 대로 이건희 회장의 말은 어눌하고 투박하게 들린다. 느릿한 말투에 경상도 사투리가 섞여 있고 문장은 길게 늘어진다. 종지형(終止形)이 불분명하고 때로 한참 뜸을 들이다가 말을 계속 이어가기도 해 말이 어디서 끝나는지 알 수 없다. 실제로 삼성 계열사 사장들은 이 회장이 갑자기 "그거 잘되고 있어"라고 말하면 뭘 묻는지 몰라 무척 당혹스러워 한다.

한창수 삼성경제연구소 수석연구원은 "이 회장은 기상천외한 사례를 갑자기 언급하는가 하면 엄청난 속도감으로 비약을 거듭하기도 해, 만일 처음 이 회장의 말을 듣는 사람이라면 도무지 갈피를 잡을 수 없다"면서 "그러다가 말이 필요치 않다고 생각되면 몇 시간이고 며칠이고 입을 다문 채 산다"고 말했다. 그는 "이 회장의 말이 어눌함에도 불구하고 사람의 마음을 흔드는 까닭은 그가 침묵의 가치를 아는 사람이기 때문"이라며 "말이란 일정한 침묵이 배경이 되어야만 가치가 드러난다"고 덧붙였다. 가령 '사장보다 더 많은 월급을 주는 인재를 스카우트하라', '아내와 자식 빼고는 모두 바꾸어라', '아예 양(量)은 포기하고 질(質)만 따져라' 등의 경구는 오랜 침묵 끝에 나왔다.

이 회장은 작년 말 삼성그룹 사장단 송년모임에서는 느닷없이 "다른 사장들은 삼성전자의 황창규 반도체담당 사장이 거래선을 관리하는 방법을 모두 배워라"고 언급, 참석자들을 긴장시켰다. 이 회장이 구체적으로 특정인을 거론한 적은 별로 없었기 때문이다. 그는 이렇게 적절한 침묵과 한마디를 통해 긴장감을 주면서 오늘날의 삼성그룹을 만들었다.

• • • hschoi@chosun.com(2005. 2. 6.)

3. 효율적인 비언어 커뮤니케이션을 위한 지침

언어 커뮤니케이션과 비언어 커뮤니케이션은 많은 점에서 공통점을 가지고 있다. 그 중 오해될 여지가 많다는 것이 아마 가장 큰 공통점이라 할 수 있다. 우리는 다음 두 가지 점에서 주의함으로써 일상생활에서 비언어적 행위가 초래할 수 있는 오해를 줄일 수 있을 것이다.

첫째는 자신의 비언어적 행위가 자신의 의도와 일치하는지 또는 다른 사람이 오해할 여지는 없는지 항상 점검해야 한다는 것이며 둘째는 다른 사람의 비언어적 행위를 마음대로 해석해서는 안 된다는 것이다. 이에 대하여 차례로 살펴보기로 한다.

1) 자신의 비언어 커뮤니케이션에 세심한 주의를 기울이라

우리의 비언어적 행위는 우리가 어떤 사람인지를 나타내준다. 그러나 자신이 다른 사람에게 보이고자 한 이미지대로 그 사람에게 전달되었다고 확신할 수는 없다. 예를 들면 자신에게는 정말 재미있는 이야기였지만 친한 친구에게 그 이야기를 했을 때 친구는 전혀 재미있게 여기지 않을 때, 우리는 무엇이 잘못되었는지 생각해보아야 한다. 재미있다고 느낀 그 생각이 그 이야기에 충분히 반영되었는지, 자신이 전달하고자 하는 의미대로 명확히 커뮤니케이션 되었는지 점검해보아야 한다는 것이다.

우리는 좋아하는 사람을 초대할 때 청소를 하고 꽃을 꽂고 가구 배치를 정돈하고 하는 행위로 커뮤니케이션에 좋은 분위기를 만든다. 그런 것처럼 자신의 비언어적 행위도 잘못된 것은 없는지 자신의 의도대로 비언어적 행위를 잘 사용하고 있는지 세심한 주의를 기울이는 것은 커뮤니케이션을 통해 다른 사람과 관계를 맺고 사는 현대인에게 있어 매우 중요하다.

특히 자신의 의도하지 않은 비언어 커뮤니케이션이 '성희롱'과 같은 문제에 관련되어 자신은 물론 가족이나 은사, 선후배를 비롯한 주변 모든 사람들에게 누가 되지는 않을지 조심해야 할 것이다. 성희롱(sexual harassment)이란 타인에게 정신적·신체적으로 성적(性的)인 불쾌감과 피해를 주는 행위로, "업무, 고용 기타 관계에서 공공기관의 종사자, 사용자 또는 근로자가 그 지위를 이용하거나 업무 등과 관련하여 성적 언동 등으로 성적 굴욕감 또는 혐오감을 느끼게 하거나 성적 언동 기타 요구 등에 대한 불응을 이유로 고용상의 불이익을 주는 것"(1998년 2월 8일 제정된 남녀차별금지 및 구제에 관한 법률 제2조 2항)을 말한다. 이는 남녀차별로 간주된다(동법 제7조 '성희롱의 금지 등'의 3항). 또한 아울러 '직장 내 성희롱'이란 "사업주·상급자 또는 근로자가 직장 내의 지위를 이용하거나 업무와 관련하여 다른 근로자에게 성적인 언어나 행동 등으로 또는 이를 조건으로 고용상의 불이익을 주거나, 또는 성적 굴욕감을 유발하게 하여 고용환경을 악화시키는 것"(1987년 12월 4일 제정된 남녀고용평등법의 1998년 2월 8일 신설된 제2조 2항)을 가리킨다. 성희롱은 1960년대부터 미국에서 그 사례나 판례가 무수히 많았고 일본에서도 1988년에 시민단체에 의해 성희롱이 소개되었으며, 이후 이를 방지하는 법안이 마련되었다.

우리나라에서도 성희롱과 관련하여 고발하는 사건들이 많아지고 있다. 이러한 사건에 연루되게 되면 성희롱 피해자도 심적 수치심을 겪지만 가해자 역시 자신이 평생 쌓아올린 명예와 지위를 잃는 것은 물론 지인(知人)들이나 심지어 가족에게도 얼굴을 들지 못하게 되고 자신이 정말 사랑하는 사람들에게 상처를 주게 되어 잃는 것이 많다. 심한 경우 자살한 사람도 많다. 다음 <기사 1>은 성희롱과 관련된 최근의 사례인데 성희롱의 기준이 갈수록 엄격해지고 있음을 보여준다. <기사 2>는 우리가 평소에 아무 생각 없이 사용하는 말들이 다양한 성희롱의 유형임을 보여주고 있어 특히 학생들이나 젊은 사람들이 모르고 치기(稚氣)로 사용하다가 낭패를 볼 수 있어 자료로 실었다. 성희롱은 '피해자가 느끼는 성적 수치심'이라는 주관적인 기준 때문에 애매모호한 점이 있어 논란이 많은데 상대에게 성희롱이라고 여겨질 만한 행위가 되지 않도록 자신의 커뮤니케이션 방법에 유의함으로써 자신과 가문의 명예를 그리고 정말 사랑하는 사람을 잃지 않도록 함이 가장 우선일 것이다.

'오얏 나무 밑에서는 갓끈도 고쳐 매지 말라'

오해의 여지가 있는 비언어 커뮤니케이션을 경계한 우리 선조들의 훌륭한 가르침이다.

〈기사 1〉 남자끼리 한 낯 뜨거운 말 전해 들어도 '성희롱'

20대 여성 A씨는 지난 5월 직장동료가 전해준 말에 충격을 받았다. 직장 상사인 B씨가 다른 남자직원들과 대화하면서 A씨를 가리켜 "그 여자는 내 것이니 건들지 마라", "콜라에 약이라도 타서 어떻게 해보지 그러냐"는 말을 했다는 것이다. 상사에게 직접 들은 말은 아니었지만, A씨는 그 말을 전해 듣고 심한 수치심을 느꼈다. A씨는 이런 사실을 국가인권위원회(이하 인권위)에 진정했고, 인권위는 23일 "제3자를 통해 간접적으로 들은 발언도 피해자가 수치심을 느낀다면 직접 들은 것과 같은 성희롱에 해당 된다"며, 직장상사 B씨에게 인권위가 실시하는 인권교육을 받도록 권고했다. 인권위는 B씨의 발언 내용을 A씨에게 알려준 직장동료의 행위도 성희롱에 해당되는지 조사했으나 별 문제가 없었던 것으로 결론을 내렸다.

인권위는 또 회식 후 여직원에게 키스를 하려고 하면서 가슴을 만진 모회사의 직장상사에게 경고조치 및 인권교육을, 부하 여직원에게 "돈을 줄 테니 같이 살자"는 내용의 편지를 보낸 다른 회사 사장에겐 인권교육을 받을 것을 각각 권고했다. 또 직장상사가 회식 후 노래방에서 여직원을 강제로 추행하려고 했던 또 다른 회사에 대해선 전직원에게 성희롱 예방교육을 실시하고 회사 내 성희롱 재발 방지책을 수립할 것을 권고했다. 성희롱을 한 직장 상사는 피해 여직원에게 3,000만원을 지급하기로 합의했다. 인권위의 권고사항은 반드시 이행해야 할 법적 강제성은 없지만 대부분 기업들이 이를 수용해 시행하고 있다.

● ● ● enavel@chosun.com(2007. 1. 24.)

〈기사 2〉 이런 발언도 성희롱이다.

"군대 다녀온 사람은 알겠지만…"
"여자가 많으면 경쟁력이 떨어져."
"열심히 가르쳐도 여자는 시집가면 쓸 데 없지."

서울대 연세대 고려대 여대생들이 교수들로부터 자주 듣는다고 꼽은 성희롱 발언에 포함된 것들이다.

교육부와 한국대학교육협의회는 19일부터 대구 인터불고 호텔에서 전국 대학 성희롱 고충상담원 및 성희롱 심의위원을 상대로 워크숍을 시작했다. 교육부는 워크숍을 위해 서울대 2005년 성희롱 자료집, 연세대 2004~2005년 학생 설문조사, 고려대 강의평가 항목 중 성희롱 관련 내용을 취합해 성희롱 사례를 모았다. 이 중 위에 언급된 사례는 흔히 생각하는 성희롱이라기보다 남녀차별 발언에 가깝다. 하지만 <u>남성과 여성의 사회적 차이를 거론하며 여성을 비하하는 발언도 성희롱 범주에 포함된다</u>고 교육부는 밝혔다. 교육부 서영주 여성정책과장은 "성희롱에는 언어적 성희롱, 시각적 성희롱, 신체적 성희롱 등 여러 부류가 있다"며 "남녀차별 언행도 언어적 성희롱에 해당한다"고 말했다. 여대생들은 이밖에 교수로부터 자주 듣는 성희롱 발언으로 "외모도 수준 이상인데, 한번 발표해 봐", "(여성 신체에 대해 얘기하며) 쭉쭉빵빵", "방뎅이" 등을 지적했다. 남학생들로부터는 동아리 뒤풀이 때 블루스를 함께 추도록 강요당하거나 여성 몸을 빗대

"절벽", "(성형수술)견적" 운운하는 발언을 자주 듣는다고 했다. 또 "애인 있냐?", "육체 관계 경험이 있냐?"라고 묻는 질문과 "가슴이 커서 무겁겠다", "술은 여자가 따라야 제 맛이다" 등의 발언도 남학생이 자주 하는 성희롱이라고 꼽았다.

성희롱이냐 아니냐를 구분하는 기준은 피해자가 성적 수치심 또는 모욕감을 느꼈느냐다. 피해자의 주관적 느낌이 중요하다. 하지만 분위기나 인간관계를 고려해 적극적으로 저항하지 않았거나 침묵했다고 해서 피해자가 성희롱 발언을 수치심 없이 수용했다고 볼 수 없다. 따라서 "화장이 진하다", "치마가 너무 짧다" 등 교수와 여대생 사이에 흔히 있을 수 있는 생활지도 역시 충분히 성희롱으로 간주될 수 있다. 교육부 김정기 평생학습국장은 "이번 워크숍은 상담원과 심의위원의 전문성을 높이고 대학 내 성희롱 예방을 강화해 구성원 간 양성평등문화가 정착되는 계기가 될 것"이라고 말했다.

● ● ● 국민일보 쿠키뉴스, 구민지 기자(2006. 7. 19.)

2) 다른 사람의 비언어 커뮤니케이션에 대한 해석은 잠정적으로 하라

우리가 다른 사람의 비언어적 행위를 어디까지 읽을 수 있을까. 비언어적 행위의 유형에 대한 해석을 하고 있는 책들이 많이 있지만 비언어적 행위는 상당히 모호하며 문화권에 따라 또는 개인적인 특성, 상황, 커뮤니케이션의 맥락 등에 의해 그 의미가 상당히 달라질 수 있어 일반적인 해석을 할 수 없다. 예를 들면 관객의 자세가 그의 흥미도를 보여준다고 하지만 어떤 사람은 명상하듯 눈을 감고 들음으로써 자신의 집중력을 높이기도 하고 공부할 때에 음악을 들으면서 해야 공부가 잘 되는 학생도 있다. 그러므로 우리가 다른 사람의 비언어적 행위를 자신의 인지 영역에서 선입견을 가지고 해석하는 것은 상당히 위험하다고 할 수 있다.

하나하나의 비언어적 행위에 대하여 일정한 의미를 부여하는 것도 비언어 커뮤니케이션의 오해를 줄이기 위해 좋은 방법이며 '나 언어(I Language)'로 생각하고 느끼는 것도 좋은 방법이 될 수 있다. 즉 다른 사람의 비언어적 행위에 대하여 그 사람이 어떻게 생각하고 행동했다고 추론하여 해석하는 것보다 다른 사람의 비언어적 행위를 보고 내가 어떻게 느끼는가 생각한다는 것이다. 예를 들면, 찡그린 표정을 짓는 상대를 보며 '내가 말하는데 인상을 찡그리니 저 사람은 내 말이 듣기 싫은 것이 분명해'라고 생각하지 않고 '내가 말하는데 저 사람이 인상을 찡그리는 걸 보니 별로 기분이 좋지 않다'라고 생각하는 것이다.

이러한 비언어적 행위의 모호한 의미를 보다 잘 파악하기 위해서는 커뮤니케이션의 맥락을 잘 이해하는 것이 중요하다. 우리가 어떤 시간에 어디에 있는가, 그리고 그곳은 어떤 곳인가, 어떤 사람과 함께 있는가 등에 따라 우리의 비언어적 행위는 달라진다. 장례식에 가기 위한 복장과 결혼식에 가는 복장은 다르다. 표정도 달라진다. 교통사고에서 피해자일 때와 가해자일 때 그 표정과 태도가 다르다.

그런 즉각적인 상황뿐만 아니라 특정 사회나 집단의 문화적 맥락도 비언어 커뮤니케이션에 영향을 미친다. 다른 문화권의 비언어적 행위에 대한 이해는 사적인 대인관계뿐만 아니라 특히 국제광고 커뮤니케이션에서 매우 중요하다. 상품을 팔고자 하는 나라의 비언어적 행위에 대한 문화적 이해가 부족하여 실패한 사례는 부지기수이다. 예를 들면, 7자는 흔히 행운의 상징이지만, 가나, 케냐, 싱가포르에서는 불운을 상징하며 삼각형은 홍콩, 한국, 타이완에서는 부정적이고, 콜럼비아에서는 긍정적이다. 이러한 숫자와 도형에서의 터부는 선물을 할 때나 상품포장, 광고 등에서 유의하지 않으면 안 된다. 한 광고 연구에서는 국제 커뮤니케이션의 장애는 언어장벽 보다 비언어 장벽이 오히려 높으며 따라서 국제광고에 있어서는 기술적인 정확성이나 완전한 번역만으로는 충분하지 않으며, 설득적인 메시지는 마음의 언어(language of the heart)를 말해야 한다고 지적한다. 그러기 위해서는 문화 간 신체언어, 침묵 언어, 그리고 상징을 포함하는 비언어 커뮤니케이션 요소에 대한 현지 지식과 문화적 해석능력이 요구된다는 것이다(Terpstra, 1983, 국제광고 표현에서의 문화적 금기, <광고연구>에서 재인용).

그러므로 우리가 다른 사람 특히 문화권이 다른 사람의 비언어적 행위를 해석할 때 자신의 문화적 규범과 가치 기준을 적용해서는 안 되는 윤리적 책임이 있으며 같은 문화권 내의 사람이라 할지라도 그의 비언어적 행위에 대해서는 성급한 판단을 하지 말고 잠정적으로 해두고 신중히 그 의미를 파악해야 할 것이다.

커뮤니케이션을 잘 한다는 것은 표현보다 이해, 즉 해석의 능력에 달려 있다고 할 수도 있다. 다음 이야기가 귀감이 될 것이다. 극단적인 예일지 모르지만 때로 우리가 이와 같은 우(愚)를 범하지 않는다는 보장은 없다. 실제로 우리는 이 이야기에 나오는 불효자의 아버지처럼 흔히 자신의 부모나 자식을 남에게 헐뜯어 말함으로써 자신과 가족을 스스로 불행하게 만드는 사람을 주변에서 보게 된다.

🔍 효자와 불효자는 부모가 만든다

한 고을에 소문난 효자와 소문난 불효자가 살았다.

효자는,
해가 떨어지면 군불을 지펴 방을 따사롭게 하고
부모님의 침구(寢具)를 잘 깔아 놓아서 방 기운과 이불 속을 따사롭게 하였다.
그것도 부족하여 부모님이 잠자리에 드실 시간이 되면
옷을 벗고 미리 이불 속에 들어가
자기의 체온으로 침구를 따뜻하게 덥혀 놓았다.

효자의 부모는 사람들을 만날 적마다
"우리 아들은 효성이 지극하다" 라며 극구 칭찬하니
입에서 입으로 소문이 돌아 마을 사람들이 이 효자를 우러러 보게 되었다.

한편,
같은 마을에 사는 불효자는 효자보다 열심히 일을 하고
나름대로 부모님께 잘 한다고 하는데도 이상하게
불효자라는 딱지가 붙어 다녔다.
친구가 효자라고 사람들의 떠받듦을 받는데
은근히 화가 치민 불효자는
어느 날 큰 맘 먹고 효자네 집에 몰래 숨어들었다.

"어떻게 하면 효자라는 말을 들을까.
저 친구와 똑같이 하면 나도 곧 효자라는 소문이 나겠지."

숨을 죽이고 효자의 행동을 살핀 불효자는 회심의 미소를 지었다.
"효자 되기 정말 쉽구나."

다음 날 해 질 무렵,
불효자는 아궁이에 장작불을 피워서 방을 따끈하게 하였다.
아랫목에 부모님의 침구를 깔아놓고, 밤이 이슥하기를 기다렸다.
부모님이 잠자리에 들 시간이 가까워 오자,
불효자는 옷을 벗고 이불 속에 들어가 체온으로 안을 덥히고 있었다.
이 때, 아버지가 잠을 청하러 방에 들어오니,
아들 놈이 자기의 이불 속에 누워 있는 게 아닌가.
기가 막힌 아버지는 호통을 치면서 아들을 나무라면서 마구 때렸다.

"이 놈이 버릇없이,
애비의 이불에서 잠을 자다니 불효 중의 불효구나."

다음 날,
아버지는 만나는 사람들에게
어제의 일을 얘기하면서 아들을 불효자라고 몰아 세웠다.
입에서 입으로 소문이 돌아
마을 사람들이 이 불효자를 더 멀리하게 되었다.

또한 남의 어떠한 행동에 대해 마음대로 해석하여 엉뚱한 결과를 만들고 마는 사람도 보게 된다. 가장 흔한 예로 전화 통화가 계속 되지 않을 때 보이지 않는 상대에 대하여 자신의 입장에서 '결별의 메시지'로 해석함으로써 좋은 사람과 헤어지게 되는 파국적인 결과를 만들어내는 경우를 종종 보게 되는 것이다.

'폴 해기스' 감독의 영화 <크래쉬(crash)>에서도 건전한 흑인 청년 '앤소니'와 '피터'는 길거리를 가는 중 마주 오던 백인 부부의 아내 '진'의 비언어적 커뮤니케이션을 흑인인 자신들에 대한 무시와 흑인을 범죄자처럼 보는 시선으로 판단하고 충동적으로 총으로 그들을 위협하여 차를 강탈하는 범죄를 저지르고 만다. 사실 '진'은 밤기운이 추워 남편의 팔을 잡고 기대었을 뿐이며 오히려 '진'은 마주 오는 흑인청년들에게 그들의 어떤 행위가 인종차별주의자로 잘못 오해될까 겁나 했던 것인데 그러한 겁내는 표정이 '앤소니'와 '피터'에게는 자신들을 범죄자로 보고 겁나하는 것으로 해석되어 편견에 대한 울분에 충동적인 행동을 참지 못하고 마는 장면을 우리는 볼 수 있는 것이다.

'참을 인(忍)자 세 번이면 살인도 면(免)한다'는 옛말은 상대에 대한 너그러운 수용, 잠재적 해석 능력을 키워주고자 했던 우리 조상들의 슬기로운 대인 커뮤니케이션 기술이라 하겠다.

제 4 장

자아노출 커뮤니케이션(Self-Disclosure Communication)과 대인관계

1. 사례

사례 A

11월 초에 나는 여자친구와 헤어졌다.

학교가 지방이라 기숙사 생활을 해야 했던 여자친구는 항상 기숙사의 통행금지 시간인 저녁 11시 무렵에야 나에게 전화를 하곤 했는데, 하루는 아예 전화 연결조차 되질 않았다. 일부러 연락을 피하는 것 같아 서운해 하던 와중에 새벽 한 시경 연락이 되었는데, 친구들과 심야 영화를 보고 왔노라고 했다. 말 한 마디 없이 예상치 못한 행동을 한 것에 대해 나는 매우 서운했고, 관계가 요원해지기 시작했다.

며칠 뒤, 여자친구는 나에게 사실은 그날 어떤 남자 선배와 둘이 영화를 보고 왔노라고 고백했다. 속여서 미안하다는 말을 하며 잘못을 빌었다. 하지만 나는 그 애가 했던 행동과 나를 속였다는 것에 큰 충격을 받고 그 애를 다시 보게 되었고 결국 헤어졌다.

당시 여자친구는 자신의 행동과 거짓말에 대한 죄책감, 요원해지는 관계를 개선하고자 하는 의도에서 S-D를 한 것으로 보인다. 여자친구가 예상하기로는 사실을 말하면 내가 그 상황에 대해 이해를 하고 다시 관계가 정상화될 것이라고 생각한 것 같다. 하지만 그 애는 S-D는커녕 커뮤니케이션에 대한 제반 지식이 전무하다시피한 상태였고 따라서 S-D의 위험성에 대해서는 전혀 계산하지 못했다. 나는 그녀의 S-D에 의해, 그녀의 일련의 행동들을 알았고 내가 그녀에 대해 잘못 알고 있는 점이 많았다는 것을 깨달았다. 동시에 그녀라는 사람에 대한 강한 적개심과 분노를 갖게 되었으며, 순간적으로 그녀가 싫어지는 결과가 도출되었다.

끝내 나는 더 이상 그녀와의 관계를 지속하는 것이 옳지 않다는 판단을 내렸고, 적극적이고 비건설적인 태도로 그녀와의 커뮤니케이션을 마치고 그 관계를 정리하였다. 나는 그녀에게 상처를 받았고, 그녀가 싫어졌다.

이 일을 겪으면서 나는 S-D의 위험에 대해 생각해 보게 되었다.

사람들은 '공통된 비밀'을 공유하고 있으면 급속도로 가까워진다고 한다. 하지만 그 비밀이 다른 사람(특히 상대방)에게 상처를 주거나, 전혀 예상치 못한 방향으로 사건을 진전시킬 수 있다는 것을 염두에 두고 항상 조심해야 한다.

더욱이 불필요한 S-D는 하지 않는 것이 좋은 것 같다. 몇 해 전 개그맨 홍석천 씨가 자신은 동성애자라고 밝힌 적이 있다. 이 경우도 S-D라고 볼 수 있겠는데, 내가 아직까지도 이해할 수 없는 것은 '왜, 그가 그 시점에서, 그러한 행동을 했는가'이다. 당시 그는 모 시트콤 출연과 CF 등으로 상당한 인기를 얻고 있었다. 자신의 소신 혹은 양심에 의한 것이었는지는 알 수 없지만, 결과적으로 그는 대중의 인기를 잃었고, 사회적으로 좋지 않은 낙인이 찍혔다고 본다. 이 경우에서 알 수 있는 것은 적당하지 않은 시기와 내용의 S-D는 좋지 않다는 것이다.

적당한 선의, 나를 손상시키지 않으면서 상대방을 존중하고, 관계를 가깝게 하기 위한 경우의 S-D는 분명 훌륭한 커뮤니케이션 기술이 될 수 있겠지만 그 위험에 대한 깊은 고려가 필요할 것이다.

사례 B

고등학교 1학년, 수학여행 갔을 때의 일이었다. 여러 명이 함께 어울려 놀다보면 흔히 하게 되는 게임 중 진실게임이라고 이름 붙여진 게임을 하게 되었다. 한 친구가 A에게 첫 경험에 대한 질문을 했다. A는 중학교 2학년 때에 첫 경험을 했다고 털어 놓았고, 다른 아이들은 모두 놀라 아무 말도 못했다. A는 성적도 우수하였고 성격이 활발하고 귀염성이 있어 친구들이 많이 좋아했었다.

그 이후 아이들은 뒷말도 많았고 결국 학교생활에 적응하지 못하게 된 A는 자퇴를 하고 다음 해에 다른 학교를 다니게 되었다.

S-D는 보통 친해지기 위한 과정에서 하기는 하지만 너무 사적인 이야기를 단체 모임에서 열어 놓은 바람에 일이 너무 커진 것 같다. A의 S-D는 막역한 친구에게만 해

야 할 이야기였던 것 같다. 순진한 여고생들이 A를 이해하고 섬세하게 배려해주기에는 너무 충격적인 이야기가 아닐 수 없었다. 대부분의 아이들은 A와 양립불가의 관계를 성립해버렸고 A를 거부했으며 심지어 그 자리에 없었던 아이들까지 A의 과거를 알게 되었고 소문이 나면서 결국은 파괴적이고 비극적인 결말을 맞게 되었다.

그 당시에는 나도 어렸고 S-D에 대한 기본적 상식이 전혀 없어 그 파장이 그렇게 한 사람의 운명을 좌우하게 될 거라고는 생각하지 못했다. 아마 나뿐만 아니라 다른 친구들도 모두 그랬을 것이다. 그러나 이제는 상대가 S-D를 했을 때 어떻게 대처해야 할지, 또 내가 S-D를 할 때 어느 선까지 해야 할지 조금은 알 것 같다.

다른 사람에게 재미로 S-D를 요구하는 것이 얼마나 무책임하고 때로는 잔인할 수도 있다는 것을 알게 되었다고 하겠다.

사례 C

정말 사랑해 마지않았던 여자가 있었다. 그 여자의 마음을 얻기 위해 난 정말 많은 노력을 했고 결국 어느 정도 가까워질 수 있었다. 많은 만남을 가졌고 서로 사랑한다는 확신을 가지게 되었을 때 우리는 어느 하룻밤을 같이 보냈다.

처음에 나를 좋아한다고 생각한 그녀는 그날 이후 내 얼굴을 똑바로 못 보겠다는 이유로 절교를 선언했다. 나는 한동안 많은 방황을 했고, 그러던 중 다른 여자를 만나게 되었다. 그녀와 매우 가까워진 후 그녀가 먼저 자기노출을 하면서 어린 시절의 이야기들, 성인이 되고 나서의 감추고 싶은 비밀, 치부 등에 대하여 털어 놓으면서 내게도 S-D를 하기 원했다.

나는 굳은 마음으로 '정말 좋아했던 여자가 있었는데 하룻밤을 함께 한 후 헤어졌다. 그때 참 마음이 아팠고 방황했다'고 말했다. 그러자 그녀 역시 나를 다른 사람 보듯, 세상에 상종 못할 사람이라는 듯이 대하며 결국 절교를 선언했다.

그녀는 먼저 S-D를 시작함으로써 내게도 그러기를 고무했다. 난 그녀의 자기노출에 대해 배려했다. 나는 그녀의 S-D를 포용했다. 그리고 그녀를 배려하며 더 사랑하는 마음이 생긴 반면, 그녀는 나의 S-D에 대해 처음엔 거절하는 반응을 나타내었고 이후 도저히 받아들이지 못하겠다며 나를 거부했다. 다행히 아직 그녀가 주위사람들에게 'A가 그런 사람이다'라고 정보를 악용하여 친구 사회에서 내가 약점을 잡히고 체면 깎임을 당하는 일은 일어나지 않았지만 가끔 그녀와 같이 있는 자리에서 다른 이들과의 커뮤니케이션에서 스스로 많은 제약을 당하고 그녀와 다른 의견을 가졌을 때에는 나의 의견을 내세우지 못하는 '힘이 약해진(powerless)' 자신을 발견한다.

S-D가 인간관계 형성 특히 깊은 관계의 형성에 좋은 영향을 미치기는 하지만 가장 좋은 커뮤니케이션 방법은 아니라고 한다. 만약 내게 S-D라는 것에 대한 이해가 있었더라면, 어느 정도 친해진 상태에서 그렇게 여자친구가 자기노출을 해주기 원할 때 그것이 치명적인 것이 될 수 있었음을 알았을 것이고 일이 이렇게까지 되지는 않았을 것이다.

이미 사귐이 오래 진행된 상황에서의 이러한 결말은 막 친해지려는 상황에서보다 너무나 잃을 것이 많았다. 유도를 당했다 하더라도 선을 지켜서 내가 이러한 S-D를 했을 때 과연 이 사람이 배려해줄 것인가 거절할 것인가를 먼저 판단하여 그녀의 도덕적 관념이 배려보다 강한 것이었다면 S-D를 하지 말았어야 그녀를 위해서도 나를 위해서도 좋았을 것이다.

하지만 지금에 와서는 그것이 반드시 후회되지는 않는다. 솔직하게 털어 놓았을 때, 그것을 그녀가 못 받아들여 그것 때문에 나에게 실망하고 절교한 것이었다면 그녀는 진정으로 나를 좋아하지 않았던 것일 것이다. 따라서 그때 깊이 생각하지 못한 S-D로 인해 파국적인 끝을 맺은 것이 당시에는 원망스러웠지만 지금은 오히려 만족한다.

2. 자아노출 커뮤니케이션(Self-Disclosure Communication)과 사례 분석

위의 이야기들은 학생들이 **자아노출(Self-Disclosure)** 커뮤니케이션과 관련하여 자신 또는 타인의 사례에 대하여 기술하고 S-D 커뮤니케이션의 이론에 비추어 분석해 본 후 자신의 견해를 정리한 것이다. 모두가 부주의한 **S-D**가 가져온 파국적인 인간관계, 즉 **S-D**의 위험에 대하여 말하고 있다. S-D는 친밀한 관계를 형성하는 데에 큰 영향을 미칠 수 있다. 그러나 학생들이 인지하고 있는 것처럼 실제로 많은 위험을 내포하고 있다.

다음은 S-D 커뮤니케이션의 구체적인 위험성이다(T. Wood, 2000).
1. 다른 사람들이 너를 거부하게 될 수도 있다.
2. 체면이 손상될 수 있고 그로 인해 다른 사람들이 너를 얕잡아 보게 될 수도 있다.
3. 양립 불가의 관계가 형성될 수도 있다.

4. 너의 사적인 정보를 악용할 수도 있다.

5. 너의 비밀을 알게 된 사람과의 관계에서 '힘'이 없어질 수 있다. 의사결정권이라
   든가 의사 표현에 있어 자유롭지 못하게 될 수도 있다.

6. 혼자만의 생각이나 느낌을 표현함으로써 다른 사람에게 상처를 줄 수 있다.

● ● ● Derlega, Metts, Petronio & Margulis, 1993

그러면 자아노출(Self-Disclosure) 커뮤니케이션이란 무엇인가.

S-D란 자신에 대한 개인적 정보를 스스로 노출하는 것으로, 그렇지 않으면 다른
이들은 절대로 알 수 없는, 자신의 '감추고 있는 영역(Hidden Area)'에 대한 노출이다
(Luft, 1969).

Joseph Luft와 Harry Ingham은 <자아 성장과 인식>에 관련된 자아에 대한 지식
을 설명하기 위하여 아래와 같은 '**조하리의 창**(The Johari Window)'이라는 모델을 만
들었다.

'OPEN AREA'는 스스로도 알고 있고 남들도 알고 있는 자신의 모습이다. 친구와
만날 때 우리는 이름과 모습 등 서로에 대해 명백히 알고 있는 부분이 있다. 그런
것들이 바로 '열린 영역(OPEN AREA)'에 해당한다. 'BLIND AREA'는 말 그대로 남
들은 알고 있지만 스스로는 모르고 있는 자아의 영역이다. 예를 들면 자신이 모르는
재능을 부모님이나 선생님이 발견하여 키워줄 수 있는 부분이다. 'UNKNOWN
AREA'는 자기 자신도 모르거니와 남들도 발견하지 못한 자아의 영역이다. 바다 밑
의 빙산처럼 발견되지 않은 자아의 모습이다. 자아노출과 관련된 '감추어 놓은 영역
(Hidden Area)'은 아주 가까운 관계에 있는 이들에게조차 때로는 열고 싶어 하지 않
는, 감추어 두고 싶은 영역으로 대개 약점이나 상처와 관련되어 있다.

〈표 3〉 조하리의 창(The Johari Window, Luft, 1969)

	Kown to self 스스로 알고 있음	Unknown to self 자신이 모름
Kown to others 남들이 알고 있음	OPEN AREA	BLIND AREA
Unkown to others 남들이 모름	HIDDEN AREA	UNKOWN AREA

그런데 우리는 왜 그러한 감추고 싶은, '숨겨 놓은 부분'에 대하여 스스로 말하고 싶어 할까.

S-D가 가진 여러 위험에도 불구하고 우리는 일상생활에서 수없이 많은 S-D를 하고 있다. 사람들과 만나 대화를 하는 과정에서 다양한 방법으로, 그것이 S-D라고 생각지도 못한 무의식적 상태로 S-D를 하고 있다. 어떤 일에 대한 느낌이나 감정을 표현하면서, 친밀감을 나타낼 때, 개인적인 경험이나 인식들을 표현하면서 우리는 각자의 커뮤니케이션 스타일 또는 표현 방법에 따라 자아노출을 하고 있는 것이다. S-D는 이러한 일상생활에서의 사소한 단위의 자아노출을 뜻하기도 하고 커뮤니케이션을 하면서 '자아노출(Self-Disclosure) 커뮤니케이션'이라고 형식적으로 인지하는, 즉 커뮤니케이션의 한 방법이라고 인지하면서 행하는 자아노출을 뜻하기도 한다. 위의 사례들은 후자의 경우로 커뮤니케이션의 한 방법으로서 의도적으로 행한 자아 노출에 대하여 기술하고 있다.

S-D 커뮤니케이션의 긍정적인 측면은 친밀감의 척도가 되기도 하고 가까운 관계로 강화하는 방법이 되기도 한다는 것이다. 즉, '친밀한 관계' 형성과 관련이 있다 (Derlega & Berg, 1987 ; Hansen & Schuldt, 1984).

우리가 자기 자신에 대해 알고 있는 것은 OPEN AREA나, HIDDEN AREA에 불과하다. 우리는 다른 이들과의 커뮤니케이션을 통해 자신이 모르는 자신의 모습, BLIND AREA에 대한 정보를 얻기도 하고 UN- KOWN AREA에 대한 통찰을 얻으면서 자신에 대한 인식의 영역을 확장해가게 된다. 즉, 타인과의 커뮤니케이션 과정에서 BLIND AREA와 UNKOWN AREA를 줄여나가게 되는데 이로써 자신에 대한 인식의 영역을 넓히고 건강한 자아 개념을 형성시키면서 성장해간다고 할 수 있게 된다. 건강한 자아 개념은 스스로에 대한 인식을 바탕으로 하기 때문이다. 그리고 자신에 대한 건강한 자아개념이 형성되었을 때 우리는 각자 자신의 삶을 주체적으로 이끌어갈 수 있는 건강한 개인이 될 수 있다.

'너 자신을 알라'는 소크라테스의 말이나 '지피지기(知彼知己)면 백전백승(百戰百勝)'이라는 손자(孫子)의 말이 명언으로 남아 있는 것은 사람이 자기 자신에 대해 제대로 인지하고 자신의 삶을 주체적으로 이끌어가는 것이 매우 어렵기 때문일 것이다.

그런데 **BLIND AREA**나 **UNKOWN AREA**의 정보 획득은 친밀감이 있는 대인관계에서 가능하다. 이러한 정보의 공유나 획득이 가능한 친밀감의 단계에 이를 수 있게 하는 데에 가장 큰 역할을 하는 것이 바로 **S-D 커뮤니케이션**이라고 할 수 있다.

그러나 사실 우리가 일상적으로 부담 없이 하고 있는 **S-D**는 이러한 목적의식에서 하기 보다는 인간 본연의 '고독감'과 관련된 무의식적 욕구, '친밀한 관계 형성 욕구', '이해받고 싶은 욕구', 더 나아가서는 '사랑하고, 사랑받고 싶은 욕구'에 의해 하게 된다. 대부분 순수한 마음에서 하게 되는 것이다.

한편 **사례 A**에서의 여학생의 **S-D**는 오히려 다분히 의도적으로 해석될 수도 있다. 즉, 결별을 고하는 암시적 방법으로 고의적인 **S-D**를 한 경우, 결과적으로 그 여학생은 자신의 의도대로 관계를 정리했다고 볼 수 있는 것이다. 이렇게 해석될 경우, **S-D**의 진실성 여부가 문제가 된다. 그 여학생은 자신의 대인관계 맥락에서 **S-D**라는 커뮤니케이션 형식을 충분히 활용했지만 실제로 **S-D**를 한 것인지는 그 여학생 자신 외에는 아무도 알 수 없는 것이다.

여기서 우리가 추론할 수 있는 것은, 모든 자기 노출이 진실이 아닐 수도 있다는 것이다.

'인간의 행위에는 두 가지 이유가 있다. 하나는 그럴듯하게 윤색된 이유 또 하나는 진실한 이유이다'라는 **J. P.** 모간의 말처럼 물론 우리는 살아가면서 진실을 추구한다. 인간관계에서나 스스로에 대해서나 삶에 대해서나 특히 젊은이들, 학생들은 순수를 추구한다. 그러나 그러한 경향은 전체적인 면에서 다른 세대와 비교해볼 때 상대적으로 그러한 경향이 더 많다는 것이지 젊은이들이나 학생들 모두가 그렇게 살고 있다는 것을 의미하지는 않는다. 그런 것처럼 다른 세대의 사람들 속에서도 오히려 학생들보다 더 순수하고 더 진실하게 삶을 살고자 하는 이들도 많다. 이는 즉, 삶은 지극히 개인적인 것이며 따라서 삶의 질도 지구상의 개인의 수만큼 다양하다는 것이다. 그들이 추구하는 진실, 진리 역시도 개인의 수만큼 다양하다. 절대적 진리도 있겠지만 개인이 추구하는 삶의 진실은 상대적인 경우가 많다. 그것을 진실이라고 인정하는 것은 삶의 상황과의 맥락에서 개인이 판단하는 경우가 많다는 것이다.

소말리아에서 수백만 명이 기아에 허덕여도 사람은 한 끼 굶은 자기 자신을 더

가엾게 여긴다는 말은 인간의 개인주의적 특성을 그대로 드러내주고 있다.

대인관계를 맺고 그들과 커뮤니케이션을 하면서 자신의 삶을, 시간을 엮어가는 우리에게 중요한 것은 그들의 개별성을 인정해주는 것 즉 모두가 또는 모든 것들이 그들 자신의 입장에서 보면 '그럴 수 있다'는 것을 인식하는 일이다. 사람들이 살아가는 삶이 다양할 수 있고 그들이 추구하는 진리가, 진실이 그들 각자의 삶의 맥락에 맞추어 진실일 수도 있다는 것, 상대적일 수 있다는 것 등을 인정하는 일이다.

사례 C에서 '나'는 S-D를 통해 그녀를 더욱 이해하고 배려하게 되었지만 그녀는 나에게서 멀어져간 것이, 그녀가 근본적으로 '나'를 사랑하지 않았기 때문이라고 할 수도 있지만 역으로 사랑하지 않게 된 이유가 S-D과정을 통해 자신이 사랑하는 사람이 아니라는 것을 알게 되었기 때문일 수도 있다. **사례 A**의 경우와 완전히 반대의 입장이 되는 것이다. 물론 **사례 C**의 S-D가 진실임은 본인만이 알 것이다.

우리는 살아가면서 때로는 진실을 말함으로써 버림받을 수도 있고 거짓 진실로 관계를 끊을 수도 있다. 대인관계의 한 면이다. 인정하고 싶지 않지만 현실적으로 가장 많이 일어나고 있는, **자아노출(Self-Disclosure) 커뮤니케이션과 대인관계**의 일면인 것이다. 그러나 S-D 커뮤니케이션에 대해 무지한 때에는 진실을 말함으로써 버림받을 수 있는 대상이 됨에 비해 커뮤니케이션에 대한 상식이나 기본 기술이 있을 때에는 개인이 자신의 대인 커뮤니케이션의 맥락에서 유용하게 사용할 수 있다는 것이다. 물론 버림받더라도 진실을 말하는 것이 옳다고 생각하는 것은 개인의 윤리적 판단이 결정할, 개인의 문제이다. 다만 몰랐기 때문에 후회하는 일이 생겨서는 안 될 것이다.

사례 B와 같이 어떤 경우에는 가장 파괴적일 수 있는 자아노출 커뮤니케이션에 대해 우리나라는 아직 정식으로 교육하는 기회나 장(場)이 마련되어 있지 않다. 한국 사람은 토론을 할 줄 모른다느니, 멍석 깔아 놓으면 못하는 것이 한국 사람이라느니 하면서, 토론에 강한 한국인으로 키우기 위해 오래 전에는 유명 일류 대학에서 입시에 구술시험을 시도하기도 하였고 이제는 구술 대신 논술 시험을 대학에서 학생평가 기준으로 사용할 만큼 시도하고 있지만 아직도 우리는 '말하기'에 약하다. 일상적으로 배워 하는 말하기 외에는 아무도 '말하기'를 제대로 가르치지 않고 있다고 할 수 있다. 특히 이렇게 위험이 많은 **자아노출(Self-Disclosure)**에 대하여 부모도, 선배도, 학교 교육 과정에서도 가르쳐주는 경우는 거의 드물다. 거의 대부분의 사람들은 삶의 과정에서 시행착오에 의해 조금씩 알아가게 된다. 삶의 지혜는 시간의 흐름과 비례하여 쌓아지게 된다. 그러나 그렇게 하나씩 알아 배워 가면서 우리는 너무나 많은 상처를 입게 된다. 시중에 많은 화술학원들이나 각 대학들의 사회교육원들, 인터넷 사이트에 '화법'과 '커뮤니케이션', '대인관계' 등에 대한 '고가'의 강좌가 만원을 이루고 있는 것은 우리가 실제로 정말 필요한 것들이 무엇인가를 졸업한 후에 사회인이 되어서야 알게 되었기 때문이다.

학생들의 사례분석은 거의 모두가 **S-D**에 대해 조금만 알았더라면 하는 아쉬움으로 끝을 맺고 있다.

미국에 이어 세계 2위를 차지하는 우리나라의 이혼율.

미국에서도 우리나라에서도 이혼한 부부의 대부분이 내세우고 있는 이혼 사유는, '말이 통하지 않는다'는 것, 즉 커뮤니케이션이 되지 않는다는 것이다.

두 사람이 만나 백년가약을 맺고 행복한 부부로 평생을 좋은 가정을 이룰 수 있게 되는 가장 기본은 서로 말이 통하고, 마음이 통하는 즉, 커뮤니케이션이 되는 부부가 되는 것일 것이다. 그러기 위해 우리는 어린 아이일 때부터 남들과 의사소통을 하는 방법, 자신을 노출하는 현명한 방법 등을 삶을 영위하는 기술로서 배울 수 있어야 하는 것이다.

간략하게나마 이상과 같이 <**자아노출(Self-Disclosure) 커뮤니케이션과 대인관계**>에 대하여 사례를 통해 살펴보았다.

마지막으로 **S-D 커뮤니케이션**을 포함하여 대인커뮤니케이션 교육은, 이에 대한 무지로 인해 흔히 일어날 수 있는 삶의 불행을 예방하고 행복한 삶을 영위할 수 있는 삶의 기술로서 당연히 평생 인간교육서비스로 제공받아야 하며 따라서 교육 과정상 필요함을 제기하는 바이다.

제 5 장

교사의 칭찬 화법

1. 머리말

아이들에게 칭찬을 자주 해 줘야 훌륭한 어른으로 성장할 수 있다고 한다. 그런데 칭찬은 어린이에게만 해줄 일이 아니다. 성인들도 아이들 못지않게 칭찬에 굶주려 있다. 어른들에게도 "목소리가 좋으시군요", "나이보다 10년은 젊어 보이십니다", "귀걸이가 잘 어울리는데요" 등 칭찬을 해주면 싫다는 사람이 아마 한 사람도 없을 것이다. 그 만큼 칭찬은 매우 효과적인 대화 방법 중의 하나이다.

이렇듯 어른에게도 효과적인 대화 방법 중의 하나인 칭찬이 아이들에게 그 효과가 훨씬 더 크다는 것은 명백한 사실이다. 일반적인 칭찬과는 달리 교사가 학습 현장에서 학생들에게 할 수 있는 칭찬의 방법으로는 첫째, 수업시간에 질문에 대한 대답을 했을 경우에 적절히 칭찬을 해 주어서 학습동기를 유발시킬 수 있다. 둘째, 인성 면에서 청소를 잘 한다든가, 인사를 잘 해서 예절바른 학생이라는 등의 칭찬을 하여서 인성교육을 잘 할 수 있다. 셋째, 창의력 면에서 각 학생의 재능이나 장점을 발견해서 그것을 칭찬해 주고 그 방면으로 재능을 키워나갈 수 있도록 하는 것이 교사의 임무 중의 하나이다.

이렇게 교사가 학생을 지도하는 데 있어서 교사가 사용하는 '말'이 중요한 역할을 하고 있다. 교사는 말로 칭찬도 하고 질책도 하고 설득도 하는 등 여러 가지 기능을 하고 있다. 그 중에서 가장 학생들에게 격려해 줄 수 있고 수업 효과를 높일 수 있는 방법이 교사의 칭찬이다. 그렇다고 칭찬을 남발하면 효과가 없어진다. 칭찬할 때는 판에 박힌 투로 하지 말고, 특정한 이유를 들어야 효과적이다.

칭찬은 질책●과 관계가 있다. 질책보다는 칭찬이 더 효과적인 방법이기는 하지만 꼭 질책을 해야 할 경우에도 나중에 격려해 줌으로써 교육의 효과를 더욱 높일 수 있다. 칭찬의 방법에도 여러 가지가 있다. 무턱대고 칭찬을 하면 오히려 칭찬을 받는 학생이 혼란스러워질 수가 있다. 칭찬은 질책과 비교하면서 연구가 되어야 하겠으나 본 고에서는 칭찬만을 다루고 질책은 다음에 다루려고 한다.

이러한 효과적인 의사소통 수단의 하나인 칭찬을 교사가 수업이나 인성지도를 할 때와 학생의 재능계발을 위한 칭찬 화법에 대해서 연구해 보겠다.

2. 교사 화법의 개념과 유형

교사의 칭찬 화법에 대해서 논하기 전에 교사 화법에 대한 개념 규정을 하고 그 속에서의 교사의 칭찬 화법의 자리 매김을 하여야 하겠다. 민현식(2001 : 68)에서는 교원 화법과 교수 화법으로 나누고, 교원 화법은 '교원(교사, 교수)의 교육활동에서 말하기와 듣기에 관련한 언어활동'으로 개념을 규정하고, 그 하위 범주로 교수 화법(수업 화법), 상담 화법, 생활 지도 화법, 업무 화법을 설정했다. 그리고 교수 화법(수업 화법)은 '교원 화법 중의 하나로, 어떤 교육 내용을 어떤 학생에게 전달하고자 할 때 관련하는 교수─학습상의 언어활동'이라고 규정했다. 원진숙(2001 : 270~3)에서는 '교사 화법이란 학교라는 조직 안에서 교육적 활동에 참여하는 교사들을 대상으로 하여 구두언어인 말을 중심 매체로 하여 이루어지는 상호교섭적 의사소통의 본질, 원리, 과정, 방법, 평가 등을 다루는 (학문)분야이다'라고 규정했다. 또한 교사 화법의 범위를 1) 자기 표현을 위한 화법, 2) 수업을 위한 화법, 3) 인성지도를 위한 화법, 4) 상담을 위한 화법, 5) 업무 수행을 위한 화법으로 나누었다. 이창덕(2003)에서는 교사 화법 안에 교원 화법, 교육 화법, 수업 화법이라는 서로 다른 세 개념을 설

● 교육을 하는데 있어서 칭찬만 하거나 질책만 할 수는 없다. 보통 상과 벌을 7대 3의 비율로 하는 것이 좋다고 한다.

정했다. 교사 화법 가운데 가장 넓은 범주로 교원 화법을 설정하고, 그리고 교사가 학교에서 교육활동에 관련되는 제반 활동을 하면서 수행하게 되는 화법을 포괄하는 중간 범주로 교육 화법을 설정하고, 마지막으로 교사가 교실 안에서 구체적 수업 진행을 하면서 수행하는 가장 좁은 의미의 교사 화법으로 수업 화법(교수 화법)을 설정하였다. 그럼으로써 사회구성원으로서 교사가 수행하는 전반적인 화법으로서 교원 화법(교사 사회화법), 학교 업무 수행 과정에 이루어지는 상담이나 행정업무처리 과정에 이루어지는 교육 화법(교사 학교 업무화법), 그리고 구체적 교실 수업이라는 상황 속에서 이루어지는 교사 수업 화법(교사 교실 화법)으로 나누어 볼 수 있다. 이 세 범주 가운데 교육적으로 가장 비중이 큰 수업 화법의 하위 범주로 교사의 정보 전달 화법, 질의 응답 화법, 설득 화법, 칭찬 화법, 질책 화법으로 나누어 볼 수도 있고, 시작 화법, 중간 화법, 정리 화법으로 나누어 볼 수도 있고 민현식(2001 : 73)에서 제안한 것과 같이 준비 언어, 진행 언어, 내용 언어, 강의 도구 언어 등으로도 분석할 수 있고 또는 교육학에서 수업 중에 일어나는 교사 학생 상호작용을 분류하는 데 사용하는 10범주(FIAC : Flanders Interaction Analysis Categories)를 사용하여 분류할 수도 있다고 보았다.

교사의 칭찬 화법은 수업 화법에서 가장 큰 비중을 차지하고 있으나 그 외에 인성 지도를 위한 화법, 상담을 위한 화법에서도 교사의 칭찬 화법은 적용될 수 있다.

3. 칭찬의 종류

칭찬에는 칭찬하는 대상을 앞에 놓고 얼굴을 마주 대하고 칭찬하는 對面 칭찬법과 칭찬하는 대상이 없는 자리에서 그 사람을 보지 않고 칭찬하는 非對面 칭찬법으로 나뉜다.

1) 대면 칭찬법

상대를 대면한 자리에서 하는 칭찬이다. 교사의 교수 화법으로는 대부분이 대면

제7회 한국화법학회 전국학술대회에서 발표할 때는 대면 칭찬법과 비대면 칭찬법을 직접 칭찬법과 간접 칭찬법으로 발표했었는데 권순희 선생님께서 직접 칭찬법을 대면 칭찬법으로, 간접 칭찬법을 비대면 칭찬법으로 하는 것이 좋겠다는 의견을 주셔서 그 의견을 받아들였으며 감사함을 표한다.

칭찬법을 사용하게 되는데 학부모와의 상담시간 등에는 비대면 칭찬법도 사용될 수 있다.

대면 칭찬법은 즉각적인 효과를 볼 수 있다.

대면 칭찬법은 다시 직접 칭찬과 간접 칭찬●으로 하위분류 된다. 칭찬을 직접적(노골적)으로 하면 칭찬 받는 학생이 불편해질 수 있다. 학생에게는 교사와의 관계보다 다른 친구(학생)들과의 관계가 더 중요할 수도 있기 때문이다. 때에 따라 간접 칭찬(은근한 칭찬)이 더 효과적일 수 있다. 간접 칭찬의 예로는 다음과 같은 것을 들 수 있다.

첫째, 칭찬 자체가 또 하나의 질문이 되어 교실 내에 활력을 불어넣을 수 있다.

"예, 매우 좋은 대답이라고 생각되는데 다른 학생들도 그렇게 생각합니까?" (학생들이 고개를 끄덕거리면) "왜 좋은 대답이라고 생각합니까?" (학생들이 고개를 갸우뚱거리면) "보다 더 좋은 대답이 있습니까?" 여기서는 교사가 칭찬을 의도적으로 모호하게 해서 학생들이 구체적인 피드백을 할 수 있도록 유도하는 것이다.

둘째, 학생의 대답을 있는 그대로 교사가 반복하는 것이다. 반복할 때 교사가 비언어적인 요소를 가미하여 고개를 끄덕거리거나 목소리에 좋은 대답을 들은 기쁨이나 반가움을 담으면 더욱 효과적이다. "모방은 가장 효과적인 아부(칭찬)이다"라는 말이 있듯이 자신이 한 말을 다른 사람이, 특히 선생님(권위자)이 따라할 때 학생은 흐뭇해진다.

셋째, 학생의 대답을 요약해서 칠판에 쓰는 것도 말없이 효과적으로 칭찬하는 것이다.

2) 비대면 칭찬법

비대면 칭찬법은 칭찬할 상대가 없는 자리에서 다른 사람에게 칭찬하는 것이다.

예를 들어서 영수가 철수를 만나서 영수가 철수에게 "호식이는 믿을만하고 능력 있는 사람이야. 크게 성공할 거야"라고 하면 이 말이 언젠가는 호식이 귀에 들어가게 된다.

●
제7회 한국화법학회 전국학술대회에서 발표할 때는 직접 칭찬과 간접 칭찬을 노골적 칭찬과 은근한 칭찬으로 발표했었는데 이것도 권순희 선생님이 노골적 칭찬을 직접 칭찬으로 은근한 칭찬을 간접 칭찬으로 보는 것이 좋겠다는 의견을 주어서 그 의견을 받아 들였으며 감사를 표한다.

대면해서 칭찬받은 것보다 훨씬 크고 순수한 감동을 받게 되는 것이다. 비대면 칭찬법은 대면 칭찬법보다는 즉각적인 효과를 볼 수는 없지만 그러나 일반 대인관계에서는 장기적인 안목으로 볼 때 비대면 칭찬법이 대면 칭찬법보다 훨씬 더 효과적일 수 있다. 비대면 칭찬법은 말하는 사람 즉 칭찬하는 사람에게 큰 이익을 준다.

첫째, 하기가 쉽다는 것이다. 사실 대놓고 칭찬하기란 웬만한 사람이 아니곤 그리 쉽지 않다.

둘째, 친구를 많이 늘릴 수 있다. 칭찬받아서 싫다고 할 사람이 어디 있겠는가?

셋째, 깊은 인간관계를 유지할 수 있다. 일시적으로는 대면 칭찬법이 효과를 가져오는 것 같지만 장기적으로 보면 비대면 칭찬법이 더욱 감동을 주게 된다.

4. 칭찬의 방법

칭찬하는 방법에는 의사소통 수단인 '말'뿐만 아니라 비언어적인 측면도 중요하다. 7차 교육과정에서는 반언어적 표현과 비언어적 표현을 구별하였는데 반언어적 표현(=준언어적 표현)은 '어조' 또는 '말씨'에 해당하는 개념이다. 즉 '어조'란 말의 '속도, 고저, 강세, 장단, 음량, 음질' 등이 종합적으로 어울린 것이다.

예를 들어 '잘 했어'하고 칭찬을 할 때 '잘'과 '했어' 사이를 붙여서 발음하면 칭찬이 되나 '잘'과 '했어' 사이를 떼어서 '잘'을 길게 발음하면 그것은 칭찬이 아니고 비난이 된다.

비언어적 표현에는 '표정, 눈길, 손짓, 몸짓, 걸음걸이' 등 신체언어와 '옷차림' 등의 사물언어가 있다.

칭찬을 할 때는 미소를 띠면서 해야 칭찬이 되지 인상을 찌푸리고 무서운 얼굴을 하고 말을 하면 그것은 칭찬이 될 수 없다. 교사는 늘 웃음이 가득하며 밝고 기쁜 표정을 지으며 짜증스럽고 어두운 표정을 짓지 않도록 하여야 한다. 또한 등을 두들겨 준다든지 손을 들어주는 것 등이 칭찬의 비언어적 표현이 된다.

'말'로 칭찬을 할 때도 올바른 칭찬법과 잘못된 칭찬법이 있다.

1) 올바른 칭찬법

올바른 칭찬법의 기본을 열거하면 다음과 같이 될 것이다.

(가) 성취 내용을 열거하는 구체적인 칭찬을 한다. 모호한 말보다는 어떤 점이 좋은지를 구체적으로 지적하는 것이 바람직하다.

예를 들면 수업시간에 교사의 질문에 대해서 학생이 답을 했을 경우에 "적절한 예를 들어주어서 고맙다", "이유를 말해 주어서 좋다", "간단히 요약해 주어서 좋다", "질문의 본질을 정확히 파악했다" 등으로 구체적으로 칭찬을 한다.

(나) 학생을 이해하는 칭찬을 하도록 한다. 학생을 평가하는 칭찬은 오히려 해로울 수 있다.

다음 대화를 보자.

• 방과 후에 남아서 학급 문고를 정리한 아동에게 교사가 칭찬하는 대화 상황

> 교사 A : 우리 은희 참 착하구나. 언제 봐도 우리 은희는 성실하고 부지런한 모범생이란 말이야.
>
> 교사 B : 학급 문고를 순서대로 잘 정돈해 놓았구나. 덕분에 아이들이 책을 찾아 읽기 쉬워졌어. 책이 많아서 쉽지 않았을 텐데 잘 해 주어서 고맙다.

학생의 동일한 행동에 대한 칭찬이지만 A 교사와 B 교사가 칭찬하는 방식은 서로 다르다. A 교사는 아동의 성격이나 인성을 판단하고 평가하는 칭찬을 한 반면, B 교사는 칭찬받을 만한 행동을 한 사태 자체에 대해서만 꾸밈없이 있는 그대로 진술해 주고 이 일에 대한 자신의 느낌을 고맙다고 표현했을 뿐, 아이의 성품이나 인성에 대해서 이러니저러니 판단하거나 평가하는 칭찬을 하지 않았다. 행동 자체에 대한 평가는 아동 스스로 할 수 있게 한 것이다.

아동의 성격을 판단하거나 인격을 평가하는 칭찬은 스스로 그렇지 않다고 생각하는 아이에게 부담감이나 거리감, 불안감, 의뢰심 등을 불러일으키기 쉽기 때문에 오히려 해로울 수 있다. 반면 아동의 성격을 판단하거나 평가하지 않는 칭찬은 아동에게 실수를 할 수 있다는 안도감과 함께 노력하면 잘 할 수 있다는 자신감을 갖게

해 준다. 아동에게 유익한 칭찬이란 아동의 감정을 인정해 주면서, 아동이 해 놓은 일을 꾸밈없이 말해 주는 것이다(하임 기너트 : 1986).

(다) 긍정적인 방법으로 칭찬을 한다. 동일한 메시지의 칭찬이라도 다음과 같이 표현 방식에 유의할 필요가 있다.

> 교사 A : 준영아, 이번 학기에 성적이 올라서 정말 좋구나. 그런데 수학 성적이 좀 떨어지는구나. 조금만 더 열심히 하면 성적이 더 좋아질거야.
>
> 교사 B : 준영아, 이번 학기에 성적이 정말 많이 올랐구나. 이런 자세로 계속 열심히 노력하면 수학 성적도 확 올라갈 거야. 선생님은 준영일 믿는다.

많은 교사들이 학생을 훈계할 때 위의 A 교사와 같이 처음에는 칭찬을 하다가 '그러나'나 '그런데'와 같은 부사어와 함께 나무라거나 비난하는 말로 끝을 맺는다. 이 경우 물론 비난 일변도로 말하는 것보다는 훨씬 더 바람직하지만 학생의 입장에서는 '그런데'라는 말 때문에 원래 했던 칭찬의 순수성마저도 의심하게 될 수 있다. 이 경우 B 교사와 같이 나쁜 수학 성적에 대한 언급 없이 교사가 학생에게 앞으로 바라는 모습을 간접적으로 암시해 주면, 아동은 교사의 칭찬을 있는 그대로 진심으로 받아들이고 선생님의 기대에 어긋나지 않도록 더욱 노력하게 될 것이다(원진숙, 2003).

(라) 학생이 행한 사소한 것이라도 그것이 좋은 일이면 놓치지 않고 반드시 칭찬을 해준다. 특히 꾸준하고 착실한 학생일 경우에는 그 학생의 행위를 한층 주의 깊게 관찰하여 발견하도록 신경을 쓴다. 자기가 한 일이 별로 두드러지지 않아 칭찬을 들으리라고 생각지도 않았던 학생은 그만큼 더 감격할 것이고 앞으로 더 칭찬받을 좋은 일을 하려고 노력할 것이다.

예를 들어서 학생들이 청소시간에 대개 떠들고 장난치느라 청소를 열심히 하지 않을 때도 혼자서 열심히 청소를 하고 있는 학생을 보면 "영희는 청소를 열심히 해서 정말 예쁘네"라고 반드시 칭찬을 해 준다.

(마) 칭찬을 적절한 시기에 해서 효과가 발생할 수 있도록 칭찬을 한다. 칭찬 받을 일을 했을 때는 그때그때 때를 놓치지 말고 칭찬을 해야 효과가 있다. 시간이 많

이 흐른 뒤에 하면 효과가 줄어든다. 또한 많은 사람 앞에서 칭찬을 하는 것이 더 효과적이다.

> • 공부에 뜻이 없고 매사에 말썽을 부리는 학생인데 이번 시험에서 영어 성적이 많이 올랐다면 교사는 다음과 같은 반응을 보일 수가 있다.

> 교사 A : 네가 웬일이니? 이번 영어 시험이 쉬웠나?
> 교사 B : 태영아, 그래 너도 잘 할 수 있잖니? 앞으로 영어를 좀 더 열심히 해 봐. 그럼 지금 보다 훨씬 잘 할 수 있을 거야. 선생님은 태영일 믿는다.
> 교사 C : 무반응.

교사 A처럼 학생을 대하면 그 학생은 점점 더 문제아가 된다. 그러나 교사 B처럼 학생을 대하게 되면 그 학생은 학업성취도도 높이고 인성지도도 동시에 할 수 있는 좋은 방법이 된다. 교사 C의 반응은 교사 A의 반응보다는 낫지만 학생에게 무관심한 것도 좋지 않은 방법이다. 학생에게 관심을 가져주고 격려해 주는 교사가 가장 훌륭한 교사이다.

(바) 학생의 장점을 지적해 준다. 학업성취도가 높지 않은 학생이라도 그 학생의 숨은 장점을 찾아내어 칭찬해 주면 학생은 더욱 힘을 내서 장점은 살리고 단점을 극복하게 될 것이다.

학교 성적은 별로 좋지 않은 편이지만 그림은 잘 그리는 학생이 있다면 "혜정이는 그림 솜씨가 있네. 그림을 더 열심히 그려보면 좋겠어. 앞으로 혜정이가 그림 그린 것을 선생님한테 가져와 봐"라고 지도한다면 그 학생은 선생님이 자기의 그림 솜씨를 인정해 준 것을 기뻐하고 더 열심히 그림 그리기를 할 것이다. 그 학생의 그림에 대해서 지속적으로 관심을 가져주면서 상급학교에 가서 좋아하는 그림공부를 하려면 학과공부도 필요하니 학과공부도 하도록 유도하면 자기가 좋아하는 것(그림 공부)을 하기 위해서 하기 싫은 것(그 외의 학과공부)도 하게 된다.

(사) 형식적인 칭찬이 아니고 진심으로 칭찬을 한다. 칭찬의 효과는 칭찬하는 사람의 진실함이 좌우한다. 그러나 똑같은 칭찬이라도 표현 방식에 따라 듣는 사람이 기분이 좋을 수도 있고 나쁠 수도 있다.

우리는 보통 상대를 가장 기분 나쁘게 하는 말은 특정한 단어(욕, 비어, 속어 등)라고 생각한다. 그러나 사람과 사람의 관계를 허물어뜨리는 것은 단어가 아니라 그 단어에 담긴 나쁜 감정이다.

사랑하는 사람 사이에 사랑과 웃음이 잔뜩 담긴 말투로 "이 바보야"하면 그 말에 상처를 받을 사람은 없다. 오히려 진한 사랑을 느낄 뿐이다. 귀에는 "바보야"라는 말이 들리지만 마음에는 "너를 사랑한단 말이야"라는 말이 들리기 때문이다. 그러나 목에 힘을 주고 양미간을 찌푸리며 매서운 눈을 하고 "이 바보야"라고 했다면 둘 사이의 관계는 완전히 끝장날 수 있게 된다. 그러므로 인간관계의 공든 탑을 무너뜨리지 않기 위하여 우리가 할 일은 말조심하기 이전에 먼저 마음을 단속해야 하는 것이다. 그러려면 항상 따뜻한 마음과 상대를 존중하고 인정하는 마음을 가져야 한다. 남에 대한 배려, 인간과 모든 존재에 대한 경외심을 가져야 한다. 마음에 담긴 말, 그것이 사람을 움직인다.

교사도 학생을 칭찬할 때 진심으로 칭찬을 해야지 건성으로 형식적인 칭찬을 하면 학생이 곧 알아차리게 된다.

(아) 결과보다는 과정을 칭찬한다. 학생이 학업이나 과제나, 그 외의 학습활동을 한 결과가 좋지 못할 때라도 그 학생이 그 동안 준비를 열심히 해 왔는데도 결과가 나쁘다면 그 학생을 칭찬하고 격려해 주어야 한다. 그러기 위해서는 학생의 평소 태도를 교사가 주의 깊게 관찰할 필요가 있다.

(자) 교사가 학생을 긍정적인 눈으로 보도록 한다. 긍정적인 관점으로 보면 학생을 칭찬할 일이 보이지만 부정적인 눈으로 보면 칭찬할 일이 보이지 않게 된다. 아동이나 학생은 완성되어 가는 인격체이므로 아직 불완전한 존재라는 생각을 가지고 긍정적인 눈으로 보아야 한다. 혹 잘못을 하더라도 일시적인 또는 일회적인 것으로 보고 그 학생의 장점을 찾아 칭찬해 주도록 한다.

(차) 칭찬의 말을 할 때는 눈을 보며 말한다. 눈은 마음의 창이란 말이 있다. 또 눈은 영혼이 통하는 통로란 말도 있다. 그만큼 눈이 중요하다는 것이다. 말을 할 때는 눈을 보며 해야 한다. 눈을 본다는 것은 마음을 주는 행위가 된다. 사랑하는 사람끼리는 끊임없이 눈을 마주친다. 그러나 싫은 사람은 애써 외면한다.

말할 때는 눈을 보는 것이 필요하다. 눈을 보며 말하는 것은 '나는 당신에게 진실을 말합니다'라는 무언의 암시가 된다. 눈을 보는 것은 예의를 갖추는 것을 나타낸다. 눈은 진실을 말하는 제2의 입이다.

교사가 학생을 직접적으로 칭찬할 때, 일대 일로 칭찬을 할 때는 학생의 눈을 보며 칭찬을 한다. 외면하고 다른 일을 하면서 칭찬을 하면 칭찬의 효과도 없을 뿐 아니라 진심으로 하는 칭찬으로 보이지 않는다.

(카) 고등학교 국어교사들이 학생들의 문학 작품에 대한 다음과 같은 평가는 학생들에게 좋은 자극이 된다.

> "네 산문은 그림처럼 아름다우며, 나오는 인물들은 믿음직스럽다. 네가 쓴 이야기가 어찌나 힘이 있고, 마치 눈으로 보듯이 생생하여 아주 재미있게 읽었다."
> "장소나 인물에 대한 네 묘사는 마치 컬러 사진을 찍어 놓은 듯이 정확하고 생생하며 섬세하다."
> "네 시를 읽으면 힘이 솟구친다. 감수성과 지각을 지닌 작품이라 할 수 있다. 읽는 것 자체만으로도 많은 소득이 있었다."
> "네가 다룬 이야기는 인간의 상태를 그대로 반영하고 있다. 어두운 곳을 밝게 만들기 위한 노력을 보여 주고 있다."

위와 같이 문학 작품에 대한 묘사적인 칭찬은, 학생들로 하여금 생각도 하고 추리도 하게 만든다. 적절하고 솔직한 평은 학생들의 의욕을 불러일으키며, 그들의 기억 속에 확고하게 스며들어, 그들 자신의 자부심을 강화시킴은 물론, 자신감을 갖도록 해 준다.

2) 잘못된 칭찬법

잘못된 칭찬법은 대체로 올바른 칭찬법의 반대가 된다. 잘못된 칭찬법을 열거하면 다음과 같다.

(가) 학생을 평가하는 칭찬은 오히려 해롭다. 정신 요법에서는 학생에게 "너는 참 좋은 애다", "너는 계속하여 훌륭한 일을 하려무나"와 같은 말을 하지 말라고 한다.

즉 판단하는 칭찬은 피하라는 것이다. 이러한 칭찬은 학생에게 불안감을 조성하고, 의뢰심을 기르고, 반항심을 불러일으키기 때문이다. 또한 학생에게 자기 신뢰와 자제심을 갖도록 하지 못한다. 이러한 일들은 외부의 판단이 필요하지 않다. 그들의 내적인 동기가 평가로 하여 신뢰를 받아야 한다. 학생들이 바르게 자라기 위해서는 외부의 평가적인 압력으로부터 자유로워야 한다.

평가하는 칭찬은 가끔 위협으로 받아들여질 때가 있다. 그것은 즐거움이 아니라 불편을, 기쁨이 아니라 두려움을 안겨준다. 아이들은 흔히 이러한, 판단하는 칭찬의 압박 밑에서 허덕이며, 이로 말미암아 방어적이 되며, 회피하는 성격이 되어 버린다. 이러한 칭찬은 자기들을 변화시키기 위해서라는 점을 알고 있다. 아이들은 이러한 의도에 분노를 표시하며 어른들의 조작에 반항하려 든다.

(나) 적극적인 평가는 오히려 부정적인 의미를 지닐지도 모른다. 또 사람을 판단하는 칭찬은 불안감을 조성하게 하고 서로 거리감을 느끼게 만들 수 있다. 그래서 대화를 단절시키며 관계에 금이 가게 만들기도 한다.

• 은희는 10,000원 짜리 지폐를 분실했다. 열두 살인 남진이가 그 돈을 주워 교사에게 갖다 주었다. 교사가 남진에게 다음과 같이 칭찬을 하였다.

> 교사 A : 너는 참으로 정직한 아이야. 우리 반에 너 같은 훌륭한 학생이 있는 것을 자랑스럽게 생각한다.
> 교사 B : 돈을 찾아 주어서 고맙다, 남진아. 은희의 슬픔을 덜어 주게 되었으니, 얼마나 다행스런 일이니?

A 교사의 칭찬을 듣고 남진이는 불안해지기 시작했다. 왜냐하면 남진이는 전에 작은 물건을 훔친 일이 있었기 때문이다. 선생이 그의 정직함을 칭찬하자 마음이 몹시 불안하게 되었다. 이런 칭찬을 들은 후로는 남진이는 과거에 정직하지 못 했던 것 때문에 선생님을 멀리하게 되고 결과적으로 선생님의 칭찬이 효과가 없어지게 된 것이다.

B교사의 칭찬은 문제가 되는 행위에 대해서만 칭찬을 했기 때문에 그 학생은 앞으로도 칭찬을 들으려고 계속 좋은 일을 하게 되고 효과적인 칭찬이 된 것이다.

아동의 성격을 판단하거나 인격을 재평가하지 않는 칭찬만이 때로는 실수를 할 수도 있다고 하는 안도감을 갖게 하며, 노력하면 다시 회복할 수 있다는 자신감을 갖게 해 준다. 그러므로 인격을 평가하거나 성품을 판단하는 말을 해서는 안 된다.

(다) 구체적인 칭찬에 반대되는 것이다. 너무 과분하거나 과장된 칭찬은 오히려 비꼬는 것처럼 들릴 수 있기 때문에 자제해야 한다.

"좋다", "잘 했다!"와 같은 모호한 칭찬과 "야, 천재적인 발언이다", "귀신같이 알아맞혔네!"와 같은 과장된 칭찬은 잘못된 칭찬이다. 교사들이 학생을 판단하는 말투인 "좋다, 훌륭하다, 굉장하다, 우수하다"와 같은 말 대신에 학생들을 인정해 주며, 학생이 좋은 일을 했을 때 고마움을 표하는 말을 하여야 한다.

(라) 평가하는 칭찬은 신분이 낮은 사람을 그 낮은 곳에 그대로 있게 만들어 준다. 마찬가지로, 학생이 그의 선생을 "선생님께서 좋은 일을 하고 계시는군요. 선생님을 모시고 있는 것이 자랑스러워요. 그 좋은 일을 계속해서 하세요"라고 칭찬하는 것은 건방지다고 생각되어질 수 있다.

만일 우리가 피카소를 만난다면, "오 당신은 위대한 화가입니다. 훌륭한 직업을 갖고 계시는군요"라는 식으로 말하지는 않을 것이다.

이러한 칭찬은 거만스러움을 나타내며, 나쁜 의미로도 쓰인다는 점을 알게 될 것이다. 우리는 자신을 스스로 심판관의 자리에 올려놓아서는 안 된다. "피카소 선생님, 선생님의 그림들은 내 삶에 큰 도움이 되었습니다"와 같이 이야기하는 것이 올바른 것이다. 아이들도 이와 같은 예우를 받을 필요가 있다. 즉 비교를 하거나 겉치레의 칭찬이 아니라, 고마움에 찬 칭찬을 필요로 하고 있다.

(마) 학생의 행위 중에서 칭찬할 만한 가치가 있을 때에만 칭찬을 해야지 그저 덮어놓고 기분 내키는 대로 칭찬을 하면 학생은 혼란을 일으키게 되고 오히려 역효과를 낳는 수가 있다.

(바) 칭찬받을 것을 예기하고 착한 일을 했을 때나 공부를 열심히 해서 좋은 결과를 얻었을 때는 때를 놓치지 않고 칭찬한다. 시간이 지난 다음에 칭찬을 하면 칭찬의 효과도 줄어들게 된다. 또한 칭찬을 아주 안 하게 되면 다음 행동에 동기부여가되지 않게 된다.

5. 칭찬의 효과

일반적으로 학생들에게 칭찬을 할 때 효과적인 방법은 추상적인 칭찬(모호하거나 과장된 칭찬)보다는 구체적인 칭찬이 더욱 효과적이고, 평가하는 칭찬보다는 이해하는 칭찬이 더욱 효과적이다. 그러나 학생들이 다양하기 때문에 칭찬의 효과를 극대화하기 위해서는 학생들 유형에 따라 칭찬의 방법을 정한다. 대부분의 학생들에게 칭찬이 가장 교육적으로 효과가 좋은 방법이긴 하지만 학생들 개개인에 따라 특성이 다르기 때문에 학생들을 유형으로 나누어서 칭찬의 방법을 정하는 것이 더 효과적이라고 본다. 학생들 유형은 조벽(2001)에 따라 4가지 유형으로 나눈다. ●

1) 성취형

공부할 능력과 노력을 겸비한 학생이다. 성적이 우수하고 태도가 성실하기 때문에 흔히 모범생이라고 부르는 유형이다. 기본적으로 어릴 때부터 숫자와 언어 개념을 쉽게 터득한 편이고 학교에서 계속 상위권의 성적을 유지하고 있는 학생이다. 이들은 목표를 이루려는 성취 동기가 강하기 때문에 누가 시키지 않아도 스스로 알아서 공부하는 편이다.

이런 학생을 칭찬하려면 구체적인 칭찬을 해야지 모호하거나 과장된 칭찬을 하면 오히려 자기를 모욕한다고 생각할 수 있어서 오히려 역효과가 나타날 수 있다.

2) 체제 거부형

학습 능력은 있으나 노력을 안 하는 학생이다. 흔히 머리는 좋은데 공부를 못한다고 자타가 공인한다. 성적이 들쭉날쭉한 편이고 작심삼일형이기도 하다. 기분이 내켜서 공부를 좀 하면 성적이 단박에 오르기도 하지만 대개는 반짝하다가 다시 다른 일에 집중한다. 공부는 나중에 하고 싶을 때 하면 잘할 거라고 장담하는가 하면, 아예 노골적으로 공부와 담쌓기도 해서 부모님 속을 태우기도 하는 유형이다. 학교에서는 엉뚱한 질문을 하거나 선생님의 말에 반박해 미움을 받기도 하지만 친구들

●
학생들 유형은 여러 가지로 나눌 수 있겠다. 미시간 주립대 맨(Mann) 교수는 학생들을 일곱 가지 기본 유형—불안 초조형, 영웅형, 동기 부족형, 침묵형, 독립형, 불평형, 아부형—으로 구분했는데 이런 유형은 원인은 상관하지 않고 나타나는 현상에 입각한 것이고, 조벽 교수의 분류는 학습동기의 측면에서 4가지로 분류하였다. 실제 우리나라 교실 상황에 의한 분류가 앞으로 이루어져야 한다고 본다.

과는 아주 친하게 잘 지내는 편이다. 좋아하는 일에는 높은 의욕과 열의를 갖지만 문제는 그것이 학교 공부와 무관하다는 점이다. 이런 유형의 학생들은 꿈과 열정을 현실로 성취해 낼 수 있도록 격려해 주고 환경 조성을 해주는 것이 필요하다.

3) 착실형

꾸준히 노력은 하지만 성적이 좀처럼 오르지 않는 학생이다. 부모님 말씀 잘 듣고 학교생활도 성실하고 얌전해서 나무랄 데가 없지만 개성이나 특성이 별로 두드러지지 않아 학교에서는 존재가 미미한 경우가 많다. 극심한 경쟁이나 부모님의 기대감에 스트레스를 가장 많이 받는 형이고 따라서 좀더 잘해 보려고 애쓰지만 성과가 없어 자신감을 잃는 경우가 많다. 남의 기준에 맞추려고 애쓰지만 정작 자신이 원하는 것이 무엇인지 잘 모르는 경우가 많다. 따라서 정말 자기가 하고 싶은 일이 무엇인지를 찾는 것이 시급하다.

이런 유형의 학생에게는 교사가 그 학생의 숨은 장점을 찾아내 주어 칭찬해 줌으로써 자신감을 갖고 그 장점을 키워 나가도록 도와주어야 한다.

4) 내 맘대로형

노력도 하지 않고 공부할 기본 능력도 갖추지 않은 학생이다. 될 대로 되라는 식으로 매사를 쉽게 생각하거나 쉽게 포기하기 때문에 의욕도 없고 태도도 불성실해 보인다. 학교 성적은 하위권이고 태도가 불량해서 학교에서 가장 괄시를 받는 학생이다. 학교, 성적, 시험 따위에 개의치 않고 때로는 부모님의 기대와는 정반대되는 행동도 서슴지 않는다. 흔히 문제아, 천덕꾸러기라는 레벨을 달고 살며 졸업장만이라도 무사히 받기를 바랄 정도이다. 학교 안보다 밖에서 활개치고 다니며 비슷한 부류와 어울리기를 좋아한다.

이런 유형의 학생들은 학과 공부보다는 인성교육에 더 치중을 해야 할 것 같다. 또한 숨은 장점을 찾아내어서 칭찬을 해 주고 사소한 것이라도 칭찬을 해 준다.

이런 유형의 학생은 인정해 주는 말을 해 주어야 한다. "너는 그것도 못 하니?"

또는 "이 쉬운 것도 모르니?"와 같은 '핀잔주기'와 "똑같이 배우고 다른 아이들은 다 잘 하는데 너는 수업시간에 뭐 했어?"나 같은 학교에 형제가 다 다닐 경우에 "네 형은 잘 하는데 너는 왜 이렇게 못 하니?"와 같은 '비교하기'를 하지 말고 상대를 있는 그대로 인정하고 그 학생에게도 장점이 있는 것을 칭찬해 주면 교육적인 효과는 훨씬 더 커 진다.

그리고 위의 4유형의 모든 학생들에게 해당되는 사항은 항상 따뜻한 말로 대해줘야 한다는 것이다. 항상 따뜻한 말로 친절히 대해 주고 격려해 주면 그것이 바로 칭찬의 효과를 얻게 된다.

그리고 이러한 분류에 의해서 실제 교실 수업에서 학생들에게 교육적으로 더 효과적인 칭찬의 방법이나 유형이 앞으로 더 연구되어야 할 과제라고 생각한다.

6. 칭찬의 예절

칭찬은 타인과 협력해 가는 데 없어서는 안 될 가장 중요한 조건이 된다. 인정하고 칭찬하는 것은 상대방에게 관심을 가져주고 상대방의 가치를 인정해 주는 것으로써 관심이 말로써 표현되는 것이다. 그러한 말이 마음에서 우러나오는 진실된 것이어야 한다.

입에서 나오는 단순한 단어 하나가 아니라 감정과 표정과 기술이 필요하며 특별히 상대방의 장점을 바라볼 수 있는 따뜻한 마음이 우선 기본이 되어야만 칭찬을 할 수 있게 된다. 그러므로 칭찬하는 것을 훈련해야 하고 습관화해야 한다. 사랑도 받아 본 사람이 다른 사람을 사랑할 수 있다고 한다. 칭찬하는 것도 칭찬받는 것도 훈련이 되어야 한다. 학과 공부뿐만이 아니라 칭찬하는 것도 반복 연습을 꾸준히 해야만 칭찬을 잘 할 수 있다.

칭찬을 받는 사람도 문제다. 칭찬을 해 주면 어떤 사람은 당황해 하거나 아주 어색해 한다. 겸손한 것도 좋지만 칭찬 받았을 때는 흔쾌히 받아들이는 것이 칭찬해

문화센터 수강생들에게 옆자리에 있는 사람을 칭찬해 보라고 훈련을 시키면 첫 날은 칭찬을 잘못 하다가 이튿날부터 칭찬을 조금씩 하기 시작한다고 한다.

준 사람에 대한 예의다. 칭찬해 준 사람에게 고맙다는 표현을 분명히 하도록 학생들을 지도해야 한다. 그리고 칭찬한 사람을 다시 칭찬해 주도록 교육시킨다, 칭찬받고도 쑥스러워 아무 말 안하면 칭찬한 사람이 오히려 어색하게 된다.

7. 맺음말

교사의 역할은 학생들에게 지식의 전달뿐만 아니라 인성교육, 재능계발도 중요하다고 생각한다. 교사 화법 중에서 칭찬화법은 학업성취도를 높일 수 있을 뿐만 아니라 학생들의 인성교육, 재능계발에도 중요한 역할을 한다. 막연하고 모호한 칭찬 즉 추상적인 칭찬보다는 구체적이고 시의적절한 칭찬을 하여서 칭찬의 효과를 더욱 더 높여야 하겠다. 또한 이해하는 칭찬이 평가하는 칭찬보다 더욱 효과적이다. 학생들 개인의 재능이나 숨은 장점을 찾아내어 여러 사람 앞에서 칭찬해 주는 것도 효과적인 칭찬이 되겠다. 칭찬에는 대면 칭찬법과 비대면 칭찬법이 있는데 교사가 학습활동을 하면서 하는 칭찬에는 주로 대면 칭찬법이 되겠다. 그러나 비대면 칭찬법도 교육적인 효과는 크다고 하겠다.

조벽(2001)에 의해서 학생들을 4가지 유형으로 나누고 그 학생들에 의한 칭찬의 방법을 간략하게 들어 봤는데 실제 교실에서 수업을 하면서 학생들에게 실제로 적용해보고 분석을 할 필요성이 있는 것이 앞으로의 과제이며, 또한 학습자의 구분에 의한 칭찬의 차이는 없는지도 또한 연구가 되어야 할 부분이라고 본다. 이를테면 초등학생, 중·고등학생, 대학생으로 나누어서 그 대상에 의한 칭찬의 차이는 없는지 하는 것 등이다.

제2부 사례와 분석

이 부분은 '커뮤니케이션과 대인관계' 강의를 수강한 학생들이 그동안 배운 것을 바탕으로 자신의 주관적인 의견에 따라 자신이 선택한 자료를 분석하여 본 것이다. 일반적인 체제는 다음과 같다.

1. 작품 선정 이유
2. 인물 분석
3. 줄거리 요약
4. 작품 속의 대인관계와 커뮤니케이션
5. 문제점과 예방책, 자신의 생각

2항과 특히 3항의 경우는 그와 관련된 각종 자료를 그대로 인용해도 무관하나 1항과 4항, 5항은 반드시 자신의 입장에서 정리하도록 함이 원칙이다. 그동안 많은 학생들이 좋은 자료를 선정하여 분석하고 발표하였으나 학점에 가산된 정도로 그쳐 학기가 끝남과 동시에 좋은 자료들이 빛을 보지 못하고 말았다. 이번 출간을 통해 몇 학생들의 자료를 선정하여 함께 보임으로써 커뮤니케이션과 대인관계에 대해 보다 폭넓게 이해할 수 있도록 돕고자 한다.

자료의 사실성을 위해 학생들의 이름은 실명으로 하지만 학과와 학번은 밝히지 않았다. 각 자료에 대하여는 맞춤법, 띄어쓰기, 오타 등과 같은 기본적인 부분은 바로잡았으나 내용적인 부분까지 수정하여 그들의 의도를 변질시키지는 않도록 하였다. 한편 학생들인 만큼 창의적인 부분도 물론 있지만 많은 부분 기존 연구 자료를 참고로 하여 작성된 과제로서 인용자료에 대한 출처를 분명히 밝히지 못한 미숙함이 있을 수 있음을 미리 밝힌다.

또한 선정된 작품에 대한 학생들의 논의는 인용한 것이든 자신의 생각이든 모두 커뮤니케이션과 대인관계에 있어 자신의 인식과 사고방식에 맞는 것을 선택한 것으로 학생들 개인의 주관적 판단에 의한 것이며, 그 중 커뮤니케이션과 대인관계에 관련한 문제의식이 있으며 비교적 과제의 완성도가 높고 발표 과정에서 학생들의 공감을 많이 받은 작품을 선정하였다.

영화 '굿 윌 헌팅'을 통해 본 대인관계와 커뮤니케이션

박 의 선

┃작품 선정 이유┃

세상에는 수많은 길이 있다. 곧은 길, 구불구불한 길, 막다른 길, 평탄한 길, 가파른 길, 그리고 아직 아무도 누구도 가보지 못한 수많은 길들, 그리고 또 다시 그 길 위에는 수많은 것들이 놓여 있다. 길가에 놓여 있는 작은 조약돌부터 높은 산맥에 이르기까지, 작은 물웅덩이에서 넓은 대양에 이르기까지, 자연이 만들어 놓은 수많은 경이와 인간의 손으로 빚어낸 수많은 발명들이, 때로는 혼자, 때로는 옆의 누군가와 함께 인간이란 태어나면서부터 그 길 위를 끊임없이 걸어 나가며 인생이란 방대한 지도 위에서 그렇게 살아간다, 자신이 나아갈 그리고 닿아야 할 목적지를 향해서. 하지만 누구나 그렇게 쉽게 자신의 목적지를 찾아 낼 수 있는 것은 아니다. 누군가는 정밀한 지도와 지도를 능숙하게 읽어내는 능력을 가지고도 목적지가 없어 방황하는가 하면, 반대로 누군가는 가고자 하는 확실한 목적지가 있어도 그러한 지도와 능력이 없어 길을 잃거나 괴로움의 시간을 보낸다. 그 모두를 가지고 있든 또는 가지고 있지 않든, 그 길 위를 걷는 사람 모두가 마찬가지일 것이다. 고민과 불안, 고독과 슬픔, 기쁨과 설렘, 그리고 희망, 때로는 모든 걸 잃고 넘어지지만, 길 위에서는 수많은 일들과 만남이 이루어지며 때로는 목적지가 바뀌거나 새로 생기기도 한다. 그건 자신이나 누군가가, 그리고 우리가 그 길을 걷는 걸 포기하지 않았고, 그래서 우리가 서로 만날 수 있었기 때문이다. 그런 계기가, 나에게 역시 몇 번 있었다.

'It's not your fault'
'네 잘못이 아니야, 네 잘못이 아니야.'

그리고 이 말을 들었을 때 역시 그랬다. 마치 자신이 구원을 받은 듯한 느낌이었다. 같은 공간에 있던 모두가 말로 표현한 건 아니지만 난 알 수 있었다. 거기 있던 모두가, 떨리는 어깨로, 붉게 물든 눈으로, 조심스레 멋 적은 웃음으로 말하고 있었으니까.

아마 한 사람의 인생에서, 걸을 수 있는 길에는 한계가 있을 것이다. 하지만 곁에서 함께 싸워줄 사람이 있다면, 그런 사람이 있다면, 살얼음판 위를 걷는다 해도 그 삶을 결코 망설이거나 겁먹지 않을 것이다. '굿 윌 헌팅'은 그런 사람과 사람 그리고 그 사이의, 커뮤니케이션을 통해 서로를 이해하고 끌어주는 '커뮤니케이션의 힘'이 잘 나타나 있다. 그리고 그것이 내가 '굿 윌 헌팅'을 선정한 이유이다.

인물 분석

월 헌팅	MIT공대의 청소부이나 MIT학생들보다 월등함을 보여준다. 몇 번이나 입양되었다가 파양되며, 세 번은 학대로 인한 강제 파양으로 어두운 과거를 가지고 있다. 지나치게 자기 방어적이고 친구들 외에는 누구도 믿지 않으려는 성향이 있다.
숀 맥과이어	친구인 램보 교수로부터 윌을 이끌어 줄 것을 부탁 받았다. 다른 상담자와는 다르게 윌을 포기하지 않는 끈기를 가지고 있다. '의사에게 믿음이 있어야만 환자가 마음을 털어놓게 된다'라는 점을 강조한다. 자기도 어렸을 때 윌과 비슷한 경험을 바탕으로 관심과 따뜻함으로 차갑게 닫혀 있던 윌 헌팅의 가슴을 열어주고 참다운 인생의 길을 이끌어 주는 인물이다.

램보 교수	MIT의 수학교수로서, 우연히 윌의 재능을 알게 되고 윌과 함께 일하기를 제의한다. 윌의 인생에 대한 관심보다는 그의 재능에 더 관심을 두며, 천재적인 두뇌를 어떻게든 사회에 환원시키려는 인물이다.
스카일라	윌의 여자친구. 클럽에서 우연히 만나서 윌과 친해지게 된다. 재미있는 성격으로 밝고 학구적이다. 윌과 즐거운 시간을 보내나 윌의 지나친 자기방어적인 성격으로 인해 서로 사랑함에도 불구하고 상처를 입는다.
척키 슐리반	윌의 절친한 친구이며 신의가 두텁고 '네가 만약 20년 후에도 여기 살면서 노무자로 우리 집에 와서 비디오나 보고 있으면 그땐 내가 널 죽일 거야. 넌 당첨된 복권을 쥐고 있는데 돈으로 바꾸기 두려울 뿐이잖아. 내 생애 최고의 날이 언젠지 알아? 내가 너희 집 골목에 들어서서 네 집 문을 두드려도 네가 없을 때야'라며 윌의 재능을 썩히는 것을 내심 안타까워하고 있다.

 줄거리

윌 헌팅(Will Hunting : 매트 데이먼 분)은 20년을 살아오면서 누구의 간섭도 받아본 적이 없었다. 그러한 그도 결코 우습게 상대하지 못할 인생의 스승을 만나게 된다. 보스턴 남쪽의 빈민 거주 지역에서 살고 있는 노동자계층의 친구들과 마찬가지로 윌은 비천한 일을 살며 산다. 윌은 MIT 공대에서 교실 바닥 청소 일을 할 때 말곤 대학교 정문 근처에도 가본 적이 없다. 그러나 노벨상을 수상한 교수들조차 혀를 내두를 만큼 어려운 문제들을 싱거울 정도로 간단하게 풀어버린다. 그러나 그토록 머리가 비상한 윌도 어쩌지 못 하는 게 한 가지 있다. 폭행죄로 재판을 받게 된 윌은 수감될 위기에서 벗어날 수가 없다. 윌의 유일한 희망은 심리학 교수인 숀 맥과이어(Sean McGuire : 로빈 윌리암스)이다. 숀은 윌이 가진 내면의 아픔에 깊은 애정을 갖고 관찰하면서 윌에게 인생과 투쟁하기 위해 필요한 지혜를 가르쳐 준다.

▌작품 속의 대인 관계와 커뮤니케이션▐

개인에서 인간으로 성장해 가는 과정, '윌 헌팅'에는 두 가지 키워드가 있다. 인간은 혼자가 아니라는 것, 그리고 믿음, 사랑이다.

우연히 윌의 재능을 알게 된 램보 교수는 판사로부터 제안된, 그의 가석방 조건으로 두 가지를 제시한다. 매주 자신을 만나 수학을 공부할 것과 정신과 치료를 받을 것. 윌의 천부적 재능을 필요로 하는 램보 교수와, 윌에게 던져진 제안은 피아노를 보면 음악이 떠오른다는 비유로 자신을 설명한 윌에게, 그건 감옥으로부터 벗어나기 위한 혹독한 대가가 아니라 지극히 평범한 일상의 연속이었다. 그리고 한가지 더 타인에게 쉽게 드러내려 하지 않은 윌의 내면의 반영도 어느 정도 들어나 있다고 볼 수 있을 것이다. 이렇게 처음 그들의 만남은 수요와 공급이란 이상적인 관계를 가지고 출발한다, 내재된 수많은 갈등을 안은 채로.

수학엔 언제나 답이 존재한다. 그 답을 정답으로 보이기 위한 과장된 포장도, 어떠한 속임수도 용납되지 않는다. 일련의 공식과 일정한 과정을 거쳐 결과가 산출되고 그 뒤엔 오로지 정답과 오답만이 있을 뿐이다. 그렇다면 한 사람의 인생은 어떨까? 그 사람의 나이, 외모, 학력, 성별, 소득수준 같은 알려진 공식을 가지고 그 사람이 살아온 과정을 대입하면, 흑과 백이란 수학과 같은 간단명료한 답을 얻을 수 있을까? 적어도 윌에게 있어 그 대답은 'yes'일 것이다. 다음의 상황들은 그러한 윌의 대인관계에 있어 커뮤니케이션 방법의 문제점을 잘 나타내 주고 있다.

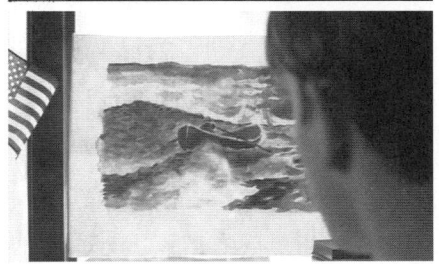

윌은 그들의 저서를 읽거나 그와 관련된 정보를 수집하여 상대를 무너뜨리며 자신에 대한 노출이 이루어지는 것을 꺼리고 있다. 자신을 진정으로 이해하려 하지 않는 이들에 대한 가혹한 복수가 극심한 자기방어기제로 인해 이루어지는 것이다. 더 이상 상처 받고 싶지 않아, 나를 이해해 주지 않아도 돼, 내가 원하는 건 내 스스로의 힘으로 얻어낼 수 있어. 마치 수학 문제를 푸는 것처럼 하나하나 클리어해 나가듯이……

그런 윌에게 숀은 다음과 같이 이야기한다.

"네가 얼마나 힘들게 살았고 네가 뭘 느끼고 어떤 애인지, 올리버 트위스트만 읽어 보면 다 알 수 있을까? 그게 널 다 설명할 수 있어? 솔직히, 젠장! 그 따위 난 알 바 없어 어차피 너한테 들은 게 없으니까! 책 따위에서 뭐라 하든 상관없어. 우선 네 스스로에 대해 말해야 해. 자신이 누군지 말이야. 그렇다면 나도 관심을 갖고 대해주마. 하지만 그렇게 하고 싶지 않지? 자신이 어떤 말을 할까 겁내고 있으니까. 네가 선택해 윌."

이는 결코 한 사람의 인생이 단 한 권의 책으로 평가되거나 요약되어서는 안 되며, 서로에 대한 이해는 진실한 믿음과 사랑 그리고 양방향적인 대화를 통해서만이 가능하다는 것을 가르쳐 주고 있다. 그리고 '환자의 마음을 열기 위해서는 먼저 믿음을 주어야 한다'고 숀이 학생들에게 가르쳤던 것처럼, 숀이 윌에게 한 말은 결국, 숀 자기 자신에게도 그런 자신의 믿음을 다시 한번 다짐하게 하는 말인 것이다.

이 장면을 시작으로 숀과 윌은, 상담자와 피상담인의 관계에 따른 질문과 답변이 아니라 사람과 사람 사이의 대화가 이루어지는 것이다. 그 후 숀은 서로간의 마음을 열기 위해 윌을 기다린다. 윌이 마음을 열어 대화를 할 준비가 될 때까지 그리고 자신이 윌의 이야기를 듣고 받아들일 준비가 될 때까지 그리고 이후의 상담은 서로의 마음을 데워가는 하나 하나의 과정을 거치며 그 온도가 충분히 덥혀졌을 때 둘은 비로소 서로를 이해하게 된다. 그리고 이러한 과정은 윌은 물론 숀의 생활에서 역시 많은 변화를 가져오게 된다.

비단 이 둘뿐만 아니라 영화 내에는 많은 갈등 그리고 커뮤니케이션의 방법이 존재한다. 영화는 내내 숀과 윌 둘의 관계를 중심으로 이루어지지만 그 안에는 숀과 램보 교수와의 갈등, 윌과 스카일라, 첵키와 윌, 램보 교수와 윌의 관계 등 많은 갈등 관계가 내재하고 있으며, 이 모든 과정이 서로 연관성을 가지고 일어나며 그 갈등의 해소 방법 역시 서로에 대한 관심과 이해가 없이 한 개인의 힘만으로는 이룰 수 없다는 것을 보여주고 있다.

그리고 그 과정의 끝, 아니 시작에는 다음과 같은 구원의 메시지가 존재하는 것이다.

"네 잘못이 아니야."

그래서 영화 종반, 캘리포니아로 떠나는 윌의 가슴에는 자신이 떠난 집 앞에서의 첵키가 느꼈을 감정과 윌을 사랑하는 스카일라의 마음, 램보 교수가 그에게 걸었던 기대와 숀의 삶과 그가 윌에게 보여줬던 믿음과 이해 그 모두가 담겨 있는 것이다.

예전에 '다운증후군' 아동의 생전 모습을 담은 광고를 본적이 있다.

"10월 19일 하나님이 주신 선물이 도착했습니다. 태어난 계절 아키(가을)와 남편이 좋아하는 유키(눈)를 합쳐 '아키유키'라고 이름을 지었습니다. 태어난 지 한 달 만에 다운증후군으로 판명…… 1년의 시한부 선고를 받았습니다. 감기라도 걸리면 끝이라는 말에 항상 조심하며 살았습니다…… 아키유키와 보냈던 6년의 나날들 당신과 만나지 않았더라면 알지 못했을 것들…… 고마워요……"

이런 카피를 담고 있는 영상은 갓 태어난 아기가 침대 위에서 새근새근 평화롭게 잠이 들어 있는 장면에서 시작하여, 어느새 세월이 흘러 그 아기가 운동회에서 엄마의 손을 잡고 달리기를 하고 있는 장면을 보여준다. 장면은 다시 바뀌어, 이바라기 현의 어느 바닷가. 다섯 살 난 이 아이와 엄마, 아빠는 한가롭게 바닷가를 노닐고 있다. 그 때 아빠가 뛰어다니며 노는 아들을 꼬옥 끌어안고 볼을 비빈다. 이 장면 위에 아빠의 마음의 소리 '고마워요'란 자막이 깔린다. 그리고 그 아이는 1년 후에 한 줌의 재로 변한다. 아키유키(秋雪)는 태어날 때부터 한정된 삶을 살아야 했다. 선천적으로 다운증후군, 심장내막결손증, 폐고혈압증을 갖고 태어났기 때문이다. 그러나 호흡이 멈추는 마지막 순간까지 최선을 다해 살아가는 아키유키와 가토 씨 부부의 모습에서 나는 나 자신도 모르게 눈물을 주르르 흘렸다. 그리고 '굿 윌 헌팅'은 나의 지난 기억에서 이 경험을 다시금 끄집어 내게 했다. 아키유키가 1년의 시한부 선고를 받고도 6년이나 살 수 있었던 이유, 윌이 자신의 삶을 변화시킬 수 있었던 이유에는 한 사람을 병명이나 단순한 문제아로 보지 않고 사랑으로 감싸고 지켜봐 주는 주변 사람들의 노력이 있었기 때문이다. 몇 번이나, 몇 번이나 떠났다 돌아와도 자신을 믿고 기다려 주는 이들이 있었기 때문에, 그리고 그들 서로 간의 끈을 쉬이 놓지 않고 서로를 이해하기 위한 지속적인 커뮤니케이션의 노력을 보여왔기 때문에 아마 가능했을 것이다.

이번 경험은 나 역시, 사실은 나약한 어린 아이에 불과하다는 것을 새삼 깨닫게 해주었다. 그래서 자신을 표현하고 드러내는데 서툴고 두려워하기도 하지만 누군가의 관심과 사랑을 필요로 한다는 것을, 그리고 그들과의 관계를 통해 자신이 살아가는 이유를 부여받고 싶어한다는 것을, '아키유키'와 '굿 윌 헌팅'에서 나는 그러한 사람과 사람의 관계와 그 사이의 커뮤니케이션을 보았다.

서로에 대한 깊은 믿음과 사랑, 이해가 담겨있는 커뮤니케이션은 누군가에게 살아가는 힘이 되어준다. 그리고 누군가에게 자신의 존재가 받아들여졌을 때 인간은 비로소 구원을 받고 새로운 길이 열리게 되는 것이다.

그리고 이는 우선 자신의 마음을 여는 것에서부터 시작함을 잊어서는 안 될 것이다.

앞서 말했듯, 세상에는 수많은 길이 있고, 자신이 지금 걷고 있는 그 길 위에는 수많은 사람들과의 만남이 놓여 있으며 그 길이 향하는 끝에는 언제나 우리 인간이 있다는 것을, 사람을 향해 있다는 것을, 우리는 늘 생각해야 할 것이다.

자신의 마음의 길을 열고 스카일라를 향해 가는 윌의 새로운 이야기처럼.

영화 '달콤 살벌한 연인'의 역기능적 커뮤니케이션

이 락 현

▌작품 선정 이유 ▌

달콤 살벌한 연인에서는 두 인물이 나옵니다. 나이 서른이 되도록 여자친구 한번 못 사귀어본 대학 강사 '황대우'와 교양 있어 보이는 미술을 전공한 듯한, 하지만 모든 것이 베일에 싸여있는 여자 '이미나'. 다른 무엇보다 황대우의 역기능적인 커뮤니케이션을 통해서 배울 점이 많다고 생각하여 이 작품을 선택했습니다.

인물 분석

황대우 대학 강사를 할 만큼 똑똑하고 젠틀한 남자 황대우는 대인 관계에 있어 틱틱거리기 일쑤이고 자기방어적인 성향을 보이는 등 역기능적 커뮤니케이션을 많이 하는 인물입니다. 여자와 연애에 대해 체질적으로 거부감을 갖고 있어 제대로 된 연애를 한 번도 못해본 소심한 성격의 소유자입니다. 친구에게나 이미나를 처음 만날 때에도 어떻게 말을 걸지 몰라서 당황스러운 말들만을 골라서 합니다. 상대방의 말에 귀를 기울이지 않고 친구와의 대화 중에도 항상 부정적인 말들만 합니다. 사회를 바라보는 시각이 너그럽지 못하고 항상 비판적입니다. 때문에 대인관계가 원만한 편은 아니며 서른이 넘게 여자친구가 없는 이유를 느낄 수 있습니다.

이미나	이미나는 집에 미술책이 많은 걸로 봐서 미대를 나온 듯 합니다. 하지만 전혀 어울리지 않는 룸메이트와 너무나도 안 어울리는 전(前) 남자친구가 있고 그녀의 주위는 베일에 싸여있습니다. 황대우가 제일 싫어하는 혈액형이나 별자리들을 굳게 믿고 있고 실제로는 끔찍한 살인자입니다. 그러나 그녀의 마음 한구석에는 평범하게 사랑을 하고 싶고 남자친구랑 데이트를 하고 싶은 마음이 있습니다.	
성 식	대우의 가장 친한 친구. 순기능적 커뮤니케이터. 여자와의 관계를 잘 못 맺는 친구 대우를 도와주는 캐릭터.	

줄거리

황대우는 서른이 넘도록 연애 한 번 못해 본 남자입니다. 아주 젠틀하고 대학에서 강의를 할 만큼 많이 배운 부러울 것 없는 사람입니다. 그러나 허리를 다치고 나서부터 외로움을 더욱 많이 느끼게 됩니다. 너무나도 외롭고 서른이 넘도록 여자친구를 사귀어 본 적도 없다고 정신과를 가서 상담할 정도로 외로움을 많이 타고 있습니다. 친구에게 연애의 조언을 구하고 싶지만 자존심 때문에 연애를 하고 싶다고 솔직하게 얘기도 할 수 없습니다.

친구인 성식은 대인관계도 원만하고 특히 여자들과 편안하게 잘 지내는 성격입니다. 결국 성식이의 도움으로 미나에게 영화를 보자는 말을 합니다. 너무나 서투르게 얘기하는 대우 때문에 미나는 불쾌하게 생각하지만 대우의 순진한 마음과 마음이 담겨있는 조그만 선물 때문에 대우의 순수한 마음을 알게 되고 둘은 서로 연애를 시작합니다. 연애가 계속되면서 대우와 미나는 성식과 성식의 여자친구와 함께 식사를 하게 됩니다. 대화 중 미나는 도스토예프스키의 '죄와 벌'과 자기가 소장한 그림의 작가인 '몬드리안'의 이름조차 모르는 무식함을 드러냅니다. 이미나는 사실 미술학도도 아니고 교양 있는 여자도 아니었습니다. 이름도 '이미자'였습니다. 유산을 노린 사기결혼으로 사람을 죽인 살인자였고 해외로 도피하기 위해 숨어 사는 여자였습니다. 한편 마음의 상처를 입고 속은 것을 알면서도 그녀를 너무나 사랑하는 대우는 그녀에게 화해를 청합니다. 둘은 정말 서로를 사랑한다는 걸 확인하지만 나중에 그녀가 살인자임을 알게 된 대우는 그녀와 함께 할 수 없음을 알고 그녀와 헤어지게 됩니다.

▌작품 속의 대인관계와 커뮤니케이션 ▌

작품 속에서 황대우는 다른 사람과의 커뮤니케이션이 원활하지 못한 사람입니다. 애정 관계뿐 아니라 친구 관계에서도 역기능적 커뮤니케이션을 일삼습니다. 항상 친구에게 틱틱거리고 주변사람들에게 매우 친절하고 젠틀하게 행동하지만 사회나 연애에 비판적인 시각을 가지고 있습니다. 남자의 시각에서 바라본 여자들의 인터넷 언어들이나 혈액형, 별자리를 믿는 것에 대해서 너무 심할 정도로 거부 반응을 보입니다. 황대우는 이미나를 만나기 전까지 연애에 대해서 부정적인 사람이었습니다. 그러나 이미나를 만나고부터 연애하는 것에 대해서 긍정적인 마음을 가지게 되었고 대인관계에도 자신감이 생긴 듯합니다. 일종의 노총각 히스테리에서 벗어난 그 때문에 주변이 조금은 더 편안해졌겠죠.

황대우는 계속해서 '자기방어'를 합니다. 친구에게 여자를 만나고 싶은 마음을 반대로 전하고 오히려 대화를 회피합니다. 이미나를 처음 만났을 때 첫 번째 생긴 갈등은 황대우가 이미나의 말을 경청하지 않았기 때문에 일어납니다. 데이트를 처음 해보는 그는 자기가 무슨 말을 해야 할까만 생각했지 무슨 이야기를 하는지 들으려고 하지 않았기 때문이죠. 친구 성식이가 '무조건 웃겨라!'라는 말을 수행하려고 하다 보니 정작 상대방이 원하는 것을 파악하지 못했다는 것입니다. 결국 기분이 상한 미나는 토라져서 가게 됩니다. 헤어질 때 엘리베이터에서도 대우는 갑자기 반말을 합니다. 물론 성식이 가르쳐준 지침을 수행한 것이지만 전혀 상대방과의 관계를 생각하지 않은 행동이죠. 초면에다가 별로 긍정적이지도 않은 관계인데도 불구하고 갑자기 반말을 하자 미나는 안 그래도 상한 기분에 더 기분이 상해서 집으로 들어갑니다. 또한 중요한 점은 T. wood의 교류모델로 봤을 때 대우는 상대에 대한 feedback을 전혀 고려하지 않았다는 것입니다. 관계는 계속해서 진행되고 있는데 타이밍을 전혀 고려하지 않은 말로 상대방의 마음을 불편하게 했습니다.

나중에 서로 다투게 되는 장면이 있습니다. 대우와 미나, 그리고 성식과 성식의 여자친구 정화 이렇게 넷이 만나서 밥을 먹게 되는 장면에서 생긴 일인데요. 미술을 전공하고 책을 많이 읽는다는 얘기를 들은 정화는 책과 작가의 얘기로 화제를 풀어

놓기 시작합니다. 실제로는 살인자이고 미술의 미(美) 자(字)도 모르는 이미나는 도스토예프스키가 누구인지 당연히 모르고 몬드리안이 누구인지 알 리가 없습니다. 순간의 불편한 관계를 성식은 화제를 다른 것으로 돌림으로써 잘 넘어가려하지만 정화는 계속해서 그 이야기를 물고 늘어집니다. 성식은 불편한 관계에 있는 상황을 화제를 잘 넘김으로써 풀어 가는데요. 화제를 잘 선택하고 상대방이 불편한 화제를 유연하게 넘어가는 것도 대인관계 커뮤니케이션에서 중요한 요소로 볼 수가 있습니다. 순기능적 커뮤니케이터인 성식 때문에 그나마 악화된 분위기가 좋은 쪽으로 흘러가게 됩니다만 혈액형 이야기와 별자리 이야기를 하는 미나에게 대우는 몹시 화를 내고 맙니다. 커뮤니케이션의 기본은 상대방의 의견을 존중하고 인정하는 것인데 대우는 그렇지 못한 모습을 보여줍니다. 갈등은 SD 커뮤니케이션으로 마무리됩니다. 대우와 미나는 아파트 문을 서로 마주 보면서 대우가 미나에게 속마음을 털어놓는 것으로 해결됩니다. 대우가 사랑하는 마음을 솔직하게 표현함으로써 관계가 회복됩니다.

종합 정리

대인관계 함에 있어서 중요한 것은 남과 내가 다를 수 있다는 것을 인정하는 것으로부터 시작합니다. 그 다음 단계는 그 경청입니다. 다른 사람과 커뮤니케이션이 원활하게 이루어지기 위해서는 상대방이 하는 이야기를 들어 주는 것이 중요한데 이야기를 듣는 것에서 그치는 것이 아니라 상대방이 원하는 피드백을 보여 줄 수 있어야 합니다.

황대우가 이미나와 처음 만났을 때 대우는 경청하지 않고 피드백이 없었기 때문에 상대방이 매우 불쾌해했습니다. 그렇지만 마음을 담은 카드와 선물 때문에 다시 좋은 관계를 가질 수 있었습니다. 커뮤니케이션이 잘 되지 않을 때에는 선물과 같은 비언어 커뮤니케이션을 사용하는 것도 좋은 방법이라는 것을 배웠습니다.

영화 '비열한 거리'를 통해 본 커뮤니케이션과 대인관계

구 세 라

▌작품 선정 이유 ▌

우리는 좋지 못한 일을 겪게 되었을 때, '후회'라는 것을 한다. 시간을 되돌릴 수 있다면 다른 선택을 하겠다고 생각하는 것이다. 그러나 중요한 것은 선택의 갈림길에 놓여 있었던 순간에는 그것을 최선의 선택이라고 믿고 행했다는 점이다. 결국 스스로는 최선의 선택이라고 생각했던 것이 잘못된 선택이었고, 이것이 불행을 낳게 되는 것이다.

영화 '비열한 거리'에는 잘못된 선택을 통해 비극의 길에 들어선 인물들의 이야기가 있다. 또한 그 속에는 '후회'가 있다. 그런데 영화를 보면서 이러한 후회가 잘못된 커뮤니케이션과 대인관계에 대한 후회라는 것을 알게 되었다. 즉 주인공 병두를 죽음으로 몰고 간 비극이 자신을 둘러 싼 환경에 영향을 받은 잘못된 커뮤니케이션과 대인관계 때문이었다는 점에서 이 영화를 선정하게 되었다.

수업을 통해 알게 되었던 커뮤니케이션과 대인관계에 있어 영향을 주는 가족의 문제가 잘 드러나 있었고, 자아노출 커뮤니케이션의 위험성도 알려주고 있다는 점에서 영화를 살펴보려고 한다. 그리고 그러한 커뮤니케이션과 대인관계의 잘못된 점을 짚어보고, 해결책과 예방책을 강구해 보았다.

인물 분석

병 두 (조인성)	전라도 출신의 스물아홉 살 조폭으로, 조직의 이인자(二人者)라고 하지만 하는 일이라고는 고작 떼인 돈을 받아주거나 하는 비루한 인생이다. 아픈 엄마를 원 없이 치료라도 받게 해주고 싶고, 자신을 믿고 따르는 조직 식구들에게 편안한 보금자리 하나 마련해 주고 싶어 한다. 또 첫사랑 현주와 따뜻한 가정을 가지고 싶은 소박한 소망을 가지고 있다. 하지만 이 모든 것이 뜻대로 되지 않는다. 때마침 찾아온 황회장의 달콤한 유혹으로, 병두는 욕망을 향해 불나방처럼 뛰어들게 된다. 황회장을 괴롭히던 박검사를 죽이고, 이러한 사실을 눈치 챈 조직의 보스인 상철까지 죽이게 된다. 그 대가로 황회장의 도움을 얻어 철거촌에 살던 자신의 가족은 이사를 하고, 사무실도 차린다. 하지만 친구 민호가 자신의 범행 사실을 영화로 만들면서 곤경에 빠지게 된다. 이런 상황에서도 그는 민호에게 찾아가 경고의 말을 하는 것으로 마무리하려 하지만, 그의 부하들이 민호를 땅에 묻고 협박하는데 민호는 그 일을 병두가 지시한 것으로 알고 형사에게 모든 사실을 알리게 된다. 도망을 다니던 병두는 마침내 민호를 죽이기로 결심하고 부하들을 시켜 일을 벌이지만, 자신이 형님이었던 상철을 살해했던 것처럼 부하의 손에 죽임을 당하게 된다.
민 호 (남궁민)	데뷔작의 흥행 실패 이후 재기를 노리는 영화감독으로 자신이 준비하고 있는 조폭 영화의 취재를 위해 초등학교 동창생인 병두를 찾아오게 된다. 병두를 만나게 되면서 어려움을 겪던 시나리오 작업의 실마리를 찾게 되고, 결국 병두가 들려준 경험담들을 시나리오에 녹여 촬영에 들어가게 된다. 지적인 외모, 차분한 성격의 소유자이지만, 내면은 성공에 대한 욕망과 자신을 홀대했던 이들에 대한 복수심으로 가득 차 있다. 또한 자신의 욕망을 위해선 친구와의 우정도 적절히 이용할 줄 아는 처세술을 보여준다. 그러나 자신을 믿고 이야기했던 친구 병두의 범행 사실을 영화로 만들게 되면서, 의도하지 않았지만 결국 병두를 죽음으로 몰고 가게 된다.
현 주 (이보영)	맑고 순수한, 병두의 첫사랑으로, 서점에 취직해서 생계를 꾸려나가고 있다. 힘든 환경 속에서도 밝음을 잃지 않는 현주는 동창회에서 병두와 재회한 후 자주 만나게 된다. 처음에는 병두가 조폭이라는 사실에 많이 망설이지만, 조금씩 마음을 열어나가게 된다. 또한 병두에게 조폭의 삶이 아닌 평범한 삶을 꿈꾸게 하는 인물이기도 하다. 자신을 배려하는 병두의 모습에 점점 사랑을 느끼게 되고, 병두에게 반지를 선물받는다. 하지만 병두는 형사에게 쫓기는 신세가 되고, 결국 죽음에 이르면서 현주와 헤어지게 된다. 현주는 병두의 죽음을 모른 채, 실종되었다고만 여기고 홀로 남게 된다.

황회장 (천호진)	로타리파 조직의 뒤를 봐주고 있는 인물로 외적으로 인자하고 여유로워 보이지만, 자신의 부와 명예를 위해서는 조폭과 손잡는 것도 마다하지 않는 냉철한 사업가이다. 자신이 키워준 상철이 박검사를 죽여달라는 자신의 부탁을 거절하자, 상철에 대한 마음을 완전히 접고 병두에게 일생일대의 기회를 제공한다. 자신의 일을 잘 처리해주는 병두의 뒤를 계속 봐주지만, 자신과 관련된 병두의 범행이 영화로 만들어지자 병두를 외면하기 시작한다.
상철 (윤제문)	로타리파 조직의 보스로, 황회장과 손을 잡고 조폭 세계에서 출세한 상철은 냉혹하면서도 잔인하다. 하지만 안정적인 생활에 접어든 후 황회장보다는 자신의 이익을 쫓으며 몸을 사리다 결국 황회장의 눈밖에 난다. 식구들보다는 본인의 잇속 차리기에 급급해 이에 반발하는 병두와도 관계가 불편해지고, 자신에게 충직한 영필만을 편애하다가 결국 병두에게 예상치 못한 배신을 당하게 된다.
종수 (진구)	어린 나이에 병두를 따라 로타리파에서 조폭 생활을 시작한 병두의 오른팔로, 병두를 믿고 묵묵하게 따르는 심복이다. 겉으로 보기에는 독한 눈빛을 가졌지만 전라도 사람 특유의 천진함과 순박함도 가지고 있다. 하지만 종수 역시 병두처럼 성공에 대한 독기와 야망을 품고 있는 인물로, 병두가 시키는 일이라면 사람을 찌르는 일도 마다하지 않는다. 그리고 결국 그는 병두가 상철에게 그랬던 것처럼 자신의 부하와 합세하여 병두를 죽이고, 병두의 자리를 차지한다.

줄거리

삼류 조폭 조직의 2인자 병두는 조직의 보스와 치고 올라오는 후배들 틈에서 제대로 된 기회 한번 잡지 못한다. 조직 내에서도 하는 일이라고는 떼인 돈 받아주기 정도인 별 볼 일 없는 인생이다. 병든 어머니와 두 동생까지 책임져야 하는 그에게 남은 것은 쓰러져가는 철거촌 집 한 채 뿐이다. 삶의 무게가 스물아홉 병두의 어깨를 무겁게 짓누르는 것이다.

어렵사리 따낸 오락실 경영권마저 보스를 대신해 감방에 들어가는 후배에게 빼앗긴 병두는 다시 한번 절망에 빠지지만, 그런 그에게 기회가 온다. 조직의 뒤를 봐주는 황회장은 상철에게 자신을 괴롭히는 부장검사를 처리해달라고 하지만, 상철이 자신의 몸을 사리며 그 부탁을 거절한 것이다. 병두는 상철을 대신해 자신이 부장검사를 죽이고, 이것을 눈치 챈 상철도 죽이게 된다. 병두는 황회장과 손을 잡음으로써 가족들의 생계를 걱정하지 않게 되었다. 또한 영화감독이 되어 자신을 찾아온 동창 민호와의 우정도, 첫사랑 현주와의 사랑도 키워나가며 이제야 인생을 사는 것 같다는 생각을 한다. 그렇게 새로운 삶에 대한 꿈을 키워나가던 어느 날, 병두는 동창 민호에게 그 누구에게도 털어놓지 못했던 속내를 털어놓게 된다. 민호를 굳게 믿고, 자신의 범행 사실을 민호에게 말한 것이다.

민호는 이 정도는 영화로 만들어도 별 일 없을 것이라 생각했고, 미리 말하지 못해서 미안하다고 하며 무덤까지 가지고 가겠다고 약속한다.

그러나 절대로 아무한테도 이야기 하면 안 된다는 병두의 부탁을 뒤로 한 채, 민호는 병두의 이야기를 영화로 만들게 된다. 병두는 이 사실을 알고 민호에게 찾아가 평생 입을 다물라는 경고를 한다.

병두는 이 정도로 일을 끝내려고 했으나, 부하인 종수는 병두 몰래 민호를 땅에 묻고 다시 한 번 협박을 하게 된다. 민호는 자신을 땅에 묻고 협박한 것을 병두가 시킨 것으로 오해하고, 형사에게 모든 사건을 이야기하게 된다. 병두는 형사에게 쫓기게 되면서, 부하들의 도움을 얻어 민호를 죽이기로 결심한다.

그러나 죽음을 맞이한 인물은 민호가 아니라 병두였다. 자신의 부하인 종수와 막내의 칼을 맞아 죽어 땅에 묻히는 것이다. 이렇듯 '비열한 거리'는 성공과 비상을 향한 욕망으로 인해 서로를 배신하고 배신당하며, 파멸의 길을 걷는 인물들의 이야기를 담고 있다.

▮작품 속의 커뮤니케이션과 대인관계 분석▮

❶ 병두의 가족 문제

> "식구가 뭐여. 식구란 건 같이 밥 먹는 입구녁이여. 저 혼자 밥 먹겠다는 인간은 호러 새끼여."

병두가 부하들에게 말하는 대사에서도 볼 수 있듯이, 병두는 자신의 식구에 대한 강한 애착을 가지고 있다. 가족이라 이름 지은 자신의 무리에 대한 애착, 그리고 먹고 살기 위해 제 가족을 먼저 챙기는 인간의 심리가 더 나은 삶을 살고 싶은 인간의 욕망과 맞물려져 있다. 그런데 '입구멍'에서 비롯된 욕망과 가족관계가 병두를 결국 죽음으로 몰고 가고 말았다.

철거촌에 사는 병두의 가족은 병두에게 있어서 책임져야 할 인생의 무게이다. 병두의 어머니가 돈을 구해보겠다는데도, 병두는 "내가 알아서 할 테니까 엄마는 신경쓰지 마"라고 하며 자신이 모든 것을 짊어진다. 아버지가 있어서 분담해야 할 가장의 역할을 병두는 혼자 힘겹게 이어가고 있는 것이다. 이렇듯 식구가 먹고사는 문제는 병두가 조폭 세계에서 빠져나올 수 없는 올가미가 되고 있다.

자신의 식구를 먹여 살리기 위해 다른 가족의 돈을 받아내고, 다른 철거촌 사람들을 거리로 내모는 병두의 모습은 우리 사회 전반의 이기적인 가족주의를 잘 보여주고 있다. 하지만 이것이 병두만의 잘못인가 하는 의문이 생긴다. 자신의 두목 상철에게 무릎을 꿇고 돈을 부탁하며, 자신이 곤경에 처한 마지막 상황에서까지 황회장에게 자신의 가족을 챙겨달라고 부탁하고 있는 모습은 안타깝기만 했다. 병두의 커뮤니케이션과 대인관계는 그가 처한 가족 문제에 의해 큰 영향을 받고 있는 것이다.

❷ 돈

가족문제보다 더 근본적인 문제는 '돈' 때문이라고 할 수 있겠다. "이제는 조폭도 사시미 칼로 싸우지 말고, 계산기를 두드려야 한다"는 황회장의 말처럼 이 시대에 가장 중요한 힘의 원천은 '돈'이 되어버렸다. 누군가는 '돈'보다 더 중요한 것이 '사랑'이라고 말할지도 모른다. 하지만 병두의 가족이 사랑이 없어서 불행한 것은 아니었다. 현주를 집에 초대하여 팥칼국수를 나누어 먹는 병두의 가족에게서는 보통 가족과 다를 바 없는 사랑을 볼 수 있다.

그러나 '돈'은 이러한 병두의 가족에게서 행복을 빼앗아가고 말았다. '돈' 때문에 조폭을 할 수 밖에 없는 병두, '돈' 때문에 제대로 된 치료를 받지 못하는 어머니, '돈' 때문에 철거촌에서 쫓겨나야 했던 병두의 가족을 볼 수 있는 것이다. 병두의 가족에게 '돈'이라는 것은 커뮤니케이션과 대인관계에 있어서 중요한 요인임에 틀림없다.

경제적으로 어려운 그들에게는 충분한 커뮤니케이션을 할 수 있는 시간이 없다. 그렇기에 병두의 어머니는 병두가 깡패 짓을 하고 다닌다는 것을 알지만 속사정을 깊이 알지 못할 뿐만 아니라, 그것을 막을 수도 없다. 바로 이 모든 것이 '돈' 때문이며, 생계를 유지하기 위한 돈을 벌 사람이 병두 밖에 없다는 데 있는 것이다.

❸ 병두의 자아노출 커뮤니케이션

병두는 자신의 첫사랑인 현주를 만나게 해주고, 자신의 어머니에게 병문안을 와주는 민호에게 진정한 우정을 느낀다. 민호 역시 병두에게 조폭 세계에 대한 이야기를 듣고 시나리오를 쓰기는 하지만, 병두를 친구라고 생각하며 고마움을 느낀다.

그렇기 때문에 병두는 "이번 일은 없었던 일로 해야 하며, 우리 말고 아는 사람이 있어서는 안 된다"는 황회장의 충고를 뒤로 한 채, 민호에게 자신이 저지른 일들

을 털어놓게 되는 것이다. 한번 뱉은 말을 주워 담을 수 없기 때문에 신중을 기했어야 하는데도 불구하고, 병두는 순수한 마음으로 아무한테도 이야기하지 말라는 부탁이면 충분하다고 생각했던 것이다.

하지만 결국 병두의 자아노출 커뮤니케이션은 비극을 부른다. 민호는 자신이 병두의 이야기라고 밝히며 한 것이 아니라, 영화로 만드는 것이기 때문에 그 정도는 괜찮다고 생각한 것이다. 그러나 무심코 던진 돌에 개구리는 맞아죽는 것처럼, 민호는 자신의 성공을 위해 아무렇지 않게 병두의 비밀을 영화로 만들었고, 그로 인해 병두는 죽게 되는 것이다.

자아노출 커뮤니케이션이 얼마나 큰 비극을 불러일으킬 수 있는지를 알게 된 부분이었다. 기자들이 민호에게 영화를 만들 때 어디에서 영감을 얻었냐고 질문하자, 민호는 할리우드 갱스터 영화를 좋아해서, 거기서 영감을 얻었다고 대답했다. 이처럼 민호 자신은 진정 병두의 비밀을 밝히려고 했다기 보다, 누구나 생각할 수 있는 이야기라고 판단하고 영화를 만든 것이다. 물론 민호에게도 잘못은 있다. 정말 제대로 된 판단을 했더라면 영화를 본 병두가 어떠한 반응을 보였을지, 병두에게 어떤 영향을 미칠 수 있을지까지 고민했어야 할 것이다.

하지만 민호보다 더 잘못한 것은 병두라고 할 수 있다. 아무리 친한 친구라고 해도, 가족에게도 쉽게 밝힐 수 없는 자신의 범행 사실을 이야기했다는 것은 분명 잘못된 일이다. 비밀은 이야기하는 순간 비밀이 될 수 없다고들 한다. 병두가 민호에게 그 이야기만 하지 않았더라도 어쩌면 그것은 영영 비밀이 될 수도 있었다. 그러나 민호를 믿고 자아노출 커뮤니케이션을 시도한 병두는 결국 죽음을 맞이했다. 병두가 그렇게 지키려고 했던 엄마도 죽고, 동생들과 사랑하는 현주는 홀로 세상에 남게 된 것이다.

④ 병두의 죽음

병두가 자신이 식구라고 생각했던 부하의 손에 살해되는 결말은 정말 안타까웠다. 병두에게 인정을 베풀지 않은 상철이 죽었을 때에는 크게 안타까운 마음이 들지 않았지만, 가족과 현주와 함께 행복한 삶을 살기 위해 몸부림쳤던 병두의 죽음은 너무나 슬펐다. 특히 그가 믿고, 챙겨주었던 부하의 손에 의해 죽었다는 것이 더욱 충격적이었다.

그러나 잘 생각해보면 병두는 자신의 죄값을 받은 것이었다. 상철이 함께 숙소생활을 했었던 부하 병두에게 살해를 당했듯이, 병두 또한 자신의 부하에 손에 의해 죽임을 당한 것은 당연한 결과라고 볼 수 있다. 왜냐하면 부하들은 이미 병두가 상철을 죽이는 것을 도왔으며, 식구를 위해서 그러한 판단을 하는 것은 당연하다고 배운 것이나 다름없기 때문이다.

병두의 부하들은 민호를 죽이는 것이 조직의 식구들에게 위험이 가해지는 일이라고 판단했고, 그러한 위험을 일으키는 자는 형님이라도 죽여야 한다는 것을 이미 병두가 상철을 죽였던 경험을 통해 학습한 것이다. 결국 병두는 자신의 잘못된 커뮤니케이션과 대인관계에 의해 죽음을 맞이했다고 할 수 있다.

종합 정리

❶ 해결책

우리는 흔히 말실수를 하거나, 이미 지나간 과거를 후회할 때 "이미 엎질러진 물은 주워 담을 수 없다"고 말하곤 한다. 그만큼 '비열한 거리'를 보면서 커뮤니케이션과 대인관계에 대해 생각해 보았을 때, 해결책을 찾을 수가 없었다. 왜냐하면 어떠한 해결책도 죽은 병두를 살려내지는 못하기 때문이다.

남은 민호가 자신이 영화를 만든 것에 대한 잘못을 깨닫거나, 병두를 죽음으로 몰고 간 사람들이 뉘우치는 것을 기대하는 일 밖에는 없다. 또 남은 동생들과 현주가 희망을 잃지 않고 살아가는 것이 죽은 병두에게 위로가 될 수 있을지 모르겠다.

그러나 이것은 진정한 해결책이라고 볼 수 없다. 그만큼 '비열한 거리'가 맺은 결말은 비극적이며, 이러한 비극을 불러일으킨 커뮤니케이션과 대인관계가 치유할 수 없을 만큼 일그러져 있다는 것을 알 수 있는 것이다.

➋ 예방책

이렇게 진정한 해결책이 없다면 우리에게 이러한 상황이 닥치거나, 주위 사람이 이와 같은 곤경에 처할 것을 대비해 예방책을 생각해보아야 하겠다. 또한 비단 우리의 문제가 아니더라도 이러한 일은 일어나지 말아야 할 일이기에 진지한 고민을 해보아야 하는 것이다.

• 개인적

우선 개인적으로는 이러한 조폭 세계에 병두가 발을 들여놓지 않았다면 좋았을 것이다. 물론 철거촌의 집에 살면서 가족들이 거리에 나앉게 된 상황에서 다른 일을 해서 돈을 벌어 가족의 생계를 지킨다는 것이 쉽지는 않을 것이다. 하지만 "쥐구멍에도 볕들 날이 있다"는 말처럼 다른 방법을 찾아보아야 했을 것이다.

또한 주변 사람들과의 커뮤니케이션도 충분히 이루어졌어야 할 것이다. 오직 자신이 가족을 책임지겠다는 병두의 책임감은 결국 자신의 죽음으로 끝이 났듯이, 조금만 가족들과 상의하려고 했다면 그런 비극은 막을 수 있었을지도 모른다. 병두는 현주에게도 자신이 나쁜 일을 하는 건달이 아니라고 거짓말을 했으며, 형사가 찾아온다며 걱정하는 어머니에게도 자신이 나쁜 짓을 하지 않는다고 거짓말을 한다.

이렇게 보았을 때, 주변 사람들과의 커뮤니케이션을 통해 차선책을 마련하고, 올바른 길을 걷기 위해 노력하는 것이 개인적인 예방책이 될 수 있는 것이다. 자아노출 커뮤니케이션을 올바르게 하는 것도 하나의 방법이 될 수 있겠다. 하지만 그 이전에 자신을 죽음으로까지 몰고 갈 정도의 나쁜 일을 하지 않았더라면 더 좋았을 것이다.

주위 환경이 병두를 죽음으로 몰고 갔다고 할지라도, 그것은 병두의 선택일 수 있으며, 병두는 그 이전에 가족과 주변사람들과의 커뮤니케이션을 통해 자신의 고민을 분담하고, 양심에 반하지 않는 올바른 방법을 찾았어야 할 것이다.

• 사회적

영화는 우리 사회가 조폭을 바라보고 이용하는 이중적인 시선과 잣대로 그들을 소비하는 모습을 보여준다. 민호가 병두의 이야기로 만든 영화가 폭발적인 인기를 얻어 성공하는 장면은 그러한 우리 사회의 양면성을 잘 보여주는 것이다. 조폭 사회를 나쁘다고 하고, 이 영화 속 등장인물들이 그려내는 배신을 비판하면서도 결국 우리는 그들이 가지고 있는 욕망과 다를 것이 없는 욕망을 가지고 살아가고 있는 것이다.

그런 점에서 우리는 사회적으로도 이러한 문제가 해결되어야 한다고 본다. 병두가 조폭으로 돈을 벌 수 밖에 없는 것이 사회적으로 병두의 가족을 보호해 줄 수 없었기 때문이라고도 할 수 있다. 철거촌에 사는 사람들에게 실질적인 대책을 마련해주지 않고, 거리로 내모는 것은 사회적인 문제라고 할 수 있다. 그렇기 때문에 사회적·국가적으로 이러한 어려운 사람들을 위한 실질적인 정책을 펴야 할 것이다.

또한 '돈'을 최고의 가치로 여기는 자본주의 사회에서 사람들의 인식의 개선이 필요하다고 생각한다. '돈'보다 중요한 것은 '사람'이다. 더 편하게 살기 위해 만들어진 '돈' 때문에 사람들이 정을 잃어가고, 이기적인 모습으로 살아가는 것은 안타깝다. 우리가 살아가는 사회에서 커뮤니케이션과 대인관계가 '돈'이라는 것에 의해 좌지우지 되는 경우가 많다. 이러한 사회 전반의 분위기를 '인간 중심'으로 바꾸는 데 조금씩 노력해야 할 것이다.

❸ 올바른 커뮤니케이션과 대인관계

'비열한 거리'를 통해 잘못된 커뮤니케이션과 대인관계가 얼마나 큰 비극을 불러일으키는지를 잘 알게 되었다. 물론 영화이기 때문에 극단적인 부분이 있지만, 우리 인간이 가지고 있는 '욕망'이라는 것을 잘 표현하고 있었다.

올바른 커뮤니케이션과 대인관계에 대해 공부하는 것은 인간의 '욕망' 때문이 아닐까 생각해본다. 잘 먹고 잘 사는 것. 말은 쉽지만 더 나은 삶을 살고 싶은 인간의 '욕망'이 커뮤니케이션과 대인관계에 많은 영향을 끼친다고 생각하게 되었다. 남보다 잘 살고 싶은 것이 인간의 '욕망' 때문이고, 그러한 '욕망'을 충족시키기 위해 올바른 커뮤니케이션과 대인관계는 필수적인 것이라 본다.

하지만 가장 중요한 것은 나의 행복을 위해 남에게 불행을 가져오는 것은 결과적으로 좋지 못한 대인관계라는 것을 기억해야 한다. 나의 행복을 추구하면서, 다른 사람과 더불어 살 수 있는 '휴머니즘'이 커뮤니케이션을 하고, 대인관계를 맺는 것에 있어 핵심이라고 생각하는 바이다.

황회장이 병두에게 한 말을 전하며 마무리하고 싶다. 이것이 커뮤니케이션과 대인관계에 있어 많은 생각을 하게 해 주었기 때문이다.

"성공하려면 딱 두 가지만 알면 돼.
나한테 필요한 사람이 누군지, 그리고 그 사람이 뭘 필요로 하는지……."

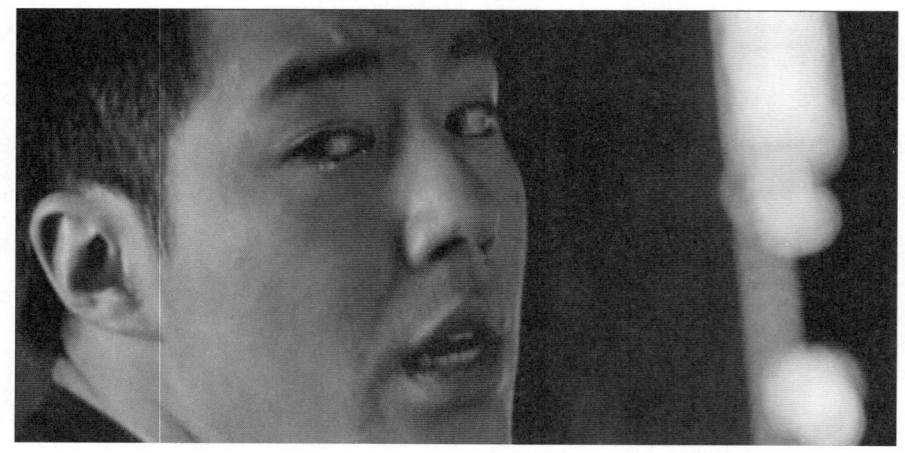

영화 '아이덴티티'의 다중인격장애자의 커뮤니케이션과 대인관계

정 헌 일

▌작품 선정 이유▌

영화 아이덴티티는 시나리오상의 반전과 치밀한 이야기 전개가 소름 끼칠 정도로 잘 짜여져 있지만 커뮤니케이션과 대인관계라는 차원에서도 배울 점이 많다고 생각하여서 이 영화를 택하게 되었다. 이 영화에서 우리는 그냥 여기에 등장하는 모든 인물들이 가상의 인물들, 즉 한 사람의 인격에 들어있는 여러 캐릭터라고 생각하고 그것만으로도 크게 흥미를 느낄 수 있을 수 있지만 그보다 중요한 것은 그가 왜 이런 상태까지 오게 되었고 왜 이런 인격들이 형성될 수밖에 없었는가라는 것이다. 이러한 점을 생각하게 된다면 영화는 더욱 깊고 흥미롭게 느껴질 수 있다. 이 영화에서 직접적으로는 보여주지 않지만 처음에 '말콤'의 다중인격을 치료하는 박사와 말콤 리버스와의 대화 내용 그리고 중간 중간에 보여지는 단서들을 보면 말콤은 어렸을 적 어머니로부터 무책임하게 버림을 받고 그로 인한 충격으로 다수의 인격을 만들게 되었으며 그 이후로도 삶이 평탄치 않았음을 짐작할 수 있다. 그리고 그로 인해 끔찍한 일을 저질렀으며 그 일을 자신의 기억에서 지우기 위해 또 다른 인격들을 만들어가는 그런 현상이 반복되는 일이 일어나고 있는 것이다. 이 영화를 통해 다중인격장애라는 정신병과 그것을 치료하기 위한 치료법 그리고 더 나아가 버림받은 아이들 그리고 방치되는 아이들과 그로 인해 일어날 수 있는 일들을 한번 되돌아보고 어떻게 우리가 버려진 아이들이 바르게 살수 있게 인도해나갈 수 있을지를 되짚어 보겠다.

 인물 분석

말 콤	어릴 적 버려진 충격으로 다중인격 장애를 일으킨 '말콤'. 일부러 영화에서 말콤의 눈빛이 가장 선하게 보이는 사진을 선정했다. 6명을 살해한 살인자이기는 하지만 그가 이렇게 되게 된 데에는 주변의 영향이 크다는 것을 보 

여주면서 그도 선한 사람이 될 수 있었고 될 수 있다는 것을 보여 주고 싶어서이다. 어렸을 때 그는 무책임한 어머니에게서 버림을 받았으며 그로 인해 그는 그 일을 잊기 위해 5명의 다중인격체를 만들어낸다. 그 이후에 6명을 살해하게 되는 살인마로 변하게 된다. 즉 주인공 '말콤' 한 명 안에 있는 11명의 다중인격체 중 6명은 말콤의 인격인 동시에 4년 전 살해했던 자들의 인격을 자기 인격체 안에 집어넣은 것이며 나머지 5명은 버림 받을 당시에 생성된 '말콤'의 인격인 동시에 말콤이 바라거나 어린 말콤이 증오했던 인격체들이다.

에 드	그가 자기 본인의 인격이라고 착각하는 '에드'. '말콤'에게 '에드'는 자기 자신의 가장 큰 부분이라고 착각되는 인격이다. 그래서 그는 '에드'로서 형사로 일한 적이 있고 자살을 막지 못한 죄책감에 휴가를 다니는 

사람이라고 생각한다. 상상 속의 그는 가장 정의롭고 사람들을 보호하기 위해 열심히 움직인다. 하지만 중반 이후 심리학자의 치료로 '에드'만이 자신이 아님을 깨닫는다. 그는 가끔 자신이 기절 현상이 있다고 한다. 즉 가끔 상상 속을 빠져 나와서 '말콤'이 마치 '에드'인 척 변호사와 대화를 했다고 보면 된다.

로 즈	심리학자가 가장 위험한 존재라고 판단하는 '로즈'. 그는 확실히 '에드'와 대립된다. 서로 총을 쏘는 장면에서도 보이듯이 '에드'가 선이라면 '로즈'는 악이다. 심리학자의 판단처럼 살인의 동기가 악일 수 있다. 하지만 심리학자가 놓친 것은 '말콤'이 살인을 저지른 동기는 악이 아닌 '티모시'의 의미인 어릴 적 분노라는 점이다. 

티모시	어릴 적 분노의 인격 '티모시'. 티모시는 말콤의 어릴 적 모습을 상상 속에 만들어낸 것으로 조용한 성격의 티모시는 어린 나이에 너무나 차분하기 때문에 섬뜩하기까지 하다. 사실 '티모시'는 9살 밖에 안 되었다. 그럼에도 불구하고 상상 속에서는 어른보다 큰 힘을 

갖는다. 그는 여자를 토막 내고 죄수의 입에 야구 방망이를 넣어서 꺾어 죽이며 자동차를 조작하여 폭파시킨다. 그건 물론 그의 상상 속이기 때문에 가능하다. 그 꼬마는 '말콤'이 하는 모든 상상 속의 주범이자 실제 살인의 동기이다.

패리스	어머니의 인격 '패리스'. 그에게 어머니의 인격은 자신에게 꼭 필요한 존재이자 죽이고 싶은 존재이다. 영화의 후반부에 그녀는 오렌지 밭을 지나가며 노래를 부르고 '말콤'은 실제로 그 노래를 부른다. '말콤'이 그 노래를 알고 있는 이유는 '말콤'이 어렸을 때 

그의 어머니가 불러준 노래이기 때문이다(물론 그녀가 그 노래를 기억하고 부르는 건 그녀가 어릴 적에 그 마을(플로리다)에서 살았기 때문이라고 나온다).

래리	모델 주인의 인격 '래리'. 어릴 적 버려진 말콤은 모텔 주인인 '래리'를 보게 된다. 그의 눈에 비친 주인은 아주 비굴하고 약은 존재처럼 보였었던 것 같다(어쩌면 어릴 적 자기를 버린 어머니를 찾아주려고 노력하지 않은 것에 대한 어릴 적 말콤의 원망이 개입되	

었을 수도 있다). 이를 파악하기 위해서는 상상 속에서 모텔 주인의 행세를 하는 '래리'의 성격을 파악해보면 된다.

루	신혼부부 남편 '루'. 부인이 있음에도 불구하고 창녀에게 관심을 가지는 장면이 있는데, 즉 바람기가 다분하다 볼 수 있다. 아내 지니에게서 아이를 가졌다고 거짓말했다는 사실을 결혼한 지 일주일이 지나 듣게 되자 흥분한 모습과	

과격한 반응을 보이는데 이로 정상적이지 못한 결혼 환경을 보여준다. 이 장면에서는, 나의 불확실한 추측이지만 어릴 적 폭력적인 아버지로 인해 말콤은 이러한 인격체를 만든 것이 아닌가 한다.

지 니	신혼부부 부인 '지니'. 남편이 창녀촌에 자주 놀러 간다는 신빙성이 없는 친구의 말을 믿고 남편의 바람기에 걱정한 지니는 루에게 거짓으로 애를 가졌다고 말한다. 얼마나 무책임하며 다른 사람에 비하여 겁이 많은 인물인지 알 수가 있다. 일반적으로 평	

론가들은 지니를 자신을 무책임하게 낳았던 어머니의 과거의 인격체로 만들어 낸 것이 아닐까 라고 생각한다.

조 지	노부부 남편 '조지'. 말콤의 과거와는 전혀 상관없이 4년 전 살해당한 인격체를 복구시킨 듯하다. 먼저 영화의 초반부에 자동차가 펑크 났을 때 차분하게 상황 대처를 한 장면에서 얼마나 침착한 인물인지 보여주며 부인과의 대화와 부인을 간호하는 장면은 얼 

마나 가정적인 남편인지 보여준다. 티모시를 구하려다 죽는 것으로 봐서는 희생 정신적인 면도 보여준다.

앨리스	노부부 부인 '앨리스'. 영화의 초반부에 새 타이어를 가는 장면에서 남편에게 부담감을 덜 주기 위해 내조하는 모습과 티모시에게 자동차 창문 너머로 애정을 표시하는 장면으로 앨리스는 가정에 충실하며 내조에 힘쓰는 인물이란 걸 볼 수 있다.	

캐롤라	영화배우 '캐롤라'. 리무진의 주인인 것을 보면 어느 정도의 부유층을 뜻한다는 것을 알 수가 있으며 차 사고가 났음에도 불구하고 무시하고 차를 계속해서 갈 것을 요구한 점과 기사에게 함부로 말하는 것을 보아서 자기중심적이며 이기적인 캐릭터임	

을 알 수 있다. 폰으로 자기의 능력을 인정해주기를 바라면서 계속해서 폰을 거는 장면으로 자존심이 강한 여자라는 것을 보여준다.

로버트 메인	죄수 '로버트 메인'. 경찰을 로즈가 살해하는 장면을 보고 웃음까지 터트리며 좋아하는 그는 살인을 즐기며 또한 래리와의 대화로 미루어 그가 얼마나 사악하며 음흉한 캐릭터인지 알 수가 있다.	

'말콤'이란 범죄자가 있다. 그는 어릴 적 창녀인 어머니에 의해 모텔에 버려졌다. 어른이 된 그는 4년 전에 6명을 죽인 살인죄로 다음날 사형이 집행될 예정이다. 그러나 말콤의 변호사는 심리학자를 데리고 판사에게 재심의를 요청한다. 그리고 심리학자는 재심의 과정에서 그가 10명의 다중인격을 가진 자임을 보여준다. 심리학자는 그 10명의 다중인격들을 서로 만나게 함으로써 하나의 인격으로 통합이 가능하며 10명의 다중인격 중 살인을 저지르는 인격이 있음을 알아챈다. 또한 그는 '말콤'의 심리 분석을 통해 '로즈'라는 인물이 그 범인임을 확신한다. 결국 '말콤'의 머리 속 10명은 비 오는 날 모텔에서 만나는 가운데 한 명씩 사라지고, 심리학자의 치료 속에서 '말콤'은 자신의 인격의 하나인 '에드'를 통해 '로즈'를 죽이는데 성공한다. 결국 남겨진 인격은 창녀의 인격인 '패리스'가 남게 된다. 그러나 심리학자가 발견하지 못한 인격이 있었으니 그것은 바로 '티모시'라는 꼬마의 인격이며 그 인격이 연쇄 살인을 저지르는 중심 인격이었다. 하지만 '말콤'이 이 인격을 꺼냈을 때는 이미 재심의를 마치고 사형이 연기된 후였으며 그는 변호사와 심리학자를 죽인다. 그의 인격은 처음에 박사가 생각한 대로 10명이 아니라 11명이었던 것이었다.

▌작품 속의 커뮤니케이션이나 대인관계 분석▐

캐릭터 분석을 통해서 각각 말콤의 성격과 11명의 인격들에 대한 설명은 충분하다고 보며 여기에서는 대인 관계 분석으로 박사와 말콤의 첫 부분의 몇 분간의 대화에서 말콤의 심리상태와 과거 경험 등을 중심으로 분석해 보겠다.

"처음 계단 위로 올라갔을 때, 전 거기에 없는 사람을 만났어요. 그는 오늘도 거기에 없었어요. 그가 없어져버렸으면 좋겠어요." 말콤이 계속적으로 읊조리는 시이다. 시라는 것은 생각하는 사람의 경험과 이해에 따라 해석이 달라질 수 있는 가장 다중적인 의미의 글이라고 생각한다. 여기서 말콤은 처음에 계단을 올라갔으나 거기에 없는 사람을 만났다고 하며 오늘도 거기에 없었고 그가 없어져 버렸으면 좋겠다고 한다. 거기에 없는 사람을 만났다라고 하는 것을 볼 때 존재하지만 존재하지 않는
그 자신 안의 인격들을 얘기하는 것이라고 보여지며 이들이
모두 없어져 버렸으면 좋겠다고 얘기하는 것을 보아 그 자
신이 어떠한 상태이며 그것을 치료하고 싶다는 것을 무의식
적으로 느끼고 있다고 보여진다. 또한 첫 장면에서 말콤의
심리 상태뿐만 아니라 지금까지 그가 어떠한 일을 겪었는지
를 알 수 있는 많은 단서가 제공된다. 예를 들어 그녀의 어
머니, 즉 죄수 사진과 어머니의 전과 기록을 보게 되면 그의
어머니는 마약을 소지한 죄로 체포되었고 말콤은 그의 어머
니를 창녀로 기억하고 있다. 즉 그의 어머니는 창녀이면서
마약중독자이었을 것이고 그로 인해 말콤의 어린 시절은 당
연히 불행했을 것이다. 또한 옆의 사진처럼 "소년, 외곽 모
텔에 버려지다"라는 신문기사에서 볼 수 있는 것처럼 무책
임한 어머니가 결국은 아이를 버리게 되었다. 아래의 사진은
어렸을 때 버림 받았을 당시의 티모시의 모습으로 생각되며
이 역시 영화의 첫 장면에서 볼 수 있다. 이 상황에서 모텔
주인이 그 아이를 더욱 따뜻하게 대해주고 어머니를 찾는
데 적극적으로 도와주고 놀란 말콤을 감싸주었었다면 또한
사회가 그 아이를 적절하게 보호했다면 미래의 그런 사건을
예방할 수 있었을 것이다. 결국 이러한 모든 것들이 영화 초
반의 신문에서 보여지는 것처럼 레이크 워크스 아파트에서
6명이 살해되는 사건이 발생되는 원인이 되었다. 그리고 또
한 한 인격체가 정신 분열을 일으키고 그것을 감추기 위해
또 다른 정신 분열을 일으키는 상태를 제공하게 된 것이다.

다시 한번 정리해 보자면 '아이덴티티'에는 정신분열증의 하나인 다중인격장애를 앓고 있는 '말콤 리버스'라는 인물이 등장한다. 그의 마음 속에는 분열된 인격, 즉 다른 인물이 11명 등장한다. 그는 창녀이자 미혼모인 어머니에게 학대받으며 자라 났으며 집도 없고 모텔을 전전하며 어머니가 일을 나갈 때는 모텔에 감금되어 지냈다. 그가 9살 때 그의 어머니가 그를 버리고 도망갔으며 그로 인해 말콤은 충격을 받고 5개의 인격을 형성하게 된다. 또 어머니가 도망간 뒤로 홀로 남겨진 충격으로 말이 없어지고 또래 친구들과 어 울리지 못했을 것이다. 그 후의 말콤의 삶과 어려 움에 대해서는 영화에 나타나지는 않았지만 쉽게 짐작할 수 있으며 그로 인해 심각

한 정신병(다중인격장애)과 6명이나 되는 사람을 살해하는 결과로 이어지게 되는 것이다. 이처럼 다중인격장애 또는 해리성 정체장애의 원인은 유년 시절에 받은 육체적 또는 성적 학대로 알려져 있다. 그외에 가족이나 친구의 죽음, 끔찍한 사고의 목격 등 정신적 외상이 원인이 되기도 한다. 실제로 환자의 95~100%가 어린 시절에 근친상간이나 학대를 받은 기억을 가지고 있다고 한다. 전문가들은 이것을 심한 학대나 정신적 외상의 충격으로부터 자신을 보호하기 위해 또는 대면하고 싶지 않은 현실을 피하기 위해 새로운 인격을 만들어내는 것으로 보고 있다. 따라서 이 질환자들의 숨겨진 성격은 특히 분노가 많은 것이 특징이다. 이러한 상태가 생기는 이유는 다른 사람의 그러한 행동을 자신도 모르게 닮아가기 때문이다. 전문가들이 말하기를 정신 분석학적으로 정체성 일탈 증세, 즉 다중인격 증세와 다수의 정신병적 증세들은 유아기, 유년기의 "마음의 붕괴"에 크게 영향을 받는다고 한다. 말콤 리버스의 경우 그의 진정한 자아는 마음이 붕괴된 유년에서부터 성장을 멈춘 듯하고 실제 자아는 '티모시'에 가깝다고 볼 수 있다. 즉 11개의 인격이 존재한다고 하더라도 엄밀히 말하자면 그게 모두 말콤 리버스일 수는 없다. 일반적으로 다중인격의 치료법은 최면을 가장 많이 사용한다고 한다. 최면은 존재하는

다양한 인격들을 불러내고 한 인격이 다른 인격을 점차 알게 하며 이들 사이에 의사소통을 촉진시키는 기술을 선택하여 궁극적으로 부정적 인격의 파괴적 요소들을 조절하고 방어하는 인격으로 융합시키기가 용이하기 때문이다. 증세는 특정한 인격이 그 사람의 마음을 장악할 동안 경험한 것에 대해 전혀 알지 못하며 그러한 인격의 존재도 알지 못한다. 그러나 여러 성격 중 한두 인격이 다른 성격들의 존재를 어렴풋이 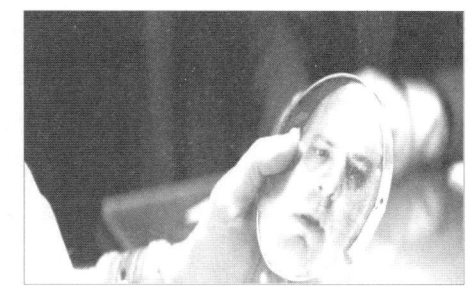 알고 있는 경우도 있다. 각각의 인격은 서로 다른 취향과 나이, 특징을 보이며, 드물게는 환자 자신이 전혀 모르는 언어를 사용하기도 한다. 이 장애를 겪고 있는 환자들은 자신의 증세를 감추려고 하는 경향이 있는데, 자신의 증세를 정확하게 모르는 경우도 있다. 이들에게는 오랜 치료 기간 동안 여러 진단이 내려지는데 다중인격장애로 확진되기까지 평균 7년이 걸린다고 한다. 현재는 최면을 통한 진단이 가장 신뢰성 있고 효과적인 것으로 알려져 있다.

　그러나 모든 것이 그렇듯이 사후 치료보다는 사전 예방이 더욱 중요하다라는 것은 모두 알고 있을 것이다. '말콤'의 경우에는 어릴 적 어머니가 무책임하게 남편도 없이 그를 낳아서 그리고 어떠한 사정이 그들에게 있었는지는 모르지만 결국은 어린 아들을 모텔에 버리고 갔던 것부터 시작해서 미래의 이러한 끔찍한 살인들은 예견되어져 있었다는 것을 볼 수 있다. 또한 이렇게 버림받은 아이들을 사회에서 더욱 더 잘 보호하고 돌보아야 하는 의무를 정부나 사회 차원에서 다하지 못했음도 지적할 수 있다. 만약 말콤이 버려졌을 때 사회가 또는 이웃이 그를 잘 보호해주고 교육시켜줄 수 있었다면 그도 바르게 성장할 수 있었을 것이며 이러한 비극도 없었을 것이다.

　아이를 버리는 것뿐만 아니라 어린이를 학대하고 "방임"하는 것도 자라나는 아이들에게 큰 영향을 끼칠 수 있다. 이에 따라 위기 가정의 아동과 가족에게 지역사회와 연계된 다양한 지원 체계를 확충하고 가해부모들에게는 일정 기간 상담이나 치료 등을 의무화하는 등의 제도 마련이 필요하다. 또한 아동에게는 크게 울거나 싫다고 소리를 지르는 등 학대 거부 의사를 확실하게 밝히도록 하고 현장에서 피하도록 하는 등의 적절한 교육도 권장되는 방법이다. 일반적으로 "방임" 등을 심각하게 여기지 않는 경우가 많지만 발달 단계의 아동들에게 미치는 영향이 매우 크다는 점을 인식하고 사회 구성원 모두가 따뜻한 관심을 기울이는 것이 중요하다. 이렇게 사회에서 이웃에서 그들에게 조금이나마 관심을 가지고 바르게 나아갈 수 있도록 인도해준다면 이 영화에서처럼 큰 비극적인 일은 일어나지 않을 것이고 우리 아이들이 바르게 성장하는 데 크게 도움이 될 것이다.

영화 '일급살인'(Murder In The First, 1995) 속의
커뮤니케이션 분석과 커뮤니케이션 장치

박 윤 식

'마크 로코' 감독의 '일급살인'(1995)은 실화를 바탕으로 알카트라즈(Alcatraz) 교도소의 비인간적 행위를 고발한 법정 영화이다. 케빈 베이컨의 열연과 크리스찬 슬레이터의 진지한 연기를 볼 수 있다.

국내에서는 1995년 3월 18일부터 4월 16일까지 1달 정도 상영되었고, 서울 관객은 7만 7,531명이었다. 아무리 당시 극장이 지금처럼 광역배급 방식이 아니라 단관 개봉 방식이었다고 쳐도, 흥행에 실패하였다 볼 수 있고 미국에서도 총 1,783만 달러의 흥행수입을 올려, 역시 흥행에 성공했다고 하기에는 좀 많이 부족한 수치이다.

하지만 그 감동은 시간이 갈수록 사람들 사이에 전해지면서 숨은 명화로 기억되고 있다.

▍작품 선정 이유 ▍

사람들은 그들이 속한 사회에서 일정하게 약속 되어지고 학습되어진 언어와 비언어적 상징을 의식적으로 또는 무의식적으로 사용하여 다른 사람들과 상호교류하며 사회생활을 영위해 가는 과정을 통하여 사회 구성원으로써의 자아를 확립하고 진화시켜 나아가는 반복을 하게 된다.

커뮤니케이션과 대인관계 수업을 들으면서 모든 대인관계의 문제의 시작은 커뮤니케이션의 문제에 있음을 알 수 있었다.

억울한 감옥살이를 하게 된 케빈 베이컨와 그의 변호인 크리스찬 슬레이터 그리고 거대 조직인 알카트라즈.

이 영화는 나에게 한 개인의 존재는 커뮤니케이션에 의한 상대적 존재일 수 밖에 없는 것인가? 그러한 개인의 모든 커뮤니케이션이 단절된다면 과연 그 개인은 존재하는 것인가? 암묵적 동의와 학습에 의한 집단적 커뮤니케이션은 항상 정당한 것인가?

상반된 인생을 살아온 두 남자가 어떠한 커뮤니케이션의 과정을 통하여 서로를 긍정하게 되며 이해하게 되는가? 라는 문제를 커뮤니케이션 관점으로 접근해 볼 좋은 기회를 준 영화이다.

인물 분석

헨리 영 (케빈 베이커 분)	3년이라는 지하 독방에서의 암흑 생활 동안 자신의 정체성을 잃지 않으려 구구단을 외우고 양키스팀의 경기를 머리 속으로 되뇌이는 등 그는 외부 세계와의 고리를 놓지 않으려 부단히 노력한다. 그는 자신이 일급살인죄로 가스실에서 사형을 당하게 될 것이 

라는 사실에는 관심조차 없다. 그가 바라는 유일한 것은 커뮤니케이션을 할 수 있는 친구와 지옥 같은 알카트라즈에서 벗어나는 일 뿐이다.

제임스 스탬필 (그리스쳔 슬레이터 분)	하버드 법대를 갓 졸업하고 변호사 시험에 붙어 처음으로 헨리의 국선변호를 맡게 된다. 축구팀과 야구팀을 혼동할 정도로 운동엔 전혀 관심이 없고 자신의 어린 시절 선망하던 영웅조차 변호사들이었을 정도의 외곬수이다. 

처음 헨리와의 만남에선 전략적 커뮤니케이션으로 그에게 다가가지만 점점 그와 친구가 되어가면서 조금씩 헨리의 내면의 아픔까지 함께 하고자 한 따뜻한 마음의 소유자이다.

그는 진정 왼손잡이이다.

부소장 글렌 (게리 올드먼 분)	잔혹하고 비 인간적인 알카트라즈의 부소장. 그에게 있어 죄수들은 자신의 가정을 위하여 희생되어야 할 존재들일 뿐이다. 시도 때도 없이 헨리를 구타하고 그의 발목을 면도날로 그어 평생 절름발이로 살게 만든다.
바이론 스탬필	제임스의 형. 그는 유망한 변호사로 어느 정도 타협과 안정적인 삶에 적응되어 있는 인물이 다. 제임스을 염려하여 알카트라즈를 상대로 재판을 하고 있는 제임스를 반대 한다. 후에 제임스 몰래 검찰 측에 제임스에게 불리한 증인을 알려 줌으로 제 임스와 갈등을 겪게 된다.

 줄거리

'헨리 영'은 우편물 취급을 겸한 상점에서 동생 부양을 위해 5불을 훔치려다 우편물을 같이 취급하고 있다는 이유로 우편물 강도로 유죄선고를 받아 '알카트라즈'에 수감된다. 이후 그는 탈옥을 시도 하였으나 동료의 배신으로 알카트라즈 지하 독방에 갇히게 된다. 한 치의 햇빛도 없는 지하감옥 독방 생활 3년에 그에게 허락된 30분이라는 운동 시간 그에게 있어서 유일한 커뮤니케이션은 부소장 '글렌'의 이유도 없는 무차별한 구타가 전부였다. 독방생활을 마친 헨리는 탈옥이 실패로 돌아간 이유가 그의 동료 '루프 맥케인' 때문이라는 것을 알게 되고 식당에서 숟가락으로 그를 죽이면서 '일급살인'이라는 죄목으로 기소된다.

그런 그를 이제 막 사회에 첫 발을 내딛은 새내기 변호사인 '제임스 스탬필'이 변호를 맡게 되고 이들은 시간이 서서히 친구가 되어간다.

제임스 스탬필은 알카트라즈의 가혹한 학대가 헨리 영을 살인자로 만들었으며, 그는 단지 알카트라즈에 의해 만들어진 살인 도구에 불과한 것이라 판단, 헨리 영의 무죄를 주장하며 알카트라즈를 고발하게 된다.

유망한 변호사인 제임스의 형 바이론은 알카트라즈를 상대로 싸우는 동생을 반대하며 그 사건에서 손을 떼길 원하여 결국 검사측에 유리한 증거를 제임스 몰래 넘기면서 제임스와 바이론은 갈등을 겪게 된다.

마지막 공판 전(前) 헨리는 제임스에게 유죄를 인정하라는 것과 제임스의 재판은 헨리를 자신의 친구로 생각하여 싸우는 것이 아닌, '이기고 싶어 하는 욕심'이라고 말한다.

제임스는 최후 공판 때 헨리를 증인으로 세워 그에게 만약 일급살인으로 사형을 선고받게 되더라도 죽음을 헛되게 하지 않겠다고 약속하고 솔직한 심정을 증언해 줄 것을 헨리에게 부탁한다. 헨리는 알카트라즈가 자신을 도구로 사용해 살인한 것이며 자신은 다시는 알카트라즈로 돌아가길 원치 않는다는 증언을 하게 되어 결국 무죄를 선고 받고, 배심원들의 요청에 의하여 알카트라즈의 잔혹 행위는 세상에 알려지게 된다. 알카트라즈로 돌아간 헨리는 부소장 글렌에게 자신은 승리했다 말하며 어깨를 펴고 당당하게 지하감옥으로 스스로 걸어 들어갔다.

후에 헨리는 'Victory'라는 글씨를 새겨두고 자살을 하게 된다.

▌영화 속 커뮤니케이션 분석 ▌

❶ 암묵적으로 동의되고 학습되는 사회적 커뮤니케이션에 의한 개인의 편견

처음 영화는 헨리의 탈옥 실패를 광고하는 뉴스 필름으로 시작한다.

탈옥에 실패한 죄수의 시체를 그대로 보여주고 간수들을 영웅으로 찬미한 뉴스 필름은 이미 대중에게 '알카트라즈는 절대선이며 탈옥을 시도했었던 죄수들은 절대악이다'라는 공식을 일방적 커뮤니케이션으로 대중에게 학습시키고 있는 것이다.

뉴스 필름에서는 알카트라즈의 죄수에 대한 어떠한 잔혹 행위나 죄수들의 이야기는 어디에도 없었다.

이처럼 우리 사회는 절대선과 절대악의 결론적 개념만이 중시되고 학습되어질 뿐이다.

영화 후반에 제임스의 형 바이론이 "알카포네는 세금 포탈 혐의로 기소되었으나 헨리 영은 일급살인죄로 기소된 거야"라고 말하는 것에서 알 수 있듯 사회적으로 합의된 선과 악의 판단 결과가 있으면 그 내용도 과정도 모두 무시되는 것이다.

❷ 커뮤니케이션의 단절과 자아 정체성

인간은 자신이 속한 문화와 공동체의 가치를 커뮤니케이션하고 그로 인하여 자아를 형성한다. 문화는 개인에게 적절한 태도와 신념이 무엇인지 가르쳐주며, 공동체는 개인에게 무엇을 기대하는지 말해준다. 바로 이러한 범위 안에서 개인은 반사적으로 '자아'의 개념을 익히게 되는 것이다.

영화에서 헨리 영은 독방에 갇힌 후 구구단을 외우고 자신이 좋아한 양키스 구단의 경기와 점수를 기억하려 애쓰는 등 자신이 속했던 문화와 공동체의 관계에서 자신에게 반사적으로 형성되었던 자아를 잃지 않으려 노력한다.

알카트라즈는 헨리 영을 3년간 한 치의 햇빛조차 들지 않는 지하 독방에 감금시켜 놓음으로써 그의 자아까지도 붕괴시키려 했던 것이다.

❸ 전략적 커뮤니케이션

제임스와 헨리 영의 처음 만남에서 헨리의 말문을 열게 한 것은 바로 헨리의 관심사인 '야구' 이야기였다.

이처럼 상대방에게 어떠한 반응을 원한다든지 자신의 의도를 상대에게 효과적으로 전달하기 위해서 전략적 커뮤니케이션을 사용할 수 있을 것이다.

❹ 집단 커뮤니케이션과 개인 커뮤니케이션

원래 의미의 집단 커뮤니케이션이란 한 단체의 의사결정 과정에서의 커뮤니케이션을 의미하나 필자는 영화에서 매스미디어가 대중에게 보여주는 뉴스, 헨리 영을 단순 일급살인으로 단정 지어 이미 결과를 판단한 검사 측, 제임스의 알카트라즈 고발로 인한 사회적 폄하를 두려워하였던 제임스의 형 바이론의 커뮤니케이션을 모두 포함한 집단적 커뮤니케이션으로 정의하기로 하겠다.

이러한 집단적 커뮤니케이션이 형성되게 되면 그 내용의 오류와는 상관없이 다수에 의하여 당연하게 일반화되며 한번 일반화된 커뮤니케이션은 절대적인 것으로 그와 상반되는 개인의 커뮤니케이션은 사회적으로 낙인찍히게 되는 것이다.

영화에서 제임스의 알카트라즈 고발은 하나의 개인 커뮤니케이션인 것이다.

❺ SD 커뮤니케이션

헨리가 제임스에게 다시 자신의 변호사가 되어 주기를 부탁하고 자신이 체포된 뒤 동생을 본 적이 없다 말하자 제임스는 자신은 어린 시절 부모님이 돌아가셨고 형이 자신을 법대에 보내주었으며 이 국선변호사 일자리도 주선해 주었다 말한다.

이에 헨리는 자신도 동생을 돌볼 수 있었으면 좋겠다는 말을 한다.

이들이 다시 만나 서로에게 SD 커뮤니케이션을 하면서 친구로서 가까워지게 되는 장면이다.

마지막 공판 때 헨리는 다시는 알카트라즈로 돌아가길 원치 않으며 다시 돌아갈 바엔 죽음을 선택할 만큼 무섭다는 SD커뮤니케이션을 하여 배심원들의 마음을 움직인다.

이처럼 SD커뮤니케이션은 타인과의 친밀한 관계 형성에 긍정적으로 작용하기도 하며 타인에게 자신의 심정을 어필할 수 있는 강한 도구가 되기도 한다.

▌영화 속 커뮤니케이션 장치▌

어떠한 영화에서든 감독은 관객에게 효과적으로 자신이 전하고자 하는 메시지를 여러 장치를 통하여 전달하게 되는데 본 영화에서 그런 장치들을 소개하고자 한다.

면도하던 중 자신의 목을 베이자
신경질적으로 거울을 부수는 글렌 부소장
●●● 거울이 부숴져 여러 명의 모습으로 비춰진다.
한 가정의 가장으로, 사회적으로는 국민의 안전을 책임지는 존경받는
그이지만 이면에는 폭력과 학대를 일삼는 비인간성이 존재한다.

처음 헨리를 면회할 때 제임스가 하는 서명
그는 영화 속에서 왼손잡이로 나온다. 흔히 미국에서는 왼손잡이를
사회에 편입되지 못하는 부적응자나 기존의 틀을 거부하는 진취적
상징으로 표현한다.

헨리가 제임스에게 다시 자신의 변호를 의뢰하는 장면

유리벽에 비친 상대의 얼굴이 자신의 얼굴과 겹쳐지는데 이때부터 제임스는 헨리의 입장에서 진정
으로 아픔을 느끼기 시작하고 헨리 또한 제임스를 단순 커뮤니케이션 수단이 아닌 친구로 받아들
인다.

종합 정리

영화에서 헨리 영은 단 5불을 훔쳤다는 이유로 알카트라즈에 수감되었고 또 탈옥
에 실패하여 한 치의 빛도 없는 지하 독방에서 3년간을 지냈었다.

철저하게 단절된 공간 속에서 자아를 잃지 않으려 끊임없이 노력하고 또 일급살
인죄로 기소된 후에도 끊임없이 외부와 반응하려는 헨리 영에겐 가스실에서의 죽음
보다 다시 어둠 속으로 되돌아가 자아를 잃게 될지 모른다는 두려움이 더 큰 의미
의 죽음인 것이다.

개인의 상대적 존재감은 절대적 존재감 위에 존재하는 것이다.

우리는 일정하게 동의되고 학습되어지는 사회의 커뮤니케이션 규칙에 순응하고
반응하며 살아간다. 물론 사회적 커뮤니케이션 자체는 대중에게 사회적 기준을 제
시해주고 개인의 상대적 자아를 형성하게 하는 수단의 하나로 가치중립적이 것이지
만, 부정적인 방향으로 일반화 되어 대중에게 학습되어질 때 한 개인은 철저하게 고
립되고 붕괴될 수도 있는 것이다.

우리는 나이를 먹어가면서 '왜?'라는 질문과 멀어지게 되는 것 같다.

안전하게 정답이라 정해진 판단에 '왜?'라는 질문은 어리석어 보일 정도로 무시

되어 간다.

발표수업 중 여러분은 헨리 영의 억울한 사정에 탄식하며 무분별한 글렌 부소장의 잔혹행위에 분노할 것이다.

하지만 수업이 끝나고 집으로 돌아가는 우리는 또다시 '왜?'라는 질문을 무시해 버릴지 모른다.

삶을 위해 끊임없이 구구단을 외웠던 헨리 영의 모습에 '왜?'라는 질문을 잊은 채 오늘에 길들여져 가는 우리의 모습을 다시 한번 돌아보자.

마지막 공판 후 부소장 글렌에게 자신은 승리했다 말하며 어깨를 펴고 알카트라즈의 지하 감옥으로 스스로 걸어 들어가는 헨리 영. 후에 헨리는 'Victory'라는 글씨를 새겨두고 자살하게 된다.

악명 높은 알카트라즈. 평온해 보이는 저 섬에서 지금도 일어나고 있을 수많은 뮤니케이션의 단절과 '절망하는 자아들'……

영화 '달콤한 인생' 속의 단절된 커뮤니케이션

최 인 혁

▌작품 선정 이유▌

'커뮤니케이션과 인간관계'라는 수업을 통해 늘상 내가 해오던 커뮤니케이션과 내 주변의 인간관계를 되짚어 보게 되었고, 내 자신에 대해 많은 반성을 하게 되었다. '잘못된 커뮤니케이션을 하고 있었던 것은 아닌지, 만약 내가 잘못된 커뮤니케이션을 하고 있었다면?' 하는 것을 말이다. 생각해보면 나는 누군가와의 관계 속에서 어떤 문제가 있을 때 그에게 묻지 않고 항상 나 자신에게 묻곤 했던 것 같다. 그럼으로써 나 혼자 결정지었고 행동했었던 것 같다.

'달콤한 인생'이라는 이 영화는 배신과 모욕감, 한 가지를 향한 목표, 복수 등 이 모든 요소들의 정도의 깊이를 잘못된 커뮤니케이션으로 인한 서로의 오해의 정도의 깊이라고 생각해 보았고, 잘못된 커뮤니케이션이 낳게 되는 비극적인 결말에 대해 생각해보게 되었다.

물론 인간 사회 속에서 일어나는 모든 커뮤니케이션의 오해가 영화 '달콤한 인생'처럼 항상 처절하게 비극적이지는 않다. 단지 이 영화는 우리가 늘상 하고 있는 커뮤니케이션이 어느 정도의 영향력이 있음을, 그것도 여러 가지의 결과 중에서도 가장 비극적인 면은 보여주는 것이라고 생각한다.

또한 이 영화는 보는 이에게 안타까움을 자아내는 영화라고 생각한다. 한 순간 정말 한 순간의 생각과 행동, 어떠한 커뮤니케이션의 노력도 시도도 허용되지 않는 순간순간들, 단절된 커뮤니케이션으로 인한 영화 속 등장인물들이 오로지 홀로 혼자서만 해야 하는 자신과의 커뮤니케이션들이 바로 그것이다.

　누구나 다 한번쯤은 다른 사람과의 단절된 커뮤니케이션 속에서 오직 자신만의 생각으로 판단하고 결정해 본 적이 있다고 생각한다. 그러나 그것은 결코 썩 좋지 않은 것으로 생각한다.

　커뮤니케이션 앞에 많은 수식어가 있을 수 있다. 열린, 닫힌, 절망적인, 희망적인 등등…….

　나는 '나만의 해석을 통해 단절된 커뮤니케이션의 결과, 그 결과로서 혼자 생각하고 혼자 판단하고 혼자 단정 짓게 되는 모습과 그 결과'를 분석해보고자 함에 이 영화를 선정하게 되었다.

 인물 분석

선 우 (이병헌)	너무나도 가지런해 보이는 한 남자. 반듯한 말투와 정리되어 있는 인생. 다만 어두운 세계의 삶을 사는 남자이다. 취향부터 완벽주의자이며 냉철한 판단력, 빈틈없는 일 처리로 조직의 보스에게 절대적인 신뢰를 받는다. 어느 날 보스의 부탁이자 명령을 제대로 수행하지 못하게 되고, 어떻게 생각하면 작은 실수이지만 그 작은 실수로 인해, 자신이 살아오던 어둠의 세계에 대항해 외로운 전쟁을 벌이게 되는 남자. 마지막까지 '왜'인지 궁금해 하고 자신을 이 지경으로 몰고 갔다고 생각하는 사람들을 단지 혼자만의 생각으로 처절하게 죽음으로 복수하는 남자이다. 영화의 제목처럼 달콤한 인생을 살았지만, 한 번의 실수로 냉철하고 비극적인 인생을 홀로 살아가는 남자이다.	
보 스 -강사장 (김영철)	가족이건 조직이건 '망치가 가벼우면 못이 솟는 법'이라는 신념을 가진 그에게는 자비와 용서라는 개념이 없다. 그런 그가 마음이 약해지는 대상은 단 하나 젊은 애인인 순수한 여자 '희수'이다. 밝게 세상을 사는 그녀, 그녀를 사랑하는 마음과 그녀가 다른 남자를 만나는 것은 별개의 문제라고 생각하는 냉혹한 남자. 피도 눈물도 없는 냉철한 남자이다.	

품위와 절대권력과 냉철함을 모두 갖춘 조직의 보스. 너무나 쓸데없고 사소한 실수 아닌 실수도 용납하지 않으며, 아무렇지도 않아 보이는 일을 배신감으로 느끼고 끝내는 모욕감으로 치닫게 되며, 결국 끝까지 자신의 냉철함을 잃지 않고 자신의 신념 대로만 살아가는 남자이다. 선우의 마지막 목표이다. '도대체 왜 나한테 이러는 거죠'라는 말을 선우에게서 듣게 된다.

희 수 (신민아)	 

영화 속 다른 등장인물들과는 다른 사회, 너무나 순수하고 밝은 삶을 살아가는 여자이다. 도발적인 순수함이 매력인 그녀는 조직의 보스인 강사장의 애인. 그녀는 조직에 대해서는 관심이 없다. 그런 그녀는 마음 가는 대로 또 다른 자신의 사랑을 하며, 그로 인해 부정(不淨)을 의심하는 강사장의 명령으로 선우의 감시를 받게 되고, 결국 전쟁의 도화선이 된다.

문 석
(김뢰하)
말보다 주먹이 앞서는 남자이며 조직에서 선우에게 밀려나 있다. 성격상 일도 일의 처리 방식도 선우보다 판이하게 다른 터라 조직의 보스에게 신임을 얻지 못한다고 생각하고 있다. 사사건건 선우를 질투 시기하며 견제한다. 조직의 보스가 선우를 쫓자 그 기회를 이용하여 항상 자신의 위에 있던 선우의 불행을 설욕의 기회로 생각하며 야비하게 응징하고자 한다. 선우에게는 '복수'의 대상 중 한 명이다.

백사장
(황정민)
자존심에 상처 나는 건 절대 못 참는다.
당한 만큼 반드시 복수해야 직성이 풀리는 남자. 강사장과 거래를 하고 싶지만 굴욕적으로 자신의 부하들이 선우에게 제지당한다. '잘.못.했.음'이라는 4글자를 선우에게서 듣기 위해 온갖 방법을 써보지만 뜻대로 되지 않자 선우에 대한 복수의 기회를 항상 엿보는 남자이다. 이 캐릭터 역시 선우에게는 '복수'의 대상 중 한 명이다.

 줄거리

어느 맑은 봄날, 바람에 이리저리 휘날리는 나뭇가지를 바라보며, 제자가 물었다.
"스승님, 저것은 나뭇가지가 움직이는 겁니까, 바람이 움직이는 겁니까?"
스승은 제자가 가리키는 것은 보지도 않은 채, 웃으며 말했다.
"무릇 움직이는 것은 나뭇가지도 아니고 바람도 아니며, 네 마음뿐이다."

서울 하늘 한 켠, 섬처럼 떠 있는 한 호텔의 스카이라운지. 그 곳은 냉철하고 명민한 완벽주의자 선우의 작은 성이다. '왜'라고 묻지 않는 과묵한 의리, 빈틈없는 일 처리로 보스 강사장의 절대적 신뢰를 획득, 스카이라운지의 경영을 책임지기까지, 그는 꼬박 7년의 세월을 바쳤다.

룰을 어긴 자는 이유를 막론하고 처단하는 냉혹한 보스 강사장. 그런 그에게는 비밀이 하나 있다. 젊은 애인 희수의 존재가 바로 그것. 그녀에게 딴 남자가 생긴 것 같다는 의혹을 가진 강사장은 선우에게 그녀를 감시하게 하고, 사실이면 처리하라고 명령한다.

희수를 따라 다니기 시작한 지 3일째, 희수와 남자 친구가 함께 있는 현장을 급습하는 선우. 하지만, 마지막 순간, 그는 알 수 없는 망설임 끝에 그들을 놓아준다. 그것이 모두를 위한 최선의 선택이라 믿으며 말이다. 그러나 단 한 순간에 불과했던 이 선택으로 인해 선우는 어느새 적이 되어 버린 조직 전체를 상대로, 돌이킬 수 없는 전쟁을 시작하게 된다. 선우는 홀로 조직과의 힘겨운 전쟁을 하며 자신의 처지가 왜 이렇게 되어 있는지 도무지 알 수가 없다. 정말 달콤했던 인생에서 굴러 떨어져 처절한 고독까지 맛보게 된 자신의 처지를 생각하며 힘든 싸움 끝에 자신을 버린 조직과 자신을 이 지경까지 되게 만든 모든 이에게 죽음으로써 힘든 복수를 마치고 끝끝내 자신도 외로운 죽음을 맞이하게 된다.

어느 깊은 가을밤, 잠에서 깨어난 제자가 울고 있었다.
그 모습을 본 스승이 기이하게 여겨 제자에게 물었다.
"무서운 꿈을 꾸었느냐?"
"아닙니다."
"슬픈 꿈을 꾸었느냐?"
"아닙니다. 달콤한 꿈을 꾸었습니다."
"그런데 왜 그리 슬피 우느냐?"
제자는 흐르는 눈물을 닦아내며 나지막이 말했다.
"그 꿈은 이루어질 수 없기 때문입니다."

▌작품 속의 대인관계와 커뮤니케이션▐

선우와 강사장의 관계는 명령－복종의 수직관계이다. 그들은 명령을 어길 시에는 분명 자비가 아닌 처벌만이 있는 세계에 살고 있다.

선우는 명령을 어겼다.

자신 혼자 잠시 생각해본 것이다. 명령대로 죽여야 하는지, 자기만 못 본 것처럼 눈감아주면 될 것을 꼭 보스의 여자를 죽일 필요가 없을 것이라는 막연한 생각을 한다. 그것이 마치 자기자신과 희수와 보스 모두에게 좋은 일이 것이라고 생각한 것이다.

그러나 그것은 자기 혼자만의 커뮤니케이션에서 비롯된 것이다.

어떤 이들은 선의의 거짓말이 있다고 한다. 어떤 이들은 거짓말은 선의든 악의든 남을 속이는 것이라고 한다. 선우는 분명 선의에서 거짓말을 하였지만 그 선의라는 것은 자신 혼자만의 생각이었고 그것을 알게 된 강사장 또한 혼자만의 생각으로 자신을 배신하여 복종하지 않은 것이라고 생각한 것이었다. 그리하여 그는 아무 이유도 말하지 않은 채 선우를 처벌하기로 마음을 먹었으며, 끝끝내는 선우가 자기자신에게 모욕감을 준 것이라고 생각해 버린다.

결국 영화 속에서 선우와 강사장은 모두 피해자인 동시에 가해자가 되어버리게 되고, 서로 죽이려고 안달이 난 관계가 형성된다. 어제까지 가족과도 같았던 존재가 지금은 죽이지 않으면 살 수 없는 관계로까지 바뀌어버린 이유, 그 이유를 서로가 알지 못한다. 그냥 단지 서로 자기 자신만의 생각으로 판단하고 결정했기에 그런 것이다.

선우는 강사장이 왜 자신을 처벌하려 하는지, 자기가 한 짓이 강사장에게 어떤 의미로 해석될지, 자기자신이 죽을 만큼 잘못한 것인지 인식하지 못하고 있으며, 자신이 처한 환경에서의 자신이 한 작은 실수가 얼마만큼의 파장이 될 것인지 먼저 생각해보지 못했다. 분명 자신만을 믿고 그 일을 맡긴다는 절대존재의 강사장의 부탁임에도 불구하고 결국 부탁을 무시한 채 자신의 생각대로 일을 처리한 것이다.

그렇게 함으로 말미암아 강사장은 배신감을 느끼게 되고 자신에게 일말의 어떠한 얘기도 없던 아니 거짓말로서 무마하려던 선우에게서 자신의 사랑에 대한 무능함과 무기력함과 자괴감을 느끼며 모든 화살을 선우에게로 돌리게 되고 둘 사이의 커뮤니케이션은 전혀 사라지게 된다.

단지 서로 묻고 다시 되묻기만 할 뿐. 영화 속 대사에 자주 등장하는 말이다.

"내가 왜 이렇게 된 거지?",

"우리가 어쩌다 이렇게 된 거냐?",

"너 왜 이러냐?"

생각해보면 참으로 간단한 일이었다. 서로 왜 그런 것인지 속 시원하게 묻고 대답하고 뭐가 서운해서 그랬다 저랬다하면 아주 간단했을 일을 가지고 말이다.

둘 사이에 원활한 커뮤니케이션이 없었기 때문이었다. 자신들도 자신들이 대체 왜 이렇게 된 건지 모르는, 아주 어처구니없는 상황을 연출하게 한 이유가 무엇인지 서로 정확한 이유를 알지 못한다. 결국 서로가 자기 자신의 머리로 또 가슴으로 생각하고 느낀 것을 그대로 자기 자신이 흡수한 다음 결정지어 버리게 되었고, 그로 인해 자신의 치부까지 드러내 고민을 털어놓고 부탁하고 의지하던 관계가 깨어지고 서로 죽이고 죽이지 못해 안달나는 상황을 만들어내게 된 것이다.

영화 속에는 또 다른 많은 인물들이 각자 다른 문제를 가지고 등장을 한다. 문수는 선우를 따라가지 못한다는 열등감을, 백사장은 누구에게도 자신에게 건방진 것을 보지 못하는 성격을, 희수는 순수함을 핑계로 자기가 하고픈 대로 사랑하고 남 생각을 하지 못하는 여자로 극중에서 묘사되고 있다. 모두들 남을 생각하지 못했다. 자기 자신만 생각하고 자기 자신의 생각대로 행동한다. 싫어하면 싫어하는 마음으로, 사랑하면 사랑하는 마음만을 가지고, 위선 속에서 자기 자신만 생각하며 판단하고 결정지음을 보여주고 있다.

이 영화같이 물론 선의의 거짓말과 자기 자신만의 생각과 단절된 커뮤니케이션으로 인해 어떤 사건과 관련된 사람이 모두 죽어야만 하는 것은 극적인 발상이긴 하다. 하지만 희수를 제외한 나머지 극중의 인물들의 배경은 암울하고 처절하고 냉혹한 어둠의 조직 세계이기에 이런 상황이 연출되긴 하지만, 어쩌면 단절되고 혼자 생각하고 혼자서 자기만 하는 커뮤니케이션은 분명 좋지 않은 결과를 가져온다는 것을 알게 해준다.

"내가 왜 이렇게 된 거지?"라는 자기가 생각했음에도 불구하고 자기자신도 이유를 알지 못한다라는 대사와 같이 말이다.

대인관계에 있어 누구나 다 항상 올바른 커뮤니케이션만을 할 수는 없다.

올바르지 않은 것을 알면서 커뮤니케이션을 하는 경우는 누구에게나 있다. 인간은 이기적이므로 항상 자기자신을 위해 커뮤니케이션을 하게 되는 경우가 많기 때문이다.

단절된 커뮤니케이션은 분명히 큰 오해를 야기하게 되기 마련이다. 교수님의 강의 중에도 아버지와 아들, 가족 간의 단절된 커뮤니케이션이나 친구, 연인, 부부 사이같이 아주 가까운, 서로를 너무 잘 안다는 그런 관계에서도 단절된 커뮤니케이션으로 인해 어떤 때에는 자신만의 생각으로 괴로워하고 어떤 때에는 혼자만의 생각으로 인한 결정으로 사랑하는 사람에게 치명적인 상처를 주게 되기도 한다는 말씀이 있었다. 하물며 아주 가깝지 않은 관계에서는 어떠할 것인가 말이다.

물론 커뮤니케이션이 단절되기까지의 상황을 절대 만들어서는 안 된다. 단절되고 나서는 누군가는 자기 혼자만 생각을 하고 판단을 하게 되고 그 결과는 자신 혹은 타인 혹은 자신과 타인 모두 상처가 될 수 있기 때문이다.

문제를 어떻게 해결하는 것인지는 각자 자기 자신에게 달려 있다. 그러므로 문제를 보기 전에 문제를 풀어야 하는 자신이 얼마나 이기적인지를 알아야 하며, 남을 생각하고 배려하는지 생각해 보아야 할 것이다. 열려 있는 사고방식을 가져야 하며, 이기적인 자기자신을 돌아볼 줄도 알아야 하는 것이다.

대인 관계 속에서의 자신은 무수하다. 연결되어 있는 고리 속에 자신이라고 생각하는 사람은 연결되어 있는 사람 모두이기 때문에 말이다. 즉, 나도 자신이며, 너도, 그 외의 인물들도 각자에게 있어서는 분명 자신이기 때문이다.

사색을 즐기는 것을 이상하다고 보지는 않는다. 사색은 마음의 건강에도 분명 도움이 되며, 나아가 사회 속의 커뮤니케이션에서도 분명 도움이 된다. 하지만 지나친 자기만의 생각은 사색이 아니며 자기가 생각한 대로 믿게 되며 그 믿음대로 모든 것이 행해지게 마련인 것이다.

좋은 쪽이든 아니면 나쁜 쪽이든 말이다.

사람은 항상 자기 편한 대로 모든 것을 생각하기 마련이다. 그렇기에 혼자 생각하게 되고 자기와 생각이 같지 않으면 나쁜 쪽이고, 자기와 생각이 같은 쪽을 좋은 쪽으로 만들게 되는 상황이 발생하기도 한다. 그렇게 된 후에는 아무 소리도 들리게 되질 않는다. 자기와 생각이 다른 사람의 말은 더더욱 들리지 않게 된다.

그렇게 되면 분명 커뮤니케이션은 단절 될 것이고, 그 결과는 이 영화처럼 참혹할 수도 있지 않을까 하는 생각이 든다.

이러한 문제점을 완전히 해소할 수는 없을 것이다.

분명 항상 우리는 사색이라는 또 고독이라는 어떠한 인간의 멋으로 인지되어지는 틀 안에서 분명 자기 혼자만의 커뮤니케이션을 하고 있으니까 말이다.

그렇지만 조금 나아져야 할 것임은 분명하다. 남을 배려하는 아주 작은 마음, 이기적인 자기 자신을 반성할 줄 아는 태도와, 상대방을 잘 알기에 상대방은 이럴 것이야라는 건방진 태도를 고쳐야 하는 등 조금 더 밝은 생각을 해야 하겠다.

사회 속에는 분명 다수의 개인이 존재하므로 말이다.

나도 개인이며, 너도 개인이고, 그 밖의 사람도 개인인 것이기에 나를 생각할 때 남도 생각해야 하며, 나에게 피해라면 남에게도 피해일 수 있을 것이라는 생각을 한 번쯤 하면서 대인 관계 속에서 커뮤니케이션이 이루어졌으면 하는 바람이다.

물론 그것도 자기 혼자만 생각하지 말고 열려있는 사고방식으로……

남과, 특히 문제가 있어 닫힌 단절된 인간관계에 있을 때 더욱 이러한 커뮤니케이션의 개선을 이루도록 노력하는 게 어떨까 하는 게 나의 생각이다.

영화 'I AM SAM'을 통해 본 가족 커뮤니케이션

허 한 나

▌작품 선정 이유▌

'I am sam'에서는 두 사람이 나온다.

성공을 손에 쥐었지만 사랑 속에 길을 헤매는 사람과 세상 속에서 헤매지만 사랑을 먹고사는 사람.

성공을 위해 앞만 보고 달리다 보니 자식에게 사랑을 주지 못한 어머니와 세상 속에 동화되지 못하기 때문에 자신의 딸에게 줄 수 있는 것이라곤 사랑밖에 없는 아버지가 서로 만나 관계를 형성하고 커뮤니케이션을 하는 과정을 통해 부모와 자식 간에 커뮤니케이션을 하는데 있어서 무엇이 중요한 것인지 시사하는 바가 커서 이 영화를 선택하게 되었다.

샘	어렸을 때 자폐증을 앓았으며 발달 장애가 있다. 정신연령은 7살 수준에 머물러 있으며 순수한 성품의 소유자로 거짓말을 못한다. 강박증이 있어서 한번 굳어진 익숙한 장소나 행동 외의 새로운 것들을 거부하려 하는 경향이 있어 문제를 발생시키기도 한다. 반복적인 학습에 의한 일들은 잘 해낼 수 있기 때문에 '스타벅스'에서 잔일을 하는 단순노동을 통해 하루하루를 살아가고 있다. 루시에 대한 애정이 강하며 아빠로서 루시에게 해줄 수 있는 것은 무엇이든 해주려고 한다.
루 시	7살. 자신의 아빠가 자신보다 학습능력이 떨어지는 걸 두려워하여 학습을 거부한다. 처음에는 친구들이나 주변 이웃들에게 비춰지는 아빠의 모습이 부끄럽다고 생각하고 친구에겐 자기가 입양된 아이라고 거짓말을 했지만 아빠와 헤어지게 되자 오히려 자신에겐 무엇보다 아빠의 사랑이 가장 필요하다는 걸 깨닫게 된다. 나이에 비해 생각이 깊으며 아빠를 잃지 않기 위해 필사적으로 애를 쓰는 긍정적 사고의 순기능적 커뮤니케이터.
리 타	 성공한 정력적이고 자아도취적인 엘리트 변호사. 자신의 성공을 위해 일에만 전념하는 work holic. 사진에서 보듯이 리타는 다혈질에 항상 신경질적인 태도를 보이며 자신의 비서에게 소리를 지르는 일은 다반사이며 운전 중에도 지나가는 자동차를 향해 심심찮게 고함을 지르는 등 타인과의 커뮤니케이션이 원활하지 못하다. 그러다보니 남편과 아이에게 제대로 신경을 써주지 못해서 결국 남편은 다른 여자와 바람이 나게 되고 아이에게는 미움을 받게 된다. 정이 부족하며 신경질적인 인물이다. 자신의 비서에게 소리를 지르는 일은 다반사이며 운전 중에도 지나가는 자동차를 향해 심심찮게 고함을 지른다. 인간미가 부족하다. 샘의 변호를 맡게 된 것도 주변 동료들의 시선을 의식해서이기 때문에 처음에는 발달장애에 대한 편견으로 샘을 무시했지만 결국 샘과의 커뮤니케이션을 통해 샘을 이해하게 된다. 그리고 부모가 자식에게 줄 수 있는 것이 물질적인 것만이 전부는 아니라는 것을 깨닫게 되고 아들인 윌리와의 관계를 회복하게 된다. 샘을 통해서 무엇이 중요한지 깨닫게 된다.
윌 리	일에 바쁜 엄마와 아빠 때문에 기본적인 애정이 부족해 보인다. 엄마, 아빠의 무관심에 결국 역기능적 커뮤니케이터가 되며 침묵의 비언어 커뮤니케이션으로 일관하게 된다. 이미 무관심과 홀대로 상처 받았기 때문에 엄마의 물음에는 이제 무뚝뚝하며 차가운 대답으로 일관한다. 

터 너	재판에서 아동 복지 기관의 변호를 맡은 변호사. 냉정하며 매정한 인물이다. 샘의 발달 장애를 이유로 루시를 양육할 수 없다고 주장하며 샘을 인정사정 볼 것 없이 몰아세우고 결국 어렵사리 마음의 문을 열고 세상 밖으로 나왔던 애니에게도 상처를 준다. 샘이 루시의 양육권을 포기하게 되는 결정적인 원인을 제공하는 인물.
애 니	샘의 이웃집에 사는 아주머니로 앞이 잘 보이지 않는다. 유년 시절 아버지에 대한 안 좋은 기억이 있으며 외출 기피증으로 인해 30년이 넘는 기간 동안 밖으로 외출을 하지 않으며 그저 집 안에서 피아노를 치고 루시를 돌보아주는 일을 한다. 샘의 증인으로 밖으로 나오게 되지만 결국 터너로 인해 다시 상처를 입게 된다.

줄거리

7살의 지능을 지니고 있는 샘이 할 수 있는 일은 스타벅스에서 잔심부름을 하는 것이다. 샘(숀 팬)은 있을 곳을 위해 접근한 노숙자인 레베카와의 사이에서 아이(다코다 패닝)를 얻게 되지만 레베카는 '자신은 아이를 원하지 않았으며 이것은 자신이 원하는 삶이 아니다'라고 하면서 루시와 샘을 버리고 도망을 가버린다.

혼자 남겨진 샘은 이웃집 애니(다이앤 위스트)와 샘과 같은 장애를 갖고 있으면서도 언제나 밝은 친구 이프티와 로버트같은 따뜻하고 친절한 이웃들의 도움으로 루시를 키우기 시작한다. 그들은 수요일에는 레스토랑에, 목요일에는 비디오 나이트에, 금요일에는 노래방에 함께 다니며 행복한 시간들을 보낸다. 보통사람들이 보기에는 정상적이지 못하지만 샘과 루시는 가장 즐거운 시간을 함께 하며 행복한 가정을 이룬다.

하지만 루시가 점점 자라면서 7살에 멈추어버린 아빠의 지능을 추월해버리는 것을 두려워한 루시는 학교 수업을 일부러 게을리 하게 되고, 루시의 생일파티 사건을 기점으로 사회복지기관에서 샘의 가정을 방문하며 결국 샘은 아빠로서 양육 능력이 없다는 선고를 받게 된다. 아동복지시설로 옮겨진 루시는, 샘과 주 2회의 면회만을 허락받게 되고 조정 기간 동안 만일 샘이 루시에 대한 양육 능력을 입증하지 못하면 루시는 다른 가정으로 입양되어 버리게 된다. 샘은 주위 사람들의 조언으로 루시를 되찾기 위해 잘나가는 변호사 리타 해리슨(미셸 파이퍼)의 사무실을 찾아간다.

처음에는 샘의 의뢰를 거절했던 리타는 동료들에게 자신의 능력을 과시하기 위해 무료로 샘의 변호를 맡겠다고 공언하여 버리는데 꼭 이기려는 리타의 의지와는 상관없이 상황은 여러 가지로 샘에게 불리하기만 하고 너무 순수하고 솔직한 샘에게는 거짓말을 시키는 것조차 어렵기만 하였다. 리타와 샘의 친구들은 샘이 딸을 되찾아 올만한 자격이 있다는 사실을 증명하기 위해 함께 싸우기 시작한다.

그 과정에서 리타는 그녀처럼 정상적인 사람들조차도 친권을 지키는 것이 얼마나 어려운지, 샘의 무조건적인 사랑이 얼마나 큰지 깨닫게 된다.

법정 공방이 계속될수록 서로에게 상처를 주는 말들 때문에 샘은 지쳐만 가고 상대 변호사의 언어폭력에 의해 결국 샘은 자포자기하게 된다. 루시에게 자신이 줄 수 있는 것보다 좀 더 나은 환경과 기회를 주어야 한다며 루시를 입양시키기로 하고 마음의 문을 닫지만 샘 덕분에 아들과의 관계를 회복하게 된 리타는 상처받은 샘을 다시 끌어내어 도와준다. 그리고 루시를 일시적으로 맡았던 양부모의 증언으로 샘의 사랑과 양육 능력은 인정받게 되면서 루시는 결국 샘과 함께 살게 되며 양부모가 가끔씩 돌보아주는 관계를 맺게 된다.

▌작품 속의 대인관계와 커뮤니케이션▐

❶ 리타와 윌리의 커뮤니케이션

리타는 겉으로 보기엔 정말 완벽한 여자이다. 변호사로 성공해서 자신만의 사무실과 비서까지 두고 있으며 남편과 하나뿐인 아들과 함께 운동장보다 더 넓은 커다란 저택에서 행복하게 살고 있는 커리어우먼의 전형적인 모습을 하고 있지만 속 모습은 전혀 그렇지 않다. 리타는 일반적으로 다른 사람들과의 정상적인 커뮤니케이션이 전혀 되지 않는다. 항상 신경질적인 상태에 있으며 상대방에 대한 배려가 전혀 없다.

학교에서 속상한 일이 있어서 전화를 걸어 온 아들에게 그녀는 고작 '윌리, 내가 집에 가면 왜 그렇게 됐는지 말해줄래?'라는 말로 대꾸를 하며 아들의 말을 경청하지 않는다. 마침내 아들이 일방적으로 전화를 끊어버리자 애꿏은 커피 탁자를 발로 차 버리며 화풀이를 하기도 한다. 또 운전을 하는 동안에 입에서 욕설이 끊이질 않고 남편에게 아들 돌보는 일을 미루기 위해 전화만 오면 운전 중이라는 등 전화가 잘 안 들린다는 등 이런저런 핑계를 이유로 대화를 피하려고만 한다. 또한 샘의 심리 치료를 맡았던 여의사의 Hidden area(아들이 마약을 한 사실)를 들추어내어 재판이 자신에게 유리한 쪽으로 흘러가게 이용한다.

이렇듯 상대방을 배려하지 않는 리타의 태도 때문에 제대로 된 커뮤니케이션이 이루어 질수 없으므로 아들, 남편, 리타의 관계는 더 이상 나빠지려야 나빠질 수 없는 상태에 이르렀다. 아들 윌리가 리타에게서 받고자 하는 것은 비언어적으로 표현되는 사랑과 관심이다. 루시가 리타에게 매달리며 아빠와 헤어지게 하지 말라고 하는 장면에서 윌리는 멀리에 서서 자신의 엄마를 바라본다. 그것은 자신도 그렇게 자신의 엄마에게 감정 표현을 솔직하게 하고 싶지만 하지 못하기 때문에 그저 비언어적 커뮤니케이션을 통해 표출하는 것이다. 리타가 윌리의 이러한 비언어적 커뮤니케이션을 잘 잡아냈다면 두 사람 사이에서 갈등이 발생하는 일은 없었을 것이다. 하지만 리타는 커뮤니케이션에 서툰 사람이었다. 윌리가 온몸으로 사랑을 달라고 하는 것까지는 어렴풋이 잡아냈지만 일이 바쁘다는 핑계로 윌리에게 물질적인 것들로 만족감을 주려고만 한다. 결국 윌리는 자신이 원하는 것을 알지 못하는 리타에게 침묵에 의한 커뮤니케이션으로 일관한다.

리타는 샘과의 대화 속에서 자신은 9시 반에 일이 끝나고 피곤한 몸을 이끌고 윌리가 가지고 싶어 했던 장난감을 찾기 위해 이곳저곳을 헤매고 다녔다며 눈물의 하소연을 하지만 그것은 전적으로 리타의 입장에서 생각한 것이었을 뿐 윌리의 필요를 제대로 파악하지 못했던 것이다. 분명 윌리는 엄마에게 전화를 걸어 대화를 하는 등

커뮤니케이션을 시도했지만 그것이 무시되면서부터 언어적 커뮤니케이션을 포기하고 비언어적 커뮤니케이션과 함께 역기능적인 커뮤니케이터로 변하게 된다.

리타와 윌리의 관계를 보았을 때 타인과의 관계를 원활하게 유지하려면 타인이 나에게 바라는 것이 어떤 것인지 제대로 파악하는 것도 필요하지만 타인이 나에게 긍정적인 커뮤니케이션을 하며 다가왔을 때 올바른 피드백을 보여주는 것도 중요하다. 무조건 내 입장에서 생각하고 판단하는 것이 아니라 타인의 입장에서 생각하는 태도가 필요하다는 것이다.

이처럼 가족과의 관계가 원활하지 못한 리타는 당연히 타인과의 관계를 맺는 것에도 서툴렀다.

샘을 대할 때에 인간 대 인간으로써 존중해주며 대하는 것이 아니라 자신보다 한 단계 아래에 있는 사람이라는 인식을 전제로 깔아놓고 샘을 대했다.

"그러니까 당신이 장애가 있다는 사실을, 아니 뭐랄까 불능이랄까, 박약이라는 사실… 아니 이건 좋은 단어가 아니죠. 뭐라 불러야 할지 모르겠어요"라며 샘을 앞에 두고 샘에게 상처가 될 수도 있는 말들을 아무렇지 않게 내뱉는다거나, 법정 심의가 끝나고 샘과 함께 음식을 먹을 때 옥수수와 콩이 한 접시에 담긴 걸 보고 강박증이 있는 샘이 "노란색과 초록색이 한곳에 있으면 안 돼요. 따로 분리해주세요"라는 말에 "왜 어려운 걸 시켜요, 샘"이라며 샘을 설득시키지만 정작 자신은 "시금치 오믈렛하고 달걀 흰자, 지방, 오일, 버터 없는 거요. 그리고 버섯은 듬뿍 주세요"라며 당연하다는 듯 더 복잡한 주문을 한다. 그리고 음식 값을 계산하려는 샘에게는 "샘, 지금 정말 돈 낼 거예요? 아니면 그냥 해보는 말인 거예요?"라는 말로 샘의 자존심을 짓밟는 말도 서슴지 않고 내뱉는다.

그러나 그것은 리타가 샘에게 악한 감정이 있다거나 하는 것이 아니라 다른 사람과의 커뮤니케이션에 익숙하지 못하기 때문이다. 다시 말해 리타는 그저 대인관계에 약한 역기능적 커뮤니케이터일 뿐인 것이다.

하지만 리타의 그러한 태도가 미치는 영향은 매우 크다. 아들인 윌리와의 대화 속에서도 윌리에게 어제 널 맡아야할 사람이 누구였냐고 따지며 아이가 그저 귀찮은 존재나 되는 듯이 이야기를 한다. 샘과 대화를 나누면서 아이가 자신을 싫어하는 것 같다며 괴로워하지만 윌리의 비언어적인 커뮤니케이션에 대한 피드백을 전혀 하지 않는다. 이처럼 상대방의 일관된 피드백에도 불구하고 자신의 태도를 바꿀 생각은 하지 않았던 리타는 내심 상처 받기를 두려워하며 더더욱 역기능적인 커뮤니케이션을 하는 사람이었다. 하지만 샘을 만나고 난 후로 샘의 순수하고 진실한 커뮤니케이션 태도를 보며 결국 샘 앞에서 눈물을 흘리고 항상 자신이 잘났다는 듯이 행동했던 태도를 버리고 난 못나고 약한 사람이라며 자신의 감추고 싶은 영역들(Hidden area)을 드러내는 S-D 커뮤니케이션을 하게 된다.

❷ 샘과 루시의 커뮤니케이션

샘은 순기능적 커뮤니케이터이다. 언제나 자신에게 솔직하며 거짓은 절대 말하지 않았고 자신의 생각이나 느낌, 기분 등을 상대방에게 솔직하게 털어놓는 사람이다. 하지만 세상은 샘을 역기능적 커뮤니케이터로 만들려고만 했다. 샘의 커뮤니케이션에 문제가 발생하는 데는 샘의 장애가 원인이기도 했지만 더 큰 원인은 세상이 장애인인 그에게 가지고 있는 편견이었다.

샘은 자신의 위치에서 항상 최선을 다했다. 루시에게 좋은 아빠가 되어 주기 위해 스타벅스에서 일을 하며 돈을 벌었고 잠들기 전에 항상 루시에게 동화책을 읽어주고 예쁜 구두도 함께 사러가고 발표 때 떨고 있는 루시를 다그치기 보다는 루시를 옹호해주고 루시와 함께 공원에 놀러가 놀아 주기도 하는 등 보통의 아빠들은 제대로 해주지 못하는 일들을 샘은 루시에게 해주고자 하였다. 이것은 샘의 정신연령이 루시와 똑같은 7살이기 때문에 가능한 것이기도 했다. 다른 아빠들은 자신의 아이들과 커뮤니케이션을 하기에는 이미 너무 많은 세월들을 지내 왔기 때문에 7살 먹은 아이들과 공감대가 형성되는 부분들이 적기 때문에 경험세계를 공유하기 힘들지만 샘의 경우에는 오랜 세월을 살아왔지만 그것을 받아들이고 해석할 수 있는

인지 단계가 7살에 머물러 있기 때문에 루시에게 필요한 것이 무엇인지 가장 적절하게 알 수 있었고 경험에 대해 피드백하는 세계가 동일했기 때문에 두 사람의 커뮤니케이션이 원활할 수 있었던 것이다.

하지만 루시의 나이가 7살이 넘어가기 시작하면서 문제가 발생한다. 루시는 습득능력이 날이 갈수록 성장하지만 샘은 학습능력이 7살에서 벗어나지 못하기 때문에 루시는 아빠와 원활하게 이루어졌던 커뮤니케이션이 불가능해질까 두려워하며 학습을 거부한다. 잠들기 전 루시는 아빠가 늘상 읽어주던 동화책이 아닌 새로운 책을 읽어달라고 했는데 거기엔 샘이 모르는 단어가 너무 많아 결국 루시는 예전부터 쭉 읽어오던 책을 다시 꺼내들게 된다. 이것은 루시가 자신이 아빠를 앞서게 되는 것을 두려워 한다는 것을 극명하게 드러내는 장면인데 루시는 은연중에 자신이 아빠와 공유할 수 있는 세계를 벗어나는 것을 두려워한다는 것을 알 수 있다.

하지만 어린 루시가 감당하기에 샘과 세상과의 차이는 너무나 큰 것이었다. 자신의 학습을 중단할 정도로 샘을 사랑하지만 샘과 함께 간 새로운 식당에서 계속 다니던 식당의 메뉴를 요구하는 모습이나 자신의 친구들 앞에서 어른스럽지 못한 행동을 보이는 아빠를 부끄럽게 여기고 결국 자신이 입양된 아이라는 거짓말을 하게 된다.

루시의 나이나 상황 등을 보았을 때 친구들에게 자아 노출을 하는 것보다는 차라리 거짓말을 하는 편이 나았을 수 있지만 결국 그것은 아동복지위원회에 알려지게 되고 샘과의 이별을 불러 오게 된다.

하지만 그 이후 2주 동안 2번 만날 수 있는 시간을 통해 루시는 준언어적인 표현인 어조나 말투 등을 통해 자신이 아빠를 얼마나 사랑하고 있는지를 나타내며 '아빠 미안해요 내가 잘못 했어요. 아빠가 아닌 다른 사람은 안돼요. 들었어요? 아빠가 아닌 사람은 필요 없다고 말했어요. 적고 있어요?'라는 직접적인 언어 커뮤니케이션을 통해서도 자신의 생각을 드러내기 시작한다.

결국 '아빠가 너에게 주는 것 보다 더 많은걸 갖고 싶지 않니?'라는 변호인의 질문에 'I needs love'라는 말로 대답을 한다.

가족 간의 커뮤니케이션에 있어서 가장 중요한건 서로가 서로에게 얼마만큼 많은 혜택을 누릴 수 있게 해주느냐가 아니라 얼마나 많은 사랑을 줄 수 있느냐라는 걸 느낄 수 있었다.

❸ 샘과 리타의 S-D 커뮤니케이션

루시와 헤어지게 된 샘은 루시를 되찾아 오기 위해 노력하기 시작했고 그 과정에서 리타와 커뮤니케이션을 하며 리타의 부정적인 커뮤니케이션 방법을 고쳐주기도 한다. 하지만 장애의 특성상 샘은 기본적인 사회생활을 위한 언어적 커뮤니케이션의 규칙에 대한 '구성화'는 되어 있지만 재판이라는 상황에 맞는 규칙이나 구성화에 대한 학습이 되어 있지 않으므로 샘의 엉뚱한 태도들은 샘에게 전부 불리하게 작용되기만 한다.

결국 법정에서 아동복지위원회의 변호를 맡은 터너가 '도대체 당신이 루시에게 뭘 가르칠 수 있고 뭘 해줄 수 있고 뭘 할 수 있다는 거죠?'라는 질문에 '전 좋은 부모가 되기 위해 많은 시간들을 생각 했었죠. 그것은 옆에 있는 것입니다. 그리고 참는 거죠. 들어주는 것. 적어도 들어주는 척하는 것, 더 이상 들을 수 없을 때라도. 그것이 루시가 말한 사랑이에요'라는 대답으로 자식과 부모의 커뮤니케이션에 있어서 어떤 것이 가장 중요한 것인지에 대해 말하는 듯하지만 그것은 영화 '크레이머 대 크레이머'의 대사를 읊은 것뿐이다. 샘은 냉철한 판단을 한 것이 아니라 극도로 흥분해있고 공황 상태에 빠져있었다. 샘이 받아들이기에는 너무 어려운 상황은 '루시에게 더 나은 혜택을 줘야 해요'라는 말을 내뱉게 만들고 결국 샘은 자신의 능력을 제한하는 세상과의 단절을 선택한다.

다시 법정 심의가 열리는 날 샘을 찾아간 리타 앞에 샘은 종이로 접은 인공적인 벽 너머에 앉아 있었다. 조그만 구멍을 통해 샘에게 대화를 시도하는 리타에게 샘은 '맞아. 루시가 날 필요로 하지 않을 때를 빼고는 루시에게 가야지. 이제 루시에게는 새 부모님이 있잖아. 루시는 날 더 이상 필요로 하지 않을 거야'라는 부정적 언어로 자신감을 잃었다는 것을 표현한다. 그리고 이어지는 리타와의 대화 속에서 '맞아요.  근데 그래서 안 됐잖아요. 나도 해 봤어요', '당신 같은 사람들은 몰라요. 안 되는것도 있다는 걸 몰라요. 아무리 하려고 하고 또 하려고 해도 안 된다구요', '당신은 정상이지만 난 이렇게 태어났잖아요. 당신같은 사람들은 몰라요', '상처 받는 게 어떤

거란 걸 당신 같은 사람들은 모르잖아요. 당신들은 감정도 없잖아요. 당신 같은 사람들은 아무것도 못 느껴요.'라는 말로 그동안 세상의 부정적인 시선 때문에 받아왔던 상처들, 모른 척했거나 묵인했었던 것들에 대해 전부 드러내는 '자아노출'을 하게 된다. 결국 이를 통해 리타 역시 자신의 남편의 외도나 윌리가 자신을 싫어하는 것에 대한 두려움이나 상처 등, '숨겨진 영역'에 대한 '자아노출'을 하게 되고 S-D 커뮤니케이션을 통해 서로의 아픔을 위로하게 된다.

종합 정리

모든 문제는 샘과 루시와의 관계에서 시작된다. 자신의 아빠가 남들과 다르다는 걸 받아들이기 힘들어 한 루시와, 샘이 루시에게 아빠로서 올바른 노릇을 하지 못한다고 판단한 국가에서 루시와 샘의 관계를 떼어놓으려 하기 시작한 뒤로 모든 사건이 발생하는 것이다. 문제의 원인은 어디에 있을까? 나는 세상이 장애인에 대해 지니고 있는 편견에서 시작된다고 생각한다. 극중에서 리타가 말했듯이 보통의 가정 속에서 늦은 시간까지 TV를 보려고 하거나 밥 먹기 전에 후식을 먼저 먹으려고 하는 아이에게 부모가 소리를 지르고 아이가 엄마를 다시는 보고 싶지 않다고 외칠 때 우리는 별로 심각하게 받아들이지 않고 그냥 늘상 있는 일이려니 라며 생각하고 만다. 하지만 그 부모가 장애를 가지고 있는 경우라면 이야기는 달라진다. 아이에게 어떤 나쁜 영향을 끼칠지는 않을까하고 외부에서 관찰하고 판단한 것에 의존해서 두 사람을 갈라놓으려 한다. 하지만 좀 더 깊이 살펴보면 정상적으로 보이는 리타와 윌리의 사이보다는 장애가 있는 샘과 루시의 사이가 더 깊은 애정으로 가득 차 있는 것으로 봤을 때 장애가 있는 가정의 자녀에게는 국가에서 나서서 자녀에게 교육의 혜택을 주도록 하고 자녀가 올바른 사회화 과정을 통해 사회에 적응할 수 있도록 도움을 준다면 서로 아끼고 사랑하는 마음으로 가득찬 가족들이 헤어지는 일은 없을 것이다.

또한 반대로 맞벌이 부부인 경우, 엄마나 아빠가 아이에게 좀 더 신경을 쓸 수 있도록 제도적인 마련이 필요하다. 가족 간의 커뮤니케이션에 있어서 가족 사이의 솔직한 커뮤니케이션이 필요하기도 하지만 커뮤니케이션이 원활하게 이루어 질수 있도록 환경을 제공해주는 제도적인 지원도 필요하다.

그리고 앞서 말했듯이 리타와 윌리의 관계에서 알 수 있었던 것처럼 상대방이 나에게 어떤 방법으로 (언어적인든 비언어적이든) 커뮤니케이션을 하고 있는지 민감하게 반응할 수 있어야 하며 그 커뮤니케이션에 적합한 피드백을 할 수 있어야만 원활한 커뮤니케이션이 이루어질 수 있을 것이다.

정리하자면 가족 사이에서 원활한 커뮤니케이션이 이루어지기 위해서는 서로가 서로에 대해 이해할 수 있는 시간과 환경을 조성해주는 제도적인 지원과 함께 가족들이 커뮤니케이션을 할 때에 서로를 향한 애정과 신뢰가 바탕으로 서로의 피드백에 민감하게 반응할 때에 올바른 커뮤니케이션이 이루어질 수 있음을 말하고 싶다.

영화 '사랑에 관한 짧은 필름'의 커뮤니케이션과 대인관계

제 갈 완

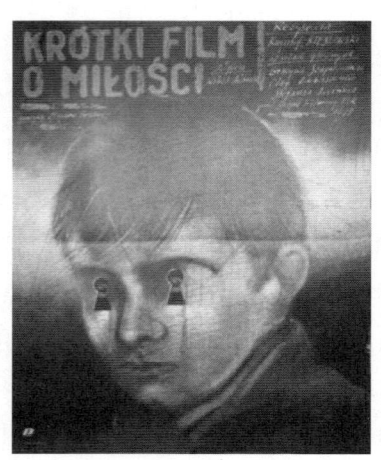

■ 작품 선정 이유 ■

원래 영화보기를 좋아해서 이런 저런 영화를 자주 접하고 있는데 요즘 영화는 볼 것이 이제는 별로 없어서 고전 영화를 찾아서 보게 되었다. 그러던 중에 제목이 주는 함축성에 끌려서 생각 없이 보게 되었는데 예상 외로 많은 것을 알려 준 영화였다.

영화를 볼 때 우선 끝까지 보고 메시지를 찾는 것을 좋아했는데 이 영화는 메시지가 분명했고 주제도 흥미가 있어서 보는 내내 지루하지 않았다.

영화라는 특성상 필연적인 만남을 지나치게 강조하는 사랑 영화들이 있는데 이 영화는 여러 영화제의 수상작인 만큼 구성 면이나 이야기 진행 면에서 손색이 없는 듯하다.

모든 인간관계는 커뮤니케이션에서 비롯된다고 볼 수 있는데 이 영화 역시 커뮤니케이션 수업을 들으면서 들었던 것들을 적용하는 데 무리가 없었기 때문에 과제용으로 이 영화를 선택하게 되었다.

토 멕 (주인공)	우체국에 일하면서 성실하게 사는 평범한 청년이다. 어려서부터 어학에 재능이 있어서 어학 공부를 틈틈이 하며 친구 집에서 살고 있지만 친구 어머니와도 가족같이 지내는 듯 보인다. 우유 배달도 할 정도로 성실하게 생활하지만 직장과 책 이외에는 외부 세계와의 고리가 없는 듯 보인다. 친구가 하나 있다고 하는데 그 친구 역시 여행 중이라서 토멕이 그 나이 또래 

의 사람들을 만날 기회는 없어 보인다. 그렇기 때문에 나이에 비해 순수하고, 순수한 사랑을 갈망하는 순도 100%의 순수 청년이다. 그런 면은 어쩌면 세상과 부딪혀 나가면서 많이 깎여 할 부분일 지도 모른다. 하지만 이런 순수함을 간직한 태고가 이 세상을 살아가는 한 단면일지도 모른다는 생각을 갖게 해준다. 이런 토멕의 태도는 사랑을 바라보는 시점에도 영향을 미친다. 그는 정신적 사랑 이외의 것은 생각해 본 적이 없는 듯하다.

마그다 (주인공)	토멕의 건너편 아파트에 사는 여자이다. 마그다는 예술을 하는 사람으로 보인다. 그림을 그리는 등 평범한 직장 여성은 아닌 것 같다. 매일 저녁 8시쯤이면 집에 들어오고 예술하는 사람답게 생각이 자유로워 보인다. 그래서 사랑에 대한 태도도 자유로운 것 같다. 그리고 귀가 시간이 일정한 것을 보면 외부에서 사람들과 어울리 

는 시간이 별로 없는 듯하다. 단지 남자와 보내는 시간이 대부분인 것 같다. 여러 남자를 두루 사귀어 본 것 같기도 하고 그러나 자유롭게 즐긴다. 마그다는 요즘 우리나라의 젊은 여성들의 추세를 유럽의 과거 모습에서 보여주는 듯하다. 마그다는 사랑을 육체적인 관계 이상의 것은 아니라고 생각한다. 하지만 자신의 잘못을 영화 후반부에서 깨닫는 것을 보면 어느 정도 생각의 융통성을 가진 가슴 따뜻한 여자인 것 같다.

친구 어머니	자신의 세계에 빠져있는 토멕을 바깥 환경과 교류시키기 위해 노력하는 인물인 것 같다. 친구의 어머니지만 토멕을 자식처럼 생각하고 연애 한 번 안 해본 토멕을 안타까워한다. 그러나 보호만 할 뿐이지 적극적으로 해결해주지는 못한다. 토멕과 마그다 사이에서도 토멕을 보호하려고 마그다의 접근을 막으려는 태도를 보인다.

19세의 고아 청년 토멕의 눈을 통해 사랑이란 무
엇인가에 대해 의문을 제기하는 영화이다. 우체
국 직원 토멕은 맞은편 아파트에 혼자 사는 30대
화가 마그다를 1년간 망원경으로 훔쳐본다. 그녀
의 생활을 지켜보는 것이 그에게 가장 의미 있는
시간이다. 성적인 호기심에서 시작한 그의 행동
은 점점 마그다에 대한 사랑으로 변해간다.

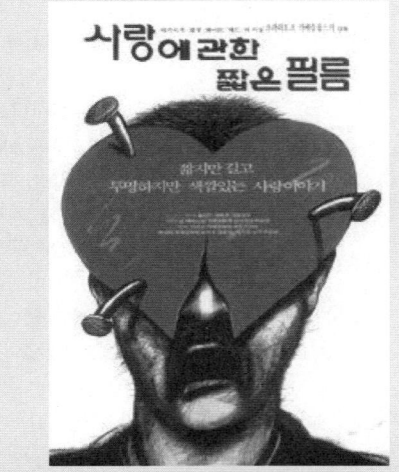

그는 그녀의 아파트에 우유를 배달하고, 가짜 송
금표를 만들어 그녀를 우체국으로 오게 하고, 그
녀의 편지를 훔치고, 그녀가 사랑을 나눌 때 가스
고장 신고를 하는 등 그녀에게 다가가기 위해 여
러 가지 우연을 만든다.

자신이 보낸 통지서를 가지고 우체국에 온 마그
다가 송금을 조작했다는 누명을 쓰자 그는 자신
이 통지서를 보냈으며 오랫동안 그녀를 훔쳐봐왔
다고 털어놓는다. 그는 용기를 내서 그녀에게 데
이트를 신청한다. 밤에 그를 유혹하는 그녀에게
"이게 바로 사랑의 전부냐"라고 말한다.

육체가 관계되지 않는 사랑을 그녀가 비웃자 그
는 충격으로 자살을 시도한다. 그녀는 잘못을 뉘
우치며 그를 기다린다. 퇴원한 그의 방을 찾아온
그녀는 그가 잠이 들어 있자 망원경으로 자신의
빈 아파트를 보게 된다. 거기서 그녀는 우유를 쏟
은 후 서럽게 우는 자신의 뒷모습을 보게 된다.
그리고 우는 자신을 위로하는 토멕의 존재를 본 그녀는 자신의 아픔을 감싸주려 했던 그의 사랑
을 깨닫는다.

█작품 속의 커뮤니케이션과 대인 관계█

이 영화 속에 나타나는 대립적인 주제는 사랑에 관한, 사랑을 바라보는 관점이다.
토멕은 관음증이라는 형태로 마그다를 관찰하지만 그것은 우리가 생각하는 그것과
는 달랐다. 이것이 감독이 의도한 첫 번째가 아닌가 싶다. 우리는 관음증이라고 하

면 거부감을 갖는다. 나도 영화 초반에 무슨 이런 영화가 있나하고 보게 되었는데 영화를 보면서 다른 모습들, 순수한 모습들을 보게 된다. 이게 바로 감독과 관객간의 커뮤니케이션이 아닌가 싶다. T. 우드 모델에서 말하는 노이즈(NOISE), 즉 자신들의 편견에 의해서 내부는 볼 수 없는 상황을 여기서는 주제를 나타내기 위해 또 다른 방식으로 표현한 것이 아닌가 싶다.

영화의 내용으로 들어가자면 이 영화에서는 대사가 별로 없다. 그러나 대사외의 행동들에 의해 커뮤니케이션이 이루어진다. 우유를 쏟아 버리는 여자의 몸짓에서 나오는 좌절감 그리고 그것을 본 토멕의 안타까운 심정들. 춤추듯 우유 배달을 하는 모습들. 이런 것이 다 비언어 커뮤니케이션인 것 같다.

대인관계의 커뮤니케이션을 보자면 토멕과 마그다는 자신이 살아온 방식에 따라 사랑을 정의내리고 행하고 있다. 토멕과 마그다의 대화에서도 나오지만 토멕은 마그다에게 아무 것도 원하지 않는다. 그저 바라보는 게 좋을 뿐이었다. 그러나 마그다는 달랐다. 마그다는 사랑은 육체적 쾌락을 위한 것이라고 토멕을 가르치려고 했다. 물론 마그다는 행동으로 보여주며 너의 사랑은 결국 이런 것에 불과하다면서 자신의 인식 세계, 육체적 사랑의 인식 세계로 토멕을 조롱하게 된다. 그러나 토멕은 정말 순수한 사랑을 원했던 청년이다. 그로 인해 충격을 받고 인생의 의미를 잃었는지 자살 기도를 한다. 서로가 양립할 수 없다고 보는 상황에 이르면 커뮤니케이션은 이루어지기 쉽지 않다. 전쟁도 자신의 생각만을 고집하기 때문이 아닌가. 나이가 듦에 따라서 자신의 인식 체계는 더욱 확고해지고 우리가 흔히 말하는 꼰대의 수준에 이르게 되는 것이다. 자신의 생각이 전부인 줄 아는 수준, 여기서도 마그다는 자신의 사랑 방식이 전부라고 생각하고 행동한다. 때문에 충돌이 일어나는 것이다.

처음 두 사람이 만날 때에는 토멕의 자아노출이 보인다. 어떤 부당한 불이익을 당할지도 모르면서도 자신이 마그다를 엿보고 있었다고 알린다. 그것은 관계의 진척이 될 가능성은 별로 없어 보이지만 일반적으로 자신을 알리고 싶은 욕구, 인정받고 싶은 욕구에서 나오는 태도일 것이다. 같이 카페에 가서 토멕은 마그다에게 사랑한다는 말을 한다. 그러나 그 두 사람이 생각하는 사랑은 다른 것이었다. 마그다의 경우에는 더욱 그러했다. T. 우드의 시간 모델에 따라, 만나면서는 처음 만났을 때

보다는 관계가 진척되어 간다. 시간이 인간관계에서는 중요한 요소인 것 같다. 그리고 토맥은 우유 배달을 통해서 매일 접촉할 기회를 갖게 되었기 때문에 커뮤니케이션할 기회가 더 많아진 것과 같다. 그러나 토맥의 자살시도 후 친구 어머니의 방해로 시간적으로 커뮤니케이션에 단절을 가져온다.

친구 어머니는 토맥을 보호하려고 한다. 같은 집에 살면서도 대화는 잘 안 이루어진다. 단지 비언어적 커뮤니케이션으로 서로의 마음을 알고 있을 뿐이다. 그러나 어머니는 토맥을 지켜봐 주는 방법을 안다. 막무가내로 망원경으로 보는 것을 못 보게 하거나 그러지는 않는다. 그런 면에서 어느 정도는 열린 사고를 하는 인물인 것 같다.

마지막 장면에서 마그다가 망원경을 보면서 공감하는 부분이 있다.

말하지 않았지만 느낄 수 있는 것.

이것이 커뮤니케이션에서 가장 어려운 부분인 것 같다. 그리고 마그다의 태도에도 변화가 생긴 것 같이 보이는데 이것은 서로 간의 커뮤니케이션이 이루어져서 새로운 변화의 단계에 접어든 것이라고 할 수 있다.

종합 정리

우리는 사람을 대할 때 자신만의 편견을 가지고 대화한다. 그리고 그 틀 안에서 생각하고 행동한다. 또한 나이 어린 사람을 대할 때에도 이해하기보다는 자신의 경험이 더 큰 양 가르치려 든다.

여기서의 문제도 사랑을 더 많이 해 봤다고 생각하는 여인이 소년에게 사랑은 이런 거라고 가르치려는 것이 문제인 것 같다. 사람은 주변 환경이나 자신의 생각에 따라 얼마든지 성숙한 인격이 될 수 있다. 단지 경험이나 나이에 부합하는 것이 아니다.

우리가 대화를 할 때 자신감 있는 태도는 좋지만 이럴 수도 있지 않을까하고 생각하는 버릇을 길러야겠다. 수업 시간에도 배운 것이지만 '이럴 수도 있다. 어, 정말 저럴 수 있겠구나' 하는 마음이 중요한 것 같다.

'열린 사고'.

이게 우리 모두에게 필요한 것이 아닌가 생각해본다.

나는 노장 사상을 좋아하고 성경에도 나왔듯이 어린아이 같은 마음으로 돌아갈 때 궁극적인 인격의 완성을 이루는 것이라고 생각한다. 물론 어렵기 때문에 그렇게 쓰여 있을 것이다. 하지만 어렵다고 포기하지 말고 남의 말을 잘 들어줌과 동시에 잘 이해하려고 애써야 할 것이다.

그럴 때 우리는 남과 내가 진정으로 커뮤니케이션을 하고 있다고 느낄 수 있을 것이다.

영화 '아들의 방'의 커뮤니케이션과 대인관계

▌작품 선정 이유▐

'아들의 방'은 죽음을 다룬 대부분의 영화와는 달리, 마지막 순간, 죽음에 이르기까지의 긴장과 슬픔에 무게를 두지 않는다.

극적인 죽음을 맞기까지의 과정보다는 아들이 죽고 난 후 남아있는 사람들의 감정과 시간을 나열한다는 점에서 독특하고 현실적이다. 이 과정에서 남은 자들이 겪는 상황 속에서의 대인관계의 문제점을 파악하고 그 대책을 모색하여야 한다. 다시 말해, 가족구성원의 죽음으로 인해 나머지 가족들이 겪는 상황에서 커뮤니케이션의 문제점을 찾을 수 있다.

이 영화를 보는 동안 난 친구의 얼굴이 계속 떠올랐다. 고등학교 시절 친한 친구와 소소한 문제로 말다툼을 하고 화해를 하지 못한 채 헤어졌다. 다음 날 화해를 할 목적으로 웃음으로 친구를 맞아하려 했건만 나에게 온 것은 친구의 죽음 소식이었다. 나는 울고 또 울었다. 가슴 한 구석이 너무나도 공허했다. 사과할 시간조차 주지 않고 떠나간 그 녀석이 얄밉기도 하였다. 그러다 내가 이 친구와 싸우지만 않았더라도 이렇게까지 힘들지는 않을 것이라 생각하였다.

영화의 지오반니도 그러했을 것이다.

이러한 이유로 내가 더욱더 이 영화에 관심, 아니 집착하게 된 것 같다.

지오반니	상담치료를 하는 정신과 의사이자 자상한 남편 그리고 아버지. 가족을 사랑하고 환자의 치료를 소중히 생각하는 희생적인 인물. 가족들의 세심한 부분까지 배려하고 챙겨주는 아버지.
파올라	출판사 업무와 가정 일을 함께 하는 어머니. 가정과 사회, 자신의 자리에서 맡은 일을 훌륭히 소화하는 인물. 가족들을 사랑하며 그들의 진실한 마음을 끝까지 믿는 자애로운 성격의 소유자.
이레네	고등학생으로 운동을 좋아하여 농구선수로 활약하며 동생을 사랑하는 누나. 가족구성원들의 사이에서 윤활유 역할을 해주는 지혜로운 인물.

 줄거리

정신과 의사 지오반니는 사랑하는 아내와 남매를 둔 단란한 가족의 가장이다. 그러나 평온했던 그의 가정에도 아들인 안드레가 스킨스쿠버를 하다가 익사하면서 파란이 닥친다. 아들을 돌보지 못한 자신을 질책하는 지오반니, 히스테릭하게 변해가는 아내 파올라와 딸 이레네. 붕괴 직전에 몰린 가족은 안드레의 여자친구가 이들을 방문하면서 안정을 찾기 시작한다.

▌작품 속의 대인관계와 커뮤니케이션 ▌

이 영화의 가장 큰 특징은 대인간 커뮤니케이션의 잘못으로 인해 불화의 시작이 발생하지 않는다는 점이다.

그 어떤 것도 부럽지 않을 만큼 너무나도 행복했던 한 가정이 아들의 죽음으로

인물들의 개인적 아픔과 고통, 그리고 가족 구성원 간의 갈등을 겪는 것에 중점을 두고 있다.

인생을 살아가며 인간이 받는 가장 큰 스트레스는 배우자 혹은 가족의 죽음이라는 신문 기사가 생각난다.

지오반니의 가족도 엄청난 시련을 겪게 된다.

이들의 고통이 더욱더 슬프게 보이는 것은 그들의 사랑과 믿음이 그 어떤 가족보다 강했기 때문이다. 죽기 전 아들 안드레는 호기심으로 학교의 비품인 화석을 훔치게 된다. 많은 사람들의 이야기에도 불구하고 이들 가족은 자신의 아들, 그리고 동생의 말을 끝까지 믿는다.

하지만 이들의 *끈끈한* 가족애도 사랑하는 안드레의 죽음에서 무너지고 만다.

❶ 아버지 지오반니

가족을 위하는 지오반니를 바라보면서 난 내 미래의 아버지상으로 이 사람을 삼아야겠다고 생각했다. 아들의 작은 부분 하나까지도 생각하고 걱정하며 위해주는 모습은 우리들이 너무나도 바라는 인자하면서도 친구 같은 그런 아버지의 모습이었다.

아이들에게 좋은 아버지, 그리고 좋은 남편이 되는 것이 가장 중요한 그에게도 감당하기 힘든 사건이 발생하게 된다.

그는 아들이 죽던 날, 예정에 없던 환자의 상담 요청으로 아들과의 달리기 약속을 지키지 못한다. 바로 그 시간에 아들은 친구들과 스킨스쿠버를 하게 되고 죽음을 맞이한다. 이러한 이유로 그는 아들의 죽음에 죄책감을 느끼고 자신에게 상담을 요청한 환자에게는 강한 반감의 감정을 느끼게 된다.

그는 혼자서 너무 많은 생각들을 하게 된다. 집안의 가장으로서의 역할을 다하려는 듯 그는 애써 그 아픔들을 혼자서 이겨내려 하고 가족들에게 그 아픔을 보여주지 않는다. 이러한 모습을 가장 잘 보여주는 장면은 그가 혼자서 놀이공원을 찾아가 놀이기구를 타면서 오열을 하게 되는 장면이다. 이 장면은 너무나도 가슴 아픈 장면이었다. 위에서도 이야기하였지만 가장으로서의 역할과 책임을 다하려고 그는 혼자서 아픔을 달랜다. 그러한 여러 방법 중 하나가 바로 혼자 놀이공원을 찾아가는 장면인 것이다.

혼자서는 감당하기 힘든 이 아픔을 웃음과 즐거움이 있는 놀이공원이라는 장소에서 해소하려는 그의 절박한 마음이 나에게 전해져 왔다.

또한 아들이 죽던 날 상담 신청을 한 환자에게 평소에는 웃음과 인내로 그의 이야기를 들어주었지만 아들이 죽은 후로는 그의 희망적인 이야기에도 독설적인 이야기를 해주며 그의 희망을 기뻐하지 않는다. 그도 자신의 이런 모습이 잘못된 것임을 안다. 하지만 자신이 해야 할 올바른 모습을 알면서도 그러지 못하는 것이 더욱 힘든 것이다.

❷ 어머니 파올라

아들의 잘못도 너그러운 마음으로 감싸주고 아들의 모습을 있는 그대로 인정해주려는 이 여인은 아들의 죽음으로 그를 그리워하는 자신의 감정을 다른 사람들 또한 느꼈으면 하는 강한 집착을 보인다. 파올라는 이러한 행동으로 죽은 아들을 사람들이 기억해주기를 바라는 것이다.

파올라는 안드레의 죽음 후 다른 부부와의 식사 자리에서 아들 이야기를 하기 시작한다. 그러한 모습은 죽은 아들을 잊지 않으려는 몸부림으로 보여졌다. 다른 사람들이 그들의 기억 속에서 자신의 아들을 잊어버린다는 것은 파올라에게는 너무나도 큰 고통인 것이다.

사람은 망각의 동물이다. 내가 내 가족과 친구들을 알고 같이 생활하며 기쁨과 슬픔을 같이 느껴가는 것도 내가 그들을 망각하고 있지 않기 때문이다. 자신의 주위 사람들에게 아들의 이야기를 계속하는 것도 그들이 자신의 아들을 계속 기억해주었으면 함과 동시에 자신의 기억에도 아들을 각인시키려는 행동이다.

파올라는 아들의 손을 끝까지 놓지 않으려 한다.

그녀에게 있어 안드레는 아직도 심장이 뛰고, 따뜻한 피가 흐르는 살아있는 아들인 것이다.

❸ 누나 이레네

안드레가 학교에서 화석을 훔쳤을 때 이레네는 자기 동생을 끝까지 믿으며, 가족들이 그 사건을 자연스럽게 넘길 수 있게 재치 있는 농담을 한다.

이레네는 즐겁고 화목한 가정이 더욱더 행복할 수 있게 해주는 윤활유 역할을 하고 있었다.

하지만 동생의 죽음으로 그녀의 그런 행동들은 제 효과를 발휘하지 못한다.

힘들어하는 아버지와 어머니의 모습을 보면서 자신의 위치를 잡지 못하며 괴로워한다. 아직 학생이기에 동생의 죽음은 그녀에게 너무나도 큰 마음의 짐이었을 것이다. 하지만 그들의 아픔을 감당하기도 힘든 아버지와 어머니는 이 상황에서 딸을 보살펴 주지 못한다.

이러한 고통은 이레네가 농구경기 중 심판의 판정에 신경질적인 반응을 보이며 상대팀 선수에게 폭력을 사용하는 극단적인 상황까지 만들게 한다.

이러한 그들에게 아들의 여자친구의 편지가 배달된다.

아직도 아들의 죽음을 모르는 여자친구의 편지로 파올라는 마음을 잡지 못한다. 아직도 자신의 아들을 기억해주는 사람이 있기 때문에 그리고 자신들의 아픔을 그녀와 공유하고 싶어서 여자친구에게 전화까지 하고 만다. 자신들과 식사를 하면서 안드레에 대한 이야기를 하자며 제안을 하지만 그녀의 제안을 여자친구는 거절한다.

이 상황에서 파올라는 심한 배신감을 느낀다. 일반인의 상식으로는 이러한 상황은 얼마든지 있을 수 있는 일이지만 파올라는 아들의 여자친구에게 자신의 기대감을 실었기에 그 거절은 큰 실망감을 줄 수 있는 것이다. 파올라는 자신만의 생각으로 여자친구의 이미지를 만들고 말았을 것이다. 아들의 여자친구였기에 더욱더 안드레를 그리워하고 이들 가족과 정신적인 교감을 할 수 있을 것이라는 기대감을 말이다.

파올라의 모습을 옆에서 바라보는 지오반니는 집으로의 초대는 예의가 아니라며 아내를 만류하지만 그 자신도 아들의 여자친구 편지에 답장을 해주려고 책상에 앉아 수없이 편지를 쓰고 고치기를 반복한다. 이것은 그가 소녀에게 아들의 모습을 아름답게 심어 주기 위해서 노력하는 것이라고 생각한다. 소녀에게 있어 지오반니는 평범한 사람이 아니라 바로 안드레의 아버지인 것이다. 그렇다면 지오반니의 이미지는 안드레의 이미지로 바로 투영될 수 있을 것이다. 이러한 점에서 지오반니도 아들의 여자친구에게 편지를 쓰는 일이 쉽지만은 않았을 것이다.

안드레가 죽고 시간이 흘러도 이들의 단절된 가족 커뮤니케이션은 계속된다.

그러던 어느 날 여행 중이던 안드레의 옛 여자친구가 이들의 집을 방문하게 된다.

가족들은 안드레의 또 다른 모습을 기억하고 있을 여자친구를 환대한다.

여기에서 가족들은 여자친구에게 깊은 애정과 고마움을 느꼈을 터이다. 자신의 아들, 그리고 동생을 기억해 주었기에 이 집을 찾아올 수 있으니 말이다. 가족들은 여자친구를 위해 안드레의 방문을 열어준다. 마치 안드레가 환하게 웃으며 책상에 앉아 있을 것 같았다.

그리고 가족들은 여자친구를 배웅하고 우연히 바다를 마주하게 된다.

그들은 말없이 바다를 바라보며 서로에게 잔잔한 미소를 머금게 된다.

안드레가 죽은 후의 첫 미소이다.

서로 대화를 하지 않고서도 그들은 많은 것을 공유하였다. 이들의 모습에서 때로는 대화보다는 하나의 일체된 행동이나 상황을 통해 우리는 우리의 고통을 치유 받을 수 있었고, 더 많은 것을 얻을 수 있었다고 생각된다.

왜냐하면 가족이란 이름은 이미 많은 것들을 공유하고 있는 존재들이기 때문이다. 이들에게 커뮤니케이션이란 단순히 말과 말을 통해서 이루어지는 언어적 수단이 아니기 때문이다. 가족이 함께 바다를 바라봄으로써 그들은 이미 지난날의 잘못들을 이야기하였고, 앞으로의 즐거운 미래를 약속한 것이다.

▌주인공들에게 필요한 커뮤니케이션 ▌

❶ 지오반니

그는 가족을 자신의 삶에 중심으로 두고 사는 사람이다. 그러하기에 가족구성원들에게 더없이 좋은 사람이다. 하지만 정작 자기 자신의 모습에는 중심을 두고 있지 않다.

아들이 죽고 나서 자신의 고통과 슬픔을 다른 가족구성원들에게 이야기 했어야 한다. 다시 말해 자기노출 커뮤니케이션이 필요한 것이다.

계속 혼자서 괴로워하고 있던 지오반니는 결국 자신의 친구인 정신과 의사에게 환자 상담을 더 이상 하지 못하겠다고 고백한다. 하지만 정작 가족들에게는 그 이야기를 하지 않는다.

그것은 진정한 자기노출 커뮤니케이션이 아니다. 특히나 자신의 괴로움의 근본적인 원인은 아들의 죽음이고 그것은 가족구성원들 간의 대화와 위로로서 치유될 수 있는 부분이기 때문이다.

❷ 파올라

커뮤니케이션은 여러 형태가 있다. 그 중에서 비언어 커뮤니케이션은 우리가 생각하는 것 이상의 영향을 끼치게 된다. 파올라의 경우 그녀는 아들을 그리워하고 다른 사람들에게 아들의 이야기를 하는 그러한 행동을 다른 가족들이 지켜봄으로 인해 더욱더 힘들어지게 되는 것임을 알아야 한다.

힘들겠지만 자신의 그런 마음을 조금은 버려야 하지 않을까 생각해본다.

❸ 이레네

그녀는 폭력이라는 극단적인 방법으로 자신의 상태를 나타나게 되었다.

어린 나이에 겪은 큰일이라 이레네는 자신을 어떻게 치료해야 할지 알지 못했다. 동생의 죽음으로 겪게 되는 가정의 정신적 피폐와 부모의 불화를 지켜보면서 자신의 존재는 너무나도 작은 것에 불과한 것이라는 생각을 했을지도 모른다.

그러하기에 자신의 감정을 주체하지 못하고 갑작스럽게 울거나 작은 일에 흥분하며 폭력을 휘두른 것이다.

이러한 점으로 보아 이레네 역시 자기노출 커뮤니케이션이 필요하다. 자신의 현 상태를 솔직히 말하고 부모와 친구들 간의 대화를 통해 자신의 감정을 컨트롤해야 할 것이다.

우리는 인생을 살아가면서 죽음이라는 그림자를 피할 수 없다.

한번 뿐인 인생이기에 자신의 인생에서 올바른 커뮤니케이션을 통한 옳은 인생을 살아야한다. 하지만 인생은 이성적인 머리만으로 살아갈 수는 없는 것이다. 때로는 이성적으로는 이해하지만 감성적으로는 그것을 이해하지 못하는 경우가 있다.

그럴 때 우리는 가족이 필요하고 친구가 필요한 것이다.

말 없이도 의지가 되고 위로가 되는 그런 존재 말이다. 물론 그들 때문에 고통을 받을 때도 있지만 우린 그들과의 관계, 그들에 대한 신의를 잊어버리면 안 된다. 서로에게 자신의 생각을 이야기하고 상황을 설명한다면 서로의 공유점은 많아지고 각자의 존재의 이유가 생기는 것이다. 대화하기가 어렵다면 서로가 같이 공유할 수 있는 무언가를 찾아야 한다. 여행이나 게임 등을 통한다면 굳이 어렵고 복잡한 대화를 하지 않더라도 서로를 이해하는 길이 보일 것이다.

지오반니 가족이 함께 바다를 바라보면서 서로에게 미소를 보낸 것같이 사람의 마음을 움직이게 하는 상황은 우리 주변에 많다.

하루 동안의 피로를 짊어지고 집으로 돌아가는 길에 우연찮게 친구나 부모를 만나 노을이 지는 모습을 바라보고 있다고 상상해보라. 더 이상 대화가 필요 없는 완벽한 커뮤니케이션이 될 것이다.

인생은 혼자 살아가는 것이 아니다.

우린 좀 더 우리의 영혼의 동반자들과 더 많은 추억을 만들어야 한다.

영화 '용서받지 못한 자' 속의 커뮤니케이션과 대인관계

황 호 진

우리가 사는 사회에는 서로 다른 '사는 법'이 있다. 사회 구성원이 하나부터 열까지 모두 다르듯, 그 사회의 '사는 법'도 천차만별이다. 우리는 언제나 그 사회의 사는 법을 얼마나 습득하고 있는지 시험받고 있다. 그것이 어떤 문서로 규정 되어 있든, 그렇지 않든 그것은 중요하지 않다. 문제는 우리는 항상 그런 사회에 '타협'해 간다는 사실이다.

이 영화는 그런 이야기라고 생각한다. 그 사회가 어떤 성질이냐에 따라 그 타협점은 우리를 혼란스럽게 하고 그것은 곧 그 사회에서의 생존의 규칙으로 귀결된다.

타협한 자는 살아남고 아닌 자는 도태되는……

이 영화의 주인공들은 자의식과 생존의 규칙 사이의 괴리 속에서 방황하며 결국은 거기에 짓눌려 헤어 나오지 못한다.

대조적인 성격의 주인공인 승영, 태정, 지훈 그들의 모습에 초점을 두어 바람직한 커뮤니케이션 방향에 대해 알아보도록 하자.

▌작품 선정 이유▌

건장한 대한민국 남성이라면 반드시 한번은 다녀와야 할 곳, 군대.

모두가 평등한 인격체로 존중받아야 할 오늘날의 사회에서 평등과 개성이 원칙적으로 무시되는 가장 대표적인 곳이 바로 군대일 것이다.

상명하복(上命下服).

모든 것이 계급으로 통용되는 사회인 군대를 가장 잘 나타내는 말이 아닐까 싶다. 상관의 명령을 최우선으로 하는 군대의 특성상, 계급으로 인한 사람과 사람 사이의 단절은 반드시 뒤따르기 마련이다. 그리고 군대라는 억압된 사회에서 오로지 단체만을 추구함으로써 생기는 개성의 말살로 커뮤니케이션 자체가 이루어지지 않는 경우도 부지기수다. 이제 막 성인이 된 혈기왕성한 청년들에게 이러한 억압된 현실은 너무나도 혼란스럽고 힘든 상황으로 다가온다.

이 영화는 우리나라 사회 전반에 걸친 유교문화와 군사문화에 바탕을 둔 수직적 질서와 나이, 동기, 동창으로 대표되는 수평적 질서가 한 공간에서 충돌할 수밖에 없는 상황과 그 상황이 어떤 영향을 미치는지를 군대라는 극단적인 공간에서 잘 보여주고 있다.

그러한 군대라는 억압되고 폐쇄적인 공간 또한 우리 사회의 한 단면이라 생각하여 그 안에서 이루어지는 커뮤니케이션을 통해 우리 사회의 일면을 바라보고 또한 잘못된 커뮤니케이션이 얼마나 극단적인 상황으로 치달을 수 있는지 보여주는 좋은 예라고 생각해서 이 영화를 선택하게 되었다.

 인물 분석

| 이승영 | 변절한 저항자, 적변(賊變)하는 자신을 용납하기 힘든 청춘의 자의식 |

폭력과 비합리적인 규율을 용인하고 강요하는 군대 내 위계질서와 권력구조에 동의할 수 없어 스스로 부적응자가 되는 캐릭터.

이제 막 이등병 계급을 달고 부대에 전입해 온 신병으로 이 영화의 주인공이다. 운 좋게도 전입한 부대에 중학교 동창인 태정이 고참으로 있어 그의 보호 아래 조금은 편하게 군생활을 시작하게 된다. 하지만 승영은 대학을 다니다 또래들보다 뒤늦게 군에 입대했기 때문에 쉽사리 군대에 적응하지 못한다.

내성적이며 사교적이지 못한 성격으로 혼자 있기를 좋아하는 그이지만 욕을 먹으면서까지 자신을 보호해주는 태정에게 항상 고마움을 느낀다. 또한 적당히 타협하는 그의 성격에 거부감을 가지면서도 한편으로는 사회가 원하는 남성성을 가진 태정의 모습을 부러워하기도 한다.

남들은 지훈이 멍청한 행동을 하는 것이 군 생활을 편하게 하려는 수작이라고 생각하지만 그는 절대 그럴 리가 없다며 끝까지 지훈을 믿는 순수함을 가지고 있다.

"괜찮아, 상관 안 해, 내가 틀린 건 아니잖아."

이 대사는 승영의 강한 자의식을 잘 보여주고 있다. 명문대를 다닐 만큼 똑똑한 그는 자신의 이치에 어긋나는 것을 그냥 넘기지 못하는, 자아가 뚜렷한 인물이다. 특히 프라이드가 강하며 개인주의적인 성격으로 고참이 후임을 시켜 슬리퍼를 가져오게 하는 등의 행동을 비인간적인 행동이라며 매우 못마땅하게 생각하고 있다. 그런 그이기에 자신이 고참이 되면 부조리한 부대의 모습을 모두 바꿀 것이라며 군대라는 폐쇄적이고 부조리한 사회에 홀로 맞서는 저항자가 되기로 마음먹는다. 하지만 자신을 보호해주는 방패였던 태정이 전역하자 고참들의 괴롭힘을 견디다 못해 결국은 부조리한 현실과 타협하는 변절자가 되고 만다.

자신이 그토록 경멸해 왔던 현실과 타협하게 되었을 때, 그는 그동안 용인하고 호의로 대해왔던 지훈을 '부족하고 변해야 할' 인물로 보기 시작했다. 그리하여 여자친구와의 이별에 방황하는 지훈에게 자신이 가장 싫어하던  비인간적인 폭력과 욕설을 행했고 뒤늦게야 지훈의 자살이 자신의 탓이라며 괴로워한다.

승영은 위로를 받고 싶어 태정을 찾아 가지만 도무지 이야기를 들어주지 않는 태정으로 인해 끝내 자살을 하고 만다.

유태정	양면성을 띤 모범 군인, 적당히 타협하면 쉽게 갈 수 있을꺼라 믿는 청춘

이유 불문하고 명령과 복종만이 룰인 군대에서는 적당히 조이고 풀어줄 줄 아는 나름대로 쓸 만한 고참이지만 제대 후 사회에 나와서는 하릴없는 청춘의 모습일 수밖에 없는 대한민국 젊은이들의 평균적인 캐릭터.

승영이 전입한 내무반의 내무반장으로 승영의 중학교 동창이다.

"그냥 시키는 대로 열심히 하면, 나중에 편해져."

자신의 이상이나 자아는 희생하더라도 자신이 속한 사회에 타협하며 물 흘러가듯 하는 태정의 성격을 가장 잘 나타내는 대사라 생각한다.

고참들에게는 후임들의 군기를 꽉 잡는 착실하고 믿음직스러운 모습으로, 후임들에게는 엄하지만 인간적인 모습으로 모범적인 말년 생활을 하고 있는 그에게 중학교 동창인 승영이 내무반 후임으로 전입해오면서부터 그의 군 생활은 평탄치가 않다. 자의식이 강한 승영은 사사건건 사고를 일으키게 되고 그것을 보호해 주는 태정에게도 비난의 화살이 쏟아져 그의 입장은 곤란해져만 간다.

태정의 캐릭터는 군대라는 수직적 질서와 친구라는 수평적 질서가 하나의 공간에서 만날 때 일어나는 현상을 보여주는 대표적인 예라 할 수 있겠다.

그런 상황에서 태정은 처음엔 친구를 택하지만 나날이 도를 지나치는 승영의 모습에 하는 수없이 그에게 폭력을 휘두르며 너무나 기울어 버린 자신을 되돌리려 한다. 하지만 이미 그는 군대라는 사회가 자신에게 바라는 위치에서 너무 떨어진 곳까지 와 버렸다.

시간이 흐른 후, 제대를 한 태정은 부대에서 보여준 모범적인 군인의 모습과는 다르게 지저분한 외모에 변변한 직업도 없는 껄렁한 양아치 같은 모습을 보여준다. 적당히 타협하는 것이 최고였던 군대에서와는 다르게 그에 길들여진 태정이 사회에서는 부적응자로 분류된 것이 아니었을까 하는 생각이 든다. 그토록 열심히 해왔다고 자부하던 군 생활이지만 태정은 힘들었던 군 생활에 대해 언급하는 것을 굉장히 싫어한다. 그렇기에 휴가를 나온 승영을 만나는 것도 탐탁치 않아 했고 그가 부대의 이야기를 꺼낼라 치면 바로 화제를 돌리기에 바빴다.
결국 그에게 위로 받고 싶어 했던 승영은 자살하고 만다.

| 허지훈 | 무력한 고문관, 어느 사회에나 하나쯤은 있을 법한 어리버리하고 병약한 청년 |

승영이 처음으로 맡게 된 후임병으로 무엇이든 한 번에 알아듣지 못하고 조직사회를 살아가는데 필수불가결의 요소인 '눈치'가 제로에 가까운 완벽한 고문관 캐릭터이다. 항상 나사가 빠진 듯한 행동을 보이며 무엇 하나 제대로 해내는 구석이 없다. 게다가 남자다움의 상징인 군대와는 어울리지 않게 소심하고 겁이 많아 고참들의 말 한마디에도 벌벌 떨며 도무지 군 생활에 적응을 하지 못한다. 승영이 자신의 의지로 인해 군대라는 사회에 적응하지 '않는' 캐릭터라면 지훈의 문제는 의지가 아니라 '능력의 부족'에 있는 듯 보인다. 그런 그를 많은 고참들이 괴롭히지만 승영만은 따뜻하게 대해 주었고 그 또한 승영에게 고마움을 느끼고 있다.
이렇게 적응하기 힘든 군생활 도중 소중히 여기고 있던 여자친구에게서 일방적인 이별통보를 받았고 그녀의 마음을 다시 돌리려 하지만 그녀는 이제 전화연락조차 거부한다. 고참들에게 괴롭힘은 물론 성폭행까지 당하는(수위가 높아 실제 영화에서는 편집되었음) 등 힘든 하루하루를 간신히 버텨가는 그에게 여자친구와의 이별은 더 이상 살아갈 의지조차 꺾어버리는 일이었을 것이다.

💬 줄 거 리

2년여 동안 군기반장으로서 모범적인 군 생활을 해왔다고 자부하는 말년 병장 태정은 중학교 동창인 승영이 내무반 신참으로 들어오면서 평탄했던 생활이 혼란스러워지기 시작한다. 상관의 군화를 윤이 반짝반짝 나도록 광을 내어 갖다 바치는 것은 물론이고 고참이 후임의 팬티를 뺏어 입어도 당당할 수 있는 군대 특유의 부조리함을 받아들이지 못하는 승영은 고참들과 사사건건 문제를 일으키지만 태정은 친구라는 이유로 승영을 계속 감싸주어 자신까지 곤란한 상황에 몰리게 되곤 한다. 군대에서는 꾹 참고 시키는 대로 하면 편하다는 태정의 충고와 걱정에는 아랑곳 않고 승영은 자신이 고참이 되면 이런 나쁜 관행을 다 바꿀 자신이 있다고 큰소리치지만 태정에겐 그런 승영이 답답하고 자신의 전역 후에 홀로 남겨질 친구의 앞날이 걱정될 뿐이다.

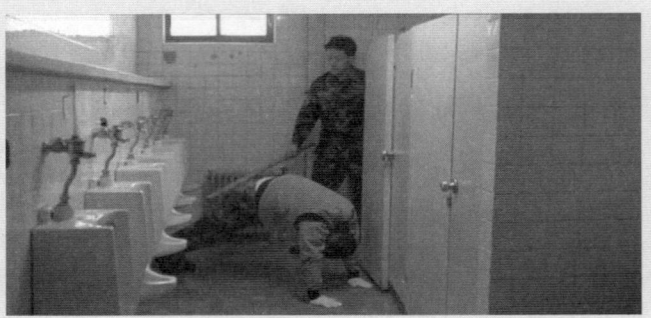

어느덧 승영도 후임인 지훈을 두게 된다. 제대로 하는 일이 하나도 없는 고문관 지훈은 다른 고참들에게 매번 혼나기 일쑤이지만 승영만은 그런 지훈을 자신의 소신대로 잘 돌봐준다. 그러나 그럴수록 말썽은 더 커져만 가고 자신에 대한 부대의 따돌림은 심해진다. 게다가 태정과 승영과의 관계도 소문이 퍼져 모든 고참들이 버릇없는 승영의 방패인 태정이 전역하기만을 기다리며 이를 갈고 있다. 결국 태정은 전역을 하고 보호막이 없어진 승영은 군 생활이 점점 더 힘들어져만 간다. 엎친 데 덮친 격으로 승영이 인간적으로 대한 지훈은 갈수록 제멋대로 행동하기 시작하고 여자친구의 일방적인 이별 통보로 인해 말썽만 늘어 승영을 곤란하게 만들고 만다. 이러한 상황에서 승영은 그동안 꿋꿋이 지켜왔던 자신의 의지를 버리고 자신이 경멸해 마지않았던 고참들에게 동화되어 간다.

그러던 어느 날 고참과 함께 있던 승영은 여자친구로 인해 자살을 하려가던 지훈과 마주치게 되고, 담배를 피우며 걸어가는 지훈에게 더 이상 참지 못하고 자신이 가장 비인간적인 행위라 생각하던 폭력과 욕설을 퍼붓게 된다. 그 길로 지훈은 화장실에서 목을 매었고 승영은 지훈의 자살이 자신의 탓이라 생각하며 괴로워한다.

시간이 흐른 후, 제대하고 군대의 기억을 까맣게 잊고 지내던 태정에게 어느 날 승영으로부터 갑작스레 만나자는 전화가 온다. 승영은 태정에게 군대에 대한 이야기를 하려 하지만 태정은 생각하고 싶지도 않다며 군대 이야기 자체를 꺼린다. 태정과 꼭 이야기를 하고 싶은 승영은 여관까지 쫓아가 태정을 불러내고, 그런 승영이 귀찮은 태정은 승영에게 욕설까지 퍼부으며 다툰다.

화해한 둘은 결국 여관방에서 잠을 청하지만 태정은 자꾸 군대 이야기를 하려는 승영에게 화를 낸 채 여관방을 뛰쳐나온다. 혹시나 하는 불안감에 태정은 다시 여관으로 돌아가지만 승영의 몸은 이미 싸늘하게 식어 있었다.

▌작품 속의 대인관계와 커뮤니케이션의 문제점▐

❶ 이승영

그는 대인관계에 있어서는 부족함이 많은 사람이라 생각된다. 처음 부대에 전입 왔을 때 한 내무반 고참이 그에게 다가가 말을 걸며 여자를 소개 시켜달라고 하지만 그는 딱 잘라 아는 여자가 없다고 말하여 고참을 화나게 만든다. 대부분의 군대를 다녀온 남자들은 잘 알고 있겠지만 이러한 요청을 승낙한다 하더라도 실제로 소개를 시켜주는 경우는 거의 없다. 이런 과장된 빈말은 대인관계에 있어 호감을 높여주기도 한다. 그러나 승영은 요청을 승낙한다거나 듣기 좋게 둘러대지를 않고 바로 딱 잘라 말해 고참과의 관계를 스스로 단절시키고 있다. 실제 영화 내에서 보여지는 그의 모습을 보면 자신이 마음을 여는 상대이외에는 확실하게 선을 그어놓고 침범하지 않으려는 사람이라는 것을 느낄 수 있었다.

그의 대인관계처럼 커뮤니케이션 또한 직설적이다. 그는 자신의 언어나 행동이 타인에게 불쾌하더라도 그대로 표현하고 있었다. 그것은 그의 거짓 없는 성격과 강한 자의식에서 기인된 것이라 생각한다. 특히 대표적인 비언어적 커뮤니케이션의 하나인 표정으로 자신의 불쾌함을 여지없이 나타내어 선임병들로부터 미움을 받고 있다.

매번 선임병들과 마찰을 일으키는 승영에게 태정은 변화할 것을 설득했지만 그는 그런 자신을 알면서도 도무지 받아들이려고 하지 않는다. 그렇기에 태정과의 커뮤니케이션은 그에게도 태정에게도 교류가 전혀 없는 일방적인 소통밖에 되지 않는다.

마지막 그가 자살하기 직전에도 그는 태정에게 자신에게 닥친 일에 대해 자기노출 커뮤니케이션을 시도하지만 속 시원히 이야기를 하지 않고 빙빙 돌려대며 태정의 짜증을 불러일으킨다. 그리곤 아무것도 알지 못하는 태정에게 단지 "내가 잘못한 것이 아니라고 말해줘"라며 위로만을 받으려고 한다.

그가 귀찮아하는 태정을 끈질기게 쫓아다닌 이유는 말하고 싶었던 게 아니라 단지 듣고 싶었던 것이다.

"네 잘못이 아니라고… 난 네 편이라고……."

승영은 단지 작은 위로가 받고 싶었던 불쌍한 영혼이었던 것이다.

지훈과의 관계에서는 더 큰 문제점을 볼 수 있다. 그는 지훈의 고민을 알고 있었지만 지훈을 위로해 주고 보듬어 주기는커녕 오히려 변화한 자신의 기준에 못 미치는 지훈을 혼내고 차갑게 대했던 것이다.

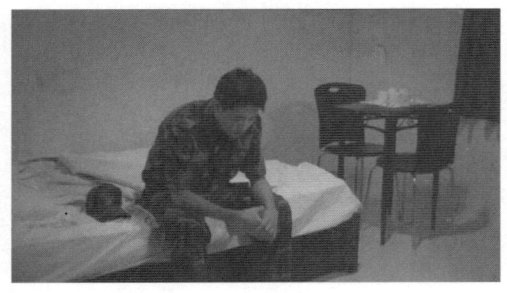

사람은 힘든 일이 있을 때 주변 사람의 위로나 격려로 많은 힘을 내게 된다. 하지만 승영은 마침내 군대라는 사회와 타협하고 자기 몸 하나 추스르는 데에만 신경 썼을 뿐이었다. 지훈의 죽음은 승영에게 자의식의 변절과 지훈의 죽음에 대한 죄책감을 느끼게 했고 그것으로 인해 승영 또한 자살을 하게 된 것이다.

❷ 유태정

그는 군대라는 폐쇄적 사회에 자신을 변화시키고 적응해 살아가는 남자이며 등장인물 중 가장 원만한 대인관계를 가지고 있다. 그것은 그가 적당히 타협하며 살아가는 성격이기에 적을 두지 않기 때문이라 생각한다.

승영은 태정에게 위로받고 싶었지만 태정은 승영을 귀찮아했고 그의 얘기조차 들으려 하지 않았다. 태정에게는 귀찮은 승영과의 군대 이야기보다는 여자친구와 함께 있는 시간이 더 즐거웠으리라. 하지만 그러한 작은 이유 하나가 친구를 죽음으로 내몬 것이다. 그는 군대에서부터 승영이 지겨웠었다. 그렇기에 승영이 휴가를 나와 연락을 했을 때에도 탐탁지 않았고 그래서 그 자리에 여자친구를 불러낸 것이다.

아마 그는 승영이 여관 밖으로 불러냈을 때부터 그가 꼭 해야만 하는 이야기가 있다는 것을 알았을 테지만 단지 자신이 그 말을 듣기 싫었고 여자친구와 있는 것이 더 좋았기에 승영의 말을 들으려 하지 않았다. 여자친구가 집에 돌아가고 승영과 단둘이 남았을 때에도 울먹이는 승영이 위로를 해달라고 했지만 그는 아무런 위로도 해주지 않았다.

만약 그가 무언가 말하려고 하는 승영에게 귀 기울이고 그에게 위로를 해주었더라도 승영은 자살했을까? 아마 위로를 받은 승영은 자살하지 않았을 것이라고 생각한다.

승영과 태정, 그 둘의 커뮤니케이션은 도저히 만날 수가 없는 평행선이다.

지훈의 자살 원인이 자신에게 있다고 생각한 승영처럼 태정도 승영에 대한 죄의식으로 남은 날을 살아갈 수밖에 없는 가해자이자 피해자인 셈이다.

❸ 허지훈

허지훈, 그는 이 사회의 부적응자이자 패배자이다. 그는 사회에서 살아가는 법을 몰랐고 적응하지도 못했다. 다른 두 주인공들과 비교해 볼 때 태정은 타협을 '한' 자이고, 승영은 타협을 '안'한 자이지만, 지훈은 타협을 '못'한 자이다.

그는 대인관계에 있어서도 타인의 아래에 있는 사람으로 인식되었다. 그렇기에 그의 커뮤니케이션은 타인에게 받아들여지지 못하고 그는 오직 타인의 커뮤니케이션을 받아들이기만 하는 존재이다. 소심하고 겁이 많은 성격으로 고참들의 괴롭힘에도 자기 혼자만 알고 벌벌 떨 뿐 누구에게 하나 말하려 하지도 않는다.

이런 점에서 지훈은 자기노출 커뮤니케이션을 전혀 하지 않는 성격임을 알 수 있다.

자신의 어려움을 이야기하고 위로받았어야 하지만 그러지 못한 그는 결국 자살이란 극단적인 방법을 택할 수밖에 없던 것이다.

그럼 왜 그는 자살했어야만 할까? 그것은 그가 커뮤니케이션을 할 줄 모르기 때문이라 생각한다. 그는 자신의 고민이나 감정을 다른 사람에게 표현할 줄 모르는 사람이다. 그 예로 그는 죽기 직전 자신의 여자친구에게 전화를 건다. 죽을 정도로 그녀에 대한 마음이 간절한 상황에서 보통 사람이었다면 울면서 보고 싶어 죽을 것 같다고, 버리지 말아 달라고 애걸복걸할 것이지만 그는 무덤덤한 어투로 "정말 보고 싶어서 그러는데, 한번만 오면 안 되겠나?"라고 말한다. 이 상황에서 그가 좀 더 확실하게 여자친구에게 자신의 심경을 전달했다면 자살까지는 이르지 않았을 것이다.

그리고 지훈은 왜 그렇게나 힘든 고민을 타인에게 하소연조차 하려고도 안 했을까하는 생각을 하게 된다. 여자친구와의 이별을 알고 있는 가장 가까운 승영에게라도 하소연하고 위로 받았더라면 그것 또한 그의 자살을 막을 수 있었을 것이다.

그의 자살은 결국 그 자신은 물론이고 승영까지도 붕괴시켰다.

승영에게 있어서 지훈은 지키지 못한 자신의 신념을 정면에서 바라보게 만드는 존재인 것이다.

종합 정리

지금까지 영화 '용서받지 못한 자'의 세 주인공을 통해 잘못된 커뮤니케이션의 위험성에 대하여 살펴보았다. 특히 이 영화에서는 자기노출 커뮤니케이션이 큰 비중을 차지하고 있음을 알 수 있었다.

그렇다면 이 영화에서 나타난 잘못된 커뮤니케이션의 예방책에 대해 알아보자.

역시 가장 큰 요인은 자살한 두 주인공에게 있다고 할 수 있다. 승영과 지훈의 자살은 자기만 알고 있는 감추고 있는 영역(Hidden Area)을 좀 더 열어 상대방에게 위로를 받았다면 애시 당초 일어나지 않았을 것이다.

하지만 비단 그 둘에게만 문제가 있던 것도 아니다. 태정이 좀 더 열린 마음으로 승영의 이야기를 들어줬더라면, 승영 스스로가 지훈에게 먼저 다가가 위로를 해주었다면, 지훈의 여자친구가 좀 더 지훈을 이해하고 그에게 귀 기울여 주었다면, 선임병들이 지훈에게 좀 더 따뜻하게 대해 주었더라면 그들의 죽음은 막을 수 있었을 것이다. 그렇기에 영화 제목인 '용서받지 못한 자'는 그들 모두를 일컫는 말이라 생각한다.

위의 예방책들을 보면서 앞으로 어려운 일이 닥치거나 고민이 있을 때는 꼭 주변의 누군가에게 도움을 청하거나 상담을 받고 나 또한 다른 사람이 나에게 도움을 청한다면 최선을 다해 도와줘야겠다고 느꼈다.

그동안 사람과 사람 간의 커뮤니케이션이라면 말하는 것이 더 중요하다고 생각해왔지만 이 영화를 보며 말은 하는 것보다 듣는 것이 더 중요하다는 것을 느꼈다. 그렇기에 신께서 우리 몸의 입은 하나 밖에 안주셨지만 귀는 두 개나 주신 것이 아닐까?

그렇기에 우리 모두가 열린 마음을 갖고 타인의 입장에서 먼저 생각하는 그것이 바로 바람직한 참 커뮤니케이션이라고 생각한다.

드라마 KBS 미니시리즈 '눈의 여왕'의 커뮤니케이션과 대인관계

이 지 현

▮작품 선정 이유 ▮

최근에 꼭 챙겨보는 드라마가 있다. 혹 제 시간에 보지 못하는 경우에는 인터넷에서 찾아 볼만큼 요즘 내가 가장 좋아하는 드라마이다. 드라마를 찾아서 볼 만큼 좋아하지는 않는데 이 드라마는 묘한 매력과 함께 재미, 그리고 순수한 사랑이 내 마음을 이끈다.

점점 건조해지고 순수한 사랑보다는 조건을 더 중요시 여기는 요즘의 세태 속에서 어쩌면 드라마 속에서 그 위안을 삼으려고 하는지도 모르겠다. 또한 성장기시절 상처 때문에 대인관계와 커뮤니케이션에도 많은 변화를 일으키고 본인 의도와는 다르게 살아가는 두 주인공의 모습에서 과제의 내용과 부합하는 부분이 많은 것으로 생각 되었다.

드라마는 런닝타임의 한계로 함축적인 영화보다는 훨씬 더 인간적인 관계에 대해서 디테일하고 사건이 풍부하여 자세한 고찰이 가능하다는 생각도 선정 이유의 하나라고 할 수 있다. 이 드라마는 16부작으로 현재 13부까지만 방영되었다. 따라서 드라마의 결말은 커뮤니케이션의 전환과 해결책 제시, 그동안의 내용을 바탕으로 창의적인 나의 생각으로 맺으려고 한다.

마음의 상처는 저절로 치유되지 않는다. 드러내고 치료하지 않으면 곪아서 더 큰 상처를 남길 수 있다. 커져만 가는 상처를 안고 살아갈 것인가 제대로 된 커뮤니케이션을 통해 치료받고 완치된 상태로 살아갈 것인가는, 삶을 올바로 살아가는데 있어서 중요한 부분이라 할 수 있다.

두 주인공을 통해 이러한 부분에 대해서 깊이 생각해 보는 계기가 되었으면 한다.

 인물 분석

한태웅, 한득구 (현 빈)	 극초반 한태웅은 평범한 과학고 학생이다. 성격도 무난하고 얼굴도 잘생겼으며 농구도 좋아하는 활발한 학생이었다. 수학 특기생으로 과학고에 입학할 만큼 수학을 잘해 주위에선 수학 천재라 부르기도 한다. 이러한 천재 호칭으로 그는 인생이 뒤바뀌게 된다. 자신의 친구이자 라이벌이었던 정규가 그것을 비관해 자살하게 된다.

그 일 이후 한태웅은 학교를 자퇴하며 한득구로 이름을 바꾸고 철저하게 다른 인생을 살게 된다. 이처럼 한태웅의 삶과 한득구의 삶이 완전히 분리된다. 따라서 캐릭터의 성격과 화법 또한 차이를 보인다. 한득구는 철저하게 예전의 삶을 감추려 하면서 내성적으로 변하지만 겸손하고 착한 성품을 여전히 가지고 있다. 또한 생각이 깊고 남을 배려하지만 자신의 감정을 드러내지 않는 답답한 성격의 소유자이기도 하다.

김보라 (성유리)	 아름다운 미모에 엄청난 부잣집의 외동딸. 남들은 그녀가 행복할 거라 생각하지만 그녀는 항상 외롭다. 무뚝뚝하고 일만 하는 아버지, 어릴 때 이혼한 어머니, 유일한 친구였지만 고등학교 때 자살한 오빠. 그녀는 언제나 혼자였다. 어릴 때부터 근무력증이라는 난치병이 유일한 그녀 곁에 있는 친구일 정도로. 마음이 약하고 심성

또한 착하지만 상처 받지 않으려고 남들에겐 독설과 이기적인 행동을 한다. 부잣집 딸답게 항상 기사를 동반하고 돈도 모르고 공부도 하기 싫어하는 부잣집 외동딸의 전형을 보여주기도 하지만 어딘가 모르게 그 모습이 밉지 않은 캐릭터이다.

가족의 사랑을 그리워하면서 어릴 때 두 번 만난 오빠를 잊지 못하는 순수한 성격의 소유자이기도 하다. 귀엽고 애교도 부릴 줄 알고 눈물도 많아서 남자라면 보호해 주고 사랑하고픈 매력 있는 여자이기도 하다. 캐릭터 자체 성격보다 성유리라는 배우가 너무 예쁘게 나와서 그런 생각이 드는지도 모른다. 영화 같은 화면 또한 그 느낌을 더 강하게 만든다.

| 서건우
(임주환) | 아버지, 어머니, 형과 누나도 모두 의사다. 그래서 자신도 별 생각 없이 의사가 되었다. 누군가의 병을 고쳐주고 싶다는 생각을 해본 적도 없고 결혼할 생각도 없다.
부모님의 성화에 맞선 보러 나갔다가 김보라를 만나게 된다. 비뚤어지고 이기적인 그녀이지만 자신을 딱놓고 가버린 그녀를 좋아하게 된다. 그리고 의사가 되어서 그녀의 병을 고쳐 줄 수 있다는 것에 처음으로 감사하는 마음도 갖는다.
냉소적이고 딱부러지는 성격의 서건우. 보라와 잠시 연인관계를 이루지만 곧 채이고 보라를 잊지 못하고 그녀가 부탁하는 것은 뭐든 |  |

들어준다. 차가운 이미지와 함께 따뜻하고 인간적인 면 또한 함께 가지고 있다. 한득구를 질투하기도 하지만 둘을 갈라놓기 보다는 도와주는 역할을 한다. 처음엔 악역이라는 생각이 점차 친근한 이미지로 바뀌는 캐릭터이기도 하며 사건의 실마리를 여는 주인공이기도 하다.

| 이승리
(유인영) | 이동술 복싱 체육관의 딸로 체육관에서 다이어트 복싱 트레이너로 일하고 있다. 한태웅과는 8년이라는 시간을 오누이로 보냈다. 그러나 승리에게는 태웅은 오빠가 아니라 남자다. 보라를 미워하고 태웅이와 서로 잘되지 않게 질투도 하지만 둘의 관계를 인정하고 진심으로 위한다. 어쩌면 승리는 자신과 태웅이 잘 될 수 없다는 것을 처음부터 알고 있었는지도 모른다. 왈가닥이기도 하고 선머슴 같은 캐릭터이지만 마음만은 곱다. 태웅이를 위해서라면 뭐든지 할 만큼 그를 좋아하지만 그의 행복을 위해서 포기할 줄도 아는 멋진 여자이기도 하다. | |

| 박영옥
(고두심) | 한태웅의 엄마. 아버지를 일찍 여원 태웅이를 위해서 억척스럽게 사는 전형적인 한국 어머니의 강인함을 보여주는 캐릭터이다. 아무리 힘들어도 태웅이의 성적표만 보면 힘이 났고 좋은 대학에 보내는 것이 그녀의 꿈이었다. 그런데 태웅이는 이런 어머니의 마음을 배반한다. 태웅이가 떠난 8년 동안 태웅이를 매일 같이 기다리며 곧 돌아올 거라 생각한다. 다시 만난 태웅이는 천재 수학자가 아닌 권투선수로 돌아온다. 그 상처로 인해 태웅이를 용서하기 힘들만큼 실망하지만 태웅이를 받아들이고 태웅이의 큰 힘이 되어준다. |

	우리네 어머니들이 이러할 것이다. 자식에 대한 눈물나는 애정을 잘 보여주는 캐릭터이다. 냉정한 척하지만 가슴이 따뜻하고 마음으론 아들을 진심으로 사랑하고 태웅이가 다시 예전의 생활로 돌아가기를 바란다.
김장수 (천호진)	보라의 아버지. 완고하고 이기적이고 제멋대로의 성품을 지녔다. 사채업에서 시작한 사업은 준 재벌의 큰 부자가 되었지만 자식은 마음대로 되지 않는다. 아픈 보라를 위해 잘해야겠다고 생각하지만 자신의 성에 차지 않는 보라에게 화를 내기도 한다. 그러나 보라를 끔찍이 사랑하고 하나밖에 없는 딸을 잃을까봐 불안해하기도 한다. 무뚝뚝하고 완고한 일만 하는 아버지의 캐릭터를 그렸다. 마음은 그렇지 않지만 겉으론 절대 내색하지 않는 성격의 소유자이다. 자신의 아들인 정규가 죽은 것이 태웅 때문이라고 생각하며 보라와 사귀는 것을 강력히 반대한다. 그러나 그 역시 보라와 같이 외로운 사람이다.

 줄거리

숫자들이 만들어낸 조화로운 질서를 좋아했던 과학고 1년생 한태웅.
자신은 천재라고 생각한 적이 없지만 어느 날부터 사람들은 그를 천재라 불렀다. 평범한 꿈을 가진 그에게 천재란 명예와 호칭은 그가 가진 모든 것을 빼앗아 갔다. 절친한 친구였던 정규를 죽게 했고 하나밖에 없는 어머니 곁을 떠나게 했으며 한태웅이라는 자신의 이름마저 버리게 만들었다.

한태웅은 정규가 죽은 것이 자신 때문이라고 생각한다. 그래서 한태웅이란 이름 대신에 한득구라는 이름으로 다른 인생을 살게 된다. 삼류 복싱 체육관에서 복싱 스파링 파트너로 8년이라는 시간을 보내게 된다. 그에게 복싱 챔피언의 꿈이나 삶의 희망 따위는 없다. 이렇게 사는 것이 죽은 정규에게 덜 미안한 일이라 생각한다. 정규가 죽기 전 태웅은 우연히 집을 나온 꼬맹이 보라를 만나게 된다. 둘은 두 번의 만남에서 즐겁고 행복한 시간을 갖게 되지만 태웅의 방황으로 인해 다시 만날 수 없게 된다. 어린 보라에게 태웅은 첫사랑의 감정을 갖게 했고 성인이 될 때까지 그 감정은 지속된다.

어린 보라는 언제나 외로웠다. 부잣집 공주님이었지만 무뚝뚝하고 완고한 아버지, 이를 참지 못하고 이혼 후 재혼한 어머니, 그리고 유일한 친구였지만 일찍 세상을 떠나버린 오빠. 자신의 친구처럼 어릴 적부터 따라다니는 근무력증이라는 난치병. 모두들 예쁜 부잣집 공주님에 난치병을 앓고 있는 보라에게 친절하고 잘 해 주었지만 보라의 가슴 속엔 언제나 외로움이라는 생각으로 가득 차 있었다. 자신을 아름답지만 언제나 외로운 눈의 여왕이라고 생각하고 훗날 언젠가 카이와 함께 라플란드로 가려고 생각한다. 그리고 그 카이가 어릴 때 만났던 태웅이라고 생각하며 혼자 사랑의 감정을 간직하게 된다.

학교와 집을 떠나와 8년이라는 시간이 흐른 후 태웅은 보라와 우연한 기회에 재회하게 되고 득구라는 새로운 삶을 살고 있는 태웅은 그녀의 운전기사로 보라와 함께 하게 된다. 보라는 한득구가 예전의 그 한태웅이라는 사실을 알게 되고 좋아하게 된다. 태웅 역시 보라를 좋아하게 되

지만 자신의 감정을 표현하지는 않는다. 그녀가 원하고 부탁하는 것은 뭐든 다 들어 주지만 그뿐이다. 그러던 중 보라는 맞선에서 알게 된 서건우와 마음에도 없는 연인 관계가 되고 태웅은 멀리서 이들을 보며 힘들어 한다. 보라 역시 자신의 마음이 진실이 아님을 깨닫고 서건우에게 헤어지기를 고한다. 자신의 비밀을 드러내기를 극도로 꺼려하고 힘들어 하는 중에 서건우는 한득구가 예전에 정규를 죽게 한 한태웅임을 밝혀내고, 보라와 보라 아버지인 김회장 그리고 한태웅의 주변 사람 모두가 이 사실을 알게 된다.

모두가 놀라고 보라 또한 충격과 실망, 증오가 교차하지만 너무 그를 사랑해서 이제 떠날 수가 없게 되어 버렸다. 그리고 오빠가 죽은 것은 태웅의 잘못이 아니라 생각하고 태웅을 용서한다. 태웅은 다시 이러한 현실에서 도망가려 하지만 그에겐 이젠 그럴 수 없는 이유가 생겼다. 바로 보라인 것이다. 이미 너무 사랑해서 다시 평범한 꿈을 꾸고 싶어진 것이다.

그러나 보라 아버지의 극렬한 반대로 보라는 스스로 유학을 떠난다고 했지만 그녀는 결국 그날 당일 떠나지 못하고 추억의 장소에서 태웅과 재회하게 된다.

▌작품속의 커뮤니케이션과 대인관계 분석 ▌

사례 1

태웅의 친구 정규는 가정의 사랑을 받지 못해 유일한 취미이자 친구가 수학이었다. 누구보다도 수학을 잘한다고 생각했던 정규는 태웅이가 나타나기 전까지만 해도 그랬다. 자신의 능력보다 훨씬 더 뛰어난 태웅이를 인정하지 않고 서로 부딪히지만 곧 둘은 수학이라는 교감 아래 좋은 친구가 된다. 그러나 정규는 언제나 자신보다 앞서가는 태웅이라는 벽이 너무나 크게 느껴지고 둘은 어느 날 크게 싸우게 된다. 태웅은 정규의 마음을 전혀 알지 못한 채 정규에게 '너 같은 친구는 필요 없어'와 같은 독설을 뿜어내고 외로움과 친구에게 버림받았다는 극단적 감정으로 정규는 자살하게 된다. 그 사건 이후 충격 받은 태웅 역시 죽은 것과 다름없는 무의미한 삶을 살게 된다. 태웅의 마음에도 없는 말 한마디가 정규를 죽음에 이르게 한 직접적인 이유는 아니지만 그 기폭제가 됐다는 사실은 부인할 수 없다. 정규 또한 태웅이를 자신의 친구이기 이전에 자신이 넘어야 할 벽이라고 생각했다. 그 벽이 점차 높아지자 자괴감과 함께 포기라는 길을 선택한 것이다. 그 이면에는 가족에 대한 그리움과 자신의 유일한 친구였던 수학을 태웅이에게 내주었다는 허탈감 또한 작용했을 것이다.

태웅과 정규는 순기능적 커뮤니케이션보다 역기능적 커뮤니케이션을 취했고 결국은 비난과 미움의 말들이 이 둘의 인생을 파국으로 치닫게 한 것이다.

학교와 집을 떠나와 8년이라는 시간을 삼류 복싱 체육관에서 보낸 한득구.

한태웅이라는 이름마저 버리고 예전의 자신을 철저하게 감추며 살아간다. 주위 사람 모두는 한득구가 고등학교를 중퇴한 그러나 성실하고 착한 청년이라고 생각한다. 가족 이라곤 하나밖에 없는 어머니를 떠날 만큼 태웅이에게선 현실을 외면하고 도망치고 싶은 마음이 강했다. 그리고 그렇게 사는 것이 죽은 정규를 위하는 길이라고 생각하며 무의미하게 생활한다.

여기서 한태웅은 자신이 무가치하다고 여기고 모든 것이 자기 잘못이라고 생각하는 회유적인 커뮤니케이션을 한다. 그리고 자신이 철저하게 한태웅이라는 인생을 포기함 으로써 다른 사람이 상처받지 않게 하려는 이중메세지도 가지고 있다. 자신의 감정을 드러내지 않고 예전의 잘못에서 벗어나려고 자신을 숨기는 것이다. 그러나 이러한 커 뮤니케이션은 자기 자신은 물론 그와 관련된 어머니, 친구에게까지도 큰 고통을 안겨 주게 된다.

또한 자아노출을 극도로 피해 적절한 시기에 막연한 자신의 친구들에게까지 자신의 비밀을 털어놓지 않는 실수를 범함으로써 제3자를 통해 태웅의 비밀을 알게 된 주위 사람들은 태웅이가 자신을 배신했다고 생각한다.

보라는 태웅이를 예전부터 좋아했다. 어릴 때 만남부터 그 감정은 계속되었다. 그러 나 보라는 언제나 태웅이를 쌀쌀맞고 이기적인 태도로 대한다. 자신의 감정을 드러내 는 것에 익숙하지 않은 것은 물론 감정을 표출해 상처받기를 두려워한다. 마음은 이미 그를 사랑하지만 스스로 아니라고 부인한다. 자신의 기사라고 태웅이를 언제나 대동하 고 자신의 일을 대신해 주기를 바라며 자기 멋대로 행동한다. 또한 주위사람들에게도 서슴없이 이러한 행동을 취한다. 말하지 않아도 태웅이가 자신의 감정을 알아주기를 바라기도 하고 자신의 마음을 받아 주지 않는 태웅 때문에 마음에도 없는 서건우와 사 귀기도 한다. 그러나 아무리 노력해도 자신의 관심과 사랑은 태웅에게 향한다.

태웅 역시 한득구라는 존재로 보라를 좋아한다. 절대로 보라가 자신이 보라 오빠인 정규의 친구 한태웅이라는 것을 몰랐으면 한다. 그리고 그것을 지키기 위해서 보라를 떠나려고 한다. 그것이 보라를 위해 해줄 수 있는 일이라고 생각하는 것이다. 자아노 출을 회피함으로써 그 관계를 유지하려고 하지만 비밀은 계속될 수 없는 것이다.

보라는 성장기 때 부모님의 이혼, 오빠의 죽음, 난치병으로 인해 너무나 외로운 삶을 살았기 때문에 자신의 감정을 철저히 숨기고 남들에게 겉으로는 언제나 강한 척한다. 마음에도 없는 말을 거침없이 쏟아내어 주위 사람들을 아프고 힘들게 하고 돌아서서 후회한다. 모두가 떠받드는 부잣집 공주님으로 자라 한편으로는 독선적이고 이기적으로 행동한다. 어릴 때부터 그렇게 좋아했던 태웅이를 만났으면서도 그러한 커뮤니케이션은 계속된다. 따라서 태웅이는 보라가 자신을 좋아한다고 생각하지 못한다. 직접적인 대화 없이 어떤 단서만을 가지고 자신의 마음을 알아주기를 원한다. 예를 들어 놀이동산에 같이 가서 예전 추억을 되살리고 싶은데 태웅에게 그날 같이 갈 사람이 없으니 네가 와서 함께 놀아 달라는 식이다. 이를 알지 못하는 태웅이는 보라를 배려하는 차원에서 서건우를 놀이동산에 가게 하고 자신은 빠진다. 결국 둘의 관계는 또다시 나빠지는 악순환이 계속 반복된다.

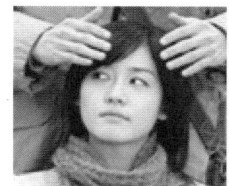
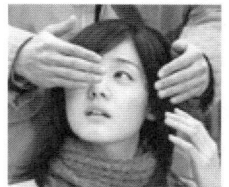

솔직한 대화와 감정의 표출이 필요한 시기에 이를 커뮤니케이션하지 못해 일어나는 일이라고 할 수 있다. 그러나 나중에는 이러한 솔직한 커뮤니케이션을 통해 둘은 사랑을 확인하고 어려움을 함께 하고자 약속하게 된다.

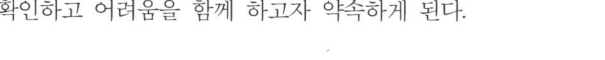

사례 4

서건우는 부족한 게 없는 사람이다. 가족 모두 의사이고 자신도 아무 생각 없이 의사가 되었다. 결혼에도 전혀 무관심하다가 보라를 맞선에서 만나게 되고 조건 좋은 자신을 딱지 놓은 보라를 좋아하게 된다. 보라의 감정에 관계없이 결혼하자고 하고 자신의 친구들에게 결혼할 여자라고 소개하기도 하며 여행을 가자고 무리한 요구를 하기도 한다. 또한 주제도 모르고 보라를 좋아하는 태웅을 무시하기도 한다. 그러나 때로는 냉철하게 현식을 인식하고 이기적인 행동보다는 합리적인 판단을 하기도 한다. 자신을 받아주지 않는 보라를 미워하기 보다는 보라가 아프거나 도움이 필요할 때 언제든지 도와주는 관계를 지속한다.

서건우는 보라가 헤어짐을 요구할 때 자신의 감정에 치우치기보다는 순기능적인 커뮤니케이션을 한다. 상대방의 반응을 받아들이고 노골적으로 비난하지 않고 자신의 의견을 명확하게 전달한다. 보라는 이런 서건우에게 무척 고마워한다. 그리고 태웅이가 없을 때 그에게 도움을 청하는 요인이 되기도 한다. 기존의 드라마는 삼각관계에서 소외된 사람은 둘의 관계를 방해하고 적으로 인식하는 악역을 하는데 반해 '눈의 여왕'에서 서건우는 사건을 풀어나가는 핵심요소를 제공하면서 합리적 커뮤니케이션과 대인관계의 소통 역할을 한다.

이는 태웅이를 어릴 적부터 좋아했던 이승리의 존재에서도 드러난다. 잠시 동안 태웅과 보라의 관계를 부정하고 미워하지만 곧 두 사람을 축복하고 양쪽을 오가며 도와주는 도우미 역할을 하는 것이다.

따라서 '눈의 여왕'이 절절한 멜로드라마가 아닌 성장기에서 상처 받은 두 주인공이, 사랑이라는 이름으로 치유되고 제대로 살아간다는 메시지의 드라마라는 것을 서건우, 이승리 두 명의 조연의 커뮤케이션을 통해서 보여준다고 할 수 있다.

사례 5

보라 아버지는 보라를 진심으로 사랑한다. 그러나 그의 성격은 완고하고 무뚝뚝하며 일에 언제나 묻혀 산다. 그리고 그에겐 고등학교 때 죽은 아들 정규에 대한 상처가 크다. 따라서 보라에게 거는 기대가 더욱 크며 이를 따라주지 못하는 보라에게 화를 내기도 하고 자신의 생각을 강요하기도 한다. 아들의 죽음에 자신의 잘못도 있는 것을 알지만 이를 회피하고 모든 잘못을 태웅에게 돌린다. 그리고 그를 미워한다. 자신도 충분히 깨닫고 있다. 그것이 사실이 아님을. 그러나 보라가 태웅이와 사귀는 것은 허락하지 않는다. 복합적인 이유가 있겠지만 무엇보다도 그건 아들 정규를 배신하는 것이라 생각하는 것이다. 그리고 그 상처가 태웅이를 통해서 오버랩되는 것을 원치 않는 것이다.

그는 태웅이에게 유학을 가라고 한다. 그리고 다시는 한국에 돌아오지 말 것을 요구한다. 자신의 감정과 생각만 앞세워 이기적인 커뮤니케이션을 하는 것이다. 비난이라는 역기능적 커뮤니케이션을 취함으로써 자기주장과 독선을 굽히지 않는다.

또한 누구에게도 자신의 감정을 표현하는 자아노출 또한 없기 때문에 항상 스스로 괴로워하고 힘들어한다.

종합 정리

<사례 1>에서 보듯이 커뮤니케이션에 있어서 상대방의 입장을 생각하는 것이 얼마나 중요한 것인가를 보여준다. 같은 말이라도 상대방의 상황이나 처지에 대한 이해 없이 하는 말이 또 얼마나 위험한 일인가에 대해 생각해보게 된다. 결국 사소

한 커뮤니케이션이 두 사람의 인생에 돌이킬 수 없는 작용을 하게 되었고 결국 한 명은 삶을 포기하게 했다. 태웅이가 조금만 정규를 이해하고 포용했더라면 둘은 평생 가는 좋은 친구가 되었을 것이고 보라와도 쉽고 아름다운 사랑을 했을 것이다. 또한 정규 역시 자신의 마음을 절친한 태웅에게 자아노출을 했다면 둘의 관계는 17세라는 짧은 시점에서 끝나지 않았을 것이다. 이러한 일들은 우리 일상에서도 빈번하게 일어나곤 한다. 물론 드라마처럼 인생이 바뀔 만큼 큰 작용을 하는 경우는 드물지만 뉴스에서 보도되는 것처럼 잘못된 커뮤니케이션으로 인해 살인과 폭력이 일어나기도 하고 때로는 10년지기 친구를 잃기도 한다. 그러므로 적절한 시기에 자신의 비밀을 표현할 수 있는 자아노출이 필요하며 인생에 있어서 자신을 모두 보여줄 수 있는 그런 인간관계 역시 필요하다고 하겠다.

태웅과 보라 역시 자신의 감정을 숨기고 성장기에서 겪은 마음의 상처를 오랜 시간 가져오면서 순기능적 커뮤니케이션보다는 역기능적 커뮤니케이션을 통해 자신의 마음을 숨기고 회피하는 데 익숙해 있었다. 태웅이가 정규가 죽은 후에 그 사건에서 도망치지 않고 정면으로 맞섰다면 8년이라는 긴 시간을 그렇게 헛되이 보내지 않았을 것이다. 물론 자책감에 힘들 수도 있지만 그런다고 달라지는 것은 아무 것도 없는 것이다. 오히려 긍정적인 사고로 정규 몫까지 열심히 공부하고 살았다면 그것이 정규를 위하는 일이기도 했다. 결국은 괴로운 나머지 태웅이라는 인생 궤도에서 도망가려 했기 때문에 자신의 어머니에게도 큰 상처를 남겼고 자기 자신 또한 더 큰 상처를 훗날 맞게 되는 것이다.

사람들은 흔히 문제가 발생하거나 자신이 감당하기 어려운 일이 닥치면 회피하고 도망가려 한다. 약한 인간이기에 어쩌면 당연한 일이지만 이를 잘 극복해 나가는 것이 삶을 제대로 살아가는 방법이기도 하다. 그 당시 힘든 태웅에게 누군가 '네 잘못이 아니다'라고 끊임없이 말해 알게 해 주었다면 아마도 태웅이는 그렇게 극단적으로 행동하지는 않았을 것이다.

보라 역시 주위에 자신의 고민을 말할 수 있는 친구가 한 명이라도 존재했다면 그러한 외로움 때문에 이기적이고 독선적인 성격은 갖지 않을 수도 있었다.

결국 두 주인공에겐 기댈 수 있고 자신을 노출할 수 있는 존재가 필요했고 상처를 보듬어 줄 무엇이 필요했다.

둘의 관계에 있어서도 좋아하는 감정을 좀 더 솔직하고 빨리 얘기했다면 고통의 시간을 줄일 수 있었다.

사람들은 말하지 않아도 자신의 감정을 이해해 주기 바라지만 상대방은 말하지 않고선 인지할 수가 없다. 그래서 솔직한 대화와 합리적인 커뮤니케이션은 중요한 것이다. 또한 태웅이도 보라에게 자아노출을 스스로 했더라면 보라가 상처받는 것을 막을 수 있었다. 때로는 자포자기한 심정으로 자신에게 모든 잘못과 짐을 지우는 것보다 합리적으로 사실을 바라보고 판단해 보고자하는 자세가 태웅에게는 필요했다.

다시 사건을 거슬러 정규가 죽은 후에 보라와 보라 아버지에게 용서를 구했다면 어땠을까 하는 생각을 해 본다. 물론 힘든 일이지만 회피라는 방법 보다는 훨씬 더 자신의 인생을 위해선 바람직한 일이 되었을 것이다.

아직 눈의 여왕은 3부작이 더 남아있다. 따라서 결말은 아직 알 수가 없다. 결국 드라마의 결말은 모든 갈등이 해소되고 등장인물의 자아노출과 함께 순기능적 커뮤니케이션이 가능해 질 것이다. 끝까지 보라의 아버지는 태웅이를 용서하지 않을 수 있지만 내 생각엔 보라를 위해서 태웅이를 받아들일 것이다. 이미 죽은 아들보다 살아있는 딸의 행복이 더 중요할 것이기 때문이다. 그리고 보라가 앓고 있는 난치병도 중요한 결말의 요소가 되리라 생각된다. 지금까지 작품 속에서 태웅이와 보라, 건우와 승리, 그리고 태웅이의 주변인들 모두의 갈등은 해소된 상태이다. 한 가지 남아 있다면 보라의 건강이 좋지 않다는 점과 보라 아버지와의 갈등만이 남아있다. 이 두 가지가 복합적으로 작용하여 어떤 결말을 가져오지 않을까 싶다. 자신의 죽음을 직시한 보라가 이를 숨기고 태웅을 떠날 수도 있고, 보라의 병을 알게 된 아버지가 모든 것을 용서하고 포용하면서 행복한 결말을 기대할 수도 있다.

개인적으론 미완성의 사랑보다는 모두가 행복한 결말이 보고 싶다.

앞에서와 같이 드라마속의 주인공을 통해 커뮤니케이션과 대인관계를 생각해 보았다. 드라마는 비록 픽션이지만 우리의 생활을 전혀 배척하지 않고 어느 정도는 인간관계에 있어서 리얼리티와 일상생활을 반영한다. 따라서 우리들은 드라마를 통해 간접적으로 또는 현재의 일어나는 상황에 비교하면서 감동이나 교훈 그리고 재미를 느끼는 것이다.

인간관계에 있어서 커뮤니케이션이 얼마나 중요한가 그리고 자신의 감정을 적절한 시기에 표현하는 것이 얼마나 중요한 일인지 충분히 느끼게 한 드라마가 '눈의 여왕' 같다.

누구에게나 상처는 존재하기 마련이다. 이를 얼마나 슬기롭게 극복하느냐에 따라서 삶의 질은 충분히 달라 질 수 있다고 생각한다. 여기서 중요한 것은 상대방의 처지를 이해하고 자신보다는 남을 배려할 줄 아는 적절한 커뮤니케이션과 자아노출의 필요성 그리고 문제에 대해 합리적으로 대응할 수 있는 자세가 가장 중요하다고 하겠다.

너무나 흥미 있게 본 드라마라 13부작의 긴 드라마 내용이 사실 모두 기억난다. 그리고 이번 기회를 통해서 영화나 드라마에 깔려 있는 인간관계와 커뮤니케이션의 중요성에 대해 다시 한 번 생각해보는 좋은 계기가 되었다.

제3부 사례 분석 연습

1 'Teresa'수녀의 인터뷰에 대한 커뮤니케이션과 대인관계 분석

다음 글은 'Teresa' 수녀와의 인터뷰 내용입니다(Bailey, 1998).

커뮤니케이션과 대인관계의 관점에서 설명하여 보시오.

> Rather : 기도드릴 때 하나님께 무어라고 말하나요?
>
> Teresa : I listen. (나는 들어요.)
>
> Rather : 그럼, 하나님은 무어라고 말씀하시나요?
>
> Teresa : He listens. (하나님도 들으시지요.)

2 '니콜라스 푸케'의 사례에 대한 커뮤니케이션과 대인관계 분석

'니콜라스 푸케'의 사례를 커뮤니케이션과 대인관계의 측면에서 설명해 보시오.

> 루이 14세 통치 초기의 재무대신인 니콜라스 푸케는 화려한 파티와 예쁜 여자와 시를 좋아했다. 그는 또 돈을 좋아했는데 이는 호화로운 생활을 유지하자면 어쩔 수 없는 것이기도 했다.
>
> 푸케는 영리했으며 또 왕에게 불가결한 존재였다. 그래서 1661년에 재상이었던 쥘마자랭이 죽었을 때 모두들 푸케가 그 자리를 승계할 것이라고 예상했다. 그러나 왕은 수상이라는 자리를 없애 버렸다.
>
> 푸케는 그것을 보고 자신이 왕의 총애를 잃게 되었다고 짐작하고, 사상 최대의 파티를 열어 왕의 환심을 사려고 했다. 이 파티의 명목상의 목적은 푸케가 사는 보르비콩트 성의 완성을 축하하는 것이었으나, 실질적인 목적은 왕을 접대하는 것이었다.
>
> 이 파티에는 유럽의 명문 귀족들만이 아니라, 라 퐁텐, 라 로슈푸코, 마담 드 세비녜 등 당대 최고의 지성들도 참석했다. 몰리에르는 이 파티를 위해 희곡을 썼고, 저녁 마지막 공연에서는 직접 연기를 했다. 파티는 7코스로 이루어진 화려한 저녁식사로 시작되었다. 식사 시간에는 푸케가 왕을 위해 특별히 작곡을 의뢰한 음악이 연주되었다.
>
> 식사 다음은 성의 정원을 산책하는 순서였다. 보르비콩트의 정원과 분수는 나중에 베르사유 궁전에 영향을 줄 정도로 훌륭한 것이었다. 푸케는 직접 젊은 왕을 수행하고 관목과 꽃밭이 기하학적으로 배치된 정원을 거닐었다. 정원의 운하에 이르자 불꽃놀이가 시작되었고, 그 뒤에는 몰리에르의 희곡 공연이 이어졌다. 파티는 밤늦게까지 잘 진행되었으며, 모두들 입을 모아 생전 처음 보는 훌륭한 파티라고 말했다.

다음날 푸케는 왕의 경호실장 달타냥에게 체포되었다. 그리고 석 달 뒤에는 국고 횡령죄로 재판을 받게 되었다. 사실 그가 훔쳤다는 돈은 대부분 왕을 위하여 왕의 허락을 받고 사용한 것이었다. 푸케는 유죄 판결을 받고 프랑스에서 가장 외딴 감옥에 갇혔다. 푸케는 피레네 산맥에 있는 그 감옥에서 20년 동안 혼자 살다가 죽었다.

신문 기사에 대한 커뮤니케이션과 대인관계 분석 1

❸ 다음 기사를 커뮤니케이션과 대인관계의 측면에서 분석하시오.

고(故) 프랑수아 미테랑 프랑스 대통령의 숨겨진 딸 마자린 팽조(30)가 아버지 미테랑과의 비밀스러운 사생활 19년을 책으로 펴냈다. 28일 출간되는 마자린의 책 '함구'(Bouche Cousue)를 누벨 옵세르바퇴르 지(誌)가 미리 소개했다.

'공식적으로 나는 아버지가 없었다. 친구들은 우리 집, 나의 저녁시간과 주말, 방학에 대해 아무것도 몰랐다. 혹 알고 있었다 해도 아무 말도 하지 않았다. 침묵의 협약은 가정사 이상이었다. 모두가 그 협약에 가입했음이 틀림없다.'

마자린은 프랑스 최고 권력자의 딸이었지만 이 숨겨진 딸은 아버지를 결코 '아빠'라고 부를 수 없었다. 미테랑은 대통령 재직기간 14년의 대부분을 대통령궁 엘리제궁에 기거한 게 아니고, 애인이었던 박물관 큐레이터 안느 팽조의 아파트에서 남몰래 지냈다. "아침식사 후 엄마가 자전거를 타고 박물관으로 출근하면 아빠는 차로 엘리제궁으로 향했고 나는 학교로 갔다."

마자린이 남들처럼 평범한 어린 시절을 보내지 못한다는 걸 깨달은 때는 아버지 미테랑이 1981년 대통령 선거에 당선돼 TV 화면에 나오는 순간부터. 마자린은 당시를 "잘 알기도 하고 동시에 모르기도 하는 사람이 TV에 나왔다"고 표현했다. 미테랑은 이 숨겨진 딸을 가끔 엘리제궁에도 불렀다. 마자린은 관용차 안에 납작 엎드려 몸을 숨긴 채 엘리제궁을 출입했다. "아버지 사무실에서 일하는 사람들은 나를 몰랐다. 때때로 그들은 청바지를 입은 소녀가 지나가는 걸 보았다. 나는 엘리제궁을 나올 때 자동차 시트에 몸을 숨겼다."

미테랑은 딸 마자린의 존재를 공개할 순 없었지만 본부인 다니엘과 두 아들보다 숨겨진 애인과 딸에게 더 많은 시간을 쏟으며 이들을 사랑했다. 하지만 어린 마자린이 겪어야 했던 심적 고통은 컸다. "아버지와 함께 거리로 나오거나 레스토랑에서 저녁을 먹을 때 아버지는 행복해 했지만 나는 극도로 공포스러웠다. 나는 누구도 알지 못해야 한다는 걸 늘 의식했다."

● ● ● http://www.chosun.com(2005. 02. 27.)

신문 기사에 대한 커뮤니케이션과 대인관계 분석 2

④ 다음 기사를 커뮤니케이션과 대인관계의 측면에서 분석하시오.

SBS '긴급출동! SOS 24'는 16일 방송된 '학교 폭력의 상처' 편을 통해 어머니를 상습 폭행하는 중학생 아들의 사연을 보도했다.

방송에 따르면 어머니 박미숙(54·가명) 씨는 아들 이상우(15·가명) 군에게 폭행을 당해 몸 곳곳에 멍 자국이 그대로 남아 있었다. 상우는 마치 이종격투기 장면을 연상시키듯이 어머니에게 심하게 폭력을 행사했고, 심지어 흉기로 위협하기까지 했다.

그러나 상우는 어머니 폭행에 대해 "죄책감이 있다. 잘못하는 것 알고 있다"면서도 '왜 어머니를 때리느냐'는 질문에는 "이야기하기 싫다"고 굳게 입을 닫았다.

상우는 어머니를 폭행하면서 "똑같이 해 주겠다"고 말했고, 전문가는 이에 대해 "폭행피해자가 다시 가해자가 되는 경우가 많다"며 "아들이 과거 자신이 당한 비슷한 피해 경험을 엄마에게 그대로 반복하는 것"이라고 지적했다.

제작진의 설득 끝에 상우는 최근 새벽에 소위 '학교짱'이라고 불리는 아이들에게 끌려가 모텔에서 1시간 동안 감금된 채 집단폭행을 당했다고 털어놨다. 그 이후 친구들이 무서워서 학교도 못가고, 아파트 베란다에서 뛰어내리거나, 달리는 차에 뛰어 드는 등 수차례 자살시도까지 했다고 말했다.

상우는 이어 "언젠가부터 자신도 모르게 친구들에게 당했던 학교폭력을 엄마에게 그대로 재연하게 됐다"며 "제발 자신과 엄마를 도와 달라"고 눈물로 호소했다.

상우를 집단 폭행했다는 학생들은 '학교짱' 최강태(15·가명)를 포함한 친구 3명. 상우 어머니는 강태의 부모와 학교를 찾아가 처벌을 요구했다.

상우 어머니가 "상우가 힘들다. 학교도 못 간다"고 가해학생의 부모에게 호소했지만 "안 때렸다는데 확실치도 않은 일로 왜 그러냐. 자식 망치는 것은 바로 당신"이라는 답변만 들었다.

학교 측도 강태가 '학교짱'이라는 사실을 알고 있었지만 이 사건을 조사하면서 교장과 교감, 교사, 가해자·피해자 부모가 모두 있는 상태에서 조사를 하고 결국 가해자와 피해자가 모두 폭력사태를 부인하는 답변을 받아내는 등 안이한 대처를 해왔던 것으로 드러났다.

더구나 학교 측은 학교폭력 방지 대책으로 이상우를 보호하는 학생조직을 만드는 것을 제시했으며, 가해자로 지목됐던 강태를 보호자로 했다고 이 방송은 전했다. 이 학교 교장은 "강태가 키가 크고 힘이 세고 장사니 상우를 보호해주는 게 좋다"고 말했다.

또한 학교 측은 상우어머니로부터 "앞으로 이 일로 법적인 문제를 삼지 않겠다"는 내용의 각서까지 받아 보관하고 있었다.

이 같은 사실이 보도되자 SBS 시청자 게시판과 인터넷 포털 사이트, 해당 학교가 있는 시교육청 게시판 등에는 학교 측과 가해학생을 비난하는 글들이 쇄도하고 있다.

SBS 시청자 게시판에는 17일 오후까지 수천 건의 항의 글이 쇄도해 "가해학생을 처벌하라", "학교장은 사퇴하라", "가해자 부모가 너무 심한 것 아니냐"는 글들이 쇄도하고 있다.

상우의 학교를 관할하는 시교육청도 홈페이지를 통해 항의가 이어지자 사과와 함께 진상조사에 착수했다.

해당 교육청은 홈페이지 공지를 통해 "관내 학교의 피해학생 및 학부모님께 사과드리며, 모든 학부모님께 심려를 끼쳐드려 죄송하다"면서 "보도 이후 학교폭력대책반 협의회를 갖고 감사반(생활지도장학관 포함)을 투입하여 사건 전반에 대한 진상조사를 실시하고 있으며, 교육청 및 학교차원에서 피해학생보호 대책을 수립하고 있다"고 밝혔다.

이어 "우리 교육청에서는 금번 학교폭력 사건 처리과정에서 잘못된 사항이 발견될 경우 해당 학교에 대하여 엄중 조치할 계획"이라며 "이러한 사례가 또 다시 발생하지 않도록 학교폭력예방 학교장 특별연수를 오는 31일 실시할 계획"이라고 덧붙였다.

그러나 네티즌들의 분노가 확산되면서 댓글 등을 통해 가해 및 피해학생의 개인정보가 유출되기도 해 문제로 지적되고 있다.

● ● ● 강영수 기자 nomad90@chosun.com(2007. 01. 17.)

❺ 다음 기사를 커뮤니케이션과 대인관계의 측면에서 분석하여 보시오.

인혁당 사건

법원이 23일 '인혁당 재건위' 사건 재심 선고공판에서 유신정권 긴급조치 위반으로 사형이 집행된 8명에게 무죄를 선고해 수사·재판의 위법성과 재판의 오류를 인정했다.

인혁당 사건은 현대사의 암울했던 각종 의혹사건 중에서도 유신정권 시대에 자행된 '사법살인'의 대표적 사건이자 정치권력에 예속된 사법부의 한계를 여실히 드러낸 사건으로 손꼽혀 왔다.

1975년 4월 9일 대법원에서 상고가 기각된 8명에 대해 사형 확정 18시간 만에 전격적으로 사형을 집행, 재심 기회를 원천 박탈해 스위스 국제법학자협회로부터 '사법사상 암흑의 날'이라는 혹평을 받기도 했다. 유신정권 시절 피고인들에게 사형을 선고했던 법원이 재심에서 무죄를 선고한 것은 과거의 '잘못된 판결'을 솔직히 인정하고 피고인들의 명예를 회복시켰다는 점에서 의미가 크다. 정권 안보 차원에서 희생양이 필요하면 정보기관이 희생자를 선별해 고문과 조작을 통해 허위진술을 받아내고 검찰은 정보기관의 입맛에 따라 기소, 법원 역시 정권의 요구에 부응하는 판결을 내렸던 '전근대적 형사사법 절차'의 오류를 인정한 셈이다. 재판부는 숨진 피고인 8명에게 적용된 대통령 긴급조치 위반, 국가보안법 위반, 내란 예비·음모, 반공법 위반 혐의에 대해 재심 사유가 아닌 사안을 제외한 모든 판단 사안에 대해 무죄를 선고함으로써 유신정권에서 '인혁당 사건'이 조작됐다는 점을 인정했다. 재판부는 또한 당시 수사기관의 피의자 신문조서와 진술서가 조작됐거나 강압적인 상태에서 작성됐다는 점을 인정해 아예 증거로 채택하지 않았다. 비상보통군법회의가 진행한 재판에서 작성된 공판조서조차 검사·변호인 신문 때마다 피고인들의 진술이 달라지고, 진술내용도 앞뒤가 모순되는 부분이 많다는 점 등을 들어 증거로서 유죄를 입증하기에 부족하다고 못박았다. 법질서를 추구하는 법원 입장에서는 정의가 실현되지 않은 채 법적 안정성만 추구하는 '무덤의 고요'도 나쁘지만 정의를 앞세우다 법적 안정성이 무너지면 사회가 불안정해진다는 점에서 재심 자체가 어려운 과제였다. 하지만 이번 무죄 선고로 '사법부 과거사 정리'에 한 획을 긋게 된 것으로 평가된다. 이용훈 대법원장이 취임사에서 밝혔던 대로 사법부가 과거의 잘못을 적극 되짚어 보고 국민에게 잘못을 솔직히 고백했다는 점에서 재심 결과는 최근 '법조비리' 등으로 실추됐던 사법부 권위와 신뢰 회복이 발판이 될 것으로 기대된다. 이번 인혁당 재심 재판은 이용태 의원과 이철 한국철도공사 사장, 시인 김지하 씨 등 일반 형사재판에서는 보기 드문 유명 인사와 40여명이라는 많은 증인이 나와 당시 상황을 생생히 증언해 눈길을 끌었으며 재심 결정에 3년, 재심 선고에 1년 가량이 소요된 끝에 무죄 선고로 끝을 맺었다.

인혁당 사건 주요 일지

1964. 8. 14.	중앙정보부 제1차 인민혁명당 사건 발표 "관련자 57명 중 41명 구속, 16명 수배"
1965. 1. 20.	1심 판결, 피의자 2명만 2, 3년 징역형, 나머지 11명은 무죄
1965. 6. 29.	2심 판결, 6명 징역 1년, 그 외 징역 1년, 집행유예 3년
1965. 9. 21.	대법원 항소심 판결 그대로 인정
1972. 10. 17.	유신 선포
1973. 10. 2.	서울대에서 국내 최초 유신반대 시위 촉발, 전국대학 확산
1973. 12.	장준하, 백기완 선생 중심, 국민개헌청원운동 진행
1974. 4. 3.	박정희 대통령 특별담화 "민청학련 단체, 불순세력 배후조종으로 인민혁명 수행하려 하고 있다"
1964. 8. 14.	중앙정보부 제1차 인민혁명당 사건 발표 "관련자 57명 중 41명 구속, 16명 수배"
1965. 1. 20.	1심 판결, 피의자 2명만 2, 3년 징역형, 나머지 11명은 무죄
1965. 6. 29.	2심 판결, 6명 징역 1년, 그 외 징역 1년, 집행유예 3년
1965. 9. 21.	대법원 항소심 판결 그대로 인정
1972. 10. 17.	유신 선포
1973. 10. 2.	서울대에서 국내 최초 유신반대 시위 촉발, 전국대학 확산
1973. 12.	장준하, 백기완 선생 중심, 국민개헌청원운동 진행
1974. 4. 3.	박정희 대통령 특별담화 "민청학련 단체, 불순세력 배후조종으로 인민혁명 수행하려 하고 있다"
1974. 4.	긴급조치 4호 발표, 민청학련 범죄단체로 규정. 중앙정보부, 민청학련 배후로 제2차 인혁당(인혁당 재건위) 지목
1975. 4. 8.	대법원 인혁당 재건위 판결, 8명 사형. 15명 징역 15년~무기징역
1975. 4. 9.	사형집행
2002. 9. 12.	의문사 진상 규명위 "인혁당 사건은 중앙정보부 조작사건"
2002. 12. 10.	인혁당사건 재심 청구
2003. 11. 24.	재심청구 첫 특별 심리
2005. 12. 7.	국정원 진실위 사건조사 결과 발표
2005. 12. 27.	법원, 인혁당 재심 결정
2006. 3. 20.	재심 첫 공판
2006. 9. 11.	이철·유인태씨 증인 출석
2006. 9. 18.	김지하씨 증인 출석

2006. 11. 2.   유족 국가 상대 340억 원 소송
2006. 12. 18.   검찰, 이례적으로 구형 없는 논고
2007. 1. 23.   무죄 선고

● ● ● 연합뉴스(2007. 01. 23.)

6 '드 세비네' 후작의 사례에 대한 커뮤니케이션과 대인관계 분석
다음 사례를 커뮤니케이션과 대인관계의 측면에서 분석하여 보시오.

　　17세기 프랑스의 화류계 여성으로 가장 유명했던 '니농 드 랑클로'는 '드 세비네' 후작이, 아름답지만 성격이 까다로운 젊은 백작 부인을 쫓아다닌다는 이야기를 들었다. 후작은 스물두 살의 젊은이로 잘 생기고 위풍당당했지만 연애에는 미숙했다. 당시 예순두 살의 니농은 후작이 실수를 저지른 이야기를 듣고 직접 한 수 가르쳐주기로 생각했다.
　　니농은 후작에게 연애는 전쟁이며, 아름다운 백작 부인은 그가 신중하게 공격해야 할 성채라고 말해주었다. 그리고 우선 약간 거리를 두고 냉담한 태도로 백작 부인에게 접근하라고 했다. 그런 다음 둘이 함께 있게 되었을 때는 연인이 되기를 갈망하는 남자가 아니라 친구로서 이야기를 하라고 했다. 그리고 니농은 후작에게 백작 부인이 참석하는 큰 연회에 아리따운 아가씨를 동반하라고 하였다. 그 다음에 백작부인과 만날 때는 또 다른 아름다운 아가씨를 데리고 가라고 하였다.
　　그 다음 니농은 후작에게 백작 부인이 그를 만나게 될 것이라고 예상하는 장소에 나타나지 않도록 하였다.
　　이런 작전들을 실행에 옮기는 데 몇 주일이 걸렸다. 니농은 여러 첩자들을 통해서 백작 부인이 후작의 재치 있는 말에 전보다 더 큰 소리로 웃음을 터뜨리고, 후작의 이야기에 전보다 더 열심히 귀를 기울인다는 것을 알게 되었다.
　　그러던 어느 날, 후작은 니농과 상의 없이 자신의 생각과 충동에 따라 백작 부인을 방문하였다. 집에는 둘밖에 없었다.
　　갑자기 후작은 다른 사람이 되었다. 후작은 백작 부인의 손을 잡으며 사랑을 고백했다. 백작 부인은 어리둥절해 했다. 후작으로서는 예상치 못한 반응이었다. 그녀는 정중하게 실례한다고 말하고 자리를 떴다. 그리고 저녁 내내 후작의 눈길을 피했으며, 나중에는 작별 인사도 하지 않았다.
　　다음에도 후작은 그녀의 집을 몇 번 찾아 갔으나, 그녀가 집에 없다는 말만 듣게 되었다.

그녀가 마지막으로 후작을 집에 들였을 때, 둘의 분위기는 몹시 어색했다. 그녀는 이미 후작에 대한 마음을 정리하고 있었다.

자신의 커뮤니케이션과 대인관계 분석 1

❼ 지금까지 자신의 삶에 가장 고통스럽고 쓰라린 상처를 준 사건에 대하여 커뮤니케이션과 대인관계의 측면에서 정리하여 보시오.

자신의 커뮤니케이션과 대인관계 분석 2

❽ 자신의 자아 커뮤니케이션에 대하여 분석하시오.

자신의 커뮤니케이션과 대인관계 분석 3

❾ 자신의 가족 커뮤니케이션에 대하여 분석하시오.

강경균(1992), TA의 커뮤니케이션 이론을 통한 부부성장 방안 모색, 장로회신학대학 석사학위논문.

강준만(2001), 대중매체 이론과 사상, 개마고원.

김만두(1997), 복지서비스에 있어서 Normalization 원리에 대한 고찰, 강남대학교 논문집 29, 강남대학교.

김경희(2003), 경어법과 대인 커뮤니케이션 Ⅰ, 단국어문 19, 단국대.

김경희(2005), 경어법과 대인 커뮤니케이션 Ⅱ, 단국어문 20, 단국대.

김미라(2001), 부부 친밀도에 미치는 요인 연구, 목원대 산업정보대학원 석사논문.

김미숙 외(2002), 가족의 사회학적 이해, 학지사.

김복곤(2001), 중년 부부의 친밀감 회복을 위한 연구, 호남신학대 대학원 석사논문.

김봉섭(1998), PC통신에서의 언어 폭력에 관한 연구, 경희대언론정보대학원 석사논문.

김선영(1991), 미망인의 가족스트레스와 적응과정에 관한 연구, 사회사업학과 석사논문, 연세대학교.

김선희(1997), 중도탈락 학생을 위한 학교사회사업적 개입에 관한 연구, 강남대학교 논문집 29, 강남대학교.

김영임, 스피치커뮤니케이션, 나남출판.

김우룡·장소원(2004), 비언어적 커뮤니케이션론, 나남.

김유진(1999), 부부의사 소통과 결혼적응에 관한 연구 : 결혼 5년 이내 기독교인 중심으로, 연세대 연합신학대학원 석사.

김재원(2003), 좋은 직장 들어가기, 북코스모스.

金惠善(1982), 結婚滿足度에 관한 文獻的 考察, 이화여대대학원 석사논문.

김희진(1998), 여고생의 강박증을 다룬 가족치료 사례 연구, 한국가족치료학회지, vol.6(1), pp.107~129, 한국가족치료학회.

노상학(1997), 현대사회와 Human Service, 강남대학교 논문집 29, 강남대학교.

데니스 맥퀘일(2002), 매스 커뮤니케이션 이론, 나남.

데보라 태넌(1993), 신우인 역, 말 잘하는 남자 말 통하는 여자, 풀빛.

도수경(1991), 가출경험 소녀와 비가출 소녀간의 가족관계 연구, 사회사업학과 석사논문, 연세대학교.

李英實(1989), 도시부인의 부부갈등 제 요인과 성생활 불만족의 정도, 崇實大 大學院 박사논문.

李浩琴(1987), 女性의 就業이 結婚滿足度에 미치는 影響에 關한 硏究, 서울女大 大學院 석사논문.

박현구(1997), PC통신 게시물의 유사언어적 표현에 관한 연구, 연세대 석사논문.

박혜경(1992), 부부상호간의 커뮤니케이션이 주부의 가정관리능력에 미치는 영향, 숙명여자대학교 석사학위논문.

배진한(1995), 컴퓨터 매개 커뮤니케이션이 대인 커뮤니케이션 채널 및 정보 이용에 미치는 영향, 서울대학교 박사논문.

백성기(2001), 현대사회에서의 부부간 갈등과 커뮤니케이션에 관한 연구, 동국대학교 석사논문.

변영우(1991), 한국 노인의 비공식 부양체계에 관한 연구, 사회사업학과 석사논문, 연세대학교.

손장권 외 편(1994), 미드의 사회심리학, 일신사.

심혜선 · 이정우(2001), 도시주부의 부부간 의사소통효율성, 가정관리전략 및 가정생활만족도, 가정관리학지 10.

안인경(1991), 만성 정신분열증환자 어머니의 스트레스에 대한 대처유형, 사회사업학과 석사논문, 연세대학교.

오은영(2000), PC통신 어휘에 관한 연구, 인천대교육대학원 석사논문.

월터 J. 옹(1985), 언어의 현존, 이영걸 옮김, 탐구당.

월터 J. 옹(1995), 구술문화와 문자문화, 이기우, 임명진 옮김, 문예출판사.

웨슬리 버외 외(최연실 등 역, 1995), 새로 보는 가족관계학, 하우.

유희정(2000), 노인들의 부양에 관한 규범의식이 자녀와의 결속, 갈등 및 우울에 미치는 영향, 한국노년학연구 vol.9, pp.107~130, 한국노년학회.

尹聖淑(1997), 都市夫婦의 커뮤니케이션과 意思決定 參與度에 따른 結婚滿足度硏究, 誠信女子大學校 석사학위논문.

윤창영(2002), 기혼 직장 여성의 주관적 삶의 질에 대한 연구 : 직장-가정 갈등 모형과 영역별 삶의 질 모형의 통합, 성균관대 대학원 박사논문.

李京順(1998), Satir의 커뮤니케이션 理論을 중심으로 한 夫婦相談方案의 摸索, 大邱曉星가톨릭大學校 석사학위논문.

이경우 · 김경희(2005), 예비 사회인을 위한 커뮤니케이션과 대인관계, 역락.

이남주(1995), 부부의 성역할태도와 커뮤니케이션이 남편의 자녀양육 참여도에 미치는 영향, 원광대학교 석사학위논문.

이동현(2000), 가상공간의 언어 사용 실태 연구 : 컴퓨터 통신 및 인터넷의 대화방과 게시판을 중심으로, 한남대대학원 석사논문.

이말임(1999), V.Satir의 가족치료 이론에서 비추어본 본 목회자 부부의 의사소통 유형에 관한 연구, 서울神學大 社會福祉大學院 석사논문.

李常淑(1989), 부부간의 커뮤니케이션과 결혼만족도와의 상관연구, 誠信女子大學校 석사논문.

이영실(2003), 가족치료론 강의교안, 성결대학교 대학원 사회복지학과.

이용욱(1997), 전자 언어의 구술성과 문자성, 한국정보문화센터편, 한국사회와 정보문화, 서울 : 한국정보문화센터.

이원숙(1997), 아동학대피해자 및 가족을 위한 사회복지적 개입에 관한 연구, 강남대학교 논문집 29, 강남대학교.

이인재·이선우·류진석(1997), 사회복지통계분석, 나남출판.

이인정 외(1995), 인간행동과 사회환경, 나남출판.

이정복(1994), 위관장교들의 경어법 사용 전략, 사회언어학 2, 한국사회언어학회.

이정복(1997), 방송언어의 가리킴말에 나타난 '힘'과 '거리', 사회언어학 5-2, 한국사회언어학회.

李貞順(1991), 夫婦間 커뮤니케이션 類型에 관한 硏究, 梨花女子大學校 박사학위논문.

이종복(1998), 청소년들의 부모폭력에 관한 연구, 평택대학교 논문집 11, 평택대학교.

이현우(1998), 광고와 언어, 커뮤니케이션북스.

장인협·이혜경·오정수(2002, 1999 개정판), 사회복지학, 서울대학교 출판부.

전병철(2000), 채팅 언어에 대한 연구, 개신어문연구, 제17집, 개신어문연구학회, 태학사.

전우택·성명훈·천병철 엮음(2002), 의료의 문화사회학, 도서출판 몸과 마음.

정경목 역(2000), 권력을 경영하는 48법칙(Joost Elffers & Robert Greene, 1998), 까치글방.

정명규(2001), 컴퓨터 통신 언어 지도 방안 연구, 경상대교육대학원 석사논문.

鄭用才(1986), 夫婦間의 意思疏通과 結婚滿足度와의 相關硏究, 성신여대 대학원 석사논문.

조경림(1997), 부부의 커뮤니케이션 단계에 따른 결혼만족도, 침례신학대학교 석사학위논문.

조흥식 외(1997), 가족복지학, 학지사.

존 그레이(1992), 화성에서 온 남자, 금성에서 온 여자, 친구미디어.

최동철 역(1992), 갈등의 전략(Thomas C. Schelling, 1960, The strategy of Conflict, Harvard Univ. Press), 나남출판.

최숙철(2001), 기독교인의 부부간 역기능적 의사소통 유형과 가족문제에 관한 연구, 성결대학교 석사논문.

최 영, 의사-환자 관계 증진을 위한 효과적인 면담 기법, 전남대학교 의과대학 정신과학교실.

최현미·곽민정(1998), 대학생의 원가족 인식에 관한 연구, 평택대학교 논문집 11, 평택대학교.

하근영·홍달아기(1999), 노인의 교우관계와 심리적 안녕감의 관계, 한국노년학연구 vol.8, pp.75 ~79, 한국노년학회.

한국언론정보학회 엮음(2000), 현대사회와 매스커뮤니케이션, 한울아카데미.

Avinash Dixit & Barry Nalebuff (1990), 류성렬 역(1993), Thinking Strategically, 다음세대.

Azuma Shoji(2001), Suzuki Jun & Park Moon Sung 공역, 재미있는 사회언어학, 보고사.

B.셰퍼·C.호레이시·G.호레이시(서울대 사회복지실천연구회 역, 2001 ; 1998 개정판), 사회복지 실천기법과 지침, 나남출판.

Berko 등, 이찬규 역(2003), 언어 커뮤니케이션, 한국 문화사.

John Scott, 1949, Power.

Julia T. Wood(2000), Communication Mosaics, Wadworth.

Kathleen M. Galvin & Bernard J. Brommel(노영주 등 역, 1995), 가족관계와 의사소통, 하우.

NakaJima Hisao(2003), Ubiquitous Network이 광고 Marketing에 미치는 Impact, 2003 추계 국제 광고학 세미나.

Thomas C. Schelling(1960), The strategy of Conflict, Harvard Univ. Press.

Time, February 19, 1979, p.56.

http://www.chosun.com

http://www.donga.com

http://www.kmib.co.kr

http://www.ope.co.kr

http://shi.kaist.ac.kr

http://songkw.com.ne.kr

http://www.ytn.co.kr

인도시장 제대로 알기, 영산대 인도경제연구소.

저 자 소 개

■ **이경우**
서울대학교 사범대학 국어교육과 졸업
서울대학교 인문대학원 국어국문학과(문학석사)
이화여자대학교 인문대학원 국어국문학과(문학박사)
현 호서대학교 인문대학 국어국문학과 교수

논저
『최근세 국어 경어법 연구』,
「파생어 형성에 있어서의 의미 변화」,
「갑오경장기의 문법」,
「최근세 국어의 문자 사용 양상에 관한 고찰」,
「현대국어 경어법의 사회언어학적 연구」,
「국어 경어법 변화에 대한 연구」 등 다수

■ **김경희**
수도여자사범대학 국어국문학과 졸업
고려대학교 경영대학원 연구과정 수료
호서대학교 여성문화복지대학원 사회복지학과 졸업(문학석사)
단국대학교 교육대학원 국어교육과 졸업(교육학석사)
단국대학교 대학원 국어학 박사과정 수료
현 호서대학교 국어국문학과 겸임교수
단국대, 호서대 강의

논저
「고문진보 언해의 국어학적 연구」,
『러시아 한인 화가 변월룡과 북한에서 온 편지들』(공저),
『경어법과 대인 커뮤니케이션 I, II』 등

커뮤니케이션과 대인관계

인 쇄 2007년 2월 20일
발 행 2007년 2월 28일
지은이 이경우·김경희 공저
펴낸이 이대현
편 집 이소희
펴낸곳 도서출판 역락
　　　　서울 성동구 성수2가 3동 301-80 (주)지시코 별관 3층
　　　　전화 3409-2058, 3409-2060 | FAX 3409-2059
　　　　이메일 youkrack@hanmail.net
　　　　등록 1999년 4월 19일 제303-2002-000014호
ISBN 978-89-5556-536-2-93700

정 가 13,000원

* 잘못된 책은 교환해 드립니다.